Jerome Kagan · Die Natur des Kindes

Jerome Kagan

Die Natur des Kindes

Aus dem Amerikanischen
von Friedrich Griese

Piper
München Zürich

Die Originalausgabe erschien 1984 unter dem Titel *The Nature of the Child* bei Basic Books Inc., New York

ISBN 3-492-03007-6

Gesetzt aus der Baskerville-Antiqua
Gesamtherstellung: Mühlberger, Augsburg
Printed in Germany

Für Cele, Janet und Steve,
die so geduldig warteten,
als ich jeden Tag am Webstuhl saß
und jede Nacht alles wieder auflöste.

Jede Zeit hat ihre Mythen und
bezeichnet sie als höhere Wahrheiten.

Anonym

Wir sollten uns schlicht ausdrücken und
nach Kräften Güte oder Reinheit zeigen.

Montaigne

Inhalt

Vorwort

Es ist mir immer merkwürdig vorgekommen, daß wir eine ungewöhnliche Erscheinung wie eine Sonnenfinsternis besser verstehen als so manche alltäglichen Vorgänge, zum Beispiel den Beginn der Geburt eines Kindes. Obwohl Kinder schon seit sehr langer Zeit von interessierten und intelligenten Erwachsenen aufmerksam beobachtet werden, können wir die psychische Entwicklung des Menschen nicht so befriedigend erklären wie den Lebenszyklus der Fruchtfliege, der seit nicht einmal hundert Jahren erforscht wird.

Für diese peinliche Unausgewogenheit des wissenschaftlichen Fortschritts gibt es vier Gründe. Der erste hängt damit zusammen, daß die Dinge, die uns interessieren, so kompliziert sind. Denken, Emotion und Intention sind einfach schwieriger zu erforschen als Nahrungsaufnahme, Fortpflanzung und Fortbewegung. Zweitens ist das Experiment das wirksamste Mittel zu einem gründlichen Verstehen, doch Gebote der Moral erlauben uns nicht, mit Kindern solche Experimente zu machen, wie sie bei der wissenschaftlichen Erforschung von Tieren gang und gäbe sind. Drittens haben die meisten, wenn sie mit der Beobachtung von Kindern beginnen, eine feste persönliche Überzeugung davon, wie die menschliche Natur beschaffen ist oder beschaffen sein sollte und auf welche Weise sie jene Form annimmt, die sie beim Erwachsenen zeigt. Diese Überzeugungen sind beeinflußt von der Politik, der Wirtschaft und der Sozialstruktur der Gesellschaft, in welcher der Beobachter lebt. Natürlich gehen auch Biologen nicht unvoreingenommen ans Werk, doch die meisten Menschen haben ausgeprägtere Meinungen über die Gründe von Aggression bei Kindern als über Kämpfe zwischen Ameisen oder die Revierverteidigung von Wanderdrossel-Männchen. Schließlich hat das Zusammentreffen dieser Umstände – daß die Vorgänge unbeobachtbar sind, daß Experimente nur begrenzt möglich sind und daß man zu bestimmten Interpretationen neigt – eine Einigung über Begriffe und Methoden verhindert und jenen Fortschritt in der Erforschung der menschlichen Entwicklung gehemmt, den man sich vor einem Jahrhundert erhoffte, als europäische Gelehrte ihre Aufmerksamkeit dem Kind zuwandten.

Ich möchte die Erkenntnisse, die wir seither gewonnen haben, nicht bagatellisieren. Dieses Buch enthält deshalb – neben persönlichen Gedanken zu den Streitfragen und Annahmen, von denen man in der Erforschung des Kindes gegenwärtig ausgeht – Synopsen mancher dieser Erfolge. In einigen, besonders den ersten vier Kapiteln, werden historische und philosophische Überlegungen vorgetragen, die strenggenommen vielleicht nicht in ein Buch über die psychische Entwicklung des Menschen gehören. Man wird jedoch, glaube ich, die aktuelle Situation der Wissenschaft besser verstehen, wenn man den geschichtlichen Kontext der gegenwärtigen Forschung und die philosophischen Voraussetzungen kennt, die die Begriffswahl bestimmen. Deshalb sind die betreffenden Passagen, wie ich finde, für mein Vorhaben und für unser gemeinsames Abenteuer von Bedeutung.

Größere wissenschaftliche Fortschritte sind oft mit einem neuen theoretischen Ansatz verbunden, der eine gängige idealistische Konzeption in Frage stellt. Kepler stellte die idealistischen Annahmen kreisförmiger Umlaufbahnen, auf denen die Planeten sich mit konstanter Geschwindigkeit bewegen, in Zweifel. Darwin verwarf den Idealismus, der in der biblischen Erklärung der Schöpfung steckte. Die Relativitätstheorie stellte die idealistische Weltsicht Newtons in Frage, nach der Zeit und Raum etwas Absolutes waren. Der Behaviorismus kritisierte das Ideal einer Person, die sich nach freiem Willen für ein bestimmtes Verhalten entscheidet, und Freuds Hinweis auf unbewußte sexuelle Motive weckte Zweifel an der idealistischen Vorstellung vom unschuldigen Kind.

Auch heutige Ansichten über die menschliche Entwicklung enthalten solche idealistischen Annahmen. Eine besagt, daß die Liebe, die die Mutter ihrem Neugeborenen entgegenbringt, eine notwendige Bedingung für die spätere geistige Gesundheit des

Kindes sei. Eine zweite besagt, daß die Ereignisse der frühen Kindheit auf die Stimmung und das Verhalten des Heranwachsenden einen wesentlichen Einfluß haben. Einer dritten Annahme zufolge besitzt der Mensch, psychologisch betrachtet, eine Reihe abstrakter psychischer Eigenschaften, die in den unterschiedlichsten Situationen zum Tragen kommen, wobei die näheren Umstände praktisch keine Rolle spielen. Diese verbreiteten Annahmen werden in den einzelnen Kapiteln dieses Buches einer Kritik unterzogen.

Diese Essays, die im Laufe der letzten sieben Jahre entstanden sind, entspringen vor allem dem Impuls, Ausgewogenheit in den Ansichten über die zentralen Vorstellungen von der menschlichen Entwicklung zu erreichen. Es ist beinahe allgemein bekannt, daß man, wenn man eine komplexe Erscheinung verstehen will, komplementäre Auffassungen gleichermaßen berücksichtigen muß. Der Chemiker Niels Bohr überzeugte seine Kollegen davon, daß man zu einem tieferen Verständnis der Natur gelangt, wenn man, statt nur einer Betrachtungsweise zu huldigen, annimmt, daß die Materie einmal aus Teilchen besteht und sich ein andermal wie eine Welle verhält. Bohrs Einsicht ist für den, der heute über kindliche Entwicklung schreibt, bedeutsam. Die sechs inhaltlichen Kapitel, die sich an das Einführungskapitel anschließen, versuchen jeweils, ein Thema herauszustellen, das, obwohl es einmal populär war, in unserem Jahrhundert zumeist vernachlässigt worden ist.

Die Themenauswahl folgt einer komplizierten Abwägung zwischen der theoretischen Bedeutsamkeit des Gegenstandes und meiner persönlichen Sachkenntnis. Jede ernsthafte Erörterung über das Kind muß sich mit der Natur des Kleinkindes, dem Einfluß der Familie und der Entwicklung von Moral, Emotion und Denken befassen. Viele Leser mögen jedoch beanstanden, daß auf kindliche Störungen sowie auf die wichtige Rolle der Schule und der gleichaltrigen Freunde nicht ausführlich eingegangen wird. Diese Themen werden nur indirekt gestreift, teils wegen meiner begrenzten Kenntnisse, teils weil ich der Ansicht bin, daß das vorliegende Tatsachenmaterial nicht viele tragfähige Schlußfolgerungen zuläßt. Und nun ein Ausblick auf das, was uns erwartet.

Im ersten Kapitel werden fünf komplementäre Themen untersucht, mit denen jeder Wissenschaftler, der das Wachstum lebender Formen erforscht, sich befassen muß. Bei den ersten vier, die sich auf sämtliche Organismen beziehen, geht es um das Verhältnis zwischen inhärenten Eigenschaften einer sich entwickelnden Form und den Kräften der Umwelt; zwischen Kontinuität und Diskontinuität der Wachstumsphasen; zwischen qualitativen und quantitativen Unterschieden zwischen Organismen und ihren Eigenschaften; viertens geht es darum, inwieweit allgemeine beziehungsweise spezifische Begriffe geeignet sind, die sich im Laufe des Wachstums verändernden Wesen zu beschreiben. Das fünfte Thema, das für die Erforschung der menschlichen Entwicklung von besonderer Bedeutung ist, stellt den subjektiven Bezugsrahmen der zu erforschenden Person dem Bezugsrahmen des Wissenschaftlers gegenüber, der sich um möglichst eindeutige Begriffe bemüht. In den sechs folgenden Kapiteln werden jeweils eines oder mehrere dieser Themen näher beleuchtet.

Das zweite Kapitel, in dem summarisch beschrieben wird, wie die geistigen Funktionen und die sozialen Bindungen während des Kindesalters wachsen, erinnert daran, daß die Reifung neuer kognitiver Fähigkeiten die Grundlage bildet, auf der Emotionen und Handlungen sich abspielen. Die frühesten Vorstellungen des Kindes sind durch die Funktionsweise des Gehirns eingeschränkt, und erst wenn die entsprechenden kognitiven Fähigkeiten da sind, treten bei dem Kleinkind Furcht, Ichgefühl und logisches Denken auf. Sogar die – für die Sozialisation so notwendigen – Gefühlsbindungen an die Eltern beruhen auf einer angeborenen Neigung des Kindes, seine Betreuer zu umarmen, in ihrer Gegenwart Laute zu äußern und mit ihnen zu lachen. In dieser Erörterung des Kindesalters werden der Familienerfahrung, die in Schriften über das Kind seit den zwanziger Jahren unseres Jahrhunderts zumeist im Vordergrund stand, die der biologischen Ausstattung des Kindes innewohnenden Kräfte gegenübergestellt.

Im dritten Kapitel untersuche ich die Fuge, die aus dem Miteinander von durchgängigen und sich ändernden Strängen innerhalb der Entwicklung entsteht. Von den dramatischen Transformationen, die aus dem Kind einen Jugendlichen werden lassen, muß etwas erhalten bleiben, denn das Kind kann nicht aus dem einen Stadium in das andere springen und, indem es alle Siege und Narben auf der soeben verlassenen Stufe zurückläßt, genauso unschuldig, wie es am Anfang des Lebens war, an seinem neuen Standort ankommen. Wenn wir voraussetzen, daß einige Eigenschaften mitgenommen werden, gilt es, herauszufinden, welche von ihnen diesen Vorzug genießen. Lange bevor solides Beweismaterial vorlag, hatten abendländische Gelehrte angenommen, daß es zwischen dem Kleinkind und dem Erwachsenen einen materiellen Zusammenhang geben müsse, und die Entwicklung mit einer Reise verglichen, bei der der Geist jede neue Erfahrung aufnimmt und keinen der erworbenen Schätze jemals aufgibt. Abgesehen davon, daß die Beweisführung anfechtbar ist, stimmen die Tatsachen nicht mit dieser traditionellen Ansicht überein, und ich halte es für angebracht, gegenüber einer strengen Form von Kontinuität zwischen der fernen Vergangenheit und der Gegenwart skeptisch zu sein.

Das vierte Kapitel ist der Idee einer moralischen Instanz gewidmet, die von Eltern als *Gewissen*, von Psychologen als *Über-Ich* bezeichnet wird. Alle jüngeren Kinder haben mit drei Jahren erfaßt, was Gut und Böse ist, und oft sind moralische Aufgaben menschliche Handlungsmotive. Kinder und Erwachsene trachten nach der Befriedigung des Bedürfnisses, sich tugendhaft zu fühlen, und sind nicht immer nur darauf aus, das Verlangen einer ausgedörrten Kehle zu stillen. Diese Auffassung hat in unserem Jahrhundert nicht viele Anhänger gehabt; sie wurde in der Aufklärung von einigen Philosophen vertreten, die eine frühe Spielart des physiologischen Materialismus verwarfen, dem heute eine überwältigende Mehrheit anhängt. Die meisten Moralphilosophen sind bisher über das Problem gestolpert, eine überzeugende rationale Begründung für moralisches Verhalten zu geben, und so wird es ihnen wohl auch weiterhin ergehen, bis sie einsehen, was für chinesische Philosophen seit langem klar ist, daß das Über-Ich nämlich nicht auf Logik, sondern auf Gefühl beruht. Diese Ansicht – und das ist ein bedeutsames Ergebnis – vermag die paradoxe Tatsache zu erklären, daß wir in verschiedenen Gesellschaften und historischen Epochen – trotz offenkundiger Übereinstimmung darüber, was die tiefere Bedeutung der normalen ethischen Pflichten angeht – eine außerordentliche Vielfalt an Tugenden finden.

Im Kapitel über die Emotionen wird die gegenwärtig verbreitete Ansicht kritisiert, Emotionen seien platonische Ideale, und es wird der Vorschlag gemacht, zunächst einmal die Beziehungen zwischen auslösenden Ereignissen, Veränderungen innerer Gefühlszustände und Interpretationen zu klären und sich dann erst Benennungen für die qualitativ verschiedenen Dreierbündel auszudenken. Wenn das geleistet ist, wird man Wörter wie *Freude, Traurigkeit* und *Wut* vermutlich durch brauchbarere Ausdrücke ersetzen, die das Ereignis benennen, durch das die Emotion erst geweckt wurde, und man wird die von einigen vertretene Ansicht korrigieren, sämtliche Emotionen seien bloß quantitative Variationen eines generalisierten inneren Erregungszustands.

Das Kapitel über die Entwicklung des Denkens sollte die ergiebigste Erörterung sein, und doch finde ich es nicht ganz befriedigend. Über die kognitive Funktion beim Menschen besitzen wir zwar mehr wissenschaftliche Erkenntnisse als über Emotionen, Normen und Familie, aber dennoch sind sie unzureichend. Eine schmale Faktenbasis erschwert wohl das muntere Drauflostheoretisieren, sie verhindert aber auch eine Synthese, die – auch wenn sie verfrüht ist – zeitweilig angenehm sein kann. In allen Disziplinen hat es sich während der Entstehungsphase als hilfreich erwiesen, wenn man zwei Arten von hypothetischen Termini ersann: solche für Einheiten und solche für die Prozesse, die auf die Einheiten einwirken und die beobachtbaren Folgen erzeugen, welche von den Wissenschaftlern gemessen werden. Ich werde vier Arten von Einheiten des Denkens postulieren, wenngleich man im Grunde zu unterscheiden hat zwischen solchen, die der Realität treu bleiben – mein Bild vom Gesicht eines Freundes –, und solchen, die ihre Grundlage ignorieren und in einer eigenwilligen Welt der Abstraktion leben – wie meine Vorstellung von Gerechtigkeit. Es gibt außerdem zwei Arten von Prozessen. Die eine selektiert Ereignisse, entdeckt Übereinstimmungen, speichert Informationen im Gedächtnis und sucht vorhandene Erkenntnisse heraus. Die Feinheiten der Wahrnehmung und des logischen Denkens sind jedoch unverständlich ohne die Annahme, daß die kognitiven Kompetenzen ganz spezifisch für bestimmte Klassen von Problemen sind und keine weitgehend unspezifischen Fähigkeiten darstellen. Darüber hinaus müssen wir annehmen, daß eine Reihe von Managern die Betriebsfunktionen überwacht und sie bei ungenügender Leistung umdirigiert. Eine leidlich brauchbare Analogie ist das Verhältnis zwischen den Einheiten im Zytoplasma, die fortwährend Proteine aufbauen, und dem wachsamen Auge der Kern-DNA.

Im letzten Kapitel versuche ich zu klären, woran es liegt, daß gefühlsgeladene Meinungen über die Bedeutung der Eltern für die Entwicklung des Kindes so um sich greifen. In Amerika sind die meisten modernen Eltern fest von zwei Dingen überzeugt. Einmal glauben sie, ihnen blieben nur wenige Jahre, um den Kurs für das spätere Leben ihres Kindes zu bestimmen; wenn sie es versäumten, das Richtige zu tun, sei das Kind verloren. Die andere, möglicherweise falsche Prämisse besagt, physische Zärtlichkeit und Festigkeit seien die beiden wesentlichen Elemente der Erziehung; die erstere fördere Selbstvertrauen, die letztere verhindere Disziplinlosigkeit. Für keine dieser Ansichten gibt es hinreichende wissenschaftliche Bestätigung, und doch sind die meisten Eltern so fest davon überzeugt, daß man ihnen kaum klarmachen kann, daß es sich um Volksglauben handelt. Die Meinungen sind wohl auch deshalb so unerschütterlich, weil sie durch die subjektiven Erfahrungen von Eltern und Kommentatoren gestützt werden, und hier ist es wohl eine nützliche Erkenntnis, daß eine objektive Beschreibung intellektuell durchaus eindrucksvoll sein kann und dennoch dem subjektiven Bezugsrahmen nicht zu entsprechen braucht.

In diesem Kapitel hebe ich wie in den vorhergehenden den Sinn hervor, den Kinder der Erfahrung beilegen. Es kommt nicht so sehr darauf an, was Eltern ihren Kindern oder was Geschwister einander zufügen, sondern vielmehr auf die Intention, die das Kind denen, die mit ihm etwas tun, zuschreibt. Sonst wäre auch unerklärlich, daß die Kinder der Puritaner nicht minder gut angepaßt waren als die heutige Jugend und daß die heranwachsenden Jungen eines isolierten Stammes in Neuguinea, die an älteren Jungen eine rituelle Fellatio vornehmen, sich weder als sexuell abweichend noch als eine unterdrückte Minderheit verstehen.

Ein zweites Thema, das sich ebenfalls durch alle Kapitel zieht, ist folgendes: Wenn wir heute Entwicklung beschreiben, verwenden wir Ausdrücke, die viel zu allgemein sind, und unsere Erklärungen tragen weder dem Einfluß der Reifung noch der Möglichkeit Rechnung, daß bedeutende Veränderungen und Kontinuitätsbrüche auftreten können, besonders in den ersten zehn Lebensjahren.

Die meisten Wissenschaftler sind bezüglich der Metaphern, in denen sie erste unfertige Ideen ausdrücken, auf benachbarte Disziplinen angewiesen. Biologen bedienen sich vielfach bei den Chemikern, und Chemiker machen Anleihen bei der Physik. Wie viele Sozialwissenschaftler benutze auch ich die Biologie – besonders die Embryologie – als Modell für psychische Entwicklung. Diese Vorliebe hat drei Gründe. Erstens zeigt das Wachstum der Organe, angefangen von dem befruchteten Ei bis zum voll ausgebildeten Neugeborenen, eine ungewöhnliche Spezifizität. Die Gesetze, die das Wachstum und die endgültige Struktur des Gehirns bestimmen, sind andere als jene, nach denen sich die Lunge oder die Handmuskulatur entwickelt. Zweitens weist das Wachstum eine wohlgeordnete, teilweise von der Genetik der Zelle gesteuerte Reihenfolge auf, die sicherstellt, daß die ersten Anzeichen der Wirbelsäule vor dem Herzen erscheinen und das Herz vor den Fingern. Schließlich treten im Wachstum des Fötus erhebliche Diskontinuitäten auf. Aus dem glatten runden Ei wird plötzlich ein hohles Rohr, und Zellgruppen, die beim frühen Embryo eine wichtige Funktion hatten, verschwinden, wenn sie nicht mehr benötigt werden. Spezifizität, geordnetes Wachstum und Diskontinuität sind ebensosehr ein Bestandteil der psychischen Entwicklung wie ihre Komplemente: allgemeine Kräfte, Variabilität des Ablaufs und Kontinuität. Bei der Interpretation der kindlichen Entwicklung ist es hilfreich, beide Vorstellungen zu berücksichtigen. Ich habe diese Themen aufgegriffen, um das Verständnis für das Kind zu fördern, und nicht, um an der heutigen Forschung herumzunörgeln.

Wenngleich mir in erster Linie daran liegt, den Leser von der Richtigkeit mancher Aussagen zur Entwicklung zu überzeugen, ist es mir doch auch wichtig, daß er die Grundlagen dieser Behauptungen und die Gründe, warum sie eine Überlegung wert sind, abzuschätzen vermag. Nicht Behauptungen von Fachautoritäten, sondern gesicherte empirische Tatsachen sollten ihn überzeugen. Überall dort, wo sie aussagekräftig sind, werde ich mich auf solche Tatsachen berufen und der Versuchung widerstehen, mich auf das Zeugnis von Experten zurückzuziehen. Doch weil die Psychologie ein so junges und komplexes Fach ist, wird es in gewissem Umfang nötig sein, sich auf Schlußfolgerungen aus annehmbaren Prämissen zu verlassen, die durch viele Tage der Beobachtung von Kindern und viele Nächte der Lektüre von historischen und anthropologischen Werken zurechtgeschliffen wurden. Ein Argument auf die Intuition zu stützen ist immer bedenklich, deshalb werde ich stets dann einen Hinweis geben, wenn keine Tatsachen verfügbar sind und ich auf diese Strategie zurückgreife. Dort, wo ich mich auf die Intuition verlassen habe, mußte ich mich allerdings immer wieder entscheiden, ob ich um der größeren Exaktheit willen eine Schlußfolgerung in ihrer Tragweite beschränken oder dem nachgeben sollte, was nach meinem Dafürhalten die meisten Leser als gefällig empfinden würden. Zu einem Freund habe ich einmal, ohne groß zu überlegen, geäußert, er würde wohl, wenn er die Wahl hätte, etwas Wahres oder etwas Schönes zu schreiben, vermutlich das letztere wählen. Während Romanautoren es mit dem Gefälligen halten müssen, habe ich mich bemüht, der Genauigkeit den Vorzug zu geben und weder dem dichterischen Impuls noch dem nachzugeben, was die meisten Leser nach meiner Vermutung gern hören würden. Ich hoffe, diese Entscheidung hat dazu beigetragen, daß das vorliegende Buch statt geschwollener Redensarten Informationen bietet. Was Kind und Familie betrifft, hat jede Zeit ihre Lieblingsmythen, die sie für unbezweifelbar wahr hält. Wenn wir einige dieser Mythen überprüfen und unter Umständen aufgeben, setzen wir uns zwar vorübergehend der Ungewißheit aus, aber am Ende werden uns viele neue Möglichkeiten deutlich.

Ich danke der Foundation for Child Development, der John D. and Catherine T. MacArthur Foundation und dem National Institute of Child Health and Human Development, die einige der in diesem Buch beschriebenen Untersuchungen gefördert haben. Ferner möchte ich der Cambridge University Press für die Erlaubnis danken, in Kapitel 5 auf Material aus »Emotion, Cognition and Behavior« (1984) von Carroll E. Izard, Jerome Kagan und Robert B. Zajonc zurückzugreifen. Besonders weiß ich die außerordentlichen Fähigkeiten der Lektorin Phoebe Hoss zu schätzen, die in Sätzen, welche mir vollkommen eindeutig erschienen, Unklarheiten aufspürte. Außerdem möchte ich Judith Greissman für ihre klugen Ratschläge in organisatorischen Dingen und ihre freundschaftliche Hilfe danken. Manche meiner Ideen haben davon profitiert, daß ich während der letzten zehn Jahre häufig mit Orville G. Brim, Jr., Joseph Campos, Marshall Haith, Robert McCall und Steven Reznick diskutierte. Ihre Aufrichtigkeit und ihr guter Wille haben mir viel gegeben. Schließlich danke ich Whitney Walton und Micaela Elchediak für ihre Sorgfalt und Geduld bei der Ausarbeitung dieses Manuskripts.

1 *Leitthemen der Lehre von der menschlichen Entwicklung*

Eine große Wahrheit ist eine Wahrheit, deren Gegenteil gleichfalls eine große Wahrheit ist.
Thomas Mann

Drei Paare komplementärer Fragen bewegen die gegenwärtige Forschung über kindliche Entwicklung. Das erste Fragenpaar ist auf Fakten gerichtet. Welche Merkmale sind allen Kindern in den aufeinanderfolgenden Entwicklungsphasen gemeinsam, und welche Eigenschaften kommen nur an bestimmten Orten und zu bestimmten Zeiten vor? Es ist so naheliegend, hinter den Tatsachen des Wachstums einen speziellen Zweck zu vermuten, daß die meisten Forscher, die ein universales Ablaufschema annehmen, darüber hinaus die Glaubensüberzeugung äußern, die Kinder strebten einer höheren Ebene entgegen, auf der sie, je nach dem bevorzugten metaphysischen Thema, freier, logischer, liebevoller, moralischer oder unabhängiger sein werden.

In allen Wissenschaften legt man zunächst einen Untersuchungsgegenstand fest und trägt dann Tatsachenmaterial zusammen, um zu erklären, warum bestimmte Vorgänge zusammen eintreten, mag es sich bei den zusammenhängenden Ereignissen um das Auftreten von Bakterien und hohes Fieber oder um das Zusammentreffen eines zusätzlichen Chromosoms mit geistiger Zurückgebliebenheit handeln. Doch die Wissenschaftler, die die menschliche Natur erforschen – besonders Psychologen und Soziologen –, stellen oft eine weitere Frage. Weshalb oder zu welchem *Zweck*, so fragen sie, hängen die Vorgänge miteinander zusammen?, und gewöhnlich denken sie schon an einen bevorzugten Zweck, ehe sie an die Arbeit gehen. Viele Kinderpsychologen glauben zum Beispiel, daß die Liebe, die eine Mutter dem Kind entgegenbringt, aus ihm einen Jugendlichen macht, der weniger ängstlich ist und mehr Selbstvertrauen besitzt. Mit großem Energieaufwand versuchen sie zu beweisen, daß diese Ansicht richtig ist, während sie sich um die Klärung der Frage, *wie* Mutterliebe überhaupt irgendwelche Konsequenzen bewirken kann, weit weniger bemühen. Ich will versuchen, diese beiden Fragen auseinanderzuhalten und mehr dem *Wie* als dem *Warum* der Entwicklung nachgehen. Ein zweites Fragenpaar sucht also nach den Gründen der Entwicklungsphänomene. Warum ändern sich die Fähigkeiten und Stimmungen von Kindern in übereinstimmender Weise, und warum sind Kinder gleichen Alters so unterschiedlich? Es versteht sich von selbst, daß wir für diese zwei Arten von Variation unterschiedliche Erklärungen benötigen werden.

Das letzte Fragenpaar entspringt ganz natürlich dem Wunsch, die Zukunft vorherzusagen. Welche der vielen Eigenschaften, die wir an Säuglingen und Kindern beobachten, bleiben über Jahre erhalten, und welche Bedingungen verleihen einer Überzeugung, einer Begabung, einem Wunsch oder einem Verhaltensstil die größte Beständigkeit?

Bei dem Bemühen, diese drei Rätsel zu lösen, läßt man sich – wie überall in der Wissenschaft – von verborgenen Prämissen leiten, die der Physiker Gerald Holton (1973) als *Themen* bezeichnet. Ein Thema ist definiert durch ein Paar komplementärer Annahmen, die weder beweisbar noch widerlegbar sind. Jeder Wissenschaftler hängt der einen oder der anderen Annahme an, und sie liefert den Rahmen, der seinen Forschungen Kohärenz verleiht. Die Forschung über kindliche Entwicklung läßt sich gegenwärtig von fünf Themen leiten, und auf eines oder mehrere dieser Themen gehen die einzelnen Kapitel dieses Buches ein.

Biologie und Erfahrung

Beim ersten Thema geht es um das Verhältnis zwischen Biologie und Erfahrung. Man hat zwei gegensätzliche Ansichten über das Kind vertreten. Die eine stellt den starken Einfluß der Reifung heraus, die ihre Macht über die zwölf ersten Lebensjahre allmählich lockert und dabei neue Fähigkeiten freisetzt. Die komplementäre Auffassung weist der Vielfalt von Begegnungen die prägende Kraft zu und kommt beinahe der Behauptung gleich, es sei fast alles möglich, wenn die Erwachsenen nur entsprechend geschickt mit den Kindern umgehen. Theoretiker, die es mit Aristoteles halten, und moderne Verhaltensgenetiker schreiben den Eigenschaften, die in der biologischen Natur des Kindes wurzeln, beträchtliche Stärke zu. Diese Potentiale sorgen dafür, daß Sprache und Verstand bei allen Kleinen auftreten und daß einige Kinder für Furcht oder Psychosen anfällig sind. Die wichtigsten Einflüsse der biologischen Gegebenheit auf die psychische Entwicklung liegen in der Reifung jener Strukturen des Zentralnervensystems, von denen es abhängt, daß motorische und kognitive Fähigkeiten wie Gehen, Sprechen, Symbolbildung und Selbstbewußtheit fahrplanmäßig in Erscheinung treten. Das Gehirn wächst in den ersten Jahren noch weiter, und der Kortex des Kleinkindes ähnelt dem einer ausgewachsenen Ratte. Nervenfasern müssen noch zu ihrer endgültigen Länge heranwachsen, wichtige Verbindungen hergestellt werden, und es ist möglich, daß noch nicht alle Neurotransmitter, von denen die Leistungen des Erwachsenen abhängen, beim Kleinkind aktiv sind.

Anders als man gemeinhin vermutet, ist das Gehirnwachstum während der Kindheit durch die Beseitigung von Synapsen gekennzeichnet, die in den Monaten vor und unmittelbar nach der Geburt geschaffen wurden. Dank dieses Zurückstutzens von Verbindungen können die überlebenden Zellen ihre Kontakte mit Nachbarzellen ausweiten, ähnlich wie eine Tierart sich durch das Ausscheiden ihrer Konkurrenten schließlich in einer ökologischen Nische durchsetzt. Der Sieger in der Konkurrenz der Neuronen wird teilweise durch eine Asymmetrie der Stimulation und Inanspruchnahme bestimmt. Wird die rechte Hand stärker benutzt als die linke, so weiten die neuralen Verbindungen, die der rechten Hand dienen, ihren Herrschaftsbereich aus; diejenigen, die der linken dienen, verlieren an Einfluß. Vielleicht hat der Volksglaube, sprachlich besonders Begabte seien handwerklich nicht ganz so geschickt, eine materielle Grundlage. Während das Wachstum des Gehirns zwangsläufig mit Verlust und Gewinn verbunden ist, geht der Verlust an Synapsen einher mit einer gesteigerten Spezifizität der Reaktion, einer geringeren Geschmeidigkeit und der Fähigkeit, automatische Reaktionen zu unterbinden. Wie ich in den Kapiteln 2, 4 und 6 belegen werde, treten die Eigenschaften, die eine direkte Folge der Reifung sind, unausweichlich auf, sofern die Kinder in einer einigermaßen abwechslungsreichen Umgebung aufwachsen, in der sie hinreichend ernährt werden und die hervortretenden Fähigkeiten üben können.

Diese beiden Vorbehalte sind notwendig, denn die Kompetenzen, die vom Wachstum des Nervensystems abhängen, können – oft schwerwiegend – beeinträchtigt werden, wenn es Tieren oder Kindern an Anregung oder an Gelegenheiten zum Spielen fehlt. Rhesusaffen, die isoliert aufgezogen werden, ohne je einen Menschen oder Affen zu sehen, reagieren schließlich auf ein menschliches Gesicht mit den gleichen Anzeichen der Furcht wie normale Affen, aber die Furcht tritt etwa einen Monat später auf als bei Tieren, die mit anderen Affen oder mit Menschen Kontakt hatten (Kenney, Mason und Hill 1979). Doch abgesehen von ein paar Unglücklichen, die in ein leeres Zimmer gesperrt oder in einer gottverlassenen Anstalt untergebracht werden, erleben fast alle Kinder soviel Abwechslungen, daß die biologischen Veränderungen, die unserer Art gemäß sind, eintreten können. Wenn die Gehirnstrukturen eine bestimmte Organisationshöhe erreichen, treten neue kognitive Fähigkeiten hervor, die neue Motive ermöglichen. Das Kind bemerkt zum Beispiel erst nach Vollendung des zweiten Lebensjahres, daß sein Verhalten von anderen nach Leistungsmaßstäben bewertet wird. Wenn das Kind sich dieser Bewertung bewußt wird, bildet sich der Antrieb heraus, Aufgaben zu meistern. Mit sieben Jahren, wenn es fähig ist, eigene Eigenschaften mit denen anderer zu vergleichen, entwickelt das Kind ein Motiv, die Gleichaltrigen, die eine wünschenswerte Eigenschaft haben, die es selbst nicht besitzt, abzulehnen oder von ihnen akzeptiert zu werden. Schließlich erzeugen die in der Pubertät auftretenden kognitiven Fähigkeiten ein Motiv, sich um logische Konsistenz der eigenen Ansichten sowie um Widerspruchsfreiheit zwischen den Ansichten und dem eigenen Verhalten zu bemühen. Das Hervortreten kognitiver Fähigkeiten ist also begleitet von Motiven, die häufig neue Wünsche darstellen, auch wenn es so scheint, als seien sie mit früheren identisch oder von diesen abgeleitet.

Wissenschaftler, die der Umwelt eine stärker prägende Wirkung zuschreiben, sehen in der Evolution durch natürliche Selektion ein fruchtbares Modell für das Wachstum, weil diese Perspektive die Geschmeidigkeit des Kindes bei der Reaktion auf eine Herausforderung sowie die Veränderungschancen betont, die in dem Bemühen stecken, mit einer realen oder eingebildeten Bedrohung fertigzuwerden. Die Anhänger der Umwelt-Hypothese meinen aber zugleich, daß Veränderungschancen durch die Geschichte beschränkt werden. Jeder Mensch lebt gleichzeitig in mehreren, ineinandergeschachtelten Zusammenhängen – von der Familie über die Nachbarschaft bis hin zu der verschwommen abgegrenzten Kultur –, und diese wirken einengend auf das, was das Kind wertschätzt, glaubt und träumt. Karl Marx (1867) glaubte, dieses Prinzip sei auf der großen Bühne der Klassenzugehörigkeit wirksam. B. F. Skinner (1938) schrieb ein Skript für zwei Akteure in einem kleineren Theater. Beide Theoretiker betonen jedoch, daß die Veränderungschancen nicht unbegrenzt seien, da jeder ein Stück weit Gefangener seiner eigenen Vergangenheit ist.

Der wichtigste Katalysator für Veränderungen, die durch die Umwelt vermittelt werden, ist die Information. Eine Informationsquelle liegt in jenen Ereignissen, die sich mit starken Gefühlen verknüpfen. Ein Kind, das durch das Fenster einen großen roten Bus sieht, hört plötzlich einen Donnerschlag, bekommt einen Schreck und weint. Es kann sein, daß es das nächste Mal, wenn es einen großen roten Bus oder auch nur irgendeinen Bus sieht, diesen Schreck wiedererlebt. Bisweilen läßt das Verhalten des Kindes selbst auf das Ziel schließen, das es erreichen möchte. Ein Einjähriges weint, wenn seine Mutter es ins Bett steckt, das Licht ausmacht und aus dem Zimmer geht. Weil es weint, kehrt die Mutter zurück, macht das Licht an und geht zu dem Kind. Ihre Rückkehr, vom Kind als Belohnung empfunden, erhöht die Wahrscheinlichkeit, daß es künftig weint, wenn die Mutter es ins Bett bringt.

Man kann jedoch nicht sagen, wie die als Belohnung empfundenen Ereignisse auszusehen haben, damit sich die Wahrscheinlichkeit der ihnen vorausgehenden Verhaltensweisen ändert. Früher haben die meisten Forscher ohne Begründung behauptet, wesentlich für das belohnende Ereignis sei seine Fähigkeit, dem Akteur Freude zu bereiten. Weil man aber nicht immer Freude empfindet, wenn man etwas tut, womit man ein Ziel erreicht, argumentieren viele Psychologen, das erneute Auftreten eines bestimmten Verhaltens werde schon dadurch wahrscheinlicher, daß es zu einer veränderten, insbesondere einer aufmunternden Erfahrung führt. Aber auch diese Schlußfolgerung ist nicht ganz zutreffend, denn wenn man etwas Neues tut, verändert sich immer etwas. Ich bewege meinen Stift, um eine veränderte Erfahrung zu erzeugen, doch steigert diese Ereignisfolge nicht unbedingt die Wahrscheinlichkeit, daß ich diese Handlung wiederholen werde. Wie rätselhaft die Sache ist, wird deutlich, wenn wir ein Baby beobachten, das sich gerade in einer Weise verhalten hat, die ihm Freude zu bereiten scheint. Es schlägt gegen einen mit Perlen gefüllten Ballon und versetzt ihn dadurch in Bewegung, so daß ein Geräusch entsteht. Das Baby lacht und wiederholt die Aktion. Wieder und wieder bewegt sich der Ballon geräuschvoll, und das Baby lächelt. Wäre dieser Ablauf ein Beispiel für das Prinzip der instrumentellen Konditionierung, dann müßte das Baby die Handlung bis zur Erschöpfung wiederholen. Doch nach nur wenigen Minuten hört es auf zu lächeln, so, als würde es sich langweilen. Daß man sich nach dem Erreichen eines Ziels langweilt, ist ein allgemeines Phänomen, das uns nahelegt, etwas über den Motivationszustand und das Wissen des Kindes in Erfahrung zu bringen. Wenn das Kind das Ziel nicht erstrebenswert findet, wird die Reaktion, durch die es normalerweise erreicht wird, nicht auftreten.

Eine dritte Informationsquelle liegt im Ungewohnten und Unerwarteten, denn solche Ereignisse veranlassen das Kind, sie zu seinem Wissen in Beziehung zu setzen, und das geschieht in einem Prozeß, der sein bisheriges Wissen verändert. Nehmen wir ein Kind von 5 Monaten, das nur eine einzige Repräsentation eines Menschen besitzt – die Gestalt und das Gesicht der Mutter; wir bezeichnen eine solche Struktur als *Schema*. Wenn ihm zum erstenmal ein fremder Erwachsener begegnet, prüft es genau dessen Gestalt und Gesicht und entdeckt eine Beziehung zwischen dem Fremden und dem Schema des Gesichts der Mutter; und indem es beides miteinander verknüpft, wird es für die Möglichkeit ungewohnter Gesichter sensibilisiert. Diese eine Erfahrung mit einem neuen Gesicht wird das Kind vermutlich befähigen, den nächsten Fremden rascher zu assimilieren.

Eine Zweijährige sieht zum erstenmal ein Tier mit Hörnern und versucht – zunächst erfolglos –, es mit dem Schema der Hunde und Katzen, die ihr bislang oft begegnet sind, in Beziehung zu setzen. Sie ändert daher ihr Schema für Tiere in dem Sinne, daß es die Möglichkeit gehörnter Tiere einschließt. Auch Anschauungen werden durch die Begegnung mit neuen Informationen verändert: Eine Achtjährige, die von ihrer Freundin erfährt, ihr Vater habe sie im Zimmer eingesperrt, wird vielleicht zum erstenmal darüber nachgrübeln, daß Väter grausam und Kinder aufs äußerste empört sein können.

Neue Ideen entstehen also auch durch Nachdenken. Das Kind zieht auch aus Informationen, die es nicht sofort begreift, ständig Schlüsse. Ein nicht ganz verstandenes Ereignis veranlaßt das Kind zur Bildung von Hypothesen, die das Verstehen erleichtern. Jene Vermutung, die ihm, gleichgültig, ob sie stimmt oder nicht, ein Gefühl der Gewißheit gibt, wird so lange als richtig betrachtet, bis sie durch die Erfahrung widerlegt wird. Ein Kind von 20 Monaten, dem ein Spielzeugbecher, ein Spielzeugauto und eine Spielzeugkatze gezeigt werden, reicht dem Forscher bei zweimal wiederholten Versuchen jeweils korrekt das verlangte Spielzeug. Dann werden diese drei Spielsachen ersetzt durch zwei andere, aber ebenso vertraute Objekte und ein Stück Holz von merkwürdiger Form, das für das Kind etwas ganz Neues ist. Der Forscher läßt das Kind die Sachen einige Sekunden betrachten und bittet dann wie selbstverständlich: »Gib mir den Plunk.« Das Kind zögert einen Augenblick und reicht dem Erwachsenen dann das merkwürdig geformte Stück Holz. Aus der Sicherheit, mit der das Kind reagiert, kann man schließen, daß es die Bitte einsichtig findet und in dem ungewohnten Objekt die richtige Entsprechung für das ungewohnte Wort vermutet (Kagan 1981).

Nachdenklichkeit wird oft durch Mitteilungen anderer ausgelöst. Das Kind versucht, zwischen seinem Denken und Tun keine Widersprüche aufkommen zu lassen. Entdeckt es einen Widerspruch, so ändert es entweder das eine oder das andere. Wenn ein Kind das Lesen als eine wichtige Fertigkeit betrachtet, aber in drei aufeinanderfolgenden Jahren den Lesetest nicht besteht, ist es beunruhigt über die Implikation, daß es einer von ihm für wichtig gehaltenen Aufgabe nicht gewachsen sein könnte. Da diese Schlußfolgerung zu seiner positiven Einschätzung der eigenen Fähigkeiten im Widerspruch steht, wird es möglicherweise die Aufgabe als unwichtig einstufen. Nicht bei allen Kindern führt ein solches Versagen zu einer herabsetzenden Bewertung der Lesefertigkeit; manche betrachten sie weiterhin als heilig und leben mit der Beklemmung, die aus der Einsicht in die eigene Unfähigkeit erwächst.

Die Gesamtheit jener Ansichten über die eigene Person und die Welt, die am stärksten einer Veränderung widerstehen, nennen wir *Bezugsrahmen.* Vom Bezugsrahmen hängt es ab, welche Ereignisse wahrgenommen werden, und er beeinflußt die Schlußfolgerungen, die aus der Erfahrung gezogen werden, in einem bestimmten Sinne. Die meisten Kinder haben einen Bezugsrahmen, demzufolge ihre Eltern weise, kompetent, gerecht und liebevoll sind. Umgekehrte Prämissen enthält der Bezugsrahmen einer weit kleineren Gruppe. Diese beiden Klassen von Kindern werden daher ein bestimmtes Ereignis nicht im gleichen Sinne interpretieren. Eine Züchtigung beispielsweise ist für eine Mehrheit durch den Wunsch der Eltern motiviert, ein wohlerzogenes Kind aufzuziehen, und dient ihr zufolge dem Wohl des Kindes. Eine kleinere Gruppe von Kindern deutet die Bestrafung als ein Anzeichen elterlicher Feindseligkeit.

Eine Änderung des Bezugsrahmens kann zwar durch die Reifung kognitiver Funktionen in Gang kommen – so prüfen Jugendliche ihre Ansichten über ein Thema als ein zusammenhängendes Ganzes, und wenn sie Widersprüche finden, ändern sie einige dieser Ansichten –, doch meistens folgt sie aus neuen Erfahrungen. Eine der wesentlichsten Erfahrungen ist für ein Einzelkind die Ankunft eines neuen Babys, besonders wenn das Erstgeborene zwischen zwei und fünf Jahren alt ist. Viele Mütter berichten von Verhaltensänderungen bei ihren Dreijährigen, die bei Gleichaltrigen ohne jüngere Geschwister nicht so häufig sind. Zunächst wird das Kind für eine kurze Zeit ängstlich; unter Umständen verliert es die Kontrolle über Stuhlgang und Blase und wünscht, ständig bei der Mutter zu sein. Bald setzt sich aber ein reiferes

Verhalten durch, das Kind zeigt mehr Initiative und verliert seine Furchtsamkeit. Die neue Kühnheit hat einen ihrer Gründe in der Erkenntnis, daß da zum erstenmal jemand ist, der nicht so stark ist wie das Kind selbst, ähnlich wie bei der Erleichterung, die man verspürt, wenn man entdeckt, daß jemand anders eine schwerere Bürde zu tragen hat. Die Veränderung beruht nicht in erster Linie auf speziellen Interaktionen mit dem Geschwister oder auf neuen Verhaltensmustern gegenüber den Eltern. Die neuen Qualitäten rühren daher, daß das Kind sich innerlich mit dem Geschwister vergleicht und die Unterschiede an Größe, Stärke und Kompetenz erkennt. Man muß daher mit John Locke (1690) und Leon Festinger (1957) annehmen, daß die bloße Entdeckung von Neuem in der Welt oder von Widersprüchen in den eigenen Ansichten für eine geistige Änderung genügt. Es ist beruhigend, wenn in neueren Aufsätzen über Konditionierung anerkannt wird, daß eine Diskrepanz zwischen dem, was das Tier möchte, und dem, was geschieht, für eine konditionale Verknüpfung wesentlich ist (Mackintosh 1983).

Wir dürfen das Biologische und das aus Erfahrung Stammende aber keinesfalls als getrennte, voneinander unabhängige Kräfte auffassen. Daß beides einander ergänzt, wird am besten an den Anfängen des Gehirnwachstums deutlich. Zwar scheint die Zahl der Neuronen, die ein ausgewachsenes Exemplar einer bestimmten Spezies schließlich aufweist, völlig von seiner erblichen Konstitution abzuhängen, doch werden die Lage dieser Nervenzellen und die Struktur der synaptischen Verbindungen innerhalb des Zentralnervensystems sowohl von den örtlichen, physikalischen und chemischen Bedingungen als auch von der Erfahrung beeinflußt und sind somit variabler. Ob eine bestimmte, in den ersten Phasen der neuralen Entwicklung auftretende Zelle zu einem Teil des Rückenmarks oder zu einem Teil des Auges wird, hängt in der Tat weitgehend von den Zellen ab, denen sie auf ihrer Wanderung vom Neuralkamm zu ihrer endgültigen Bestimmung begegnet.

Die irreführende, keinen Vorteil bietende Trennung zwischen Biologie und Erfahrung ist von einigen Sozialwissenschaftlern akzeptiert worden, zum Teil wegen überkommener statistischer Modelle, denen zufolge die Einflüsse endogener Kräfte sich von denen exogener Kräfte trennen lassen. Den Biologen und Physikern ist es besser gelungen, den Irrtum zu vermeiden, als besäßen komplementäre Kräfte eine voneinander unabhängige kausale Stellung. Ein zur Zellteilung befähigter Embryo entsteht, wenn Samen und Ei verschmelzen, und keines von beiden ist die wichtigere Ursache der ersten Teilung des befruchteten Eis. Oder ein anderes Beispiel: ein gefrierender Teich. Wasser hat bei über null Grad bestimmte innere Eigenschaften – und andere, wenn die Außentemperatur unter diesen Punkt sinkt. Physiker erklären das Zufrieren des Teichs nicht mit der Annahme, die Eisbildung könne aufgeteilt werden in Faktoren, die mit den inneren Eigenschaften des Wassers zusammenhängen, und in solche, die der äußeren Temperaturänderung zuzuschreiben sind. Das Gefrieren ist ein einheitlichen Vorgang, der auf einer bestimmten Eigenschaft der Außenluft beruht, die auf einen geschlossenen Wasserkörper einwirkt. Entsprechend wird die kognitive Entwicklung eines zu früh geborenen Kindes in einer wirtschaftlich benachteiligten Familie einen anderen Verlauf nehmen als in einer Mittelschichtfamilie (Werner und Smith 1982). Welche Bedeutung der Tatsache, eine Frühgeburt zu sein, und der anschließenden familiären Erfahrung für das Profil der geistigen Fähigkeiten des Kindes jeweils zukommt, läßt sich unmöglich bestimmen.

Kontinuität und Diskontinuität in der Entwicklung

Ein zweites Thema, das in Kapitel 2 gründlicher erörtert wird, ist der Gegensatz zwischen dem Glauben an einen stetigen bruchlosen Wachstumsprozeß vom Kleinkind- bis zum Erwachsenenalter und der Möglichkeit einer schwerwiegenden Diskontinuität, bei der einige ältere Merkmale völlig verschwinden und neue hervortreten, die eine relativ kurze Geschichte haben. Kurz: Welche Eigenschaften von Kleinkindern und größeren Kindern bleiben erhalten – und wie lange?

Es hat in der Geschichte der westlichen Gesellschaft keine Epoche gegeben, in der nicht Gelehrte, Geistliche und Politiker erklärt hätten, der Charakter des Erwachsenen werde in einem gewissen Umfang während der ersten Lebensjahre geformt. Platon glaubte, ein Kind, das man eifrig wiegt, werde ein besserer Sportler; führende Köpfe der Reformation in Deutschland erklärten, das Schicksal der Gesellschaft werde gestaltet von der Hand, die die Wiege bewegt; im 19. Jahrhundert predigten Geistliche in Neuengland den Eltern, der spätere Charakter ihres Kindes werde dadurch bestimmt, wie sie mit ihm umgingen. Rousseaus Diagnose der gesellschaftlichen Probleme klingt modern:

> »Wenn sich jedoch die Mütter dazu verstünden, ihre Kinder selber zu nähren, so werden sich die Sitten von selbst erneuern und die natürlichen Regungen erwachen. Der Staat wird sich wieder bevölkern. Dieser erste Punkt allein genügt nicht, um alles wieder in Ordnung zu bringen. (...) Würden die Frauen wieder zu Müttern, würden die Männer wieder zu Vätern und Ehegatten.« (Rousseau 1983 [1762], S. 19–20)

Die Hinwendung zu der ersten Entwicklungsphase, Teil eines allgemeinen Interesses an den Ursprüngen natürlicher Phänomene, beruht auf der Prämisse, daß das Leben ein durchgängiger Ablauf sei und man ein psychologisches Modell von jedem beliebigen Punkt bis zu seinem Anfang zurückverfolgen könne. Der aufmerksame Beobachter entdeckt bei jedem Kind winzige Hinweise, die schon auf Eigenschaften im Jugend- und Erwachsenenalter hindeuten. Daher kommt die Befürchtung mancher Eltern, ihr stilles scheues Dreijähriges werde als Jugendlicher zum Einzelgänger werden, und bei anderen die Erwartung, daß ihre Sechsjährige mit ihrer überschäumenden Kraft in der Oberschule zur Klassensprecherin gewählt werden wird.

Das Thema der Stabilität findet eine Ergänzung in der Möglichkeit bedeutender Veränderungen des psychologischen Profils. Ein unübersehbarer Gegensatz besteht zwischen den Grundauffassungen des Alten China und denen des Westens; denn in den philosophischen Schriften der Chinesen ist überwiegend der Wandel anstelle des Bleibenden betont worden. Ein bedeutender Essay aus dem 3. Jahrhundert – der »Dschuang Dsi« – formuliert dieses Thema folgendermaßen: »Von den Kräften, die nicht wahrnehmbare Kräfte sind, ist keine größer als die des Wandels. (...) Alle Dinge sind ständig im Wandel begriffen (...) das Ich der Vergangenheit ist daher nicht mehr das Ich von heute.« (Zitiert in Fung 1973, S. 213)

Obwohl man im Westen eher das Bleibende betont, investieren die Amerikaner so viele private und öffentliche Mittel in die Dienstleistungen von Psychologen, Psychiatern und Beratern sowie in staatliche Erziehungsprogramme, daß man annehmen muß, sie seien davon überzeugt, daß das Verhalten eines Kindes sich durch wohlgemeinte Eingriffe verändern lasse. Seit der Kolonialzeit haben Amerikaner auf die Macht der Erziehung vertraut und ihr zugetraut, daß sie Unfähigkeit überwindet und aus Vagabunden und Kriminellen anständige Menschen macht. Wissenschaftliche Bewertungen solcher wohlwollenden Bemühungen wie »Head Start« und steigende Ausgaben für Schulen haben zu der unerfreulichen Konsequenz geführt, daß sich Pessimismus breit macht hinsichtlich der Frage, ob sie dem Kind auf Dauer nutzen. Auf der anderen Seite kommt es tatsächlich vor, daß Delinquenten aufhören zu stehlen und etwas lernen wollen, und es gibt erfolgreiche Manager, die ihren Job und ihre Familie aufgeben und in einsamen Berghütten Gedichte schreiben. Das ist zwar nicht die Regel, doch da es solche Fälle gibt, müssen wir die Möglichkeit, daß irgendwann im Leben eine Veränderung eintritt, anerkennen (Brim und Kagan 1980).

Qualitatives und Quantitatives

Ein drittes Thema ist die Frage, wie wir menschliche Eigenschaften beschreiben. Man kann natürliche Vorgänge auf zweierlei Weise auffassen. Ein Baum, der Geschmack von Salz, der Klang einer aufprallenden Woge und ein Selbstmord scheinen qualitativ verschiedene Vorgänge zu sein und nicht Bestandteile von abgestuften Ereignisfolgen. Die Bläue des Morgenhimmels, die Temperatur einer Tasse Tee, die wahrgenommene Herzschlagfrequenz oder das Gefühl der Müdigkeit in einem bestimmten Augenblick scheinen dagegen Punkte auf einem Kontinuum ähnlicher Vorgänge zu sein, die sich nur graduell voneinander unterscheiden.

Die meisten Eigenschaften der Materie, die für Physiker interessant sind, sind stetiger Natur, so etwa das Gewicht, die Länge und die Temperatur oder – bei einem bewegten Objekt – die Geschwindigkeit. Die biologischen Eigenschaften von Lebewesen – Reizbarkeit, Fortpflanzung, Krankheit – sind im allgemeinen jedoch nicht stetig. Eine Nervenzelle ist entweder in einem reizbaren Zustand oder nicht; ein Weibchen ist entweder in der Fortpflanzung begriffen, oder es ist es nicht – es gibt keine »partielle Trächtigkeit«.

In Abhandlungen über das Wesen der Naturphänomene hat man diese dichotomische Trennung zwischen qualitativ verschiedenen Eigenschaften und stetigen Merkmalen immer wieder erörtert. Auf der einen Seite bestand Aristoteles darauf, daß zwischen den Dingen qualitative Unterschiede bestehen, auf der anderen Seite vertrat Platon die Ansicht, daß die einzigartigen Qualitäten, aus denen die phänomenale Erfahrung sich zusammenzusetzen scheine, auf unsichtbaren Stetigkeiten der Grundelemente beruhten. In den folgenden zwei Jahrtausenden wuchsen das Ansehen und die Erklärungskraft der Mathematik, und so hielten es die meisten Gelehrten der Aufklärung mit Platon und gaben Galilei recht, der erklärt hatte, Gott bediene sich der Mathematik als der Sprache der Natur, obwohl das, was die Mathematik in den Naturwissenschaften leistet, rätselhaft bleibt und sich rationaler Erklärung entzieht. Die beste wissenschaftliche Erklärung ist daher letzten Endes eine solche, die auf stetige mathematische Funktionen zurückgreift. Erklärungen, die auf Qualitäten beruhen, sind vorläufiger Natur, nicht so leistungsfähig und auf jeden Fall weniger befriedigend.

Obwohl es scheint, als ließen sich viele psychologische Phänomene am besten als qualitative Eigenschaften beschreiben, ziehen die Psychologen es vor, die holperigen Qualitäten nach Möglichkeit einzuebnen und in kleine Punkte einer Stufenfolge aufzulösen. Nehmen wir zum Beispiel die Farbwahrnehmung. Es sind qualitativ verschiedene Zellen in der Netzhaut und im Sehhügel, die auf Licht verschiedener Wellenlängen reagieren, obwohl die Physiker das Licht in einem stetigen Maßsystem in Nanometern messen. Kinder fassen wie die Erwachsenen die Unterschiede zwischen den Farbtönen als diskrete Kategorien und nicht als visuelle Erfahrungen auf einem Kontinuum auf. Zeigt man einem Kind einen Kreis von roter Farbe, bis es das Interesse daran verliert, so läßt es weit weniger Erregung erkennen, wenn man den roten durch einen rosa Kreis ersetzt, als wenn man von Rosa zu Grün übergeht, obwohl die physikalische Veränderung der Wellenlänge, gemessen in Nanometern, die gleiche ist.

In diesem Sinne sind psychologische Phänomene wie die Schizophrenie und das Down-Syndrom nicht Fälle auf einem Kontinuum der psychischen Störungen oder der Intelligenz, sondern zusammenhängende Komplexe von spezifischen Qualitäten. Käme ein Biologe auf die Idee, die Dauer des Paarungsvorgangs und die Größe der Fortpflanzungsorgane bei einer Reihe von Tierarten miteinander zu korrelieren, und würde er sich eine stetige Eigenschaft wie »Paarungseffizienz« ausdenken, so würde er sich wahrscheinlich die spöttische Kritik seiner Kollegen zuziehen. Ein Wissenschaftler dagegen, der das Verhältnis von Hirngewicht zu Körpergewicht bei verschiedenen Arten berechnet und daraus auf ein Kontinuum der Intelligenz schließt, hat für die meisten Sozialwissenschaftler nichts Lächerliches, weil Psychologen etwas für Merkmale, die wie die Intelligenz auf einem Kontinuum liegen, viel übrig haben, während sie von dem Gedanken getrennter Merkmalsklassen nicht so angetan sind wie etwa die Biologen und die Linguisten. Eine der schärfsten Auseinandersetzungen der modernen Linguistik betrifft die Frage, ob die menschliche Sprache ein distinktives Merkmal unserer Spezies ist – oder eine Fähigkeit, die mit der kommunikativen Kompetenz von Menschenaffen auf einem Kontinuum liegt.

Die Tatsache, daß man diskrete Qualitäten als Punkte auf einem Kontinuum auffaßt, führt unter anderem zu der leidigen Konsequenz, daß man Kinder von sehr unterschiedlichem Alter im Hinblick auf ein und dasselbe Merkmal (zum Beispiel die Anzahl der Gedanken, an die es sich erinnern kann, oder die Steigerung der Pulsfrequenz in Reaktion auf eine Gefahr) miteinander vergleicht, in der Annahme, die Bedingungen, die das Verhalten hervorgerufen haben, seien für alle Altersgruppen identisch und unterschieden sich lediglich in ihrer Intensität. Kleinkinder unterscheiden sich jedoch von größeren Kindern qualitativ, und es ist falsch anzunehmen, sie besäßen eine Eigenschaft, die Zehnjährige tatsächlich haben, nur in geringerem Umfang.

Daß die Psychologen gern mit einem Kontinuum arbeiten, hat einen Grund darin, daß die statistischen Verfahren, die ihnen zur Verfügung stehen – Korrelationen, Varianzanalyse und Pfadanalyse –, ein Kontinuum der Verursachung zugrunde legen, wobei die extremen ebenso wie die weniger extremen Werte von den gleichen Kräften hervorgerufen werden. In den Kapiteln 2 und 5 werde ich zeigen, daß es besser ist, die Temperamentseigenschaften von Kleinkindern und die Grundkategorien der Emotionen als diskrete Qualitäten und nicht als Kontinua aufzufassen.

Allgemeine und spezifische Konstrukte

Beim vierten Thema geht es um das angemessene Niveau der Analyse, darum, ob man allgemeine oder engere Begriffe wählt. Bis in die jüngste Zeit hinein haben die Psychologen sehr allgemeine Ideen bevorzugt. So war Freud überzeugt, das Verhalten weitestgehend mit nur drei Grundkräften – dem Es, dem Ich und dem Über-Ich – erklären zu können. Auch die Piaget-Schüler und die Behavioristen stützen ihre Verhaltenserklärungen auf eine sehr kleine Zahl von Begriffen. Ihre Strategie besteht darin, ausgehend von einer begrenzten empirischen Tatsache, zur Erklärung eine allgemeine Idee zu ersinnen, sich vom Spezifischen zu entfernen. Dieses Bestreben läßt sich, wie ich denke, zum Teil mit der Wissenschaftssoziologie erklären. Wissenschaftliche Fächer ahmen genau wie der einzelne Mensch diejenigen nach, die einen höheren Status besitzen. Die Mathematik, anerkannte Königin der Wissenschaften, genießt in der Gelehrtenwelt den größten Respekt, und die meisten Mathematiker, besonders diejenigen, die sich als Formalisten bezeichnen, betrachten es als Ideal der Gelehrsamkeit, wenn aus einer kleinen Zahl von Axiomen komplexe Beweisargumente deduziert werden. Die Biologie stellt jedoch ein fruchtbares Gegenbeispiel dar. In der Biologie gibt es nur wenige allgemeine Ideen, aber viele, sehr leistungsfähige spezifische Ideen. Zum Begriff der Zelle, des Zellkerns und der DNA ist man jeweils auf induktivem Wege gelangt, und die spezifischen Funktionen jeder dieser Gegebenheiten können nicht aus einer kleinen Zahl von Annahmen abgeleitet werden. Die Psychologie steht in ihrer kurzen Geschichte jetzt an einem Punkt, wo sie, wie ich meine, der Biologie und nicht der Mathematik folgen sollte.

Es ist also innerhalb des Faches ungeklärt, wie allgemein oder spezifisch die psychologischen Begriffe sein sollten. Derzeit bevorzugen die meisten Psychologen Konstrukte, die durch lokale Bedingungen, wie Situation, Anreiz und Ziel, so wenig wie möglich eingeschränkt sind. Beispiele dafür sind solche deskriptiven Ausdrücke wie »Leistungsbedürfnis«, »Ängstlichkeit«, »Feindseligkeit«, »Kurzzeitgedächtnis« und »Intelligenz«. Diese abstrakten Eigenschaften sind aber nicht in allen Situationen gegeben. Es gibt niemanden, der unter allen Umständen ein Leistungsbedürfnis verspürt, und niemand ist feindselig gegen *alle* Menschen. Wenn ein Psychologe zu der Ansicht neigt, die Bezeichnungen menschlicher Fähigkeiten oder Dispositionen sollten durch die Benennung des Kontexts näher bestimmt werden, dann wird er Konstrukte verwenden, in denen auf Ort und Ziel ihrer Handlung deutlich hingewiesen wird, und statt »Leistungsbedürfnis« wird er dann »Bedürfnis nach geistiger Leistung«, statt »Feindseligkeit« »Feindseligkeit gegenüber männlicher Autorität« sagen.

Jedes psychologische Testverfahren stellt einen spezifischen Kontext dar, innerhalb dessen eine Person reagiert. Vielfach muß daher, wie man in Kapitel 6 sehen wird, die Bedeutung einer Eigenschaft, die aus den Reaktionen eines Menschen erschlossen wurde, auf das spezifische wissenschaftliche Verfahren eingeengt werden. Nun benutzen Psychologen aber gewöhnlich ganz unterschiedliche Verfahren, um das zu messen, was sie für ein und dieselbe Eigenschaft halten. Der eine Wissenschaftler fragt das Kind, ob es sich vor seinem Vater fürchtet, ein anderer beobachtet es, wie es sich zu Hause gegenüber dem Vater verhält, und ein dritter legt ihm Elektroden an, um zu messen, ob sich die Pulsfrequenz verändert, wenn das Kind ein Bild von einem Mann sieht, der ein kleines Kind schlägt. Jedes dieser Verfahren führt natürlich zu einer anderen Antwort. Statt aber daraus zu folgern, daß »die Furcht eines Kindes vor dem Vater« mehrere Bedeutungen haben könnte, machen die Forscher diejenigen Verfahren, denen sie nicht trauen, schlecht.

Deutlich wird das Verhältnis zwischen Verfahren und Schlußfolgerungen an der Vorgehensweise der Teilchenphysiker, die bestrebt sind, die elementaren Bestandteile des Atoms festzustellen. Jedesmal, wenn die Forscher einen stärkeren Beschleuniger bauen, der dem Strom der auf ein Target treffenden Protonen eine größere Geschwindigkeit gibt, entdecken sie neue Teilchen, die nicht vorhanden waren, als sie eine nicht so starke Maschine benutzten. Die neuen Teilchen müssen aufgefaßt werden als das gemeinsame Produkt aus der Struktur des Atoms und der Energie der bombardierenden Protonen – und nicht als Bestandteile des atomaren Zielobjekts, die schon immer da waren und nur darauf gewartet haben, freigesetzt zu werden.

Jede Methode entlockt ihrem Zielobjekt ein bestimmtes Merkmalsprofil. Viele dieser Merkmale sind keine dauerhaften Bestandteile des Zielobjekts (so wie Nässe ein beständiges Merkmal des Ozeans ist), sondern sie stellen potentielle Qualitäten dar, die unter ganz bestimmten Versuchsbedingungen aktualisiert werden. Wenn ein Erwachsener von einem Versuchsleiter im weißen Kittel aufgefordert wird, einer fremden Person in einem angrenzenden Laborraum einen Stromstoß zu versetzen, so tut er das, auch wenn der Fremde heftig protestiert (Milgram 1964). Das Befolgen dieser Aufforderung bedeutet nicht, daß die Mehrheit der erwachsenen Amerikaner eine konstante Disposition besitzt, inhumanen Forderungen einer Autorität zu entsprechen, es bedeutet vielmehr, daß die Kombination aus diesem speziellen Verfahren und den Persönlichkeitsmerkmalen das konforme Verhalten und die scheinbare Gleichgültigkeit gegenüber dem Leiden eines anderen Menschen hervorbringt. Ein anderes Verfahren hätte nicht dieses konforme Verhalten bewirkt. Der blinde Gehorsam ist folglich nicht eine dauerhafte Eigenschaft des Erwachsenen, sondern ein Merkmal, das nur unter bestimmten Bedingungen provoziert wird. Weil das so ist, hat der Physiker Freeman Dyson erklärt: »Es ist aussichtslos, nach einer Beschreibung zu suchen, die von der Beobachtungsweise unabhängig wäre« (1979, S. 249).

Wenn sich im 19. Jahrhundert ein Beobachter über die Labilität oder Ängstlichkeit eines Kindes äußerte, wußten seine Kollegen, daß diese Äußerung sich auf das manifeste Verhalten des Kindes bezog, denn das war die Methode der Wahl. Heute benutzen Psychologen Fragebögen, Interviews, Projektionstests, Gedächtnisaufgaben und Messungen der elektrischen Nervenpotentiale. Ganz davon abgesehen, daß diese Methoden möglicherweise ungeeignet sind, Labilität oder Ängstlichkeit festzustellen, machen Wissenschaftler, die sich ihrer bedient haben, Aussagen über das Maß, in dem ein Kind diese Eigenschaften besitzt, und vielfach interessiert es sie gar nicht, daß die Meßmethoden einander nicht gleichwertig sind. Die Aussage »Das Neugeborene ist labil« hat eine ganz unterschiedliche Bedeutung, je nachdem, ob sie sich darauf stützt, daß das Baby zwei Stunden lang im Bettchen beobachtet wurde, oder ob man seine Pulsfrequenz heranzieht oder ob die Amplitude der Hirnwellen in Reaktion auf 100 kurze Lichtblitze den Ausgangspunkt bildet.

Die enge Beziehung zwischen dem Verfahren und der Beschreibung kindlicher Eigenschaften gewinnt noch mehr Relevanz, wenn Sozialwissenschaftler daran gehen, die physiologischen Begleiterscheinungen psychologischer Zustände zu untersuchen. Oft gibt es für den Begriff, mit dem die biologischen Daten am besten zu beschreiben sind, kein eindeutiges Synonym unter jenen Ausdrücken, mit denen die – wie es scheint – damit zusammenhängenden psychologischen Merkmale beschrieben werden.

Vor einiger Zeit habe ich eine größere Gruppe von dreijährigen Kindern und ihren Müttern untersucht. Einer der auffälligsten Unterschiede zwischen den Kindern bezog sich auf die Pulsfrequenzkurve im Verlauf verschiedener Tests. War die Pulsfrequenz bei einer Gruppe durch alle Tests hindurch hoch und stabil, so war sie bei einer Gegengruppe niedrig und veränderlich. Versuche mit größeren Kindern und mit Erwachsenen haben gezeigt, daß die Pulsfrequenz steigt und sich stabilisiert, wenn jemand geistig arbeitet (z. B. aufmerksam auf eine Reihe von Zahlen lauscht, um sie sich einzuprägen), während dies nicht der

Fall ist, wenn jemand bloß auf Worte lauscht oder Bilder betrachtet. Die höhere und stabilere Pulsfrequenz wird auf eine gesteigerte physiologische Erregung zurückgeführt.

Wie soll man die Kinder, die diese unterschiedlichen Kurven zeigen, bezeichnen? Ausdrücke wie »motiviert«, »besorgt« oder »auf Erfolg hoffend«, mit denen ähnliche Ergebnisse schon charakterisiert worden sind, scheinen für die mit den Pulsfrequenzkurven zusammenhängenden Zustände nicht recht zu passen. So ist bei den Kindern mit höherer und stabilerer Pulsfrequenz am Gesichtsausdruck oder an den Körperbewegungen keine stärkere Motivation und keine größere Besorgnis abzulesen. Da die Mütter dieser Kinder einem Interviewer verrieten, daß sie an die geistigen Leistungen ihrer Kinder hohe Maßstäbe anlegen, könnten wir an Ausdrücke denken wie »erregt«, »unsicher im Hinblick auf die Leistungshöhe« oder »von den Aufgaben in Anspruch genommen«. Solche Kennzeichnungen werden aber in keiner Weise durch das Verhalten des Kindes gedeckt, haben also ihren Ursprung und beziehen ihren Sinn allein aus den Pulsfrequenzmessungen. Ganz ähnlich verhält es sich, wenn wir aufgrund des Elektroenzephalogramms einer Person, deren Augen geschlossen sind, sagen, ihr Hirnwellenmuster deute auf einen Zustand der Wachheit hin. Um dem merkwürdigen Phänomen gerecht zu werden, daß die Hirnwellen eines schlafenden Menschen denen eines wachen Menschen am hellichten Tage gleichen, hat man sogar den Ausdruck »paradoxer Schlaf« ersonnen.

Betrachten wir die folgende hypothetische Situation. Es geht um drei Personen und einen Apfel; die eine Person darf den Apfel nur aus einer gewissen Entfernung sehen, während von den beiden anderen, denen die Augen verbunden werden, eine den Apfel nur schmecken, aber nicht betasten darf und die andere ihn lediglich ertasten kann. Alle verarbeiten die ihnen zugängliche Information, und jeder erklärt: »Es handelt sich um einen Apfel.« Diese Äußerungen haben nicht die gleiche Bedeutung, weil jeweils eine andere Erfahrungsquelle vorliegt. Wir können, falls dieses Beispiel nicht überzeugt, den Apfel durch eine goldene Harfe ersetzen, zu der drei Personen durch nur eine Wahrnehmungsmodalität Zugang haben: Sehen, Hören oder Fühlen. Falls alle drei erklären sollten: »Dieses Objekt ist schön«, dürfte eindeutiger sein, daß die drei Äußerungen unterschiedliche Bedeutungen haben.

Die Dinge, von denen der Psychologe spricht, sind häufiger hypothetische Qualitäten, wie Schönheit, als konkrete Objekte, wie Äpfel. Idealisten, die hinter den unterschiedlichen Sinneserfahrungen ein einzigartiges Wesen »des Apfels« oder »der Schönheit« vermuten, sollten sich erinnern, daß es Phlogiston und Hexen in Wirklichkeit nicht gibt, obwohl es ursprünglich überzeugende Anzeichen für ihre Realität gegeben hat.

Der Wissenschaftler hat die Aufgabe, die Beziehungen zwischen Vorgängen aufzuklären und anschließend die Vorgänge und die neuentdeckten Beziehungen mit Namen zu versehen. Doch die wissenschaftlichen Verfahren enthüllen bestenfalls nur einen Bruchteil aller Phänomene, die wir verstehen möchten, und folglich benennen die Namen nur das, was durch die Verfahren enthüllt worden ist, und nicht die Vorgänge, wie sie in natura ablaufen. Die Lage der Empiristen gleicht weitgehend der von zwei Blinden, die, mit einer Schere und einem Klappmesser ausgestattet, über die Merkmale des Blütenblattes einer Rose unterrichtet werden und den Auftrag bekommen, ein solches Blütenblatt zu finden und es so aus seiner Umgebung herauszupräparieren, daß das Ergebnis perfekt dem originalen Blütenblatt entspricht. Selbst wenn unsere blinden Abenteurer das Glück haben sollten, einen Rosenstrauch zu finden, würde es ihnen wohl nicht gelingen, ein vollständiges, unversehrtes Blütenblatt und sonst nichts abzuschneiden. Vermutlich würde jeder ein Stück von einem Blütenblatt, ein Stück von einem Blütenstiel und vielleicht einen Teil von dem Strauch abtrennen und diese nicht-identischen Produkte zurückbringen, jeder in der Überzeugung, er habe das perfekte Blütenblatt einer Rose gefunden.

Dieses Argument, könnte man denken, sei eine Umformulierung der Lehre des Operationalismus von Percy Bridgman (1958), die nach dem Ersten Weltkrieg für kurze Zeit in hohem Ansehen stand und heute verrufen ist. Bridgman und die Philosophen des Wiener Kreises betonten, daß der Sinn aller theoretischen Termini einschließlich der Eigenschaften von Organismen einzig auf den Verfahren ihrer Messung beruhe. Übertrüge man diese Auffassung auf die moderne Psychologie, so würde das beispielsweise heißen, daß die Intelligenz nichts anderes sei als eine bestimmte Menge von Antworten innerhalb des Wechsler-Intelligenztests. Diese Folgerung kann man mit guten Gründen ablehnen, denn sie ist zu eng und behindert den theoretischen Fortschritt. Ich wäre da etwas großzügiger. Der Forscher besitzt die Freiheit, Organismen auch für solche Situationen, die er nicht beobachtet hat, gewisse Qualitäten zuzuschreiben, wobei er allerdings die Natur dieser nicht realisierten Situationen angeben muß.

Der subjektive und der objektive Bezugsrahmen

Die Beschreibung und Erklärung psychologischer Phänomene kann von dem Bezugsrahmen eines Subjekts oder von dem Bezugsrahmen eines anderen ausgehen, der dieses Subjekt zu verstehen sucht. Nun gibt es zwar ebenso viele »andere« Bezugsrahmen, wie es Beobachter gibt, doch bezeichnet man die spezielle Perspektive des Wissenschaftlers, der sich um ein besseres theoretisches Verständnis bemüht, indem er unzutreffende Hypothesen anhand von Tatsachenmaterial ausschaltet, gewöhnlich als den *objektiven Bezugsrahmen.* Der objektive Bezugsrahmen ist nicht in jedem Fall richtiger, doch ist er um eine konsequentere Anwendung der Logik bemüht. Der subjektive und der objektive Bezugsrahmen haben unterschiedliche Funktionen und unterschiedliche Geltungskriterien, und sie brauchen nicht übereinzustimmen. Das ist der Kernpunkt des fünften Themas, das für Kapitel 5 über die Emotionen und Kapitel 7 über die Familie von größter Bedeutung ist.

Aussagen, die in einem objektiven Bezugsrahmen formuliert wurden und gewöhnlich auf empirischen Daten beruhen, welche von einem Beobachter oder einer Maschine gesammelt wurden, sind nur eine Quelle des Verstehens (eine ebenso wertvolle Quelle ist die Intuition), und sie müssen zu der subjektiven Erfahrung oder der subjektiven Erklärung desjenigen, der beschrieben wird, in keiner Beziehung stehen. Die Wahrheit dieser Feststellung liegt auf der Hand, wenn Tiere das Objekt der Beschreibung sind. In seinen meisterhaften Schilderungen der Tänze von Honigbienen beschreibt Karl von Frisch (1974) einen gesetzmäßigen Zusammenhang zwischen der Entfernung einer Nahrungsquelle vom Bienenstock und den Bewegungsmustern der in den Stock zurückkehrenden Bienen. Über eventuelle subjektive Erfahrungen der Bienen braucht von Frisch sich nicht zu äußern. Aus der Sicht des Individuums – Wendell Garner (1981) spricht von der elementaren Erkenntnistheorie des Subjekts – ist die Wahrnehmung ganzheitlich und unmittelbar, und sie bleibt unanalysiert. Der einer objektiven Erkenntnistheorie verpflichtete Psychologe geht jedoch unverzagt an die Analyse und zerlegt, was beim Subjekt unanalysiert blieb, in verschiedene Mechanismen.

In der Psychologie der Wahrnehmung wird der Unterschied zwischen den beiden Bezugsrahmen als Gegensatz zwischen Schein und Wirklichkeit aufgefaßt. Bei einer schnell rotierenden Zielscheibe, die abwechselnd schwarze und weiße Ringe aufweist, haben Menschen den subjektiven Eindruck, als sei der schmale schwarze Streifen, der unmittelbar an das Weiße angrenzt, dunkler als der übrige Teil des schwarzen Ringes. Bei objektiven Messungen zeigt sich jedoch, daß der gesamte schwarze Ring den gleichen Helligkeitsgrad besitzt. In diesem Fall sind die beiden Bezugsrahmen nicht miteinander zu vereinbaren.

In der philosophischen Unterscheidung zwischen Meinen und Wissen steckt ebenfalls eine Anerkennung der beiden Bezugsrahmen, doch sähen die Philosophen es gern, wenn die beiden Perspektiven stärker übereinstimmten, denn sonst würden individuelle Meinungen, die nicht von der Gemeinschaft geteilt werden, legitimiert. Nach Abschluß der Kindheit hat jeder Mensch ein subjektives Bewußtsein und eine subjektive Interpretation seines Verhaltens, seiner Wünsche und Gefühle. Aus der Sicht einer objektiven Beschreibung muß diese persönliche Interpretation als ein Sachverhalt aufgefaßt werden, den es zu verstehen gilt, und nicht als eine konkurrierende Erklärung oder als eine Deutung, mit der die im objektiven Bezugsrahmen formulierte Beschreibung in Einklang zu bringen ist. Wäre es anders, dann bedürfte es nicht der diagnostischen Kategorien des Psychiaters, die mit der Beschreibung oder der Erklärung, die der Patient selbst für seine Symptome gibt, in den meisten Fällen kaum etwas zu tun haben (Kleinman 1980).

Das Problem ist nicht nur, daß Sachverhalte, die sich der bewußten Wahrnehmung entziehen, in der persönlichen Erfahrung eines Menschen nicht enthalten sind; bedeutsamer ist, daß die Darstellung, die ein Mensch einem anderen von seiner persönlichen Erfahrung gibt, eine ganz bestimmte Struktur aufweist (erst kommen die Objekte, dann die Prädikate, es werden Regeln der Satzkonstruktion befolgt, die auf zeitliche und kausale Folgebeziehungen Rücksicht nehmen, bruchstückhafte Erfahrungen aber unberücksichtigt lassen), welche der Struktur der geschilderten Prozesse sehr wahrscheinlich nicht entspricht. Die Sätze geben die Sachverhalte, die sie beschreiben sollen, nicht präzise wieder. Wenn man jemanden, der das Innere eines tiefen Loches mit einem Stock erkundet, nach seinen Erfahrungen fragt, wird er sich über die Form des Lochs äußern. Diese Beschreibung stützt sich aber auf ursprüngliche Wahrnehmungen, die nicht im Bewußtsein sind und aus einem Mosaik von Druckempfindungen an der Berührungsfläche zwischen Stock und Hand bestehen (Polanyi 1966). Die bewußte Erfahrung sprachlich darzustellen, das ist, als würde man versuchen, mit künstlichen Händen kleine, zerbrechliche Formen aus zusammengebackenem Sand aufzuheben, obwohl sie nicht leicht zu fassen sind, weil ihre Gestalt so gar nicht den künstlichen Händen entspricht; was dabei übrigbleibt, ist ein merkwürdig anmutender Bruchteil dessen, was vorhanden war. Was jemand über seine Erfahrungen oder Gedanken mitteilt, besitzt im subjektiven Bezugsrahmen zwar seine Gültigkeit, doch braucht es im objektiven Bezugsrahmen keine besondere Gültigkeit zu besitzen (eine Studie zu diesem Problem aus jüngerer Zeit findet man bei Marcel 1983).* Manche heute gängigen Begriffe – zum Beispiel »ein Gefühl der Anonymität« – haben ihre klarste Bedeutung innerhalb des subjektiven Bezugsrahmens, während andere – etwa die »relative Dominanz der linken gegenüber der rechten Hemisphäre« – nur innerhalb des objektiven Bezugsrahmens einen Sinn haben. Den Konflikt zwischen

* In dem neuerdings wieder auflebenden Interesse an der Hermeneutik kann man ein theoretisches Bemühen erkennen, die Äußerungen eines einzelnen aus einer objektiven Perspektive zu interpretieren.

dem Determinismus der Naturwissenschaften und dem humanistischen Glauben an die Willensfreiheit kann man etwa dadurch auflösen, daß man die erstgenannte Auffassung dem objektiven, die letztgenannte dem subjektiven Bezugsrahmen zuordnet. Da die beiden Bezugsrahmen nicht übereinzustimmen brauchen, besteht zwischen den beiden Sichtweisen kein Konflikt.

Das komplementäre Verhältnis zwischen den beiden Bezugsrahmen wird im Bereich der menschlichen Motivation deutlich. In der Regel sehen die Menschen ihre Motive nicht in der gleichen Weise wie der Psychologe. Wenn ein heranwachsendes Mädchen beispielsweise die Freundin einer bestimmten Person werden möchte, spricht der Psychologe von einem Anschlußbedürfnis. Ein anderer Jugendlicher wünscht sich eine 1 in Englisch oder ein Sportabzeichen; der Wissenschaftler spricht dann von einem Leistungsmotiv. Während das Motiv des einzelnen sich auf einen bestimmten Sachverhalt richtet, umfaßt der wissenschaftliche Ausdruck eine weite Klasse von Sachverhalten, denn der Forscher nimmt an, daß das Motiv, sich mit einer bestimmten Person zu einem Drink zusammenzusetzen, nur ein Sonderfall eines umfassenderen Verlangens ist, das auch die Möglichkeit enthält, daß man, falls diese Person nicht zur Verfügung steht, nach einer anderen Person und einer anderen Aktivität Ausschau hält. Die abstraktere Kategorie gehört jedoch in den objektiven Bezugsrahmen des Forschers und nicht in den subjektiven Bezugsrahmen des Individuums.

Betrachten wir das häufige Phänomen der *Interferenz* (Hemmung) der menschlichen Gedächtnisleistung. Eine Versuchsperson, die sich bei zwei vorausgegangenen Versuchen an eine Reihe von Tierbezeichnungen, die man ihr vorgetragen hatte, erinnern konnte, beim dritten Versuch aber nicht, wird auf die Frage nach dem Grund einfach antworten: »Ich weiß es nicht mehr.« Sie wird nicht das Gefühl haben, daß ihre Fähigkeit, sich an die Bezeichnungen zu erinnern, durch irgend etwas gehemmt wurde; der Psychologe könnte bei diesem Phänomen von Löschung, Vertauschung, Dämpfung oder einfach von Vergessen sprechen. Worauf es ankommt ist, daß die Interferenz, von der in der objektiven Beschreibung die Rede ist, von der Versuchsperson nicht als der Grund dafür angesehen wird, daß sie die Bezeichnungen vergessen hat.

Objektiv formulierte Erklärungen für den Zusammenhang zwischen sozialer Schichtzugehörigkeit und schulischen Leistungen in den ersten Klassen berufen sich auf die Erblichkeit der Intelligenz, auf mangelnde Vorbereitung auf die schulischen Aufgaben, auf fehlende Motivation und Erfolgserwartung. Wenn man aber einen Zehnjährigen fragt, warum er nicht mitkommt, wird er wahrscheinlich antworten, der Stoff sei zu schwer oder der Lehrer sei ungerecht oder unfähig. Der Junge wird nicht sagen, er habe eine geringere Intelligenz geerbt oder er habe das Alphabet nicht zuhause gelernt oder er habe keinen Erfolgswillen. Psychologen werden in der Interpretation des Kindes möglicherweise eine Abwehr sehen, einen Versuch, das Versagen zu externalisieren, doch unter den Zehnjährigen sind viele tatsächlich überzeugt, daß ein ungerechter Lehrer Grund für ihre schlechten Leistungen ist. Die subjektive Äußerung des Kindes, daß der Lehrer ungerecht sei, ist eine Tatsache, die man für eine objektive Erklärung des Zusammenhangs zwischen sozialer Schichtzugehörigkeit und bisherigen Erfahrungen heranziehen könnte; sie muß jedoch nicht unbedingt zur objektiven Interpretation im Widerspruch stehen oder einen geringeren Wahrheitsgehalt haben als diese.

Der Unterschied zwischen den beiden Bezugsrahmen wird deutlich, wenn man Persönlichkeitsmerkmale, wie sie einerseits durch objektive Beobachtungen und andererseits durch Selbstaussagen von Jugendlichen erhoben wurden, über längere Zeit miteinander vergleicht. Im objektiven Bezugsrahmen wird bei Langzeitstudien, die sich auf Beobachtungen und Tests stützen, überwiegend festgestellt, daß Merkmale wie intellektuelle Leistungen, Umgänglichkeit und Dominanz über den Zeitraum vom 10. bis zum 14. Lebensjahr einigermaßen stabil sind. Bei einer dreimaligen Befragung von Heranwachsenden (in den Klassen 9, 10 und 11), in der sie sich subjektiv im Hinblick auf einundzwanzig Adjektive selbst beurteilen sollten, wobei es um solche Merkmale ging wie Grad der Ängstlichkeit, Einschätzung der geistigen Fähigkeiten, Freundlichkeit, Umgänglichkeit und Dominanz gegenüber anderen, ergab sich zwischen den Selbstaussagen, die sie in der 9. und dann in der 11. Klasse machten, kein Zusammenhang. Die jungen Leute hatten subjektiv den Eindruck, sich im Hinblick auf diese Merkmale sehr verändert zu haben (Dusek und Flaherty 1981). Empirische Daten, die man in einem objektiven Bezugsrahmen an vergleichbaren Gruppen von Heranwachsenden gewonnen hat, deuten jedoch auf einen sehr viel geringeren Wandel bezüglich dieser Merkmale hin (Kagan und Moss 1962).

Einen weiteren Beleg für die Diskrepanz der beiden Bezugsrahmen liefert eine Untersuchung bei Büroangestellten. Einerseits sollten sie subjektiv angeben, wie oft sie während einer bestimmten Woche mit Kollegen gesprochen hatten, und andererseits gaben Beobachter, die während der Arbeitszeit alle 30 Minuten durch die Büroräume gingen, eine objektive Darstellung. Der persönliche Eindruck von der Häufigkeit des Gesprächs mit anderen und die objektive Information klafften weit auseinander (Bernard, Killworth und Sailer 1982).

Daß die Beschreibungen, die sich aus dem jeweiligen Bezugsrahmen ergeben, jeweils etwas anderes besagen, wird bei Untersuchungen deutlich, in denen Kinder beziehungsweise Erwachsene sich über ihre persönlichen Eigenschaften äußern sollen. Von einer großen Gruppe von neunjährigen Jungen, die von ihren Klassenkameraden und ihren Lehrern einhellig als äußerst unbeliebt bezeichnet wurden, bestand über ein Drittel darauf, daß sie bei allen Klassenkameraden beliebt seien. Die Diskrepanz zwischen den Meinungen der anderen und der Selbstbeurteilung ist kein Problem, denn es ist durchaus möglich, daß jemand trotz der nicht sehr schmeichelhaften Einschätzung durch Freunde eine positive subjektive Meinung von sich selbst hat. Was es mit dieser subjektiven Bewertung jedoch auf sich hatte, wurde deutlich, als der Psychologe herauszufinden versuchte, wie das Kind sich selbst im objektiven Bezugsrahmen sieht. Jedem Kind wurden die Namen von drei Kindern aus seiner Klasse genannt, und es sollte die beiden auswählen, die einander in ihrer Persönlichkeit am ähnlichsten waren. In einigen Fällen gehörte das Kind, um dessen Untersuchung es ging, zu der Dreiergruppe, die es beurteilen sollte. Da sich viele der Kinder, die von sich sagten, daß sie beliebt seien, durchgängig den weniger beliebten und nicht den beliebteren Kindern zuordneten, darf man daraus wohl schließen, daß sie sich selbst nicht als beliebt empfanden.

Diese Schlußfolgerung liegt jedoch innerhalb des objektiven Bezugsrahmens (Kagan et al. 1982). Es kann offenbleiben, ob mehr die subjektive oder die objektive Schlußfolgerung zutrifft, da zwischen beiden kein logischer Widerspruch besteht. Die Bedeutung der Aussage »Hans glaubt, er ist beliebt« hängt davon ab, welchen Rahmen man wählt – ein Sonderfall der früheren Schlußfolgerung, daß die Bedeutung einer Schlußfolgerung stets von der benutzten Methode abhängt.

Psychologen sollten es sich deshalb überlegen, ob sie den verbalen Antworten auf ihre Fragen besondere Bedeutung beimessen. Die verbale Äußerung über persönliche Gefühle ist nur ein Datum innerhalb eines Puzzles, und kaum ein Wissenschaftler wird aufgrund eines einzigen Faktums gern ein Urteil abgeben. Ein Zoologe, der ein neuentdecktes Tier der richtigen Art zuordnen möchte, wird sich nie auf ein einziges Merkmal stützen, sei es die Form des Schnabels, die Länge der Vordergliedmaßen oder das Reproduktionsverhalten, sondern er wird mehrere Merkmale heranziehen. Mit der Zuordnung der Meinungen, Hoffnungen oder Gefühlszustände eines Kindes ist es nicht anders. Ein einziger Beweis reicht in der Regel nicht aus.

Mit subjektiven Äußerungen hat es eine besondere Bewandtnis, denn sie durchlaufen das Bewußtsein und werden dabei verändert. Um Meinungen, Intentionen, Gefühle und Fähigkeiten festzustellen, benutzen die Psychologen verschiedene Sonden, die jeweils die gewünschte Information in einer ganz bestimmten Weise verzerren. Wenn ein Kind sich beispielsweise selbst zeichnet, gibt es nicht exakt wieder, wie es sich sein Aussehen vorstellt, denn es kann ja sein, daß es keine besonderen künstlerischen Gaben besitzt. Wenn es zu einem Bild etwas erzählt, werden seine Äußerungen durch die Gegenstände auf dem Bild beeinflußt. Eine verbale Antwort aber unterliegt, da sie das Bewußtsein durchläuft, zwei gewichtigen Einflüssen: Sie muß rational und logisch sein, und sie darf nicht allzu viel Unerwünschtes über die eigene Person enthüllen. Die ursprüngliche Information, die in die Antwort eingeht, wird entsprechend diesen Erfordernissen verändert. Da die Menschen vieles von dem, was sie äußern könnten, so einschätzen, daß es möglicherweise etwas über die eigene Person verrät, sind verbale Äußerungen vielfach extrem verzerrte Hinweise auf die zugrundeliegende Eigenschaft, die der Wissenschaftler gern in weniger verhüllter Form kennen würde.

Während der strenge Naturwissenschaftler das subjektive

Zeugnis in der Regel als unzuverlässig ablehnt, möchten einige Sozialwissenschaftler es zur zentralen Erklärung machen. Dabei übersehen sie aber, daß der Bezugsrahmen des einzelnen etwas Persönliches ist, eine begrenzte Reichweite hat und nur einen Bruchteil dessen erhellt, was wir innerhalb des objektiven Bezugsrahmens verstehen möchten – drei Punkte, die schon vor achtzig Jahren kritisch gegen jene eingewendet wurden, die der Ansicht waren, das vorrangige Problem der Psychologie sei der Inhalt des Bewußtseins und die Introspektion sei die Methode der Wahl.

Der Leser möge diese Überlegungen nicht so verstehen, als sollte die Nützlichkeit des subjektiven Bezugsrahmens in Zweifel gezogen werden, ganz im Gegenteil. Diesem Rahmen entspringen die meisten der Entscheidungen, die wir Tag für Tag treffen, und wenn wir uns genötigt fühlen, einen Tag, eine Woche oder ein ganzes Leben als etwas Zusammenhängendes zu sehen, so ist es der subjektive Rahmen, der diesen Zusammenhang stiftet. Das Ziel der Wissenschaft ist es jedoch, Aussagen zu treffen, die in den objektiven Bezugsrahmen gehören, und folglich müssen subjektive Informationen als ebenso erklärungsbedürftig gelten wie die raschen Bewegungen des Augapfels im Schlaf oder die Beschleunigung der Pulsfrequenz in Reaktion auf eine Beleidigung. Es ist jedoch etwas anderes, ob man die subjektive Äußerung eines Menschen über seine Stimmung oder seine subjektive Erklärung des eigenen Verhaltens als ein Datum auffaßt, dessen Bedeutung noch zu klären ist, oder ob man diese Äußerung auf dieselbe Ebene stellt wie die Erklärung innerhalb des objektiven Bezugsrahmens. Ich werde deshalb in meinen Erörterungen darauf achten, diese beiden Informationsquellen und die komplementären Erklärungen, zu denen sie führen, auseinanderzuhalten.

Diese fünf Themen bilden den Kontrapunkt zu den Einzelheiten, die in den folgenden Kapiteln dargestellt werden. Man wird mehr von der Lektüre haben, wenn man sie sich alle vergegenwärtigt, doch das wichtigste ist nach meiner Ansicht das vierte Thema. Vielleicht kommt man einmal dahin, daß die Psychologie die Eigenschaften der Menschen in generellen Termini beschreibt – so wie der Energiebegriff in der modernen Physik ein genereller

Terminus ist –, aber noch ist es nicht soweit. Jede Schlußfolgerung über Kinder und Familien ist daher auf die hier zugrundeliegenden Tatsachen beschränkt. Eine solche Enthaltsamkeit ist geboten, solange wir noch über eine relativ schwache Theorie und eine unzureichende Zahl verläßlicher Tatsachen verfügen.

2 Das Kleinkind

Die Naturwissenschaft gibt keine Beschreibung und Erklärung der Natur; sie ist Teil des Wechselspiels zwischen der Natur und uns; sie beschreibt die Natur, wie sie sich unserer Befragungsmethode darbietet.

Werner Heisenberg,
»Physik und Philosophie«

Als die meisten Europäer noch ihr ganzes Leben in dem Dorf verbrachten, in dem sie geboren waren, und vierzig Prozent aller Kinder vor ihrem fünften Geburtstag starben, war ein gründliches Verständnis der Natur des Kindes weder von Interesse noch von Wert, da die Erwachsenen ein Kind, das die ersten Lebensjahre überstanden hatte, vorwiegend unter dem Gesichtspunkt der wirtschaftlichen Sicherheit und der sozialen Stellung der Eltern sahen. Sozialer Aufstieg und sozialer Abstieg waren jedoch bis zur Mitte des 17. Jahrhunderts für einen ansehnlichen Teil der Jugendlichen zur realen Möglichkeit geworden, nachdem ihre Familien eine gewisse Freiheit erworben hatten und erwarteten, daß das Leben der Kinder sich anders gestalten könnte als das eigene. Aufgrund historischer Veränderungen war die Zukunft des Kindes nicht mehr so leicht absehbar wie vorher und deshalb Anlaß elterlicher Sorgen. Die Gesellschaft brauchte nunmehr eine Erklärung für die unterschiedlichen Lebensschicksale, einschließlich einiger schlichter Ratschläge, welche die Eltern befolgen konnten, um die Ungewißheit zu vermindern, die sie bei dem Gedanken heimsuchte, welche Stellung ihr Kind wohl zwei Jahrzehnte später einnehmen würde.

Von all den potentiellen Ursachen, die nachdenkliche Beobachter hätten ersinnen können, um die einschneidenden Unterschiede von Fähigkeiten, Besitz, Glück, sozialer Stellung und sittlichem Wandel zwischen den Erwachsenen zu erklären, waren nach Ansicht der meisten westlichen Theoretiker die Erfahrungen in der frühen Kindheit (sei es die Qualität der körperlichen Pflege, seien es bestimmte Begegnungen mit Objekten und Menschen) am bedeutsamsten. Die in den ersten Jahren geschaffenen

Stimmungen, Werte, Fertigkeiten und Gewohnheiten würden, so nahm man an, unbegrenzt weiterbestehen und den Charakter, die Tüchtigkeit und die Fähigkeit des Erwachsenen, sich zu freuen, bestimmen. Amerikanische Eltern sind heute geneigt zu glauben, daß das Glück des Erwachsenen, das mittlerweile zum verbreitetsten Maßstab eines erfolgreichen Lebens geworden ist, von den Ereignissen der frühen Kindheit beeinflußt wird.

Es gibt außerdem ein politisches Motiv, das zumindest in amerikanischen Familien dafür sorgt, daß man sich um den ersten Lebensabschnitt des Kindes besonders kümmert. Die beunruhigenden Unterschiede, die man bei Jugendlichen aus benachteiligten ethnischen Minderheiten und bei Heranwachsenden aus Mittelschichtfamilien hinsichtlich der wirtschaftlichen Möglichkeiten und der technischen Fähigkeiten feststellt, sind mit dem amerikanischen Ideal einer egalitären Gesellschaft nicht zu vereinbaren. Würde man für bessere Bedingungen in der frühen Kindheit und für eine geeignete Umwelt sorgen, so wären nach Überzeugung der meisten Amerikaner die sozialen Probleme gelöst. Um zu wissen, wie man richtig mit den Kindern umzugehen hat, muß man die Gesetze der Entwicklung kennen. In diesem Kapitel werden einige wichtige Erkenntnisse erörtert, die wir über das Kleinkind gewonnen haben; allerdings bleiben uns die tiefsten Einsichten weiterhin verschlossen.

Die Eigenschaften des Kleinkindes unterscheiden sich von denen des größeren Kindes so sehr, daß es kein Wunder ist, wenn die beiden ersten Lebensjahre in allen Gesellschaften als ein besonderer Entwicklungsabschnitt gelten. Kleinkinder werden oft nicht durch das definiert, was sie können, sondern durch das Fehlen jener Vorzüge, welche die Erwachsenen besitzen, insbesondere der Sprache, der Intention, der Einsicht in Gut und Böse, der Fähigkeit zum symbolischen Ausdruck, zum vorausschauenden Handeln, der Schuldfähigkeit, der Einfühlung und der Selbstbewußtheit. Wenn William James die Welt des Babys als eine »blühende, schwirrende Konfusion« darstellte, so erschien das glaubhaft, weil man allgemein annahm, das Kleinkind sei ein von Natur aus hilfloses Wesen, das sich äußerer Einwirkungen kaum zu erwehren weiß.

Tatsächlich ist das Verhalten des Kleinkindes so uneindeutig, daß ein Betrachter in der Deutung dessen, was er zu sehen glaubt, sehr leicht von den in seiner Kultur herrschenden Ansichten über die Natur des Menschen beeinflußt werden kann. Dieser Einfluß wird deutlich in den unterschiedlichen Darstellungen des Kindes bei Sigmund Freud, Erik Erikson und Jean Piaget. Jeder dieser einflußreichen Theoretiker hat aufgrund von Annahmen, die in seinem weiteren kulturellen Umfeld ihren Ursprung haben, am ersten Lebensjahr des Kindes einen anderen Aspekt hervorgehoben.

Um die Jahrhundertwende, als Freud seine Theorien entwikkelte, lieferte die Darwinsche Evolutionstheorie Metaphern für das menschliche Verhalten. Nach der Theorie Darwins war das menschliche Kleinkind ein Bindeglied zwischen den Tieren und den menschlichen Erwachsenen. Wie dieses Bindeglied beschaffen sein könnte, wurde in der berühmten Erklärung Ernst Haekkels angedeutet, nach der sich in der Ontogenese die Phylogenese wiederholt; beim Kleinkind sollten die gleichen Kräfte bestimmend sein wie bei primitiven tierischen Formen, bei denen eine einzige Öffnung zugleich der Nahrungsaufnahme und der Sexualität dient. Diese phantasievolle Idee, kombiniert mit der neuen Lehre, daß Nerven spezifische Energien haben, die mit unterschiedlichen Qualitäten von Erfahrung zusammenhängen, und mit dem älteren Gesetz der Erhaltung der physikalischen Energie, brachte Freud vermutlich zu der Annahme, jedes Kind werde mit einer bestimmten Menge von Triebenergie geboren, die im Mund, der Zunge, den Lippen und deren üblichen Funktionen ihren ursprünglichen Sitz hat. Die kühne Hypothese von der oralen Phase mag uns heute merkwürdig vorkommen, doch in den ersten Jahrzehnten unseres Jahrhunderts klang sie glaubhafter, teilweise auch deshalb, weil sie mit wichtigen Gesetzen aus den angesehenen Disziplinen der Zoologie, der Physiologie und der Physik eine große Ähnlichkeit aufwies und weil sie dem Wunsch vieler Gelehrter entsprach, die begriffliche Trennung zwischen Menschen und Tieren aufzuheben.

Als dann ein halbes Jahrhundert später Erik Erikson seine Lehre von den acht Lebensphasen des Menschen entwickelte, war es jedoch der Wunsch von politisch liberal eingestellten Wissenschaftlern, die psychologische Distanz zwischen Tier und

Mensch zu vergrößern und statt in ererbten Instinkten in der gesellschaftlichen Erfahrung die Ursache der nicht zu leugnenden Unterschiede bezüglich Begabung und Charakter zu sehen. Einer der Gründe für diese Theorie-Vorliebe bestand in dem Verlangen, eine kleine, aber lautstarke Gruppe von bekannten Biologen und Psychologen zum Schweigen zu bringen, die behaupteten, das wirtschaftliche und soziale Versagen gewisser europäischer Einwanderer habe teilweise biologische Ursachen. Da sich immer mehr Intellektuelle der Auffassung öffneten, daß nicht die Biologie, sondern die gesellschaftliche Erfahrung das Prägende sei, war es einsichtig, wenn ein Theoretiker in der Zeit zwischen den beiden Weltkriegen das aktiv an der Brust trinkende Kleinkind als ein Kind wahrnahm, das passiv gefüttert wurde, und aus einem einzelnen Instinktverhalten einen gesellschaftlichen Vorgang machte. Zwei wichtige Merkmale dieser dyadischen Beziehung sind die aktive Zuwendung und die Zuverlässigkeit der Pflegeperson. Wenn das Baby weint und nicht innerhalb angemessener Zeit gefüttert wird, wird es äußerst unruhig. Als Erikson den ersten Entwicklungsabschnitt eine Zeit der Grundlegung des Vertrauens nannte, klang das in den fünfziger Jahren genauso wahr wie ein halbes Jahrhundert zuvor Freuds Theorie von der oralen Phase.

Piagets Auffassung von der Kindheit stand wie diejenige Freuds unter dem Einfluß von Auseinandersetzungen über die Mechanismen des evolutionären Wandels. Piaget hielt es mit denjenigen, die nicht der genetischen Mutation, sondern der Auseinandersetzung des Organismus mit der Umwelt das größere Veränderungspotential zuerkannten. Er verglich die Entwicklung der kognitiven Funktionen mit der Evolution von Organen und körperlichen Prozessen, weil die kognitiven Fähigkeiten des Kindes sich nach seiner Konzeption aus der aktiven Interaktion mit Gegenständen der Welt und aus sukzessiven Anpassungen an neue Herausforderungen herleiten. Wenn Piaget ein Kleinkind beobachtete, sah er ein Baby, das mit dem Gesicht und den Fingern der Mutter spielt. Die Brust zu nehmen, gestillt zu werden und die Finger der Betreuerin zu untersuchen – all dies gehört zur frühen Kindheit. Warum eine dieser Funktionen von zentraler Bedeutung sein soll, ist nicht einzusehen, doch jede Theorie erkennt einer von ihnen größeres Gewicht zu als den anderen.

Die Leichtigkeit, mit der Wissenschaftler einem bestimmten Aspekt der Kindheit eine besondere Bedeutung beimessen, ist Ausdruck einer allgemeinen Tendenz, dem kleinen Kind Eigenschaften zuzuschreiben, die das Gegenteil oder noch unentwickelte Ansätze von bei Erwachsenen geschätzten Merkmalen sind. Amerikaner schätzen Unabhängigkeit und Individualität, und das Baby ist für sie abhängig, undifferenziert und sich noch nicht der Tatsache bewußt, von anderen getrennt zu sein – sämtlich nicht wünschenswerte Gegensätze jener Qualitäten, die der westliche Mensch als Erwachsener erreichen soll.

Freilich wird nicht überall den kleinen Kindern Abhängigkeit von anderen und ein undifferenziertes Ich zugeschrieben. Die Japaner schätzen ein enges Wechselverhältnis zwischen Kind und Erwachsenem, und für sie besitzt das Baby als Bestandteil seines besonderen Wesens eine gewisse Autonomie. Japanische Mütter sehen ihre Aufgabe darin, das Kind in eine abhängige Rolle hineinzulocken, und so trösten sie es sofort, wenn es schreit, reagieren sie sanft auf sein aufgeregtes Gestammel, und nachts schlafen sie bei dem Kind, um die gegenseitige Bindung, die es für das Erwachsenenleben braucht, zu fördern.

Wenn die Merkmale, die den kleinen Kindern von Theoretikern zugeschrieben werden, sich im Laufe der Zeit verändern, so kann man daraus ablesen, daß die Qualitäten, die man bewundert, sich wandeln. In den dreißiger Jahren galt es als äußerst wünschenswert und erreichbar, die kindliche Aggression zu zügeln, und in dieser Zeit schrieb die britische Psychoanalytikerin Melanie Klein dem Kind hemmungslose aggressive Impulse zu und sah einen Ausdruck dieses primitiven Instinkts darin, daß das saugende Kind in die Brustwarze der Mutter biß. Nach dem Zweiten Weltkrieg ist die kindliche Aggression akzeptabler geworden, und Kleins Erklärung ist dadurch veraltet.

Als im 19. Jahrhundert das Ideal der Amerikaner in strikter Fügsamkeit gegenüber den Eltern und gütiger Autorität bestand, galten die Kinder als eigensinnig. Das Ziel der Sozialisierung bestand darin, ihnen die reife Haltung des Gehorsams gegenüber den Eltern beizubringen. Als dann per Autorität festgesetzte moralische Imperative durch die historischen Ereignisse Schaden nahmen, glaubten Theoretiker, ein persönliches Gewissen fördern zu müssen. Kinder, die sich aus Furcht vor Strafe den Forderungen der Erwachsenen regelmäßig fügten, galten nun als unreif, weil Angst vor der Mißbilligung durch andere keine so wünschenswerte Grundlage sittlichen Verhaltens ist wie eine Hemmung, die auf eine innere Verpflichtung, gut zu sein, zurückgeht.

Auch was die Mäßigung starker Begierden angeht, haben sich die Einstellungen in den letzten zwei Jahrhunderten gewandelt. Handlungen zu unterbinden, die aus Zorn entsprangen oder aus dem Wunsch nach sinnlichen Freuden oder aus Machthunger – also *Selbstbeherrschung* zu üben –, war die zentrale sittliche Forderung zu Beginn des 19. Jahrhunderts. Im ersten Jahrzehnt unseres Jahrhunderts setzte sich statt der Selbstbeherrschung als Ideal, dem jedes Kind nacheifern sollte, die Anpassung an gesellschaftliche Forderungen durch. Gelungene Anpassung hieß, dem Verlangen nach Vergnügen, nach Freuden, nach Ansehen und Reichtum nachzugeben; übertriebene Selbstbeherrschung war folglich nicht wünschenswert, und was man im Jahre 1800 geschätzt hatte, galt nun als potentiell abträglich für das Glück.

Heute sind es zwei andere Merkmale des Kleinkinds, die von den Psychologen in den Vordergrund gestellt werden. Bei einer Gruppe, die teilweise auf die Ansichten von Erikson zurückgeht, gilt eine zärtliche und spielerische Interaktion zwischen Mutter und Kind als entscheidend für die Bindung des Babys an die Betreuerin – ein herausragender Zug unserer Zeit. Eine andere Gruppe untersucht Erscheinungen, bei denen es um die zentralen Fragen der modernen Erkenntnislehre geht: Wahrnehmung, Erinnerung und Begriffsbildung. Sollte das wiedererwachte Interesse an der Moral weiterhin wachsen, dann könnte es sein, daß am Ende dieses Jahrhunderts viele Beobachter – genau wie am Ende des letzten Jahrhunderts – denjenigen Verhaltenselementen zentrale Bedeutung zuschreiben werden, die auf den Willen, die Intention und die Wahl schließen lassen, denn das sind die Hauptelemente des Gewissens.

In diesem Kapitel soll eine Konzeption der Kindheit beschrieben werden, die von drei Vorstellungen ausgeht. Erstens wird der Reifung kognitiver Fähigkeiten der Vorrang eingeräumt, teils weil diese Eigenschaften in bisherigen Darstellungen ignoriert wurden, teils weil ich glaube, daß entwicklungsbedingte Veränderungen der Emotionen und des Sozialverhaltens am besten zu verstehen sind, wenn man sie mit der Entfaltung kognitiver Prozesse in Verbindung bringt.* Ich werde zeigen, daß der wichtigste Katalysator für Veränderungen in der Beziehung besteht zwischen den Vorgängen, die in den Wahrnehmungsbereich des Kindes gelangen, und dem Wissen, das es zu diesem Zeitpunkt besitzt, und daß der Wissensbestand von natürlichen Tendenzen gesteuert wird, die sich darin äußern, wie die Erfahrung aufgespalten wird, sowie von einer zunehmenden Fähigkeit, sich an Vergangenes zu erinnern und es mit dem Gegenwärtigen zu vergleichen.

Ein weiterer Prozeß, der im ersten Lebensjahr einsetzt, ist die Bindung des Kindes an seine Betreuungsperson. Auch diesem Prozeß liegt eine Beziehung zwischen dem Kind und der Außenwelt zugrunde, doch verknüpft die Bindungsbeziehung das angeborene Handlungsrepertoire mit den Reaktionen derer, die das Kind versorgen und mit ihm spielen.

Der Erwerb von Wissen und die Ausbildung von Bindungen sind universal, aber wie rasch und in welcher Form diese Erwerbungen gemacht werden, das ist von Kind zu Kind außerordentlich verschieden. Gewiß hängen diese Unterschiede in erheblichem Maße von der Umwelt ab, in der ein Kind aufwächst, doch tritt jedes Kind mit einem eigenen Temperament ins Leben, von dem sehr stark abhängt, wie andere es behandeln und wie es auf Unerwartetes reagiert.

Die Erweiterung der ersten Kenntnisse

Die ersten Kenntnisse des Kindes beruhen auf Handlungen und sinnlicher Erfahrung. Von Geburt an ist das Neugeborene bereit, wenn nicht alle, so doch die meisten der grundlegenden Wahr-

* Einige neuere Untersuchungen zur Konditionierung verfolgen ebenfalls eine kognitive Perspektive und sehen in der Konditionierung einen Prozeß, durch den Repräsentationen von Ereignissen miteinander verknüpft werden (Mackintosh 1983).

nehmungen zu machen, die unserer Art gegeben sind. Das Baby kann sehen, hören und riechen, und es vermag Schmerz, Berührung und Veränderungen der körperlichen Lage zu empfinden. Zwar ist die Empfindlichkeit dieser Wahrnehmungsformen noch nicht auf ihrem Maximum – zum Beispiel ist die Netzhaut des Neugeborenen bei der Geburt noch nicht voll funktionsfähig (Abramow et al. 1982) –, doch reagiert das Kind auf Informationen aus all diesen Sinnesbereichen. Es kann unterschiedliche Muster erkennen, beispielsweise den Unterschied zwischen einem Muster, das aus Streifen von nur drei Millimetern Abstand besteht, und einem einheitlich grauen Fleck, zwischen senkrecht und schräg verlaufenden Gittermustern, zwischen geraden und gekrümmten Linien oder zwischen stark konturierten und schwach konturierten Mustern. In der akustischen Wahrnehmung kann das kleine Kind zwischen den Tönen C und Cis und zwischen den gesprochenen Silben »pa« und »ba« unterscheiden, und es ist äußerst empfänglich für die Veränderungsrate der Schallenergie in der ersten halben Sekunde eines Schallereignisses. Bei geringer Veränderung öffnet das Baby interessiert seine Augen, bei starker Veränderung schließt es sie abwehrend.

Um festzustellen, ob ein Kind den Unterschied zwischen zwei Sachverhalten erkennen kann, benutzen die Psychologen eine einfache Strategie. Wenn ein bestimmter Sachverhalt die Kinder langweilt, zeigen sie in der Regel erhöhte Aufmerksamkeit für einen anderen, falls sie erkennen, daß er sich von dem ersten unterscheidet. Zeigt man Kindern zwei identische rote Kugeln, bis sie gelangweilt wegschauen, und zeigt man ihnen anschließend eine der roten Kugeln neben einem roten Würfel, so zeigen sie mehr Interesse an dem Würfel, woraus man schließen kann, daß sie zwischen dem alten und dem neuen Sachverhalt einen Unterschied bemerken. 10 Monate alten Kindern legte man zum Beispiel zwei identische runde Scheiben vor (die Gesichter repräsentieren), bei denen Punkte die Augen andeuteten (Bild 1 in der Abbildung auf S. 58). Nachdem dieser eine Reiz die Kinder langweilte, zeigte man einigen von ihnen ein anderes Paar Scheiben, von denen die eine genau dem Original glich, während bei der anderen die »Augen« außerhalb der Umrandung lagen (Bild 11). Die Kinder betrachteten die Figur, bei der die Punkte außerhalb

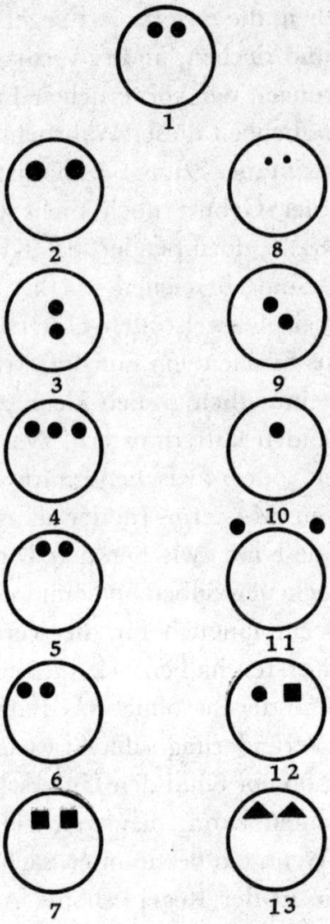

lagen, zwar nicht länger, doch waren sie imstande, den Unterschied zwischen den beiden Reizen zu erkennen (Linn et al. 1982).

In diesen Ergebnissen steckt ein Problem, das immer dann auftritt, wenn man auf das Wissen und den mentalen Zustand eines anderen schließen will. Angenommen, wir beobachten einen Mann, der durch den Wald geht, und wir stellen fest, daß sein Blick durchschnittlich etwa zwei Sekunden auf einem Baum, einem Busch oder einem Tier ruht. Wenn er eine bestimmte Pflanze zehn Sekunden lang betrachtet, kann man relativ sicher sein, daß er dort etwas besonderes sieht. Wenn der Mann aber an einer auffallenden Ulme vorbeikommt und sie nicht länger als eine Sekunde betrachtet, kann man daraus nicht schließen, daß er sie nicht von den anderen Bäumen in der Umgebung unterscheidet, sondern nur, daß diese Ulme ihn nicht interessiert. Diese Regel gilt auch für das Baby. Sobald das Kind Vorstellungen von der Welt erwirbt – und das tut es vom ersten Tage an –, verknüpft es eine neue Erfahrung mit dem, was es weiß, und nicht mit dem unmittelbar vorhergehenden Ereignis. Wenn ich an einer Straße, die seit einer Stunde ruhig war, das Geräusch eines Lastwagens höre, brauche ich dem Geräusch keine besondere Aufmerksamkeit zu schenken, falls ich sofort erkannt habe, um was es sich handelt, obwohl sich das Geräusch von der unmittelbar vorangegangenen Stille unterscheidet. In der Regel vergleichen Menschen ein Ereignis mit dem, was sie über das Ereignis wissen, und nicht mit den schwindenden Sinneseindrücken der voraufgegangenen Momente. Wenn ein Baby also auf einen neuen Sachverhalt nicht erkennbar reagiert, kann es durchaus erkannt haben, daß er sich von seiner bisherigen Erfahrung unterscheidet, nur hat es ihn rasch oder auch gar nicht einordnen können.

Es ist ein ernstes Problem für die psychologische Theoriebildung, daß man versucht ist, das Ausbleiben einer Reaktion auf das Fehlen derselben Kräfte zurückzuführen, die sonst für das Auftreten der Reaktion verantwortlich sind. Bei einem Versuch mit größeren Kindern kann der Forscher annehmen, daß es an geringer Motivation oder an der falschen kognitiven Einstellung liegt, wenn ein Kind, das ansonsten fähig wäre, ein Problem zu lösen, keine Lösung findet. Das Kleinkind gilt jedoch als in kognitiver Hinsicht einfacher, und so nehmen Forscher gern an, daß eine ausbleibende Reaktion an einer fundamentalen Unfähigkeit liegt und nicht an einem zeitlich begrenzten Zustand. Einer der Gründe für diesen Denkfehler liegt, wie ich schon im ersten Kapitel bemerkte, darin, daß jedes Sondierungsverfahren nur eines von vielen ist, die man hätte benutzen können, um den psychologischen Zustand eines Kindes abzuschätzen; eine andere Methode hätte vielleicht die erwartete Reaktion hervorgelockt. Siebenjährige schwarze Kinder aus der Innenstadt von Baltimore, die auf die Frage: »Was sollte man tun, um Wasser zum Kochen zu bringen?« keine richtige Antwort gaben, hatten mit der Beantwortung keine Schwierigkeiten, nachdem der Wortlaut der Frage geändert wurde in »Was tut man, um Wasser zum Kochen zu bringen?« Oft braucht man bei einem psychologischen Verfahren nur die einfachsten Dinge zu ändern, um zu einem ganz unerwarteten Ergebnis zu kommen (Weiskrantz 1977; Donaldson 1978). Man kann eine psychologische Eigenschaft mit dem Inneren eines Hauses vergleichen, das viele kleine Fenster hat, deren Verglasung jeweils eine andere, unbekannte Wölbung aufweist. Jeder Einblick von außen ergibt – genau wie jedes psychologische Verfahren – ein anderes Bild vom Inneren.

Bedingungen der Aufmerksamkeit: Veränderung und Struktur

Neues Wissen wird dann erworben, wenn die Aufmerksamkeit des Kindes sich auf einen Sachverhalt konzentriert, und eine der wichtigsten Qualitäten, welche die Aufmerksamkeit des Kindes wecken und fesseln, ist die Veränderung. Was generell die Aufmerksamkeit auf sich zieht und festhält, sind Bewegungen von Objekten, Grenzen zwischen Dunkel und Hell, plötzliche Berührungen und pulsierende Klänge (Haith 1980). Doch die Stärke der Kontur oder das Ausmaß der Bewegung sind nicht die einzigen Bestimmungsgrößen der Aufmerksamkeit im optischen Wahrnehmungsbereich. Auch bestimmte Veränderungen der Struktur oder der Anordnung von Elementen können zumindest im ersten Lebensjahr die Aufmerksamkeit des Kindes fesseln. Da es schwer fällt, diese Ergebnisse mit den Erfahrungen des Kindes zu erklären, sind wir zu der Schlußfolgerung genötigt, daß bestimmte Strukturen eine psychologische Bedeutung haben. Wenden wir uns noch einmal den Bildern in Abbildung S. 58 zu.

Bei einem Versuch hat man Kindern von 10 Monaten zunächst ein Paar identischer Bilder gezeigt (Bild 1 in Abbildung S. 58). Zwölf Gruppen von Kindern hat man dann ein anderes Paar von Reizen gezeigt. Einer davon war der Kreis mit Punkten für die Augen, den sie gerade gesehen hatten (Bild 1), der andere war eines der übrigen zwölf Bilder. Eine dreizehnte Gruppe bekam weiterhin das alte Paar von Kreisen zu sehen. Nur zwei der veränderten Muster riefen eine große Steigerung der Aufmerksamkeit hervor: Bei einem waren die Punkte senkrecht untereinander angeordnet (Bild 3), beim anderen waren die Punkte ein wenig größer (Bild 2).

Zwingende Erklärungen fallen einem zu diesem unerwarteten Ergebnis nicht leicht ein. Es könnte für Kleinkinder adaptiv sein, wenn sie durch die größeren Punkte in Alarmbereitschaft versetzt werden, da diese in der Realität ein Hinweis auf ein sich näherndes Objekt sein können. Dagegen ist nicht ganz einzusehen, weshalb der Wechsel von der Waagerechten zur Senkrechten solche Wirkungen hatte. Das ist kein Sonderphänomen; in allen Sinnesmodalitäten gibt es gewöhnlich einige Sachverhalte, die das Interesse eines Kindes stärker fesseln.

Diese Beobachtungen sind von Bedeutung für eine der Fragen, die abendländische Gelehrte immer wieder aufgeworfen haben, wenn es um den Ursprung des Wissens ging. Im Anschluß an John Locke haben viele Philosophen – und im späten 19. Jahrhundert dann auch Psychologen – jegliches Wissen und jegliche Fähigkeit auf die in der Außenwelt entspringende Erfahrung zurückführen wollen. Die besondere Sensibilität für eine Veränderung von waagerecht zu senkrecht angeordneten Punkten scheint jedoch eine angeborene Tendenz zu sein, ebenso wie die Empfänglichkeit des Zugvogels für polarisiertes Licht, die Anziehungskraft, welche der Ruf der Mutter auf ein Entenjunges ausübt, und die Sensibilität der Honigbiene für Geschwindigkeit und Richtung des Tanzes, den heimkehrende Bienen ausführen, wenn sie hundert Meter vom Stock entfernt Blumen entdeckt haben. Rhesusaffen, denen von Geburt an der Anblick anderer Tiere oder von Menschen verwehrt war, zeigen Anzeichen von Erregung, wenn sie sich im Spiegel erblicken (Schmatzen mit den Lippen ist ein Ausdruck dieses Zustandes), und Anzeichen von Furcht vor einem menschlichen Gesicht (Furcht äußert sich in einer Grimasse) (Kenney, Mason und Hill 1979). Da die unterschiedlichen Reaktionen nicht auf vorhergehender Erfahrung mit anderen Affen oder Menschen beruhen können, muß man einen angeborenen Mechanismus annehmen, der den Affen dazu bringt, diese beiden Sachverhalte unterschiedlich zu behandeln. Der Geist, von dem Locke meinte, daß er bei Geburt leer von Gewohnheiten sei, enthält in Wirklichkeit eine Fülle von Mechanismen der Verarbeitung von Erfahrungen, und so muß man gewisse Gleichförmigkeiten beim Wissenserwerb zugrunde legen, die von der Kultur, in die ein Kind hineingeboren wird, unabhängig sind.

Die Form des Wissens: Das Schema

Das *Schema*, die erste Form des kindlichen Wissens, ähnelt dem, was sich John Locke unter dem Inhalt des menschlichen Geistes vorstellte. Das Schema ist eine Repräsentation von Erfahrungen, die sich auf ein ursprüngliches Ereignis bezieht. Das Wissen, welches eine Straße repräsentiert, in der man als Kind gelebt hat, besteht aus Schemata. Kinder erzeugen schematische Repräsentationen, die ihren Ursprung in dem haben, was sie sehen, hören, riechen, schmecken und fühlen. Schemata erlauben es, früher Erlebtes wiederzuerkennen, eine Fähigkeit, die in Ansätzen schon in den ersten Lebenstagen vorhanden ist. Zeigte man Neugeborenen zunächst ein Schachbrett mit 16 schwarzen und weißen Feldern und anschließend eines mit nur neun Feldern, das also weniger Schwarz-Weiß-Kontraste aufwies, so zeigten sie erneut Interesse, ein Hinweis darauf, daß sie erkannt hatten, daß die Anzahl der schwarzen und weißen Felder geändert worden war. Die Einheit, welche dieses Erkennen erlaubt, ist das Schema.

Das Schema kann keine exakte Kopie der Realität sein, denn der Geist kann unmöglich alle Einzelheiten eines Sachverhalts, und sei er so bedeutungsvoll wie das Gesicht der Mutter, registrieren. Außerdem gleichen sich die Fälle nicht, wenn eine Versuchsperson mehrmals nacheinander mit einem Sachverhalt konfrontiert wird; der Geist verknüpft die zweite Erfahrung mit der ersten und die dritte mit der zweiten, und dabei erzeugt er vermutlich, während er die subtilen Variationen erkennt, eine Zusammenfassung all der einzelnen Erfahrungen. Die Zusammenfassung, als *schematischer Prototyp* bezeichnet, ist mit keiner vorhergegangenen Einzelerfahrung identisch und folglich eine Konstruktion des Geistes. Einen unabhängigen Beleg für diese Behauptung lieferten Experimente, bei denen man Kindern eine Reihe von ähnlichen Objekten zeigte, sagen wir, ein schematisches Gesicht, in dem der Abstand zwischen den Augen, zwischen Augen und Nase oder zwischen Nase und Mund variierte. Nachdem die Kinder diese ähnlichen Gesichter betrachtet hatten, zeigte man ihnen ein Gesicht, das sie nie zuvor gesehen hatten, das aber den Durchschnitt all der früheren Gesichter darstellte, ferner ein neues Gesicht, das nicht mit dem Durchschnitt identisch war, und eines der Gesichter, das sie vorher gesehen hatten. Die Kinder betrachteten die beiden letztgenannten Gesichter länger als das durchschnittliche, woraus man schließen kann, daß sie das durchschnittliche als das vertrauteste Gesicht empfanden, auch wenn sie es nie zuvor gesehen hatten (Strauss 1979). Platon hätte sich über dieses Ergebnis gefreut, behauptete er doch, jedes Objekt der Welt besitze ein innerstes Wesen, das der Geist sich durch die Bewegung seiner Elemente vergegenwärtige.

Wenn Kinder aus der Erfahrung einen schematischen Prototyp ableiten, heißt das, daß sie auf mehrere Dimensionen eines Vorgangs achten. Wenn sie das können, dann können sie vielleicht auch unabhängig von jeder konkreten Erfahrung abstrakte Qualitäten erfassen und die Abstraktion einer anderen Wahrnehmungsmodalität als derjenigen, in der das Schema entstanden ist, erkennen. Es gibt Anhaltspunkte dafür, daß Kleinkinder dazu imstande sind.

Bei einem Versuch ließ man Babys zunächst einen entweder pulsierenden oder gleichmäßigen Ton hören und zeigte ihnen anschließend sowohl eine unterbrochene als auch eine durchgehende Linie; hatten sie zuerst den pulsierenden Ton gehört, so verweilte ihr Blick länger bei der unterbrochenen Linie, hatten sie dagegen den stetigen Ton gehört, so betrachteten sie länger die durchgehende Linie (Wagner et al. 1981). Wenn Kleinkinder ohne Sprache in der Lage sind, Schemata zu bilden, in denen aus der Hör- und Seherfahrung abgeleitete Qualitäten wie Kontinuität und Diskontinuität verkörpert sind, dann ist das eine gewisse Bestätigung für jene Philosophen, die sich für die Existenz von Universalien ausgesprochen haben.

Kleine Kinder können außer für Kontinuität und Diskontinuität auch für andere gegensätzliche Wahrnehmungen empfänglich sein. Dafür kommen vermutlich in Frage: das Vorhandensein oder Fehlen eines Objekts, die einfache oder mehrfache Darbietung eines Vorgangs, die räumliche Lage oberhalb oder unterhalb des Kopfes des Kindes, der Umstand, ob von einem Gegenstand eine Wirkung ausgeht oder auf ihn ausgeübt wird, und der Gegensatz zwischen einem Vorgang, dem unmittelbar ein anderer vorausgeht, und einem anderen, der scheinbar spontan erfolgt. Alle diese Paare haben eine wichtige gemeinsame Dimension, aber auch eine ganze Reihe von Dimensionen, die sie nicht miteinander teilen. Diese Folgerungen werden bis zu einem gewissen Grade durch die ersten sprachlichen Äußerungen des Kindes bestätigt. Zwei- und Dreijährige werden beim Verschwinden eines Objektes vielfach sagen »weg« oder »alle alle«, sie bemerken also leicht den Gegensatz zwischen Vorhandensein und Fehlen. Wenn Kinder bemerken, daß von einem Spielzeug ein weiteres, ähnliches vorhanden ist, sagen »noch« oder »mehr«, und sie sagen »rauf« und »runter«, um die entsprechenden Veränderungen in der räumlichen Lage eines Menschen oder Gegenstandes zu benennen. Das frühe Auftreten dieser Wörter läßt darauf schließen, daß das Kind diese gegensätzlichen Erfahrungskategorien begriffen hat.

Mit dem Erwerb der Schemata entsteht die Frage, was eher imstande ist, die Aufmerksamkeit des Kindes auf sich zu lenken und zu fesseln: die Beziehung zwischen den Schemata und der unmittelbaren Erfahrung oder der ursprüngliche Eindruck des Umrisses, der Bewegung, der Farbe und der Krümmung. Besonders solche Sachverhalte, die eine partielle Abwandlung vorhandener Schemata sind, nehmen jetzt bevorzugt die Aufmerksamkeit des Kleinkindes gefangen. Man spricht hier von einem *diskrepanten* Ereignis. Es handelt sich dabei um ein in der Entwicklung geläufiges Prinzip: Ein Mechanismus ist für die Funktionsweise eines Organismus so lange maßgebend, bis seine Aufgabe erfüllt ist und er durch einen anderen Mechanismus ersetzt oder in den Hintergrund gedrängt wird.

Die längste Aufmerksamkeit und erregtes Zappeln und Plappern werden solche diskrepanten Ereignisse hervorrufen, die mit den Schemata des Kindes eine hinreichende Zahl von Dimensionen gemeinsam haben, damit es eine Verwandtschaft zwischen ihnen erkennen kann, die aber dennoch eine partielle Veränderung insofern darstellen, als ein Element oder eine Dimension, die für das gespeicherte Schema zentral ist, anders angeordnet, hinzugefügt oder entfernt wurde. Veränderungen dieser Art bestehen etwa für 6 Monate alte Kleinkinder in einer Puppe ohne Kopf oder einer Puppe, deren Kopf sich zwischen den Beinen befindet. Eine Puppe ohne Ohren ist keine Veränderung in diesem Sinne, weil Ohren im Schema eines Menschen, zumindest für 6 Monate alte Babys, keine hervorstechende Dimension darstellen. Ein Kleinkind von 4 Monaten, das ein Schema von den Gesichtern seiner Eltern besitzt, wird eine Abbildung oder Skulptur, bei der die Lage der Augen innerhalb des Gesichts verändert wurde, lange betrachten, nicht dagegen ein Gesicht, das keine Augen oder keinen Mund enthält.

Das Prinzip, das hinter diesen Tatsachen steckt – das Diskrepanzprinzip –, besagt, daß zwischen der Dauer anhaltender Aufmerksamkeit, die einem Ereignis zuteil wird, und dessen Verwandtschaft mit dem Schema des Kindes vielfach eine kurvilineare Beziehung besteht (McCall, Kennedy und Appelbaum 1977). Ereignisse, bei denen Elemente von untergeordneter Bedeutung verändert wurden, und solche, bei denen alle bedeutenden Elemente verändert wurden, rufen sehr viel weniger Aufmerksamkeit und Erregung hervor als Ereignisse, bei denen einige der Dimensionen von zentraler Bedeutung verändert wurden, aber nicht alle. In diesem Sinne werden Kleinkinder von 8 Monaten, die ein festes Schema eines erwachsenen Menschen haben, erregt, wenn man ihnen Bilder von Kleinkindern zeigt, nicht aber bei Bildern von Schmetterlingen. Zweijährige, für die Frauen und Kleinkinder etwas ganz Vertrautes sind, werden durch Abbildungen von Schmetterlingen erregt (Reznick 1982).

Der emotionale Zustand des Kleinkindes wird durch seine Fähigkeit oder Unfähigkeit beeinflußt, diskrepante Ereignisse zu assimilieren. Ein Ereignis, das mit einiger Bemühung assimiliert werden kann, sorgt für Erregung, eines, das nicht assimiliert werden kann, ruft *Unsicherheit* hervor, einen Zustand, mit dem in diesem und in den folgenden Kapiteln vieles erklärt werden soll.

Unsicherheit ist nicht gleichbedeutend mit Zuständen der Furcht oder der Angst, wenngleich sie ihnen vorausgehen kann. Wenn das Kleinkind sich nachhaltig, aber erfolglos bemüht, ein

Ereignis zu assimilieren, und obendrein mit dem Nichtverstehen nicht fertig wird, entsteht ein anderer Zustand, den manche Psychologen als *Furcht* oder *Angst* bezeichnen. Dieser Vorgang tritt schon im Alter von 3 Monaten auf (Mast et al. 1980). Man brachte Kleinkindern bei, ein Mobile, das entweder aus zwei, sechs oder zehn Holzklötzen bestand, anzustoßen. Nachdem sie gelernt hatten, das Mobile durch einen Stoß in Bewegung zu setzen, konfrontierte man die Kinder mit einem Mobile aus nur zwei Einheiten. Diejenigen, denen man zunächst ein Mobile aus zwei Einheiten vorgesetzt hatte, zeigten in ihrem Verhalten keine Veränderung, während die Kinder, bei denen man von einem Mobile aus zehn beziehungsweise sechs Klötzen zu einem solchen aus zwei Klötzen überging, brüllten und weinten, so daß man annehmen kann, daß die Veränderung sie ärgerte. Es ist denkbar, daß das Kleinkind mit Verärgerung reagiert, weil es die Bewegung, welche es an dem aus zwei Einheiten bestehenden Mobile beobachtet, mit dem vom Vortag stammenden Schema der aufregenderen Erfahrung mit dem größeren Mobile vergleicht. Die Gereiztheit rührt daher, daß mit einem Stoß nicht soviel Abwechslung erzeugt wurde wie vorher.

Die Unsicherheit wird reduziert, wenn man das Auftreten eines diskrepanten Ereignisses vorhersehen oder auf das Unerwartete reagieren kann. Einjährige reagieren auf ein mechanisches Spielzeug, das sich in regelmäßigen Abständen von 4 Sekunden in Bewegung setzt und wieder stillsteht, weit weniger furchtsam, als wenn dieses Spielzeug sich in unregelmäßigen, unvorhersehbaren Abständen bewegt (Gunnar et al. 1983).

In der Regel ist es eine partielle Abwandlung des Gewohnten, wodurch Interesse, Erregung und Aktivität ausgelöst werden. Der Geist entfaltet sich also in dem Randbezirk, wo das Erwartete nicht eintritt oder maßvoll verändert wird. Die intellektuelle Entwicklung des Kindes stützt sich in beträchtlichem Maße auf seine Wissensgrundlage, und so gibt es wahrscheinlich kein Erziehungskonzept, das für alle Kinder gleichermaßen optimal ist. Ein Kinderzimmer mit einem Mobile aus zehn Klötzen ist nicht besser als eines mit einem Mobile aus sechs Klötzen, doch wenn man alle fünf Tage zwischen den beiden wechselt, bekommt man vielleicht ein aufgeweckteres Kind. Es ist richtig, daß Veränderungen den Geist zur Tätigkeit zwingen, doch hängt es von den jeweiligen kognitiven Strukturen des Kindes ab, welche Ereignisse am ehesten geistige Aktivität auslösen. Zu einem bestimmten Zeitpunkt ist das Kleinkind nur für ein schmales Spektrum von Ereignissen in maximaler Weise empfänglich. Erst wenn bestimmte Erfahrungen verstanden worden sind und eine neue Struktur entstanden oder eine alte verändert worden ist, kann das Kind sich mit größter Aufgeschlossenheit anderen Ereignissen zuwenden.

Das Diskrepanzprinzip, demzufolge Menschen dazu neigen, solchen Ereignissen, die etwas mit ihrer bisherigen Erfahrung zu tun haben, anhaltende Aufmerksamkeit zuzuwenden, dient möglicherweise der Anpassung. Die aufschlußreichsten Mitteilungen, die Kinder von Erwachsenen empfangen, stecken in Abwandlungen des Gesichtsausdrucks und der sprachlichen Äußerung, was für die Sozialisation von großer Bedeutung ist.

Das Diskrepanzprinzip funktioniert auch im Bereich der Ideen. Die Aufgeschlossenheit für neue Ideen und die Bereitschaft, sie zu akzeptieren, scheinen sich nach einer bestimmten Spielart des Diskrepanzprinzips zu richten. Am heftigsten wird über solche Ideen diskutiert, die mit unseren Ansichten zusammenhängen, aber ein wenig von ihnen abweichen. Allzu abweichende Meinungen werden entweder ignoriert oder eindeutig verworfen. Von Theaterstücken und Romanen angeregt, wird im Jahre 1984 über Homosexualität in einem Ausmaß nachgedacht und debattiert, das hundert Jahre früher nicht möglich gewesen wäre. Schroffe Diskrepanzen sind zwar alarmierend, führen aber nicht dazu, daß man sich intensiv um ein Verstehen bemüht. Wenn die Frage »wie fühlst du dich heute?« mit »ich bin zu verärgert, um mit dir zu gehen« beantwortet wird, liegt eine Diskrepanz vor, eine Abweichung von den Erwartungen des Fragestellers, und er wird sich um ein Verständnis bemühen. Wenn der Befragte jedoch antwortet: »Das Ende der Welt ist dann und dann«, wird sich der Fragesteller wahrscheinlich nicht so sehr bemühen, diesen Satz zu assimilieren. Die Tendenz, daß eine Struktur nur durch Ereignisse aktiviert wird, die ihr in gewisser Weise ähneln, ist ein Schutzmechanismus, der Systeme davor bewahrt, auf alle neuen Ereignisse zu reagieren, ohne daß diese Systeme für den schmalen Erfahrungsbereich, der Veränderungen ermöglicht, unempfindlich würden.

Die Entwicklung des Gedächtnisses

Die Fähigkeit, eine gegenwärtige Erfahrung mit einschlägigen Schemata zu verknüpfen, ist eine der zentralen Funktionen, die im ersten Lebensjahr reifen. Schlichter ausgedrückt: Das Kind wird fähig, sich der Vergangenheit zu erinnern. In dieser Wendung verstecken sich jedoch mindestens drei verschiedene Funktionen: das Wiedererkennen des Vergangenen, das Wiederheraussuchen und Finden des Vergangenen und die Fähigkeit, Vergangenes und Gegenwärtiges im aktiven Gedächtnis miteinander zu vergleichen. Ein Dreijähriges kann ein vertrautes Ereignis in seinem Wahrnehmungsbereich wiedererkennen, weil das Ereignis gewisse Eigenschaften mit seinen (des Kindes) Schemata gemeinsam hat. In den ersten 6 Lebensmonaten werden neue, aus einer kurzen Begegnung mit einem Sachverhalt herrührende Schemata jedoch rasch verblassen, wenn sie nicht aufgefrischt werden oder zwischen der ersten Erfahrung und der nächsten Begegnung eine zu lange Pause entsteht.

Oft kann man das Wiedererkennen eines vertrauten Ereignisses bei Kleinkindern daran ablesen, daß ihr Blick zwischen einem neuen und einem alten Objekt hin- und herwandert. So zeigte man einem Kind eine Karte, auf der drei gleichartige Spielsachen in der Art eines Dreiecks abgebildet waren. Nach einer Pause von 1 beziehungsweise von 7 Sekunden zeigte man statt dieser Karte dann eine zweite, die ebenfalls drei Spielsachen enthielt. Auf der zweiten Karte waren manchmal eines der Spielzeuge, manchmal zwei und gelegentlich alle drei Spielsachen durch andere ersetzt. Gelegentlich enthielt die zweite Karte die gleichen drei Spielsachen wie die erste. Wenn die zweite Karte nach einer Pause von nur 1 Sekunde erschien, blickten Kinder von 8 Monaten viele Male zwischen dem neuen und dem alten Spielzeug hin und her und zeigten damit, daß sie erkannt hatten, daß eines der Spielzeuge durch ein anderes ersetzt worden war. Die gleichen Kinder blickten sehr viel weniger zwischen den Spielsachen hin und her, wenn die zweite Karte nach einer längeren Pause von 7 Sekunden erschien, so daß man annehmen muß, daß sie die Farben und Formen der ursprünglich gezeigten Spielsachen vergessen hatten (Kagan und Hamburg 1981).

Eine weitere Gedächtniskomponente, die in der zweiten Hälfte des ersten Lebensjahres auftaucht, besteht in der Fähigkeit, ein Schema aufzufinden, sofern es in der unmittelbaren Umgebung minimale Anhaltspunkte gibt. Kinder von 4 Monaten können erkennen, ob ein Gesicht, das sie vor sich sehen, einem anderen, das sie zuvor gesehen haben, ähnlich ist, doch fällt es ihnen nicht so leicht, das Schema eines vertrauten Gesichts wiederzuerkennen, wenn sie allein in ihrem Bettchen liegen.

Es gibt ein praktisches, intuitiv einleuchtendes Verfahren, die Fähigkeit zum Wiedererkennen eines Schemas abzuschätzen; ein attraktives Objekt wird versteckt, und das Kind muß eine Weile warten, bevor es danach greifen darf. Kinder im Alter von 8 bis 12 Monaten wurden in monatlichem Abstand mit diesem Problem konfrontiert. Die Kinder sollten ein Spielzeug finden, das unter einem von zwei gleich aussehenden Tüchern vor ihnen versteckt war. Bevor sie jedoch nach dem Spielzeug greifen durften, mußten sie 1, 3 oder 7 Sekunden warten. Während dieser Wartezeit waren sie außerdem entweder durch einen durchsichtigen oder durch einen undurchsichtigen oder nicht durch einen Schirm von dem Spielzeug getrennt. Die Fähigkeit der Kinder, sich an die Lage des Spielzeugs zu erinnern, nahm in den 4 Beobachtungsmonaten stetig zu. Im Alter von 8 Monaten war keines der Kinder imstande, sich an die Lage des Spielzeugs zu erinnern, wenn für 1 Sekunde der undurchsichtige Schirm herabgelassen wurde. Mit einem Jahr konnten jedoch alle Kinder das Spielzeug finden, wenn der undurchsichtige Schirm 3 Sekunden herabgelassen wurde, und die meisten konnten das Problem sogar dann lösen, wenn der undurchsichtige Schirm für 7 Sekunden herabgelassen wurde (Kagan, Kearsley und Zelazo 1978).

Jean Piaget nahm an, ein Kind von weniger als 9 Monaten wisse nicht, daß ein Objekt, das verschwunden ist, weiterexistiert. Diese Annahme beruht auf der Tatsache, daß ein Kind von weniger als 8 Monaten nicht nach einem Spielzeug greift, das vor seinen Augen unter einem Tuch versteckt wurde. Wenn es älter ist als 8 Monate, findet es das versteckte Spielzeug ohne weiteres.

Im Alter von 8 bis 9 Monaten fällt das Kind, das sicher nach einem Spielzeug greift, von dem es gesehen hat, wie es unter einem Tuch versteckt wurde, allerdings sehr leicht einem anderen Irrtum zum Opfer. Der Versuch besteht darin, daß man dem Kind jetzt zwei Tücher zeigt, A und B. Der Versuchsleiter versteckt ein Spielzeug unter Tuch A (links oder rechts) und läßt das Kleinkind zwei- oder dreimal das Spielzeug wiederfinden. Anschließend versteckt er das Spielzeug unter dem anderen Tuch B. Die meisten Kinder von 9 Monaten greifen nun zum Tuch A. Wie dieser Irrtum entsteht, läßt sich aus den Bedingungen erschließen, unter denen er mit geringerer Wahrscheinlichkeit auftritt. Er kommt sehr viel seltener vor, wenn zwischen dem Verstecken unter Tuch B und der Gelegenheit, nach dem Spielzeug zu greifen, eine kurze Frist liegt (weniger als 1 bis 2 Sekunden). Erliegt das Kind von 9 Monaten dem Irrtum nicht, wenn die Frist 2 Sekunden beträgt, so doch dann, wenn die Frist auf 6 Sekunden gesteigert wird. Tatsächlich gilt für die ganze zweite Hälfte des ersten Lebensjahres, daß man die Wahrscheinlichkeit des Irrtums dadurch steigern kann, daß man zwischen dem Verstecken unter Tuch B und dem Zeitpunkt, wo das Kind nach dem Spielzeug greifen darf, einfach eine längere Frist verstreichen läßt. Im Alter von 8 Monaten genügt eine Frist von 5 Sekunden, mit 12 Monaten muß man eine Frist von 10 oder 12 Sekunden verstreichen lassen, um den Irrtum hervorzurufen (Diamond 1983).

Eine dritte Gedächtnisleistung besteht in der Fähigkeit, sich Vergangenes über einen längeren Zeitraum zu vergegenwärtigen. Größere Kinder und Erwachsene können, wenn sie einen Satz lesen oder einem Gespräch lauschen, die dabei aufgenommene Information über einen Zeitraum, der bis zu 30 Sekunden dauern kann, mit ihrem Wissensstand integrieren. Den Satz »Die Frau aus dem Senegal, deren Vater gegen die Franzosen gekämpft hat, entschloß sich, ehe die Kolonialzeit zu Ende ging, in Nigeria zu leben« werden Erwachsene trotz seiner Länge in der Regel verstehen und im Geiste umformulieren, weil sie fähig sind, die gesamte Information zu behalten, während sie sich vergegenwärtigen, was sie über den Senegal, die französische Herrschaft und die Lage Nigerias wissen. Den hypothetischen Prozeß, der diese Integration ermöglicht, nennt man *aktives Gedächtnis*. Wahrscheinlich bildet sich auch dieser Prozeß im Alter von 8 Monaten stärker heraus und versetzt das Kind in die Lage, über einen gewissen Zeitraum neu eintreffende Informationen mit seinem bisherigen Wissen zu vergleichen und zu verknüpfen. Das Kind verknüpft jetzt automatisch die Gegenwart mit der unmittelbaren Vergangenheit, es vergleicht also Informationen aus zwei verschiedenen Quellen miteinander.

Eine hübsche Demonstration dieser Fähigkeit liefert ein Versuch mit 8, 9 und 11 Monate alten Kindern, denen man zur taktilen Wahrnehmung ein bestimmtes Objekt darbot, das sich jedoch von dem Objekt unterschied, welches sie dank Verwendung eines speziellen Spiegels gleichzeitig sahen oder kurz zuvor gesehen hatten. Bei einer Abwandlung dieses Versuchs stimmte das ertastete mit dem gesehenen Objekt überein. Wenn man annimmt, daß die Kinder die taktile und die visuelle Wahrnehmung aktiv miteinander vergleichen, müßten sie bei dem Trickversuch mit zwei verschiedenen Objekten ein stärkeres Erkundungsverhalten zeigen als bei dem normalen Versuch mit einem übereinstimmenden Objekt. Die Kinder von 8 Monaten zeigten bei den beiden Versuchsvarianten kein unterschiedliches Verhalten, die älteren Kinder verhielten sich jedoch eher so, als wären sie verwirrt, wenn sie visuell und taktil unterschiedliche Objekte wahrnahmen. Das Kind konnte allerdings nur dann verwirrt sein, wenn es die beiden Sinneswahrnehmungen miteinander verknüpfte (Bushnell 1982).

Manche rätselhaften Phänomene, die im letzten Drittel des ersten Lebensjahres auftreten, werden verständlicher, wenn wir annehmen, daß die Fähigkeit des Kindes, sich Vergangenes zu vergegenwärtigen und im aktiven Gedächtnis zu behalten, zunimmt. Bietet man beispielsweise Kindern im Alter von 4 bis 24 Monaten Masken menschlicher Gesichter dar, so zeigen sie mit 4 Monaten eine anhaltende Aufmerksamkeit, die jedoch in den folgenden 4 Monaten deutlich nachläßt, um am Ende des ersten Lebensjahres und das ganze zweite Jahr hindurch wieder anzusteigen. Die mit 8 Monaten zunehmende Aufmerksamkeit beruht auf der Tatsache, daß das Kind spontan seine Wahrnehmung der Maske mit vorhandenen Schemata von Gesichtern, die es schon gesehen hat, verknüpft, beide Schemata im aktiven Gedächtnis behält und herauszufinden versucht, welche Beziehung besteht zwischen dem, was es sieht, und dem, was es weiß. Es ist wahrscheinlich kein Zufall, daß taube Kinder, welche die Zeichensprache erlernen, gerade in diesem Alter erstmals Zeichen benutzen, um auf Objekte in der Umgebung hinzuweisen, was voraussetzt, daß sie das, was in ihrer Erfahrung gegeben ist, mit früher erworbenen Schemata verknüpfen (Petitto 1983).

Durch das Wachstum des Zentralnervensystems gelangt das Kind in weniger als einem Jahr vom bloßen Wiedererkennen eines kurz zuvor erlebten Ereignisses zu der Fähigkeit, sich an weiter zurückliegende Erlebnisse zu erinnern und diese zu integrieren. Diese Veränderungen scheinen bei allen gesunden Kindern in etwa dem gleichen Alter aufzutreten. Das Hin- und Herwechseln zwischen alten und neuen Objekten tritt zwischen dem vierten und siebten Monat auf, das Auffinden eines versteckten Spielzeugs und die Verknüpfung zweier Schemata zwischen dem achten und dem zwölften Monat. Daß diese Entwicklungsschritte sich unabhängig von der familiären Umgebung mit so bemerkenswerter Gleichförmigkeit einstellen, läßt darauf schließen, daß diese Fähigkeiten eine Folge gesetzmäßiger Veränderungen im Zentralnervensystem sind, namentlich der Reifung des Stirnlappenkortex; denn eben dieser Teil des Gehirns wird bei einem Affen aktiviert, wenn er vor einem Problem steht, bei dem er sich erinnern muß, unter welchem von zwei Deckeln etwas Eßbares versteckt wurde.

Die kognitiven Grundlagen von Furcht und Angst

Mit der Fähigkeit, Schemata wiederzuerinnern und sie im aktiven Gedächtnis zu halten, während diskrepante Ereignisse mit ihren möglichen Ursprüngen verknüpft werden, kann das universale Auftreten gewisser »Ängste« entmystifiziert werden, die für die zweite Hälfte des ersten Lebensjahres typisch sind, namentlich die Angst vor fremden Erwachsenen und die Angst bei einer zeitweiligen Trennung von der primären Betreuungsperson. Kleinkinder zeigen den auf Angst hindeutenden Gesichtsausdruck – der Mund ist verzerrt, die Augen geweitet, die Brauen gehoben – erst mit 6 oder 7 Monaten, obwohl die Fähigkeit, die entsprechenden Muskeln zu bewegen, schon bei der Geburt vorhanden ist. Das Auftreten dieses charakteristischen Gesichtsausdrucks bedeutet, daß diskrepante Ereignisse jetzt innerlich anders erlebt werden.

Bestimmte Erscheinungen von Ängstlichkeit lassen sich natürlich mit den Bedingungen der jeweiligen Kultur erklären. Auf vielen der kleinen Atolle, die zu den Fidschi-Inseln gehören, kennt man keine Puppen. Wenn dann ein westlicher Besucher einem Einjährigen eine Puppe zeigt, fangen die meisten Kinder an zu weinen, laufen zu ihrer Mutter und werden scheu (Katz 1981).

Die beiden häufigsten Formen von Ängstlichkeit im ersten Lebensjahr sind in unserem Jahrhundert als *Fremdenangst* und *Trennungsangst* bezeichnet worden. Wenn ein Fremder sich ruhig und ohne zu lächeln oder zu reden einem Kind von 8 Monaten nähert, verzieht es sein Gesicht, blickt zwischen dem Fremden und der Mutter hin und her und fängt nach einigen Sekunden an zu weinen. Wenn ein Einjähriges in einem nicht vertrauten Raum zufrieden spielt und die Mutter hinausgeht, starrt das Kind zu der Tür, wo es die Mutter zuletzt gesehen hat, und beginnt zu weinen. Ein blindes einjähriges Kind weint, wenn es hört, daß seine Mutter den Raum verläßt. Es braucht die Mutter nicht zu sehen, um vor Kummer bewahrt zu bleiben, es muß nur wissen, daß sie im Raum ist, damit es zufrieden ist.

Das Auftreten dieser beiden Reaktionen kann an den soeben erörterten gesteigerten kognitiven Fähigkeiten liegen. Wenn eine weibliche Fremdperson auftaucht, studiert das Kind von 8 Monaten ihr Gesicht, sucht automatisch die Schemata der ihm vertrauten Gesichter auf, vergleicht die beiden Vorstellungen im aktiven Gedächtnis und versucht sie miteinander zu verknüpfen, um die Nichtübereinstimmung aufzulösen. Wenn das Kind die unbekannte Person trotz seiner Bemühungen nicht assimilieren kann und ihm kein Verhalten zur Verfügung steht, um mit der entstandenen Unsicherheit fertig zu werden, weint es wahrscheinlich, zumindest wird es sich von der Fremden abwenden, aufhören zu spielen und möglicherweise nach der Mutter suchen.

Die Trennungsangst läßt sich ähnlich erklären. Wenn die Mutter gegangen ist, sucht das Kind von 12 Monaten in seiner Erinnerung nach dem Schema der früheren Gegenwart der Mutter und vergleicht dieses Wissen im aktiven Gedächtnis mit der jetzt gegebenen Situation. Kann das Kind die aus dem Vergleich erwachsende Nichtübereinstimmung nicht auflösen, wird es unsicher und weint möglicherweise. Trennt man Makakenjunge von ihren Müttern, so werden sie nur dann deprimiert, wenn sie im gleichen Käfig bleiben, in dem sie zuvor mit ihrer Mutter waren, in dem sie folglich an deren frühere Gegenwart erinnert werden. Werden die Jungen in einen anderen Käfig gebracht, so zeigen sie diese Depression nicht.*

Manche Kinder fangen an zu weinen, wenn ihre Mutter sich zur Tür begibt, und in diesem Fall müssen andere Faktoren im Spiel sein. Es ist möglich, daß mit den gestiegenen Fähigkeiten des Erinnerns und Vergleichens die Fähigkeit einhergeht, die Zukunft zu antizipieren und Schlüsse bezüglich möglicher Ursachen zu ziehen (beispielsweise: Was wird jetzt geschehen? Wird meine Mutter wiederkommen? Was kann ich tun?). Wenn das Kind nicht vorhersehen und nichts zur Beseitigung seiner Unsicherheit tun kann, wird es wahrscheinlich ängstlich und weint, um die Mutter zurückzuholen oder vom Fortgehen abzuhalten. Kann das Kind dagegen etwas vorhersehen, so lacht es vielleicht; nach dem achten Lebensmonat wird in Erwartung eines neuen Ereignisses entschieden häufiger gelacht.

Diese Interpretation des Trennungsleids weicht von einer älteren ab, derzufolge das Kind nach dem Fortgang der Mutter weint, weil es Schmerz oder Gefahr als eine Folge der Abwesenheit der Mutter vorausahnt – die meisten Psychologen sprechen hier von einer *bedingten Furchtreaktion*. Nach einer anderen verbreiteten Interpretation ist die bei einer Trennung auftretende Beunruhigung ein Gradmesser der emotionalen Beziehung des Kindes zur Mutter oder zur primären Betreuungsperson. Doch keine dieser Erklärungen wird der Tatsache gerecht, daß der Zeitpunkt

* I. C. Kaufmann, persönliche Mitteilung, 1981.

und die Form, in der Trennungskummer sich während der ersten zweieinhalb Lebensjahre äußert, sowohl bei Kindern, die von Geburt an blind sind, als auch bei Kindern, die in amerikanischen Kleinfamilien, in israelischen Kibbuzim, in Barrios in Guatemala, in indianischen Dörfern Mittelamerikas, in Waisenhäusern und in amerikanischen Tagesstätten beobachtet wurden, weitgehend übereinstimmen. Weshalb sollten all diese Kinder, die unter so unterschiedlichen Bedingungen aufwachsen, eine bedingte Furchtreaktion auf das Fortgehen der Betreuungsperson im gleichen Alter erlernen? Zudem fällt einem die Annahme schwer, daß trotz der sehr unterschiedlichen Zeitdauer, die die Kinder in diesen unterschiedlichen Umgebungen mit ihrer Mutter verbringen, die emotionale Beziehung zur Betreuungsperson in gleicher Weise von der Entwicklung abhängen soll.

Es ist zwar denkbar, daß der Kummer, den das Kind zwischen dem achten und dem vierundzwanzigsten Monat erkennen läßt, in seiner Intensität teilweise mit der Beziehung des Kindes zur Betreuungsperson zusammenhängt, doch neige ich eher zu der Ansicht, daß die zwischen dem achten und dem zwölften Lebensmonat auftretende Trennungsangst zum Teil daran liegt, daß sich jetzt eine Fähigkeit eingestellt hat, sich des Vergangenen zu erinnern, Vergangenheit und Gegenwart im aktiven Gedächtnis miteinander zu vergleichen und Ereignisse vorherzusehen, die in unmittelbarer Zukunft eintreten könnten.

Es bleibt ein letztes Rätsel. Woran liegt es, daß in Gegenwart einer vertrauten Person, etwa des Vaters, oder in einer vertrauten Umgebung, beispielsweise zu Hause, das Kind auf das Fortgehen der Mutter oder auf das Auftreten fremder Erwachsener weniger oft mit Weinen und Kummer reagiert? Möglicherweise verschafft die Anwesenheit einer vertrauten Person oder das Vorhandensein einer vertrauten Umgebung dem Kind eine Gelegenheit, irgendwie zu reagieren, wenn es sich in einem Zustand der Unsicherheit befindet. Bei Kindern wie bei Erwachsenen wird Angst häufig dadurch vertrieben, daß man etwas tut. Tatsächlich zeigen Einjährige, die die Bewegungen eines Spielzeugs dadurch beeinflussen können, daß sie auf ein Brett schlagen, weniger Angst als andere Kinder, die die unvorhersehbaren Bewegungen des Spielzeugs nicht beeinflussen können (Gunnar 1980). Auch trägt das

Wissen, daß man in einem Zustand der Angst etwas tun kann, dazu bei, diesen Zustand zu dämpfen. Wenn die Mutter fortgeht, aber der Vater mit dem Kind im Zimmer bleibt, bietet die Gegenwart des Vaters dem Kind ein mögliches Ziel für bestimmte Verhaltensweisen; das Kind kann sich bei Bedarf dem anderen Elternteil nähern, ihn anrufen oder sich ihm einfach zuwenden. Durch dieses Wissen wird die Unsicherheit eingegrenzt.

Nach dem zweiten Lebensjahr verschwindet der Trennungskummer, denn das ältere Kind kann das Ereignis verstehen, die Rückkehr der Mutter vorhersehen und sinnvoll reagieren. Das Kind weiß, wo die Mutter ist, oder es weiß, daß sie wiederkommen wird. Durch die Erfahrungen im zweiten Lebensjahr entsteht ein Wissen, welches dem Kind die Lösung des Rätsels ermöglicht, das die Angst hervorgerufen hat.

Auch das Verhalten von Affen in einer nicht vertrauten Umgebung zeigt, daß das Auftreten der Furcht vor dem Ungewohnten von der Reifung des Zentralnervensystems abhängt. Sechs Rhesusaffen wurden isoliert mit einem unbelebten Spielzeug (einem Steckenpferd) in einer begrenzten Umwelt aufgezogen, die ihnen zwar Sichtkontakt mit der Außenwelt, aber keine Interaktion mit einem Lebewesen bot. Sechs weitere Affen wurden isoliert jeweils mit einem Hund aufgezogen, wobei ihre Umwelt ihnen erheblich größere Freiheiten und spielerische Interaktionen ermöglichte. In regelmäßigen Abständen wurden die Affen einzeln in eine nicht vertraute Umgebung gebracht, und es wurde gemessen, wie furchtsam sie jeweils reagierten; Maßstab der Angst waren die Pulsfrequenz und die Angstschreie der Tiere. Zwar zeigten die Affen, die mit einem Hund aufgewachsen waren, mehr Angst als diejenigen, die mit dem unbelebten Spielzeug aufgewachsen waren, doch nahm bei beiden Gruppen zwischen dem zweiten und dem vierten Lebensmonat die Angst erheblich zu; mit 4 Monaten waren die Angstschreie am häufigsten (Mason 1978). Ebenfalls mit 4 Monaten reagieren Affen, die in völliger Isolation aufgewachsen sind, angstvoll auf den Anblick von Fotos, die Affen in Drohgebärde zeigen (Sackett 1972), und dies ist auch das Alter, in dem Affen, die ohne Sichtkontakt mit Menschen oder Tieren aufgewachsen sind, erstmals auf ein menschliches Gesicht mit Angst reagieren (Kenney, Mason, Hill 1979). Daraus ist zu entnehmen, daß bestimmte Teile des Gehirns reifen müssen, ehe neuartige Umgebungen, nicht vertraute Reize oder Drohgebärden Angst hervorrufen. Darüber hinaus ist anzunehmen, daß die Fähigkeit zu solchen Angstreaktionen keine besondere soziale Erfahrung voraussetzt.*

Gehirn- und Körperwachstum vollziehen sich beim Affen etwa drei- bis viermal schneller als beim Menschen. Die entsprechende Phase liegt beim Kind also zwischen dem siebten und dem fünfzehnten Monat. Das ist genau der Zeitraum, in dem bei den meisten Kindern, unabhängig von der Umgebung, in der sie aufwachsen, Fremdenangst und Angst vor der Trennung von der Mutter auftreten. Es spricht daher einiges dafür, daß das Auftreten von Angst vor Ereignissen, die nicht unmittelbar verständlich sind, teilweise an reifungsbedingten Veränderungen im Zentralnervensystem und nicht nur an früheren unangenehmen Erfahrungen oder an bestimmten Formen mütterlicher Fürsorge liegt.

Ebenfalls in diesem Zeitraum erlangt das Kind die Fähigkeit, einige Reflexe, die seinen Umgang mit der Welt bestimmen, zu unterdrücken. Legt man beispielsweise ein Spielzeug in einen durchsichtigen Behälter, bei dem lediglich die linke Seite offen ist, so wird ein Kind von 6 Monaten auf die Oberseite des Behälters tatschen und nicht an der offenen Seite hineinlangen, weil es außerstande ist, den automatischen Hang zu unterdrücken, einen Gegenstand dort zu ergreifen, wo es ihn erblickt. Der Versuchsleiter kann sogar die Hand des Kindes behutsam durch die offene Seite des Behälters zu dem Spielzeug führen, so daß es dieses berühren kann, und doch wird das Kind schon beim nächsten Versuch wieder gegen die Oberseite des Behälters schlagen, weil es gar nicht anders kann, als nach einem Objekt in der Richtung zu greifen, die seiner Blickrichtung entspricht. Mit einem Jahr kann das Kind jedoch aufgrund der Reifung des Gehirns diesen automatischen Reflex unterdrücken und durch die offene Seite nach dem Spielzeug langen (Diamond 1983).

Diese neuen Phänomene – die Furcht oder Angst und die Fähigkeit, den Greifreflex zu unterdrücken – setzen voraus, daß sich zwischen dem achten und dem zwölften Monat in der psy-

* Furcht vor dem Unvertrauten tritt bei jungen Hunden mit fünf Wochen, bei Enten schon mit drei Tagen auf.

chologischen Funktionsweise ein erheblicher Wandel vollzieht. Drei Elemente dieses Wandels sind, wie schon gesagt, die Fähigkeit, sich an Vergangenes zu erinnern, zwischen Vergangenheit und Gegenwart eine Beziehung zu entdecken und Konsequenzen in der unmittelbaren Zukunft vorherzusehen.* Es ist nicht leicht, die richtigen Begriffe zu finden, um diese Veränderungen zu beschreiben, doch einige der wesentlichen Qualitäten der neuen Fähigkeiten, die durch das Gehirnwachstum möglich werden, werden durch Ausdrücke wie »nachdenklich«, »flexibel« und »frei von Reflexen« erfaßt.

Die Bedeutung der biologischen Veränderungen ist indessen nur schwer zu erfassen, was auch daran liegt, daß die Erklärung in zwei verschiedenen Bereichen des Diskurses zu erfolgen hätte, in der Sprache der Psychologie und der der Biologie. Es widerstrebt dem Wissenschaftler, Erscheinungen durch Theoreme zu erklären, die unterschiedlichen Sprachzusammenhängen mit einem jeweils eigenen Netz von Assoziationen entstammen. Sowohl auf der Grundlage früherer ängstigender Erfahrungen als auch auf der Grundlage der Anhänglichkeit an eine Betreuungsperson läßt sich eine logisch zwingende psychologische Erklärung der Trennungsangst denken, die einem das Gefühl gibt, man habe das Phänomen verstanden. Wenn der Theoretiker jedoch anerkennt, daß die Reifung des Zentralnervensystems eine gewisse Rolle spielt, ist er gezwungen, bei der Erklärung eines Phänomens zunächst mit psychologischen Ausdrücken zu beginnen und dann Äußerungen hinzuzufügen, die biologische Termini enthalten. Der Übergang zu einer anderen Terminologie tut jedoch jener ästhetischen Qualität Abbruch, die uns eine Interpretation als befriedigend empfinden läßt.

Ein Vergleich mit den Auffassungen Piagets

In dieser Beschreibung der kognitiven Entwicklung während des ersten Lebensjahres wurde der Schwerpunkt auf Schemata und

* Joseph Campos von der Universität Denver glaubt, daß das in diesem Zeitraum einsetzende Krabbeln dem Kind bestimmte Erfahrungen vermittelt, die einige dieser kognitiven Fortschritte erleichtern.

auf die Steigerung des Erinnerungsvermögens und des aktiven Gedächtnisses gelegt. Jean Piaget hatte eine andere Vorstellung von der Psychologie des Kleinkindes und legte den Akzent auf die Handlungen, welche die Anpassung des Kindes an die äußere Umwelt erleichtern. Das zentrale Element der Intelligenz in Piagets Theorie des Kleinkindes ist das sensomotorische Schema. Es besteht in einer Repräsentation der Klasse motorischer Handlungen, die zur Erreichung eines Ziels notwendig sind, und es wird durch aktive Manipulation von Objekten erworben. Die Ansicht, Handlungen mit Objekten seien für die Entstehung neuer kognitiver Strukturen bedeutsamer als ein rein kognitiver Vergleich von Vergangenheit und Gegenwart, läßt sich teilweise auf zwei Theorien zurückführen, die in den ersten Jahrzehnten unseres Jahrhunderts, als Piaget ein junger Forscher war, großen Einfluß besaßen: zum einen auf das Interesse der evolutionstheoretisch denkenden Biologen für die Anpassung, zum anderen auf das Bestreben der Mechanizisten, die Kräfte des Wandels nach außen zu verlegen, so daß man sie beobachten und messen konnte. Diese beiden bis heute populären Ideologien finden wir wieder in Piagets Auffassung von den Grundlagen der Entfaltung und der Wandlungen der sensomotorischen Schemata.

Die Intelligenz hat vielfältige Aufgaben. Sie dient dem Verstehen, erzeugt Emotionen und erlaubt adaptives Verhalten. Der einzelne Theoretiker wählt diejenige Funktion aus, die sich mit seiner Betrachtungsweise am ehesten deckt, wobei unausgesprochene Intuitionen und stärker bewußte Intentionen beteiligt sind. Piaget hoffte, durch die Beobachtung des Kleinkindes Antworten auf zweierlei Fragen zu finden, teils philosophischer Natur, teils von zentraler Bedeutung für die Biologie des 19. Jahrhunderts. Bei den philosophischen Fragen ging es um den Entwicklungsgang der Kantschen Kategorien des Raums, der Zeit, der Kausalität, der Moral und der Existenz von Dingen. Die biologischen Fragen betrafen die Mechanismen, die im Laufe der Evolution für die Veränderung von Strukturen verantwortlich sind. Ich habe den Verdacht, daß es Piaget, als er sich dem Kleinkind zuwandte, vor allem um diese Ideen ging. Deshalb macht er die Fähigkeit, ein unter einem Tuch verstecktes Objekt zu finden, zu einem großen Sieg des ersten Lebensjahres – wohl auch deshalb, weil er wissen wollte, wann das Kleinkind erstmals erfaßt, daß Objekte unabhängig von einem Beobachter existieren. Grundlage dieses Sieges war nach Ansicht Piagets eine längere Geschichte der Interaktion mit Objekten, und er vertrat diese Ansicht, weil er die Grundlagen der psychologischen Entwicklung sowohl nach außen verlegen als auch vereinfachen wollte.

Das Interesse, aufgrund dessen ich mich dem Kleinkind zuwandte, war weniger philosophischer, sondern im engeren Sinne psychologischer Natur. Was für Vorstellungen haben Kleinkinder von ihrer Umgebung? Wie verändert die Beziehung zwischen dem, was sie wissen, und dem, was sie erfahren, sowohl ihr Wissen als auch ihr Verhalten? Nach meiner Ansicht beruht die Fähigkeit des 8 Monate alten Kindes, ein verstecktes Spielzeug zu finden, auf einem Vermögen, sich an dessen Lage zu erinnern und dieses vergegenwärtigte Wissen zu benutzen, um danach zu greifen. Piaget deutete solches Verhalten als Ausdruck der kindlichen Ansicht, daß ein Objekt nicht verschwindet, wenn es nicht mehr sichtbar ist.

Wo liegt der Unterschied zwischen diesen beiden Auffassungen? In gewisser Hinsicht ist es natürlich richtig, daß das 8 Monate alte Kind an die Weiterexistenz des verborgenen Objektes glaubt, denn wenn es nicht glauben würde, daß das Spielzeug da ist, würde es nicht danach suchen. Während Piaget einfach annahm, daß sich allmählich der Begriff eines permanenten Objekts herausbildet, vertrete ich die Auffassung, daß diese Struktur erst auftreten kann, nachdem die Erinnerungsfähigkeit gereift ist. Wenn das Kind von 8 Monaten nach einer verdeckten Rassel greift, kann man darin also den Ausdruck eines gesteigerten Wiedererinnerungsvermögens oder die erste Form des Begriffs des permanenten Objekts oder auch beides sehen. Welche Beschreibung man vorzieht, hängt davon ab, ob man meint, dem Kind gehe es um die Weiterexistenz von Objekten, oder ob man meint, daß es sich lediglich an die Lage des Spielzeugs erinnert, das es soeben in der Hand gehalten hat.

Piaget nahm außerdem an, daß die Entwicklung sich zusammenhängend und graduell vollziehe. Es ist jedoch nicht zwingend, daß die Fähigkeit des Kindes, unter ein Tuch zu greifen, um ein verstecktes Spielzeug zu finden, sich 8 Monate vorher zu entwickeln begann, als das Neugeborene reflexartig seine Finger um den Daumen seiner Mutter schloß. Manche Funktionen haben, wenn sie in Erscheinung treten, nicht eine lange, sondern eine kurze Vorgeschichte.

Die vierte Annahme Piagets deckt sich eher mit den Auffassungen, die in diesem Buch vertreten werden. Piaget behauptete, eine der wichtigsten Kompetenzen, die während der Kindheit entwickelt werden, sei zunehmende Intentionalität. Ein Kind von zwei Jahren ist imstande, sich eine Vorstellung von dem zu machen, was es tun möchte, kann die benötigten Objekte auswählen und seinen Plan mit einer Zielstrebigkeit ausführen, die in den ersten Lebenswochen nicht möglich ist. Während Piaget meint, die Intentionalität ergebe sich letztlich aus der Wiederholung von Handlungen, die Veränderungen in der Welt hervorrufen – so wie beständiges Schlagen aus Sahne eine schaumig-feste Masse werden läßt –, nehme ich an, daß die Intentionalität infolge der Reifung bestimmter Gehirnteile gegen Ende des ersten Lebensjahres in das Repertoire aufgenommen wird. Ohne diese morphologischen Veränderungen würden selbst Tausende von Stunden des »Einwirkens auf die Welt« niemals die Fähigkeit zu intentionalem Handeln ergeben.

Die Bindungen des Kleinkindes

Wenn von Schemata die Rede ist, die auf der Bühne des aktiven Gedächtnisses auftreten, denkt man unwillkürlich an ein einsam vor sich hinbrütendes Kind, das wie ein Alchimist aus normalen Elementen wirksame Zaubertränke fabriziert. Das Kleinkind ist jedoch auch ein soziales Wesen. Vom ersten Tage an hat das Kind zwangsläufig mit anderen zu tun, die sich um seine Bedürfnisse kümmern und auf sein Verlangen nach Zuwendung eingehen. Aus den unzähligen kleinen Interaktionen, welche die Beziehung zwischen Betreuern und Kind ausmachen, entwickelt sich ein besonderer Zustand, der von den zeitgenössischen Experten überwiegend als *Bindung* bezeichnet wird. Im Unterschied zu der

Steigerung des aktiven Gedächtnisses sind die Anzeichen, an denen sich die Bindung des Kleinkinds an eine Betreuungsperson ablesen läßt, offen erkennbar. Für das Bestehen einer Bindung sprechen vor allem die folgenden drei Anzeichen: Das Kleinkind läßt sich von den Erwachsenen, die es betreuen, leichter trösten als von anderen, es wird von Ereignissen, die ihm unvertraut sind, weniger beunruhigt, wenn diese Erwachsenen anwesend sind, und es wendet sich an diese Erwachsenen, um mit ihnen zu spielen, wenn es fröhlich gestimmt ist, und es will von ihnen getröstet werden, wenn es Kummer hat. Dies sind drei gesicherte Tatsachen, die sich in der Psychologie jederzeit reproduzieren lassen, und es drängt sich geradezu auf, einen besonderen Ausdruck für jene Eigenschaften des Kleinkinds zu prägen, die eine Klärung dafür bieten, daß eine begrenzte Personengruppe seine Unsicherheit reduzieren, ihm Freude bereiten und bevorzugtes Ziel seines Sozialverhaltens sein kann. *Bindung* ist offenbar ein treffender Ausdruck, denn er vermittelt die Vorstellung, daß das Kind eine besondere emotionale Beziehung zu jenen erworben hat, die es betreuen, daß es Freude oder heitere Gelassenheit empfindet, wenn sie da sind, beziehungsweise Angst und Kummer, wenn sie fort sind. Die physische Anwesenheit der Mutter wirkt sich zwar positiv aus, aber noch mehr ihre psychologische Verfügbarkeit. In einem Laboratoriumsraum zeigt ein Kleinkind größere Ängstlichkeit, wenn die Mutter Zeitung liest, als wenn sie es anblickt (Sorce und Emde 1981). Daß die Anwesenheit der Mutter die Angst des Kindes zu dämpfen vermag, hängt offenbar damit zusammen, daß das Kind weiß, daß die Mutter jederzeit verfügbar ist.

Nun gibt es sicher auch einige unbelebte Objekte in der Umgebung eines Kindes, die imstande sind, seinen Kummer zu beschwichtigen – etwa eine Schmusedecke –, doch wird wohl niemand die verbreitete Auffassung bestreiten, daß diejenigen, die das Kind betreuen, am besten in der Lage sind, seinen emotionalen Zustand zu beeinflussen. Das liegt daran, daß sich eine Bindung am ehesten zu solchen Objekten entwickelt, denen gegenüber das Kind artspezifische Reaktionen wie Anklammern, Vokalisieren, Lächeln, Festhalten und Spielen zeigt. Die besten Ziele für diese Reaktionen sind Erwachsene.

Eine Bindung entsteht teilweise durch angenehme Erfahrungen, doch können gelegentliche unangenehme Erfahrungen sowohl bei Tieren wie auch bei Menschen eine Bindung verstärken. Eine Gruppe junger Hunde wurde ausschließlich von einem Erwachsenen betreut, der sie fütterte und mit ihnen spielte, ihnen aber nichts zuleide tat. Derselbe Erwachsene fütterte eine weitere Gruppe junger Hunde und spielte mit ihnen, doch versetzte er ihnen, wenn sie auf ihn zukamen, gelegentlich einen Schlag auf die Nase. In einer anschließenden Testphase hielten sich die Hunde, die bestraft worden waren, enger an den Betreuer, als jene, die freundlicher behandelt worden waren (Scott und Fuller 1965). Auch Affenbabys, die von ihren Müttern oft schlecht behandelt wurden (weil die Mütter als Junge isoliert gehalten worden waren), suchten immer wieder deren Nähe, ebenso wie Affenbabys, denen man einen unbelebten Mutter-Ersatz darbot, von dem sie regelmäßig mit einem Schwall Druckluft angeblasen wurden (Rosenblum und Harlow 1963).

Es ist auch eine Art von Freude, wenn ein Kummer beseitigt wird; wenn also ein Erwachsener sowohl Unsicherheit erzeugt als auch beseitigt, kann es sein, daß er eine stärkere Bindung oder zumindest eine andere Art von Bindung schafft als ein anderer, der dem Kind ausschließlich Annehmlichkeiten bereitet. Das ist wahrscheinlich der Grund, warum Kinder, die ausschließlich zu Hause aufwachsen und dadurch häufiger Einschränkungen und damit Unsicherheiten ausgesetzt sind als Kleinkinder, die den größten Teil des Tages in der Fürsorge einer Tageskrippe verbringen, stärker an ihre Mütter gebunden zu sein scheinen als die Krippenkinder an ihre Betreuerinnen in der Tagesstätte (Kagan, Kearsley und Zelazo 1978). Daß Erfahrungen wie Einschränkungen oder Strafen, die wir normalerweise als unangenehm empfinden, eine Bindung verstärken können, mag den einen oder anderen Leser irritieren, denn wir neigen zu der Ansicht, daß alle guten Erfahrungen zusammengehören und positive Konsequenzen, unangenehme Erfahrungen aber unerfreuliche Folgen haben müßten. Mancher Amerikaner wird sich schwertun mit der Tatsache, daß in vielen polynesischen Gesellschaften, wo die Mehrzahl der Erwachsenen angibt, kinderlieb zu sein, und die Mütter während der beiden ersten Lebensjahre fürsorglich und zärtlich zu den Kindern sind, die Eltern zu dem drei- oder vierjährigen Kind mit einem Mal abweisend oder gar streng werden. Viele Familien geben das Kind nach der Entwöhnung zu einem Verwandten, der schon während der Schwangerschaft der Mutter darum gebeten hat. Früher war in einigen dieser Gesellschaften die Kindestötung üblich. Einem westlichen Beobachter mögen diese Praktiken grausam erscheinen, doch die Polynesier selbst empfinden sie nicht so (Ritchie und Ritchie 1979). Die Ansicht, die als segensreich aufgefaßte Bindung des Kleinkindes sei ausschließlich durch angenehme Erfahrungen zu fördern, ist Teil einer generellen Überzeugung des Westens, daß nämlich alle guten Dinge, sofern wir nur die richtige Formel finden, eine Einheit bilden.

Die Qualität der Bindung

Wenn der Zustand der »Gebundenheit« durch Interaktionen mit betreuenden Erwachsenen – oder, wie in einigen Gesellschaften, mit älteren Kindern – entsteht, dann müßten je nach der Art der Interaktion die Bindungen von unterschiedlicher Intensität, Stärke oder Qualität sein. Die Annahme, das Kleinkind und auch das ältere Kind könnten durch bestimmte Betreuungsstrategien mehr oder weniger gegen die Angst gewappnet werden, rückte den Begriff der Bindung in den Vordergrund. Warum kindliche Angst als etwas potentiell Schädliches zu gelten habe, wurde zwar nicht immer klar gesagt, sondern der Ausdeutung durch den Leser überlassen, doch gaben westliche Theoretiker zu verstehen, daß eine unsichere Bindung an die biologische Mutter das junge Kind auf unbestimmte Zeit anfällig mache für psychologische Symptome.

In den meisten Gesellschaften hat diese Idee weder in der Vergangenheit noch in der Gegenwart Anklang gefunden. Die Efe!, ein halbnomadisches Volk in Zaire, glauben, daß ein Kind sich am besten entwickelt, wenn nicht die Mutter, sondern eine andere Frau die erste ist, die das Neugeborene in die Arme nimmt und versorgt, und tatsächlich wird bei den Efe! das Kind im ersten Lebensjahr von vielen verschiedenen Personen betreut (Tronick,

Winn und Morelli, im Druck). In Frankreich wurde im 18. Jahrhundert fast jedes zweite Kind aus dem Bürgertum zu Säugammen geschickt, die in vielen Fällen mehrere Kinder gleichzeitig betreuten. Als die Öffentlichkeit auf die hohe Sterblichkeit unter diesen Kindern heftig reagierte, ging gegen Ende des 19. Jahrhunderts die verbreitete Inanspruchnahme von Säugammen zurück, doch gibt es keinen Anhaltspunkt dafür, daß französische Mütter sich über die Auswirkungen dieser Erfahrung auf die Bindung ihres Kindes oder über eine künftige Anfälligkeit für Ängste Gedanken gemacht hätten.

Was europäische und amerikanische Autoren des 19. Jahrhunderts beschäftigte, war in der Tat mehr das emotionale Verhältnis der Mutter zum Baby als die Bindung des Babys an die Mutter. Elisabeth Evans schrieb in einem Essay über die Mutterschaft: »Das stärkste menschliche Band ist verständlicherweise jenes, das die Mutter an ihr Kind bindet« (1875, S. 7), doch ist nirgendwo in diesem Essay von 129 Seiten die Rede davon, daß das Kind eine natürliche Bindung an die Mutter aufbaut. Der berühmte deutsche Psychologe William Stern zog ebenfalls die Intensität der kindlichen Bindung in Zweifel: »Wie rasch gewöhnt sich das kleine Kind an eine neue Pflegerin, selbst wenn es zu ihrer Vorgängerin große Zuneigung hat; wie wenig vermißt – vielleicht nach einem kurzen Abschiedsschmerz – das Kind seine Eltern, wenn sie ausgegangen sind, oder auch ein Lieblingstier.« (1930, S. 531)

Ein Autor hat gemeint, die Hilflosigkeit des Kindes habe nicht die Funktion, eine Bindung an die Eltern zu fördern, sondern die emotionale Bindung zwischen Vater und Mutter zu erleichtern (Fiske 1909). Das Zusammenwirken, das notwendig sei, um mehrere Kinder bis zur Adoleszenz großzuziehen, stärke unausweichlich die Beziehung zwischen den Eltern und festige so das eheliche Band.

Im 19. Jahrhundert sah man in dem Kleinkind ein Bündel von Reflexen, Instinkten und Wahrnehmungsfähigkeiten, das innerhalb der natürlichen Umwelt auf diese einwirkte und so allmählich ein Ichgefühl und eine sich entfaltende Moral entwickelte. Bis zum Ende der zwanziger Jahre dieses Jahrhunderts – und dann in verstärktem Maße, nachdem Freuds Schriften populär wurden – traten in bezug auf das Kleinkind jedoch Ausdrücke wie *Bindung, Vertrauen* und *Verläßlichkeit* in den Vordergrund, und man machte sich ernsthaft Gedanken darüber, wieviel elterliche Liebe »richtig« sei. Der Arzt Frank Richardson, der sich mit den Folgerungen befaßte, die Eltern aus der Freudschen Lehre zu ziehen hätten, begann das erste Kapitel seines Buches mit der schlichten Erklärung: »Liebe ist die größte Sache der Welt« (1926, S. 3), um dann die Eltern vor der Gefahr zu warnen, sie könnten ihren Kindern zu wenig oder zu viel Zuneigung zeigen. Zu wenig Liebe könnte dem Kind schaden, doch übertriebene Liebe könnte zu »unglücklichen Individuen (führen), die zehn oder zwölf Jahre später ein klägliches Bild bieten. Sie sind reizbar, unzufrieden, völlig untauglich zu einem glücklichen Leben, in den mittleren Jahren und später« (S. 22).

John Bowlby und die Trennungsangst

Die wohl stärkste Äußerung über die Bedeutung der Liebesbeziehung zwischen Kind und Eltern findet man im letzten Band von John Bowlbys ambitiöser Trilogie über Bindung und Verlust (Bowlby 1980). »Verlust« beginnt mit einer Schlußfolgerung, die man vor 1800 wohl kaum in einem abendländischen Essay über die menschliche Erfahrung hätte finden können: »Der Verlust eines geliebten Menschen ist eine der schmerzlichsten Erfahrungen, die jemand machen kann« (S. 18). Hindus höherer Kastenzugehörigkeit würden Bowlby gewiß nicht zustimmen, denn der Hindu ist bestrebt, eine tiefe Bindung an andere zu vermeiden. Ein britischer Psychiater erfuhr von einem Brahmanen:

> »In Indien wollen die großen Geister von den Dingen dieser Welt nichts wissen. Ein *tyagi*, das ist ein Mann, der in der Welt lebt, aber nicht zuläßt, daß seine Seele an weltlichen Dingen haftet – wenn ein enger Verwandter stirbt, und sei es die Frau oder der Sohn, dann ist er nicht sonderlich bekümmert, denn er weiß, das ist das Gesetz der Welt. Er lebt in der Welt, wie ein perlenartiger Wassertropfen auf einem Lotusblatt – er rollt auf dem Blatt umher, wird aber nicht absorbiert.« (Carstairs 1967, S. 231)

Auf der letzten Seite von »Verlust« hebt Bowlby die zentrale Bedeutung von Liebesbeziehungen hervor: »Intime Bindungen an andere menschliche Wesen sind der Angelpunkt, um den sich das Leben eines Menschen dreht, nicht nur im Säuglings-, Kleinkind- oder Schulalter, sondern auch während der Adoleszenz und der reifen Jahre bis hinein in das Alter.« (S. 576)

Wie die meisten, die sich über das Wesen des Menschen geäußert haben, ist auch Bowlby der Ansicht, daß jeder Mensch einen geheimen Richter habe, der Tag für Tag sein Handeln billigt oder mißbilligt. Während Augustinus behauptete, Gott sei dieser Richter, und Emerson meinte, er bestehe im persönlichen Gewissen, versetzt Bowlby Liebesobjekte in die Position des Urteilenden: »Ein Schlüsselmerkmal des Versuchsmodells vom Selbst, das sich jeder schafft, ist die Vorstellung, wie akzeptabel oder unakzeptabel er in den Augen seiner Bezugspersonen ist.« (Bowlby 1976, S. 247)

Bowlby behauptet, daß eine Bindung an eine andere Person instinktiv sei, daß sie von der Kleinkindzeit bis ins Erwachsenenleben fortbestehe, und er behauptet ferner, was höchst bedeutsam ist, daß eine unsichere Bindung in der Kleinkindzeit sich dauerhaft in einer späteren Anfälligkeit für psychopathologische Störungen niederschlage. Die erste dieser Behauptungen ist vermutlich richtig, doch die beiden anderen sind umstritten. Bowlby mußte, weil die Bindung des Kindes für seine Auffassung von einer gesunden psychologischen Entwicklung zentral war, einen Anhaltspunkt für die Bindung des Kindes finden. Er entschloß sich, diesen Anhaltspunkt im Protest gegen die Trennung zu sehen. Den Grund für diese Vermutung findet man auf der ersten Seite des ersten Bandes von »Bindung« (1969), wo Bowlby sagt, daß der Kummer eines Einjährigen nach der Trennung von der Mutter der emotionalen Bedrücktheit des Erwachsenen nach dem Verlust des Ehegatten oder Geliebten ähnelt. Bowlby erfand zwischen diesen beiden Phänomenen einen Zusammenhang, denn nach seinem Eindruck ging es bei beiden um einen »Kummer« in Reaktion auf den »Verlust eines Liebesobjekts«. Das ist keine überzeugende Begründung. Der Tobsuchtsanfall eines Einjährigen nach einer Frustration ähnelt der Aggression eines Zwanzigjährigen; die Art, wie ein Dreijähriges sich eines Spielzeugs bemächtigt, hat etwas mit jugendlichem Vandalismus gemein. Dennoch wird kaum ein moderner Wissenschaftler sagen, daß aus einem Einjährigen, der einen Tobsuchtsanfall hat, wahrscheinlich ein gewalttätiger Erwachsener wird. Einige der Theoretiker des 19. Jahrhunderts haben tatsächlich einen solchen Zusammenhang gesehen, aber die Beziehung zwischen dem Trennungskummer des Kindes und dem Liebesverlust des Erwachsenen ist ihnen entgangen. Wenn Beobachter des 20. Jahrhunderts ihr Augenmerk schließlich darauf gerichtet haben, daß das Kind nach dem Verlust der Betreuungsperson schreit, so liegt das an historischen Veränderungen, durch die Liebe, Vertrauen und Sicherheit zwischen Kind und Mutter in den Vordergrund gerückt sind.

Gewiß hätten viele Beobachter des 19. Jahrhunderts Bowlby verstanden und ihm auch wohl zugestimmt, doch hätte kaum einer drei Bücher über das Thema Bindung geschrieben, weil die Idee für sie so selbstverständlich war wie das Blau des Himmels. Bowlbys Schlußfolgerungen haben in der zweiten Hälfte des 20. Jahrhunderts dadurch an Interesse gewonnen, daß viele Bürger infolge der historischen Ereignisse begannen, an der Selbstverständlichkeit der mütterlichen Hingabe für das Kind und der kindlichen Liebe zur Familie zu zweifeln. Eltern, die ihre Kinder mißhandeln, und Jugendliche, die ihre Eltern umbringen, haben den Glauben des 19. Jahrhunderts an die Natürlichkeit der familialen Liebe erschüttert. Moderne Zeitgenossen, die an der Universalität tiefer Zuneigung und unverbrüchlicher Loyalität, sei es zwischen Erwachsenen, sei es zwischen Eltern und Kindern, Zweifel bekommen haben und über die Schlußfolgerungen, die sich aus dieser Untersuchung ergeben, betrübt sind, möchten nur allzu gern von einem klugen Mann, der sich über die menschliche Natur äußert, hören, daß die Liebe zwischen Kind und Eltern eine absolute Voraussetzung psychologischer Gesundheit ist.

Dafür, daß Amerikaner sich in diesem Jahrhundert Gedanken über die möglichen Gefahren, die sich aus der kindlichen Angst ergeben, machen, gibt es gute Gründe.* Erstens hat die nach dem Ersten Weltkrieg angestiegene geographische Mobilität in den

* Auf den Fidschi-Inseln gilt Angst vor der Mißbilligung durch die Erwachsenen als ein Zeichen der Reife bei Kindern, und Eltern freuen sich, wenn der Vierjähri-

Vereinigten Staaten viele Amerikaner dazu gezwungen, in Gemeinden von Fremden zu leben, denen sie nicht trauen konnten. Zweitens hat die Kombination aus der Wirtschaftskrise, den Greueln des Zweiten Weltkrieges und, danach, einer nuklearen Katastrophe beim Durchschnittsbürger ernste Befürchtungen im Hinblick auf die Zukunft geweckt. Ich nehme an, daß diese Unsicherheiten auf das Kind projiziert worden sind. Erwachsene möchten begreifen, warum sie Angst empfinden, und ziehen eine Erklärung vor, die auf Erfahrungen in der fernen Vergangenheit zurückgreift.* Erik Erikson ist der Meinung, daß die Fähigkeit zum Vertrauen und daraus abgeleitet das Selbstvertrauen der Erwachsenen in der Kindheit begründet werden. Harry Harlow und seine Mitarbeiter haben gezeigt, daß Affen, die mit künstlichen Müttern aus Frotteestoff aufgezogen wurden, nicht so stark bedrückt waren und eher ihre Umgebung erkundeten als eine andere Gruppe von Affen, die mit Ersatzmüttern aus Draht aufwuchsen (Harlow und Harlow 1966). Harlow benutzte das Wort *Liebe*, um zu erklären, warum die Affen mit der Frotteestoff-Mutter sicherer waren – ein Ausdruck mit ähnlichen Konnotationen wie Eriksons »kindliches Vertrauen«. Beide Theoretiker gingen davon aus, daß die von der Natur gewollte Dämpfung der kindlichen Angst in der Bindung besteht, die durch eine emotional enge, befriedigende Interaktion zwischen Kind und Mutter gefördert wird.

Jede Gesellschaft benötigt einen transzendentalen Gegenstand, dem die Bürger ihre Loyalität erweisen können. Früher gehörten Gott, die Schönheit und Nützlichkeit des Wissens und die Reinheit der treuen, romantischen Liebe zu den heiligsten Gütern in unserer Gesellschaft. Leider hat es das moderne Leben mit sich gebracht, daß es vielen Amerikanern schwer fällt, diesen Ideen

ge Unsicherheit verrät, ob er die Billigung und Zuneigung seiner Eltern gewinnen kann (Katz 1981).

* Die moderne Sorge um ein »vertrauensvolles Verhältnis« hat auch Wissenschaftler außerhalb des Bereichs der menschlichen Entwicklung beeinflußt. G. Morris Carstairs (1967) beginnt seine ethnographische Beschreibung einer Hindu-Gemeinde mit einer Erörterung des gegenseitigen Mißtrauens, das er unter den erwachsenen Bewohnern der Stadt beobachtet hat. Im 19. Jahrhundert wäre wohl kein Besucher dieser Stadt darauf verfallen, ein Essay mit diesem Thema zu eröffnen.

ihre Loyalität zu bewahren. Die Heiligkeit der Mutter-Kind-Bindung ist vielleicht eines der letzten, noch unbefleckten Ideale. Die Flut von Büchern und Zeitschriftenartikeln über Bindung und über die Notwendigkeit eines direkten Hautkontakts zwischen Mutter und Kind unmittelbar nach der Geburt wird von starken Emotionen erzeugt, und man muß annehmen, daß nicht wissenschaftliche Tatsachen die Diskussion bestimmen, sondern etwas anderes. Sollte es richtig sein, daß jeder engagierte Erwachsene ein Kleinkind versorgen kann und daß die biologische Mutter entbehrlich ist (dies ist noch nicht bewiesen), so wird ein weiterer moralischer Imperativ hinfällig sein.

Mary Ainsworth und die Fremde Situation

Daß Bindungen an eine Betreuungsperson ganz fehlen, kommt selten vor, doch gibt es unsichere oder ambivalente Bindungen, und ihre Ursachen können Betreuungspraktiken sein, die dem Kind nicht genügend physische Zuwendung und Vorhersehbarkeit vermittelt haben, besonders wenn das Kind litt. Da sowohl Affenbabys als auch Kleinkinder leiden, wenn sie von ihrer biologischen beziehungsweise ihrer Ersatz-Mutter getrennt werden, hat man die Schlußfolgerung für gerechtfertigt gehalten, daß sowohl bei Affen als auch bei Kindern im Trennungsleid eine Angst vor dem Verlust der Bindungsbeziehung zum Ausdruck kommt. So wurde die Reaktion des Kindes auf eine zeitweilige Trennung von der Mutter und die Wiedervereinigung mit ihr zum verbreitetsten Index für die Qualität der Bindung des Kindes.

Mary Ainsworth und Mitarbeiter (1978) haben eine Reihe von Verfahren, von denen sie glaubten, sie würden den Grad der Sicherheit der Bindung des Kindes an die Mutter messen, sorgfältig standardisiert. Man spricht seither von der »Fremden Situation«. Kinder im Alter von 9 bis 24 Monaten werden über kurze Zeiträume – jeweils etwa 3 Minuten lang – in einem nicht vertrauten Laboratoriumsraum beobachtet und zwar in Gegenwart ihrer Mutter, eines Fremden, der Mutter und des Fremden und ganz allein. Die beiden entscheidenden Episoden sind die, bei denen die Mutter das Kind verläßt, einmal zusammen mit dem Fremden und einmal allein, um nach einigen Minuten wieder zu dem Kind zurückzukehren. Die unmittelbare Reaktion des Kindes auf das Fortgehen der Mutter und sein Verhalten nach der Rückkehr sollen ein empfindlicher Index für die Qualität der kindlichen Bindung sein (Ainsworth et al. 1978). Kinder, die nach dem Fortgehen einen mäßigen Protest zeigen, nach ihrer Rückkehr die Nähe der Mutter suchen und sich leicht von ihr trösten lassen (etwa Dreiviertel einer typischen Stichprobe von einjährigen amerikanischen Mittelschichtkindern), gelten als diejenigen mit der sichersten Bindung. Bei Kindern, die nicht gegen das Fortgehen der Mutter protestieren und sich nicht der Mutter nähern, wenn sie wieder hereinkommt (etwas weniger als ein Viertel von amerikanischen Mittelschichtkindern), nimmt man eine weniger sichere Bindung an und bezeichnet sie als »vermeidend«. Bei Kindern schließlich, die durch das Fortgehen ernsthaft verstört werden und zwar Kontakt mit der Mutter suchen, sich aber dennoch nicht von ihr trösten lassen wollen (etwa 10 Prozent der amerikanischen Kinder), spricht man ebenfalls von einer unsicheren Bindung und bezeichnet sie als »ambivalent«.

Wie läßt sich nun entscheiden, ob dieses Verfahren tatsächlich die Sicherheit der Bindung eines Kindes offenbart? Man kann etwa prüfen, ob Kinder mit einer sicheren Bindung im Unterschied zu solchen mit einer unsicheren Bindung eher Qualitäten entwickeln, die als adaptiv aufgefaßt werden. Für einen solchen Zusammenhang spricht einiges. Kinder von 18 Monaten, die mit Hilfe der Fremden Situation als sicher gebunden eingestuft wurden, zeigten größere Flexibilität, größere Neugier und größere Geschicklichkeit im Umgang mit Gleichaltrigen als Kinder, denen eine weniger sichere Bindung zugesprochen wurde (Arend, Gove und Sroufe 1972; Waters, Wippman und Sroufe 1979). Trotz dieser ermutigenden Tatsache bleiben jedoch einige ernste Probleme bestehen, die uns von einer überschwenglichen Einschätzung dieser Methode und ihrer Fähigkeit, die Art der Bindung zwischen Kind und Betreuungsperson aufzudecken, abhalten.

Zunächst stört die Tatsache, daß die Einstufung »sichere« beziehungsweise »unsichere Bindung« nicht sehr stabil ist. Etwa der Hälfte einer Gruppe von Kindern, die man mit 12 und mit 19

Monaten beobachtete, wurde nach dem kurzen Zeitraum von 7 Monaten eine andere Kategorie von Bindung zugeschrieben (Thompson, Lamb, Estes 1982). Es gibt zwei weitere Probleme, und um sie richtig zu verstehen, muß man sich einmal überlegen, welches das entscheidende Verhaltenselement ist, das in dieser ungewöhnlichen Laborsituation bewertet wird. Ein Einjähriges wird in einem nicht vertrauten Raum unerwartet mit einem Fremden oder ganz allein zurückgelassen. Da es vom Grad der Beunruhigung und Ängstlichkeit, den das Kind zeigt, abhängt, wie es sich verhalten wird, wenn die Mutter zurückkommt, und folglich auch, ob es eine »sichere« oder »unsichere« Bindung hat, sollten wir uns fragen, welche Faktoren außer der bestehenden Beziehung zur Mutter das Kind veranlassen könnten, sehr verstört, nur ein wenig verstört, oder fast gar nicht verstört zu reagieren. Ein naheliegender Faktor ist die temperamentsbedingte Neigung des Kindes, auf ein unerwartetes Erlebnis in einer ungewohnten Situation mit Angst zu reagieren. Es gibt Kinder, die vielleicht eine sehr enge Beziehung zur Mutter haben, sich aber durch das Ungewohnte nicht so leicht ängstigen lassen; es kann sein, daß sie nicht weinen, wenn die Mutter fortgeht, und daher werden sie auch nicht ihre Nähe suchen, wenn sie zurückkehrt. Vielleicht werfen sie ihr nicht einmal einen flüchtigen Blick zu. Diese Kinder wird man als »vermeidend« und »unsicher gebunden« einstufen. Andere Kinder, die eine gewisse Neigung haben, auf das Ungewohnte ängstlich zu reagieren, werden eher weinen, wenn die Mutter fortgeht, und ihre Nähe suchen, wenn sie zurückkommt. Sie sind nicht aufs äußerste verstört, werden sich daher beruhigen lassen und als »sicher gebunden« eingestuft. Schließlich gibt es extrem ängstliche Kinder, die durch das unerwartete Fortgehen der Mutter sehr verstört werden, besonders wenn man sie ganz allein zurückläßt. In ihrem extremen Verzweiflungszustand stoßen sie oft die Mutter fort und hören nicht auf zu schluchzen. Sie werden als »ambivalent« und »unsicher gebunden« eingestuft (Ainsworth et al. 1978; Thompson und Lamb 1983 b). Ob das Kind nach der Rückkehr der Mutter Kontakt zu ihr suchen wird, läßt sich in der Tat am besten vorhersagen aufgrund des Grades der Verstörung und Verzweiflung, den das Kind zeigte, nachdem die Mutter gegangen war (Gaensbauer, Connell und Schultz 1983).

Es spricht einiges für die Annahme, daß manche Kinder schon von den ersten Lebenstagen an eine gewisse Neigung zur Ängstlichkeit haben, lange bevor das Kind eine Bindung an eine andere Person herstellen konnte. Japanische Neugeborene, die man mit einem Jahr als »ambivalent« einstufte, neigten eher dazu, auf Frustration mit heftigem Weinen zu reagieren als andere Neugeborene, die man später als »sicher gebunden« einstufte. Diese Tatsache legt den Schluß nahe, daß die Kinder der ersten Gruppe schon bei Geburt eine niedrigere Schwelle besaßen, auf ein unerwartetes Ereignis extrem gereizt zu reagieren.* Dieselben japanischen Kinder wurden im Alter von 1 und 3 Monaten zu Hause beobachtet; diejenigen, die man später als »ambivalent« einstufte, weinten häufiger und heftiger. Mit 7 Monaten zeigten sie größere Angst vor einem fremden Erwachsenen; mit zwei Jahren waren sie zurückhaltender und scheuer im Umgang mit einem fremden Kind als die »sicher gebundenen« Kinder.

Bei einer vergleichbaren Untersuchung in Westdeutschland fand man heraus, daß Neugeborene, die in den ersten 10 Lebenstagen sehr aufmerksam und kaum reizbar waren, im Alter von einem Jahr eher eine »sichere Bindung« besaßen als Neugeborene, die unaufmerksam und hochgradig reizbar waren (Grossmann und Grossmann 1983). In zwei ganz unterschiedlichen Ländern mit sehr unterschiedlichen mütterlichen Betreuungspraktiken waren Einjährige, die man in der Fremden Situation als »unsicher gebunden« einstufte, während der ersten Lebenstage ungewöhnlich reizbar gewesen. Da es den Anschein hat, als sei die Reizbarkeit des Kleinkindes von genetischen Faktoren beeinflußt (Wilson, Brown und Matheny 1971), scheint die Schlußfolgerung gerechtfertigt, daß die biologischen Merkmale des Kindes einen gewissen Einfluß darauf haben, wie furchtsam es sich in der Fremden Situation verhält, also auch darauf, in welche Bindungsgruppe es eingestuft wird.

Es ist von historischem Interesse, daß Mary Ainsworth schon in ihrem ersten Buch über Bindung (»Infancy in Uganda«, erschienen 1967) die Bedeutung des Temperaments erkannte. Ainsworth unterteilte ihre Ganda-Babys in achtzehn »sicher gebunde-

* K. Miyake, persönliche Mitteilung, 1983.

ne«, sieben »unsicher gebundene« und fünf »ungebundene« Kinder, und sie beschrieb die Eigenschaften dieser Kinder ziemlich ausführlich. Die »ungebundenen« Kinder reagierten, wie sie schreibt, auf die Annäherung von Fremden und auf Trennung fast ohne Furcht; ein »ungebundenes« Kind, Nora, wurde als »vorzeitig selbständig« geschildert. Die »unsicher gebundenen« Babys wurden so bezeichnet, weil sie, wann immer Ainsworth sie beobachtete, häufig weinten. »Das Kriterium, nach dem sie als unsicher bezeichnet wurden, war häufiges Weinen. Es waren aufgeregte Babys, die nicht nur weinten, wenn sie von ihrer Mutter getrennt waren, *sondern sogar, wenn sie bei ihrer Mutter waren.*« (S. 391) Aus weiteren Bemerkungen von Ainsworth läßt sich folgern, daß die Reizbarkeit der Kinder eine Funktion ihres Temperaments oder häufiger Erkrankung, nicht aber eine Funktion der emotionalen Bindung an die Mutter war.

Bei einer klassischen Untersuchung, die zu der Zeit, als Mary Ainsworth ihre wissenschaftliche Laufbahn begann, häufig zitiert wurde, brachte Jean Arsenian (1943) vom Smith College Zweijährige, die mit ihren Müttern in einer Besserungsanstalt für Frauen lebten, in einen ihnen nicht vertrauten Raum, teils mit der Mutter, teils ohne sie. Arsenian bemerkte, daß die Kinder in unterschiedlichem Maße verstört waren, wenn die Mutter fort war; sie interpretierte jedoch – und nahm damit vorweg, was ich hier sagen will – das unterschiedliche Ausmaß des Kummers als einen Ausdruck der Persönlichkeit der Kinder und nicht als eine Folge unterschiedlicher Sicherheit ihrer Beziehung zur Mutter.

Ein zweiter wichtiger Faktor, von dem das Verhalten des Kindes in der Fremden Situation abhängt, ist das Ausmaß, in dem die Mutter ihr Kind im Laufe der Kleinkindzeit ermutigt hat, seine Angst zu bekämpfen. Ein Kind, dessen Mutter im übrigen aufmerksam und liebevoll war, ihm aber Selbstvertrauen und Furchtlosigkeit einflößen konnte, wird nicht so leicht weinen, wenn die Mutter fortgeht, und daher auch weniger dazu neigen, sich ihr zu nähern, wenn sie zurückkommt. Dieses Kind wird man als »vermeidend« und »unsicher gebunden« einstufen. War die Mutter hingegend behütend, hat sie nicht so sehr von ihrem Kind verlangt, tapfer zu sein, so wird das Kind wahrscheinlich weinen, auf die Mutter zulaufen, wenn sie wieder den Raum betritt, und als »sicher gebunden« eingestuft werden. Als man sie zu Hause besuchte, erklärten die Mütter einer Gruppe von »sicher gebundenen« Einjährigen, ihre Kinder hätten kein großes Selbstvertrauen; diese Mütter waren überzeugt, im Leben ihres Kindes unersetzlich zu sein.

Die Mütter von Kleinkindern, die man als weniger »sicher gebunden« eingestuft hätte, waren außer Hause berufstätig und gingen auf die Bedürfnisse ihrer Kinder nicht so bereitwillig ein. Ihr Verhalten war – auch wenn manche Psychologen meinen könnten, sie seien nicht sehr fürsorglich – davon bestimmt, daß sie bei ihren Kindern Furchtlosigkeit und stabiles Selbstvertrauen schätzten. Es ist wohl kein Zufall, daß diese Kinder besser mit der Unsicherheit fertig wurden, wenn sie von ihrer Mutter in der Fremden Situation alleingelassen wurden (Hock und Clinger 1981).

Man kann diese Ergebnisse zweifach interpretieren. Manche Psychologen würden sagen, daß die erste Gruppe der behütenden Mütter Kinder mit einer sicheren Bindung erzogen haben. Das behütende Verhalten der Mutter könnte jedoch auch zu Kindern geführt haben, die mit der Unsicherheit, wie sie durch die unvertraute Fremde Situation entsteht, nicht so leicht fertigwerden. Die ursprünglich positive Haltung zur behütenden Mutter-Kind-Dyade wird mit dieser letzteren Bewertung modifiziert, denn diese impliziert, daß die Kinder, die sich in der Fremden Situation nicht aufregten, adaptive Strategien der Auseinandersetzung mit Streß erworben hatten. Diese Babys könnten es zumindest in unserer Gesellschaft in der späteren Kindheit leichter haben als jene, die weinen, wenn die Mutter fortgeht. Beide Gruppen von Kindern sind wahrscheinlich gebunden, aber die eine wird besser mit der durch das Testverfahren erzeugten Unsicherheit fertig (Hock und Clinger 1981).

Diese Auffassung gewinnt noch durch die Beobachtungen, die in der schon erwähnten westdeutschen Untersuchung gemacht wurden. In klarem Gegensatz zu den amerikanischen Gegebenheiten, wo Dreiviertel der Einjährigen als »sicher gebunden« eingestuft wurden, verhielten sich von den deutschen Kindern nur ein Drittel in der Fremden Situation so, als ob sie sicher gebunden wären, und fast die Hälfte wurde als »vermeidend« eingestuft, weil diese Kinder die Mutter bei ihrer Rückkehr in den Raum nicht begrüßten.

Sollen wir aus diesen Ergebnissen schließen, daß deutsche Kinder sehr viel häufiger als amerikanische Kinder »unsicher gebunden« sind, oder bedeuten sie, daß die deutschen Kinder dazu erzogen wurden, ihre Furcht zu bezähmen, wenn ihre Mütter fortgehen, weil in dieser Gegend Deutschlands ein emotional eigenständiges Kind, das sich nicht an die Mutter klammert, als Erziehungsideal gilt?* Die Forscher stellten fest, daß »die Kinder in dem von unserer Untersuchung erfaßten geographischen Bereich einem starken Druck in Richtung auf gefühlsmäßige Zurückhaltung ausgesetzt sind, die eine kulturell erwünschte Anpassung darstellt« (Grossmann et al. 1981, S. 179). Manche kleineren Kinder werden nach meiner Überzeugung nur deshalb als »unsicher gebunden« eingestuft, weil sie, entweder bedingt durch ihr Temperament, leichter ängstlich werden oder weil sie eine Sozialisation erfahren haben, durch die sie gelernt haben, die Furcht, die sie an einem unvertrauten Ort empfinden können, zu unterdrücken. Wahrscheinlich ist es ein Irrtum, wenn man annimmt, Kinder der einen oder der anderen Gruppe hätten eine schwächere Bindung an die Mutter als jene, die beim Fortgehen der Mutter weinen und auf sie zueilen, wenn sie wieder den Raum betritt.

Die Logik der Fremden Situation weist einen weiteren Mangel auf, der deutlich wird an den Reaktionen von jungen Totenkopfäffchen, die man von ihren Muttertieren trennte, nachdem eine Bindung hergestellt worden war. Das Affenjunge zeigte, wenn man es nach der Trennung in eine unvertraute Umgebung brachte, sowohl ein gesteigertes Maß an gestörtem Verhalten als auch einen Anstieg des Cortison-Spiegels im Blut – zwei verläßliche Anzeichen für emotionale Erregung. Doch wenn man das Affenjunge zusammen mit ihm vertrauten Tieren in eine entsprechende Umgebung brachte, blieben die verhaltensmäßigen Anzeichen einer Beunruhigung aus, aber es hatte weiterhin einen hohen Cortison-Spiegel. Der hohe Cortison-Spiegel zeigte an, daß das Junge in der vertrauten Umgebung emotional auf die Abwesenheit des Muttertieres reagierte, auch wenn aus seinem Verhalten

* K. Grossmann und K. E. Grossmann, persönliche Mitteilung, 1983.

entnommen werden konnte, daß es durch die Trennung nicht sonderlich erregt war (Levin 1982). Was das bedeutet, ist klar: Ein Kleinkind mag sich durchaus so verhalten, als ob der Verlust der Mutter es nicht erregte – diese Tatsache allein kann nicht als Beweis einer »unsicheren Bindung« betrachtet werden.

Schließlich gibt es noch das Argument, das sich auf das Angemessene und Vernünftige stützt. Die Einstufung eines Kindes als »sicher« oder »unsicher gebunden« beruht hauptsächlich auf seinem Verhalten während zwei 3minütigen Episoden in der Fremden Situation. Ist es vernünftig und angemessen, wenn man annimmt, daß ein Interaktionsverhältnis zwischen Mutter und Kind, das sich auf mehr als eine halbe Million Minuten im eigenen Zuhause erstreckt, innerhalb von 6 Minuten in einem nicht vertrauten Raum aufgedeckt wird? Diese Frage hat vermutlich zwei Gruppen von Psychologen veranlaßt, die vorliegenden Untersuchungen, die sich der Fremden Situation bedienen, umfassend zu überprüfen, mit dem Ergebnis, daß dieses Verfahren kein empfindliches Maß für die Sicherheit der Bindung ist (Campos et al. 1983; Lamb et al., im Druck). Die eine Gruppe stellte schlicht fest: »Keine der gegenwärtig weithin vertretenen Ansichten über die Validität und Reliabilität dieses Verfahrens ist wohlbegründet.« (Lamb et al., im Druck, S. 1)

Mag auch das Verhalten des Kindes in der Fremden Situation kein empfindliches Maß für die Beschaffenheit seiner Bindung sein, so ist doch das Konzept der Bindung weiterhin sinnvoll und sollte nicht aufgegeben werden. Die Art der Betreuung, die das Kleinkind durch die Mutter erfährt, ist für sein späteres Verhalten bestimmend. Kinder, die ihr erstes oder ihre beiden ersten Lebensjahre in Institutionen verbracht haben, in denen sie keine durchgängige Betreuung erfuhren, klammern sich häufiger an Erwachsene als Kinder, die in Familien aufgewachsen sind, und später sind ihre Beziehungen zu anderen Kindern von emotionaler Distanz gekennzeichnet (Tizard und Rees 1975; Tizard und Hodges 1978). Diese Tatsachen werden durch das Konzept der differentiellen Bindung während der Kleinkindzeit verständlich.

Eine Bindung hat nach meiner Ansicht in erster Linie zur Folge, daß das Kind bereit wird, die elterlichen Normen zu übernehmen, denn es erträgt nur schwer die Unsicherheit, die damit verbunden ist, daß es Äußerungen elterlicher Gleichgültigkeit oder Ablehnung vorwegnimmt. Wenn die von den Eltern vertretenen Normen mit den maßgebenden gesellschaftlichen Wertvorstellungen übereinstimmen, ist alles in Ordnung. Sind diese Normen aber nicht gesellschaftlich maßgebend, so ist das Kind, das an seine Eltern gebunden ist, später benachteiligt. Ist ein kleines Mädchen eng an seine Mutter gebunden und vertritt die Mutter eine passive Haltung, Furcht vor Jungen und eine nicht auf Konkurrenz beruhende Einstellung zu schulischen Leistungen, so wird es, wenn es heranwächst, Konflikten und Ängsten ausgesetzt sein. Es ist also nicht ausgemacht, daß eine sichere Bindung im Alter von einem Jahr sich auf unbegrenzte Zeit segensreich auswirken wird.

Ich vermute, daß ein einheitliches Bindungskonzept letzten Endes nicht so hilfreich ist wie eine Reihe von verwandten Konzepten, die die Natur der fortgesetzten Interaktionen, welche das emotionale Band zur Betreuungsperson entstehen lassen, näher bestimmen. Nehmen wir zum Beispiel das typische Kind in Dörfern der Dritten Welt, irgendwo in Mittelamerika oder Afrika, das den größten Teil des Tages seiner Mutter körperlich nahe ist und auf Verlangen gestillt wird, mit dem aber während der ersten 12 Lebensmonate kaum gespielt oder gesprochen wird. Dieses Kind wird selten größeren Kummer erleben, und wenn doch, so wird er rasch gestillt, so daß die meisten Beobachter dieses Kind als eng und sicher an die Mutter gebunden betrachten werden. Man vergleiche ein solches Kind mit dem Kind einer amerikanischen Familie aus der oberen städtischen Mittelschicht, dessen Mutter das Kind, wenn es Kummer hat, zuverlässig versorgt und etwa zwei Stunden täglich mit ihm spielt, es aber die überwiegende Zeit des Tages in einem getrennten Zimmer spielen und schlafen läßt. Wahrscheinlich werden beide Kinder eine sichere Bindung entwickeln, doch in anderen Hinsichten dürfte sich ihre Bindung sehr wohl unterscheiden.

Die Psychologen sind in einer unglücklichen Lage. Sie sind überzeugt, daß die Bindungsidee grundsätzlich brauchbar ist, können jedoch über die Folgen verschiedener Arten von Bindung keine eindeutigen Aussagen machen, da sie die feinen Abstufungen dieses komplexen menschlichen Bandes noch nicht klar zu erfassen vermögen.

Temperamentsunterschiede zwischen Kleinkindern

Kinder sind unterschiedlich lebhaft, unterschiedlich stimmungslabil und reagieren unterschiedlich auf Menschen, wenn sie hungrig oder müde sind, wenn sie Langeweile haben oder einfach nur spielen; selbst Eltern, die nicht besonders schlau sind, merken das. Man braucht nur auf eine bestimmte Weise mit ihnen umzugehen, und man hat Babys, die nervtötend reizbar oder auch himmlisch zufrieden sind. Es gibt aber auch Gründe für die Annahme, daß manche Kinder von Geburt an eine starke Neigung zu gewissen Stimmungen und zu einem bestimmten Stil haben, auf Menschen zu reagieren. Man bezeichnet diese Neigungen als *Temperamentseigenschaften.* Alle derartigen Temperamentseigenschaften können durch Erfahrung verändert werden, und alle können sich nur aufgrund bestimmter Erfahrungen aktualisieren. Es gibt ganz wenige Temperamentseigenschaften, die von Wissenschaftlern in einem objektiven Rahmen untersucht wurden – Aktivität, Aufgeregtheit, Furchtsamkeit, Empfindlichkeit, Aufmerksamkeit und Lebhaftigkeit der Reaktion –, und sie wurden deshalb gewählt, weil sie relativ leicht zu beobachten sind und mit der späteren Anpassung eines Kindes zusammenzuhängen scheinen. Das sind vernünftige Kriterien, wenn es darum geht, ein neues Forschungsfeld zu erkunden.

Mit welchen Worten die Temperamentseigenschaften eines Kindes bezeichnet werden, hängt davon ab, welche Methoden der Forscher benutzt. Zu den maßgeblichen Wissenschaftlern, die das Temperament gründlich erforscht haben, gehören Alexander Thomas und Stella Chess (1977); sie haben städtische Mittelschichteltern interviewt und aufgezeichnet, wie diese ihre Kinder beschrieben. Die von diesen Forschern gewählten Dimensionen beruhten also teilweise auf den Eigenschaften, die den Eltern wichtig waren. Was amerikanische Eltern am meisten beschäftigt, ist die Frage, ob ihr Kind nervös ist, ob es sich leicht füttern läßt, ob es regelmäßig schläft, ob es furchtsam ist und ob es sich offen zu anderen verhält. Es ist daher nicht erstaunlich, daß die Forscher für die Kinder drei Typen bildeten: »umgänglich«, »schwierig« und »schwer zugänglich für andere«. Angenommen,

Linné hätte im 18. Jahrhundert bei seinem Bemühen, die Tiere zu kategorisieren, sachkundige Leute gebeten, alle Tiere, die sie kannten, zu beschreiben. Wahrscheinlich hätten seine Informanten die Hähne und die Truthähne korrekt in ein und dieselbe Kategorie gesteckt, aber fälschlich hätten sie den Wal und den Hai in ein und dieselbe, das Eichhörnchen und die Robbe dagegen in unterschiedliche Kategorien gesteckt. So hilfreich die Beschreibungen, welche Eltern von ihren Kindern geben, anfangs auch sein mögen, sie sollten doch ersetzt werden durch Methoden, die nicht in starkem Maße von der Sprache und den Sorgen des Beobachters beeinflußt sind.

Ängstliche Gehemmtheit versus furchtlose Erkundung

Unter all den Temperamentseigenschaften, die man untersucht hat – am häufigsten waren es Aktivität, Reizbarkeit und Furchtsamkeit –, gibt es zwei, die sich anscheinend vom ersten Geburtstag bis in die späte Kindheit hinein erhalten: eine anfängliche Gehemmtheit gegenüber dem Unbekannten (Eltern sprechen von »Mißtrauen«, »Vorsicht« oder »Scheu«) und ihr Gegenteil (sie nennen es »Umgänglichkeit«, »Kühnheit« oder »Furchtlosigkeit«). Gehemmtheit gegenüber dem Unvertrauten kann man schon an Babys von 8 Monaten beobachten, aber ganz deutlich tritt sie nach dem ersten Geburtstag zutage. Bei vielen Ereignissen, die sehr überraschend oder wechselhaft sind, werden die meisten Zweijährigen aufhören zu spielen und still werden. Kleinkinder und Kinder unterscheiden sich jedoch darin, wie leicht es jeweils ist, diese Reaktionen hervorzurufen, und auch darin, wie durchgängig sie in vielen unterschiedlichen Situationen Gehemmtheit zeigen. Etwa 10 Prozent der amerikanischen Zweijährigen zeigen durchgängig eine extreme Gehemmtheit gegenüber nicht bedrohlichen, aber unvertrauten Ereignissen – wenn etwa eine unbekannte Frau sie anspricht. Dann hören sie auf zu spielen, werden still und nehmen einen argwöhnischen Gesichtsausdruck an. Andere Kinder lächeln dagegen, sprechen mit der fremden Erwachsenen und erlauben ihr, mit ihnen zu spielen. Es kommt vor, daß das gehemmte Kind nach 10 oder 15 Minuten seine Scheu verliert und dann recht eifrig mit der Fremden spricht und spielt. Es handelt sich zwar nur um eine vorübergehende Gehemmtheit, und doch kehrt diese Reaktion im zweiten und dritten Lebensjahr zuverlässig wieder. Von Kindern, die mit 21 Monaten extrem gehemmt waren, hatten Dreiviertel diese Eigenschaft auch noch an ihrem vierten Geburtstag. Von den Kindern, die man als extrem ungehemmt eingestuft hatte, war keines mit vier Jahren zu einem gehemmten Kind geworden (Garcia-Coll et al. 1984).

Als man die Vierjährigen mit einem fremden Kind gleichen Alters und gleichen Geschlechts spielen ließ, gingen die Kinder, die zuvor gehemmt waren, selten auf das andere zu und verhielten sich in der Regel passiv, wenn sie angegriffen wurden. Die ungehemmten Kinder machten häufig Annäherungsversuche, nahmen sich gelegentlich Spielsachen weg und waren im allgemeinen fröhlich und aktiv; einige tollten ausgelassen im Zimmer umher.

Unter den gehemmten Kindern gab es öfter als unter den ungehemmten häufige Alpträume und ungewöhnliche Ängste, und sie gehorchten, da elterlicher Tadel sie beeindruckte, im allgemeinen den Forderungen der Eltern. Die gehemmten Kinder machten, als sie von einer unbekannten Frau getestet wurden, selten Zwischenbemerkungen, schauten die Prüferin häufig an und sprachen mit sanfter, zögernder Stimme. Einer der gehemmten Jungen sagte während der 90 Minuten des Tests überhaupt nichts. Die ungehemmten Kinder dagegen unterbrachen die Prüferin mit Fragen und nicht zur Sache gehörenden Bemerkungen, lachten häufig und äußerten sich selbstbewußt und lebhaft.

Wenn man die Unterschiede zwischen den beiden Arten von Kindern durch bündige Adjektive einfangen möchte, wohl wissend, daß jedes Wort das, was man beobachtet, irgendwie entstellt, so treffen die Worte *zurückhaltend, aufmerksam* und *sanft* am ehesten das Wesen des gehemmten Kindes, während der Stil des ungehemmten Kindes durch die Worte *unbefangen, energisch* und *impulsiv* eingefangen wird. Läßt man die Kinder einen Ball werfen, einen Turm aus Holzklötzen umstoßen oder eine Clownsfigur schlagen, dann tun die gehemmten Kinder das auf eine kontrollierte, gedämpfte, fast gefühlvolle Art; beim ungehemmten Kind wirken die gleichen Handlungen ungezwungen und frei.

In fremdartigen oder schwierigen Situationen zeigen die gehemmten Kinder physiologische Reaktionen, die darauf hindeuten, daß sie unter leichtem Streß stehen. Eine dieser Reaktionen betrifft das Herz. Fast die Hälfte der gehemmten Kinder, aber nur 10 Prozent der ungehemmten, zeigen höhere und stabilere Pulsfrequenzen, wenn sie Bilder betrachten oder Klänge beziehungsweise Geschichten hören, die ein wenig schwierig zu verstehen sind. Wenn ein Kind oder ein Erwachsener unter entspannten Bedingungen Bilder betrachtet oder einer Rede zuhört, zeigt die Pulsfrequenz einen Zyklus, der mit der Atmung phasengleich ist. Beim Einatmen steigt der Puls an, beim Ausatmen fällt er. Das Sinken der Pulsfrequenz wird durch den Vagus vermittelt, der vom Parasympathicus gesteuert wird. Ist ein Kind oder ein Erwachsener jedoch psychologisch durch eine geistige Aufgabe in Anspruch genommen, so kann die damit verbundene physiologische Erregung die Steuerung der Pulsfrequenz durch den Vagus beeinträchtigen, mit dem Ergebnis, daß die Pulsfrequenz ein wenig ansteigt und stabiler wird. Diese Tatsache deutet darauf hin, daß Kinder, die beim Anhören einer schwer verständlichen Mitteilung in der Regel einen höheren und stabileren Puls haben, physiologisch stärker erregt sind. Wenn diese Kinder auch in realen Situationen, die unerwartet, fremdartig oder schwer verständlich sind, leicht erregt werden, könnte sich darin ein ursprüngliches Mißtrauen äußern. Diese Tendenz, sich durch die Belastungen des Alltagslebens leicht erregen zu lassen, war schon im ersten Lebensjahr da. Die gehemmten Kinder waren nämlich schon in den ersten Lebensmonaten reizbarer und anfälliger für häufige Verstopfung und allergische Reaktionen, Symptome, in denen sich ein höheres Niveau der physiologischen Erregung in Reaktion auf alltägliche Ereignisse verrät. Diese Verhaltenseigenschaft kann über viele Jahre stabil sein.

Eine Gruppe von 89 Kindern wurde von der Geburt an bis zum vierzehnten Lebensjahr und erneut als junge Erwachsene untersucht. Darunter waren sieben Jungen, die in den ersten drei Lebensjahren extrem gehemmt waren. Der Unterschied zu den extrem ungehemmten Jungen blieb über die ganze Kindheit und Jugendzeit bis ins Erwachsenenalter erhalten. Die gehemmten Männer mieden traditionell männliche Sexualaktivitäten, wählten als Erwachsene weniger maskuline Berufe, waren introvertiert und in neuen sozialen Situationen sehr ängstlich (Kagan und Moss 1983).

Einer dieser Jungen wurde bis zum zehnten Lebensjahr als zaghaft, schüchtern und ängstlich beschrieben. Beobachter benutzten Worte wie »unsicher«, »zart«, »feinfühlig«, »unterwürfig«, »verletzlich« und »ein scheues Wesen«. Mit sechzehn Jahren erklärte er einem Interviewer: »Ich wäre gern ein bißchen kecker, ich meine, ich möchte fähig sein, auf Leute zuzugehen und sie anzusprechen. (...) Ich hätte gern das Gefühl, daß ich Verantwortung übernehmen kann. (...) Ich habe kein Selbstvertrauen. Das ist es, mit einem Wort, Selbstvertrauen.« (Kagan und Moss 1983, S. 179) Als dieser junge Mann nach vier Jahren erneut interviewt wurde, beklagte er sich über seine extreme Ängstlichkeit in gesellschaftlichen Situationen: »Auf Leute, die ich nicht kenne, zugehen und sie ansprechen, das möchte ich gern können, aber ich kann es nicht.« (S. 181)

Da diese Langzeitstudie eine der wenigen Quellen ist, aus deren Material hervorgeht, daß diese Eigenschaft sich von der Kleinkindzeit bis ins Erwachsenenalter erhält, sollte sie mit einer gewissen Vorsicht aufgenommen werden. Tatsächlich lädt sie aber zu der Spekulation ein, daß diese Neigung des Temperaments, die sich im zweiten und dritten Lebensjahr deutlich beobachten läßt, spätere Verhaltensentscheidungen beeinflussen könnte.

Das äußerliche Verhalten des gehemmten Kindes läßt sich jedoch verändern, wenn die Eltern es sanft ermutigen, sich weniger furchtsam auf unbekannte Menschen und Situationen einzulassen. Die meisten amerikanischen Eltern haben lieber ein mutiges als ein schüchternes Kind, und deshalb bemühen sie sich ganz bewußt, ihrem Dreijährigen seine Hemmungen zu nehmen. Oft gelingt es ihnen auch. Sollte sich jedoch die tieferliegende Temperamentseigenschaft bei solchen Kindern erhalten, so könnte es sein, daß sie das unter bestimmten Umständen auf subtile Weise verraten und Anzeichen eines Konfliktes erkennen lassen.

Diese Beschreibung trifft auf einen vierjährigen Jungen zu. Obwohl er mit 21 Monaten in seinem Verhalten gehemmt war und seine Pulsfrequenzkurve auf hochgradige Erregung hindeutete, wünschte seine Mutter sich ein mutiges, furchtloses Kind. Als er vier war, ähnelte sein Verhalten dem eines ungehemmten Kindes. Er war ungezwungen, ausgelassen, aufgeschlossen, und er lachte sehr energisch. Doch durch zwei Reaktionen schien er sich zu verraten. Erstens hatte er Angst, sich die kleinen pfenniggroßen Elektroden anlegen zu lassen, die den Pulsschlag messen. Bei einem ungehemmten Kind kommen Befürchtungen wegen der Elektroden kaum vor. Zweitens wirkte sein Verhalten, als er im Spielzimmer mit einem unbekannten Jungen spielte, feindselig und nicht ungezwungen. Wenn Kinder sich Spielsachen wegnehmen oder Spielkameraden necken, so geschieht das meist spielerisch oder als Gegenangriff nach einer Aggression. Bei diesem Jungen war die Aggression weder spielerisch, noch diente sie der Selbstverteidigung, sondern sie wirkte bösartig. Als das andere Kind schließlich auftrumpfte und aggressiv wurde, wurde dieser Junge ängstlich und zog sich zu seiner Mutter zurück.

Eine ursprüngliche Tendenz, dem Unbekannten gehemmt beziehungsweise ungehemmt zu begegnen, könnte eine der wenigen Verhaltensdispositionen sein, die sich bei Kindern erhalten, weil sie wahrscheinlich zum Teil in der Biologie des Kindes verankert ist (Scarr 1969). Es ist eine der grundlegenden Einsichten der Physiologie, daß es bei jeder Tierart bestimmte komplementäre Systeme gibt, die um die Vorherrschaft ringen. Ein Beispiel ist die Konkurrenz zwischen den beiden Hemisphären des Gehirns. Bei den meisten Menschen dominiert der Schläfenlappen der linken Hemisphäre gegenüber dem vergleichbaren Gebiet der rechten Hemisphäre, doch bei einigen Kindern ist das Dominanzverhältnis umgekehrt. Wenn es aber einmal umgekehrt ist, läßt es sich nur schwer ändern.

Ein weiteres Beispiel für konkurrierende Systeme ist der Antagonismus zwischen Sympathicus und Parasympathicus im vegetativen Nervensystem, und es ist möglich, wenn auch noch nicht bewiesen, daß genetische oder pränatale Einflüsse Bedingungen schaffen, die bei einigen Kindern in ungewissen Situationen dem Sympathicus einen Vorrang gegenüber dem Parasympathicus geben. Solche Kinder könnten dazu neigen, zu den von mir beschriebenen extrem gehemmten Kindern zu werden, falls sie in ihrer frühesten Umgebung einem gewissen Streß ausgesetzt werden. Im Alter von einem Jahr sind eineiige Zwillinge einander in der Tendenz, gehemmt beziehungsweise ungehemmt zu sein, sehr viel ähnlicher als zweieiige Zwillinge, eine Tatsache, die auf genetischen Einfluß hindeutet (Plomin und Rowe 1979). Auch bei Erwachsenen deutet eine Tendenz zu Schüchternheit und Introvertiertheit durchweg nachdrücklich darauf hin, daß Vererbung im Spiel ist (Scarr 1969). Außerdem zeigen Langzeitbeobachtungen an Makaken, die im Labor aufgezogen wurden, daß die einzige von drei Eigenschaften, die sich über mehrere Jahre erhielt, Mangel an Ängstlichkeit gegenüber neuartigen Situationen war (Stevenson-Hinde 1980 a, b, Stillwell-Barnes und Zunz 1980). Es kann jedoch sein, daß eine biologische Anfälligkeit für Gehemmtheit sich nicht aktualisiert, falls die familiäre Umgebung außergewöhnlich günstig ist, wenn das Kind beispielsweise einfühlsame Eltern hat und davor bewahrt wird, daß ein älteres Geschwister es drangsaliert.

Im Unterschied zu extremer Aggressivität und konsequenter Nichtbeachtung der Autorität wird eine anfängliche Gehemmtheit von Erwachsenen eher toleriert. Manche Eltern freuen sich, wenn ihr Kind vorsichtig ist, denn das bedeutet ja, daß es sich nicht impulsiv in gefährliche Situationen stürzen wird. Außerdem wird das scheue Kind im Schulalter dem Lernen wahrscheinlich mehr Zeit widmen und so die intellektuellen Fähigkeiten entwickeln, die den Beifall der Erwachsenen herausfordern. Die Vervollkommnung solcher Talente läßt die ursprüngliche Disposition unberührt. Schließlich sind die Bedingungen für ein gehemmtes beziehungsweise ungehemmtes Verhalten gegenüber anderen ständig gegeben, was für die Mehrzahl der übrigen Verhaltensweisen nicht zutrifft. Tag für Tag kommt es immer wieder zu Interaktionen mit anderen Menschen, bei denen entschieden werden muß, ob man sich zurückzieht oder mitmacht. Jede Entscheidung im einen oder anderen Sinne verstärkt die entsprechende Gewohnheit, und so wird diese Disposition zu einem untrennbaren Bestandteil des Charakters.

Eltern reagieren unterschiedlich auf gehemmte und auf ungehemmte Kinder. Da gehemmte Kinder sich leichter sozialisieren lassen – sie können ihre Blase früher kontrollieren (Kaffman und Elizur 1977) –, werden diese Kinder ihren Eltern anfangs Freude machen, und ihr Verhältnis zu Erwachsenen wird weniger gespannt sein als das von ungehemmten Kindern. Die Gleichaltrigen sind jedoch zu gehemmten Kindern nicht so freundlich, und daher haben sie größere Schwierigkeiten, sich mit Spielkameraden einig zu werden. Eine enge Beziehung zu den Eltern und eine konfliktreichere Beziehung zu Gleichaltrigen werden sich zumindest in unserer Gesellschaft zusammen in dem Sinne auswirken, daß die gehemmten Kinder die Nähe der Erwachsenen suchen und deren Werte übernehmen. Sollte die Mutter oder der Vater eines gehemmten Kindes sich durch diese Eigenschaft extrem bedroht fühlen und feindselig auf das Kind reagieren, so kann aus ihm ein aggressives und ungehorsames Fünfjähriges werden. Das endgültige Profil ist dann das gemeinsame Produkt aus dem Temperament des Kindes und den Reaktionen der Erwachsenen.

Nun scheint dieses Prinzip auf der Hand zu liegen, was die meisten Umwelterfahrungen betrifft – das Stirnrunzeln des Vaters, das beschützende Wesen der Mutter –, doch gilt es sogar für Erfahrungen, die unzweideutig traumatisch zu sein scheinen. Eine so einschneidende Erfahrung wie die, während der ersten 6 Lebensmonate in völliger Isolation aufzuwachsen, wirkt sich auf eng miteinander verwandte Arten von Makaken nicht in der gleichen Weise aus (Sackett et al. 1981). Man könnte denken, die Isolation von Lebewesen während des ersten Halbjahres müßte sich auf alle Tiere in gleicher Weise auswirken. Doch Rhesusaffen gehen aus der Isolation mit einem stark abweichenden Sozialverhalten hervor, Javaneraffen zeigen kaum eine Störung, und Schweinsaffen weisen ein in mittlerem Umfang gestörtes Sozialverhalten auf. Im gleichen Sinne wird das Dominanzverhalten von Beagles durch 12wöchige Isolation stark beeinflußt, während Terrier von der gleichen Erfahrung relativ unberührt bleiben (Fuller und Clark 1968). Diese erstaunlichen Tatsachen liefern eine dramatische Bestätigung für das Prinzip der Wechselwirkung zwischen den biologischen Eigenschaften und den Erfahrungen des Jungtiers (bzw. des Kleinkindes). Augenscheinlich sind genetische Unterschiede zwischen den Affen- und den Hundearten für Dispositionen des Temperaments verantwortlich, welche die Isolation auf unterschiedliche Weise umsetzen. Aus den Temperamentsunterschieden zwischen Kleinkindern folgt, daß gleichartige Erfahrungen nicht oder kaum zu gleichartigen Konsequenzen führen werden. Jedes Kind stülpt der Erfahrung aufgrund seines Temperaments einen bestimmten Bezugsrahmen über, und so wird es schwer, die Konsequenzen einer bestimmten häuslichen Umgebung vorherzusagen.

Schlußfolgerung

Unsere Diskussion über das Kleinkind ließ sich von drei Ideen leiten. Zum einen gewinnt die ältere Auffassung an Substanz, daß die Reifung des Zentralnervensystems in einer bestimmten Abfolge intellektuelle Fähigkeiten ermöglicht, darunter die Fähigkeit, Vergangenes wiederzuerkennen und sich seiner zu erinnern, die Fähigkeit, Vergangenheit und Gegenwart miteinander zu vergleichen, und die Fähigkeit, die primitiven automatischen Reflexe, welche die Menschen von ihren Primaten-Vorfahren ererbt haben, zu unterdrücken. Jedesmal, wenn eine dieser neuen Kompetenzen – ähnlich wie neue Organe während des Wachstums des Embryos – heranreift, vollzieht sich in den Grundlagen des Verhaltens, im Denken und in der Emotion, eine Reorganisation. Die Furcht vor Fremden und vor dem Verlust der Mutter kann erst auftreten, wenn das Kleinkind fähig ist, das Bekannte mit dem Unbekannten zu vergleichen, aber noch nicht imstande ist, das, was es erkannt hat, aber nicht zu verstehen vermag, zu unterdrücken. Beobachter des 19. Jahrhunderts wußten zwar die Bedeutung der Reifung zu würdigen, waren aber wie das 20. Jahrhundert von der katalytischen Wirkung der sozialen Erfahrung überzeugt. Nun entdeckt jedoch die moderne Wissenschaft, daß einige dieser Kompetenzen so tief im menschlichen Genom verankert sind, daß sie auf die Interaktion mit anderen in geringerem Maße angewiesen sind, als wir glauben wollten:

> »Jene, die behaupten, das Wissen beruhe ausschließlich auf den Erfahrungen des einzelnen, übersehen dabei die geistige Evolution, die mit der autogenen Entwicklung des Nervensy-

stems Hand in Hand geht; das aber ist ein ebenso großer Irrtum, als würden sie das Wachstum und die Struktur des Körpers allein auf Gymnastik zurückführen und die dem Körper innewohnende Tendenz vergessen, schließlich die ausgewachsene Form anzunehmen (...). Die während der ganzen Kindheit und Jugend zu beobachtende allmählich zunehmende Intelligenz ist eher der Vervollständigung des Hirnaufbaus als den individuellen Erfahrungen zuzuschreiben (...). Zweifellos unterstützen die täglichen Beobachtungen und Überlegungen des Kindes die Ausbildung der betroffenen nervösen Verknüpfungen, die sich gerade naturwüchsig entwickeln (...). Aber das ist etwas ganz anderes, als wenn man sagt, seine Intelligenz werde voll und ganz durch seine Erfahrungen hervorgebracht.« (James 1981 b [1890], S. 1221)

Daß das Kleinkind sich an eine Betreuungsperson bindet, ist ebenfalls eine angeborene, kaum zu unterdrückende Fähigkeit. Die Unterschiede in der emotionalen Qualität der kleinkindlichen Bindung können wir zwar nicht eindeutig messen, doch spricht einiges für die theoretische Brauchbarkeit dieser Idee, denn die meisten Kleinkinder, die von ihrer Umgebung vernachlässigt werden, sind ängstlicher, labiler und weniger fröhlich als solche, die eine zuverlässige und liebevolle Betreuung genießen.

Die zweite Idee, die unsere Diskussion bestimmte, greift eine alte und weitverbreitete Überzeugung wieder auf. Die meisten Kulturen erkennen an, daß Kleinkinder einen ausgeprägten, durch ihr Temperament bedingten Verhaltensstil haben, und die meisten Eltern stellen sich auf diese angeborene Tendenz ein. Wenn die moderne Forschung feststellt, daß ein unterschiedlicher Grad von Ängstlichkeit eine dauerhafte Eigenschaft ist, so ist das wahrscheinlich kein Zufall, denn in seinen Grundzügen kommt dieses Merkmal in der Mehrzahl der schlichten Persönlichkeitstheorien vor, die sich bis auf Platon und Aristoteles zurückverfolgen lassen.

Schließlich habe ich mich in starkem Maße auf die Annahme gestützt, daß ein Zustand der Unsicherheit ein starker Anreiz für geistige Tätigkeit, Emotion und Aktion ist. Diskrepante Ereignisse lösen nachhaltige Aufmerksamkeit aus und führen entweder zum Verstehen oder zu Angst.* Ich habe den Zustand, der das Verhalten des Kleinkindes bestimmt, als *Unsicherheit* bezeichnet, weil dieses Wort im Hinblick auf die hedonistische Lehre neutral erscheint. Der Gelehrte des 18. Jahrhunderts nahm an, das Kleinkind und das Kind suchten *angenehme* Gefühle zu maximieren und *schmerzliche* zu minimieren. Diese Worte haben eine Konnotation, die in die Irre führt, denn das Einjährige, das seinen Finger behutsam auf ein merkwürdig aussehendes Spielzeug legt, wirkt weder glücklich noch unglücklich, sondern verwirrt. Benjamin Franklin (1868) schrieb in seiner Autobiographie, das zentrale menschliche Motiv sei Unbehagen. Kinder und Erwachsene scheinen, wenn die biologischen Bedürfnisse versorgt sind, einen Großteil ihrer Zeit und Kraft in einem schmalen psychologischen Raum zu verausgaben, der auf der einen Seite von der Langeweile angesichts des Gewohnten, auf der anderen von der Angst vor dem Ungewohnten begrenzt wird.

* Es ist von Interesse, daß eine Änderung der Entwicklung beim jungen Embryo vielfach durch eine winzige Asymmetrie, eine Nicht-Gleichförmigkeit der chemischen Zusammensetzung der Zellen in einem bestimmten Gebiet, ausgelöst wird.

3 Kontinuität

> Die große Tragödie der Wissenschaft – die Ermordung einer schönen Hypothese durch eine häßliche Tatsache.
>
> *Thomas Henry Huxley*
> »Biogenesis and Abiogenesis«

Seit Anbeginn der Geschichte haben Menschen sich danach gesehnt, etwas über die Zukunft zu wissen, und sie haben nach Anzeichen dafür in der Natur gesucht. Sie haben, um das Wetter vorherzusagen, auf die Farbe der aufgehenden und untergehenden Sonne geachtet, sie haben, weil sie wissen wollten, wie hart der nächste Winter würde, danach geschaut, wie dicht der Pelz der Eichhörnchen war, sie haben bei einem neugeborenen Mädchen darauf geachtet, ob sich eine dünne Membran auf dem Gesicht befand, um zu wissen, ob es dazu bestimmt wäre, eine Hebamme zu werden. Zwar glaubt man in fast allen Gesellschaften an irgendwelche speziellen Anzeichen, welche die Zukunft eines Kindes voraussagen, doch amerikanische Eltern von heute hängen ganz besonders stark der Überzeugung an, daß die psychologischen Eigenschaften eines Kleinkinds – sowohl angeborene Temperamentseigenschaften als auch solche, die durch die Erfahrung geformt werden – sich auf unbegrenzte Zeit erhalten könnten. Kraftvolles Geschrei, geringe Frustrationstoleranz und Hyperaktivität mit 12 Monaten sind Anzeichen, die vielleicht auf einen Sportler oder Verbrecher hindeuten, während Sanftheit und Schüchternheit möglicherweise die Anfänge eines Künstlers oder eines ängstlichen Jugendlichen markieren. Das Kind einer Reihe von Betreuungspersonen auszusetzen soll permanente emotionale Unsicherheit erzeugen; körperliche Zärtlichkeit und zuverlässige Betreuung durch eine einzige Betreuungsperson, insbesondere die biologische Mutter, sollen das Kind dagegen feien, später leicht irgendwelchen Gefahren zum Opfer zu fallen.

Der Glaube an einen Zusammenhang zwischen der frühen Kindheit und den späteren Jahren steckt ebenfalls in unseren

Ansichten über die Entwicklung jener Eigenschaften, die für alle Kinder charakteristisch sind, denn die meisten Theoretiker glauben, daß jede der universalen Entwicklungsetappen aus früher erworbenen Kompetenzen hervorgeht. Doch man kann die Veränderungen, die mit der psychologischen Entwicklung einhergehen, auch anders sehen. Auch wenn alle Kinder die gleiche Folge von Entwicklungsetappen durchlaufen – zum Beispiel erst Lallen, dann Aussprechen einzelner Wörter und schließlich das vielschichtige Gespräch –, so kann man doch behaupten, daß es zwischen den aufeinander folgenden Fähigkeiten keine Abhängigkeitsbeziehung gibt, daß also die Fähigkeit, die dem Aussprechen von Sätzen zugrunde liegt, nicht eine frühere Fähigkeit zum Aussprechen einzelner Wörter voraussetzt. Diese Ansicht ist nicht so absurd, wie sie klingt. Alle Kinder krabbeln, bevor sie stehen können, aber mit einem Jahr würde ein Kind auch dann stehen, wenn man es am Krabbeln gehindert hätte. In einem klassischen Experiment wurden Salamanderlarven betäubt und daran gehindert, Schwimmbewegungen auszuführen. Als man die Larven ohne das Betäubungsmittel in frisches Wasser setzte, schwammen sie genauso gut wie diejenigen, die nicht betäubt worden waren. Die Schwimmbewegungen setzen lediglich die Reifung des zentralen Nervensystems voraus, sie sind nicht von der Gelegenheit abhängig, die unreifen Schwimmbewegungen zu üben, die bei normal heranwachsenden Larven zu beobachten sind (Carmichael 1927). Diese Vorstellung von einem eher lose zusammenhängenden Wachstum hat nie so viele Anhänger gehabt wie ihr Gegenstück, die Annahme einer feststehenden Serie von immer komplexeren, bei allen Individuen im gleichen Alter auftretenden Kompetenzen, die sequentiell miteinander verknüpft sind, so daß eine spätere Fähigkeit ohne eine voraufgehende nicht in Erscheinung treten kann. Die ruhigeren Intervalle zwischen dem Erscheinen neuer Kompetenzen bezeichnet man als *Stufen*, und der Übergang von einer Stufe zur nächsten soll ausgelöst werden durch ein Zusammenwirken von reifenden Funktionen und von Informationen, die aus konditionierenden Erfahrungen und diskrepanten Ereignissen sowie durch Nachdenken und aktive Interaktion mit Menschen und Objekten gewonnen werden.

Entwicklung als eine Stufenfolge

Der Ablauf eines Lebens besteht genau wie der Kreislauf der Jahreszeiten aus einer Reihe von unausweichlichen, genetisch bestimmten Phänomenen, die in einem je nach Ort und Zeit verschiedenen Drehbuch niedergelegt sind, dessen äußerliche Einzelheiten bemerkenswert voneinander abweichen können. Das Kleinkind der in der Nähe der Hudson Bay lebenden Eskimos ist im ersten Jahr fast immer seiner Mutter körperlich nahe; das in einem israelischen Kibbuz geborene Kleinkind wird von einer angestellten Betreuungsperson betreut; das Kleinkind der Mayas im Nordwesten Guatemalas wird in Tuchfetzen gewickelt und verbringt den größten Teil seines ersten Jahres schlafend in einer Hängematte, die unter der Decke des Hauses hängt. Doch trotz der Unterschiede in der Affektivität, der Aufgewecktheit und der Reife der motorischen Koordination, die durch diese unterschiedlichen Aufzuchtbedingungen hervorgerufen werden, sind die Kinder aus diesen drei Kulturen im Alter von drei Jahren fähig, Vergangenes wiederzuerkennen, durch Ungewöhnliches geängstigt zu werden und die Bedeutung eines von Erwachsenen ausgesprochenen Verbots zu verstehen – drei Fähigkeiten, die in dieser Reihenfolge auftreten.

In der Hypothese, daß die Verwandlung eines lallenden, kaum koordinierten Neugeborenen in eine geschwätzige Ballerina eine Reihe von verborgenen Stufen durchlaufe, stecken drei getrennte Annahmen – die Annahme einer speziellen Organisation, eines allmählichen Wachstums und eines Zusammenhangs. Eine Stufe wird entscheidend dadurch definiert, daß sie aus einer speziellen Konstellation von notwendig miteinander zusammenhängenden Qualitäten besteht. Die Biologie liefert viele hervorragende Beispiele. Wenn aus dem befruchteten Ei zwei Zellschichten geworden sind, also in einer Phase, in der die eine Hälfte der Zellen außen und die andere Hälfte innen liegt, wird das weitere Wachstum der Zellen durch die räumliche Beziehung zwischen den beiden Schichten determiniert. Die außen liegenden Zellen werden zur Haut und zum Gehirn. Die innen liegenden Zellen werden zum Magen und zur Lunge. Alle Neuronen im Gehirn des Neugeborenen stammen also aus der äußeren Zellschicht, die sich auf einer 9 Monate zurückliegenden Entwicklungsstufe bildete.

Für die Annahme von Stufen der psychologischen Entwicklung gibt es gute Gründe, zusätzlich zu den Begründungen, die Freud (1964 [1938]) und Piaget (1951) vorgetragen haben. Wie ich im zweiten Kapitel gezeigt habe, wird das Kind mit 8 bis 10 Monaten fähig, frühere Erfahrungen aktiv aufzurufen und mit der Gegenwart in Beziehung zu setzen, und infolgedessen reagiert es mit offenkundigen Anzeichen der Furcht auf die gleichen Ereignisse, die wenige Wochen zuvor harmlos waren. Man kann die veränderte Reaktion so interpretieren, daß man annimmt, die Reifung einer neuen Kompetenz erlaube es dem Kind, Vergangenes wiederaufzurufen und sich um ein Verstehen der unvertrauten oder unerwarteten Erfahrung zu bemühen (der Fremde und das unerwartete Fortgehen der Mutter). Nichtverstehen löst einen speziellen emotionalen Zustand aus.

In dem Abschnitt, den Piaget (1950) als Stadium der konkreten intellektuellen Operationen bezeichnet und der bei einer Mehrheit der europäischen und amerikanischen Kinder mit sieben Jahren eintritt, können Kinder erkennen, daß die Menge Ton in einem Klumpen sich trotz erheblicher Formveränderungen nicht ändert. Das Kind weiß, daß es den Tonklumpen zu einem großen Pfannkuchen flachdrücken und wieder in seine ursprüngliche Form bringen kann. Außerdem weiß das Kind, daß Bezeichnungen für Objekte in Begriffe gefaßt werden können, die in einer logischen Beziehung zueinander stehen. Hunde fallen unter den Begriff Haustiere, Haustiere sind Tiere, und Tiere sind Lebewesen. Piaget behauptete, diese neuen Fähigkeiten beruhten auf dem Entstehen der Fertigkeit, die Beziehung zwischen einem Ereignis und seinem Begriff sowie die Beziehung zwischen Begriffen zu manipulieren.

Eine neue psychische Organisation setzt nicht unbedingt die Reifung neuer Funktionen voraus. Der Verlust eines geliebten Menschen, eine Drogenerfahrung oder wiederholtes Schulversagen können zu tiefen Einsichten und veränderten Stimmungen führen, die Grundüberzeugungen dauerhaft reorganisieren. Dieses Phänomen liegt der verbreiteten Vorstellung von »Stadien des Erwachsenenlebens« zugrunde. Historiker und Soziologen verwenden die Idee des Stadiums (oder der Stufe) in einem ähnlichen Sinne. Eine neue Idee, eine Erfindung oder ein neues Gesetz verändert die Beziehungen zwischen den Menschen, Gruppen und Institutionen. Die Einführung von Fabriken, in denen Maschinen arbeiten, veranlaßte viele Männer und Frauen, aus ihrer bäuerlich-ländlichen Umgebung in die Städte zu ziehen. Im Laufe der Zeit entstanden aus diesem Verhalten neue Sozialstrukturen, darunter eine zahlreiche Gruppe von nichterwerbstätigen Mittelschicht-Müttern, die sich fast ausschließlich der Erziehung ihrer Kinder widmen, sowie (in den heutigen westlichen Ländern) von Vätern, die täglich viele Stunden von ihren Familien getrennt sind.

Ich möchte die *Stufe* enger definieren, und zwar im Sinne von veränderten Beziehungen zwischen psychischen Dispositionen aufgrund der Reifung einer neuen Kompetenz. Selbst diese Definition läßt jedoch sehr viel mehr Stufen zu, als Freud oder Piaget angenommen haben. Warum also haben diese beiden Theoretiker das zweite Jahr, das sechste Jahr und die Pubertät als Übergänge zu neuen Stufen herausgehoben und ebenso bedeutsame Veränderungen, die zu anderen Zeitpunkten eintreten, ignoriert?

Die einhellige Ansicht, daß sich mit dem zweiten Lebensjahr ein spezieller Übergang vollzieht, ist nicht erstaunlich, denn zu diesem Zeitpunkt treten die Sprache, das Rollenspiel, das Bewußtsein seiner selbst und die Einsicht in »Richtig und Falsch« auf. Selbst solche Kulturen, die kein formales Wissen vom menschlichen Verhalten haben, sehen einen qualitativen Unterschied zwischen dem Zweijährigen und dem Kleinkind. Der mit sechs Jahren erfolgende Übergang ist nicht so offensichtlich. Piaget zog Veränderungen im Denken heran, um diesen Abschnitt zu kennzeichnen; Freud entwickelte aus der Tatsache der Geschlechtsrollenidentifikation und aus dem bei Normverletzungen auftretenden Schuldgefühl, das nun die Furcht vor elterlicher Bestrafung als Grundlage der Sozialisation zu verdrängen beginnt, die Theorie von der ödipalen Phase.

Zwischen den kognitiven Kompetenzen von Piagets Stadium der konkreten Operationen und dem Auftreten von Schuldgefühlen sowie der Identifikation mit dem gleichgeschlechtlichen Elternteil könnte ein Zusammenhang bestehen. Das Schuldgefühl setzt die bewußte Erkenntnis voraus, daß man anders hätte handeln können, als man gehandelt hat. Um diese Möglichkeit erkennen zu können, muß das Kind imstande sein, eine in der Vergangenheit entstandene Handlung in Gedanken rückgängig zu machen und einen alternativen Verlauf in Betracht zu ziehen. Das ist genau die Fähigkeit, die nach Piaget zentral für das Stadium der konkreten Operationen ist. Die Identifikation mit anderen Mitgliedern des eigenen biologischen Geschlechts setzt voraus, daß man erkennen kann, daß man Mitglied von einander einschließenden Klassen (Junge oder Mädchen, männlich oder weiblich) – ist. Nach der Theorie Piagets tritt die Einsicht, daß Klassen hierarchisch miteinander verknüpft sind, bei den meisten Kindern zwischen dem fünften und dem siebten Lebensjahr auf.

Wenn ein Junge fürchtet, daß der Vater die Feindseligkeit des Kindes mit Vergeltung beantworten könnte – und das ist im Kern der ödipale Konflikt –, so muß das Kind sich in einen anderen versetzen und sich vorstellen können, was der Vater empfinden würde, wenn er wüßte, was der Junge denkt. Nun können Zweijährige zwar gewisse psychische Zustände anderer erkennen, doch handelt es sich dabei in der Regel um Gefühle, die durch äußere Ereignisse hervorgerufen werden, und nicht um Vorstellungen über Motive, die vom Verhalten des Kindes abhängen. Nach Freud ist der Sechsjährige in einem Konflikt, weil er glaubt, der Vater kenne seine Motive. Ebenso wichtig ist jedoch, daß das Kind glaubt, es könne die Feindseligkeit des Vaters beschwichtigen und seine Verstimmung rückgängig machen, indem es ihm ähnlich wird. In jedem dieser Beispiele sind kognitive Fortschritte die Grundlage neuer emotionaler Phänomene und nicht umgekehrt. Wie wir im zweiten Kapitel gesehen haben, beruhen die allgemeinen Ängste des Kleinkindes zum Teil auf einem gesteigerten Erinnerungsvermögen. Neue emotionale und motivationale Zustände, insbesondere jene, die eine Entwicklungsstufe kennzeichnen, folgen also vielfach auf das Auftreten neuer kognitiver Fähigkeiten.

Nun enthält das in der westlichen Literatur über Entwicklung vertretene Stufenkonzept in der Regel zwei zusätzliche Annahmen, die für eine Änderung der psychischen Organisation nicht notwendig sind: Nach der einen erfolgt der Übergang zu einer neuen Stufe immer graduell, nach der anderen besteht zwischen den Elementen, die zusammen die einzelnen Stufen bilden, ein materieller Zusammenhang.

Neue Stufen: graduell oder abrupt?

Die meisten Theoretiker nehmen an, daß sich die für eine bestimmte Stufe kennzeichnenden Strukturen langsam und stetig entwickeln und daß zwischen den einzelnen Stufen ein gradueller Übergang erfolgt. Zwar tritt das spontane Lächeln, mit dem das Kleinkind auf ein menschliches Gesicht reagiert, ziemlich plötzlich im Alter von etwa 3 Monaten auf, doch glauben die Psychologen, daß die Strukturen und Prozesse, die dieses Lächeln möglich machen, sich seit der Geburt in winzigen Schritten verändert haben. Die Geschwindigkeit, mit der sich die für eine neue Stufe kennzeichnenden Qualitäten entwickeln, ist eine Frage der Perspektive: Die Plötzlichkeit eines Ereignisses ist immer relativ, ob es nun um den ersten Schnee oder um die ersten Blüten des Ligusters geht. Niemand bestreitet, daß es Ereignisse gibt, die sich abrupt der bewußten Wahrnehmung aufdrängen, doch geht es bei der Auseinandersetzung nicht um das subjektiv wahrgenommene Ereignis, sondern um die Plötzlichkeit der mutmaßlichen und der direkten Wahrnehmung entzogenen Prozesse, die im objektiven Bezugsrahmen beschrieben werden. Eine Welle, die sich am Ufer bricht, ist zwar ein verhältnismäßig diskretes und kurzlebiges Phänomen, doch würde ein Ingenieur, der hundert Meter vom Ufer entfernt die Veränderungen des hydrostatischen Drucks mißt, ein graduelles, stetiges Phänomen finden. Entsprechendes gilt für das erste Wort des Einjährigen: »Heia«; es scheint zwar ohne Vorwarnung aufzutauchen, doch nimmt man an, daß seine Darbietung von einer Verknupfung zwischen dem Wort und der Gebärde abhängt, einer Verknüpfung, die langsam und unmerklich von den ersten Lebenstagen an hergestellt wird.

Die Frage, wie graduell die Entwicklung von Strukturen verläuft, ist ein Sonderfall des allgemeinen und historisch ehrwürdigen Themas, das im ersten Kapitel erörtert wurde, ob es nämlich klug ist, alle Qualitäten auf Quantitäten zu reduzieren. Wahrscheinlich hat sich ein ansehnlicher Teil der Qualitäten, die plötzlich auftauchen, über längere Zeit entwickelt, doch nicht minder berechtigt ist die Annahme, daß viele ebenso abrupt erscheinende Merkmale eine kürzere Vorgeschichte haben. Die Fortpflanzungsfähigkeit beispielsweise tritt bei den meisten gut ernährten Mädchen zwischen dem zwölften und dem vierzehnten Lebensjahr auf, wenn sich die Empfindlichkeit des Gehirns für das im Blut zirkulierende Östrogen verändert und der Hypothalamus nicht mehr wie sonst die Ausschüttung von Gonadotropinen durch die Hypophyse unterbindet. Infolge dieser relativ abrupten Ereignisse werden Geschlechtshormone ausgeschüttet, und die sichtbaren Anzeichen der Pubertät treten auf.

Moderne Historiker haben sich mit der Vorstellung eines plötzlichen gesellschaftlichen Wandels angefreundet. Es ist möglich, daß Kriege, Naturkatastrophen oder technische Neuerungen eine nur kurze Vorgeschichte haben, die sich nicht immer bis in die ferne Vergangenheit zurückverfolgen läßt. Nach Ansicht einiger Historiker trug etwa die Enttäuschung europäischer Intellektueller über das Ausbleiben politischer und wirtschaftlicher Reformen nach dem Ersten Weltkrieg dazu bei, daß faschistische Ideen im Jahrzehnt nach Versailles rasch Fuß fassen konnten (Wohl 1979).

Selbst die Evolutionsbiologen, die traditionell der Ansicht waren, daß die für eine Spezies charakteristischen morphologischen Merkmale sich nur langsam und graduell verändern, halten es jetzt für möglich, daß eine stärkere Veränderung der Umwelt gelegentlich zu relativ raschen Veränderungen bei einer Spezies führen kann. So ging im Jahre 1977 die Population einer Finkenart, die in diesem Jahr nicht brütete, nach einer längeren Dürre auf einer der Galápagos-Inseln um 85 Prozent zurück, wahrscheinlich, weil die als Nahrung dienenden Samen nicht ausreichend zur Verfügung standen. Im folgenden Jahr betrug das Verhältnis zwischen Männchen und Weibchen nicht mehr wie üblich eins zu eins, sondern sechs zu eins. Außerdem waren die überlebenden Vögel erheblich größer als die untergegangenen. Innerhalb eines einzigen Jahres – aus der Sicht der Evolution ein unendlich kleiner Zeitraum – hatte sich im Charakter der

Finkenpopulation dieser Inseln eine dramatische Veränderung vollzogen (Boag und Grant 1981).

Im August 1980 richtete ein Wirbelsturm am Ufer und an den Korallenriffen der Nordküste Jamaicas schwere Verwüstungen an. Die Biologen waren überrascht, wie stark die Pflanzen- und Tierwelt sich verändert hatte:

> »Es war beeindruckend, wie stark, wie rasch und wie uneinheitlich sich der Hurrikan Allen auf die Riff-Populationen ausgewirkt hatte. Nicht alle Organismen waren im gleichen Maße betroffen, und jetzt stellt das Riff ein Mosaik dar, in dem manche Gebiete relativ dünn besiedelt sind, während andere relativ stark mit den überlebenden Spezies besetzt sind. (...) Über Nacht schuf der Hurrikan Allen Verteilungs- und Abundanzmuster der Organismen, die sich von dem vorher bestehenden Zustand auffällig unterschieden.« (Woodley et al. 1981, S. 754)

Es ist behauptet worden, der Massenprotest gegen den Vietnamkrieg in den sechziger Jahren habe einen tiefgreifenden, nachhaltigen Einfluß auf die Einstellungen der Studenten zur Autorität und damit zu den Zwecken von Bildungsinstitutionen gehabt. Um diese zynischen Einstellungen durchzusetzen, bedurfte es nur weniger Jahre, nicht einmal eines Jahrzehnts.

Aber trotz dieser Beispiele für rasch einsetzende schwerwiegende Veränderungen geben die meisten Psychologen graduellen, steten Übergängen den Vorzug. Betrachten wir einige weitverbreitete Konzepte, die davon ausgehen, daß neu auftretenden psychischen Phänomenen eine allmähliche Entwicklung zugrunde liegt. Im 19. Jahrhundert erfand man das berühmte »Gesetz der Übung«, um die Zeit zu verlängern, die der Wille und die Selbstbewußtheit benötigen, bis sie zutage treten; dem unverhofften Auftreten einer ausgewachsenen Phobie wurde durch die graduelle Verschiebung der Libido über die Mechanismen der Fixierung und Regression etwas von seiner Plötzlichkeit genommen; das »Gesetz der Wirkung« nahm den ersten Worten des Kindes das Überraschende; schließlich machten Piagets Stadien der Intelligenz aus der abrupt auftretenden Einsicht in die Erhaltung der Quantität eine längerfristige, nicht genau abzugrenzende Errungenschaft, die aus dem kindlichen Spiel erwächst. Der berühmte Biologe C. H. Waddington schrieb:

»Die gesittete, orthodoxe Welt der Biologen wehrte sich geschlossen gegen die Andeutung, es könne revolutionäre Prozesse geben. Man war sich allgemein darin einig, daß die einzig respektable Doktrin die sei, daß es in der Evolution um nichts anderes gehe als um einen Schritt-für-Schritt-Gradualismus im Sinne der Fabier, daß sie auf einem beschwerlichen Weg einherstapfe, ähnlich jenem Weg, auf dem der jährliche Milchertrag von Milchkühen oder die Legeleistung von Hühnern allmählich gesteigert wurde.« (1969, S. 123–124)

Zusammenhänge zwischen den Stufen

Die wohl umstrittenste Eigenschaft einer Stufenkonzeption der menschlichen Entwicklung ist die durchgängige Erhaltung einer Struktur über mehrere Stufen hin. Nach dieser aristotelischen Vorstellung, die von Gelehrten des Mittelalters weitergetragen wurde und in modernen Essays gegenwärtig ist, enthält jeder natürliche Zustand in sich den Keim des nächsthöheren Zustands. Ein offenkundiger Vorteil der Annahme eines solchen materiellen Zusammenhangs ist der, daß man nur zu untersuchen braucht, was ist, um vorhersagen zu können, was sein wird.

Die Möglichkeit eines Zusammenhangs zwischen frühen und späteren Entwicklungsphasen tritt in zwei miteinander verwandten Formen auf. Bei der einen geht es lediglich um die Abhängigkeit einer Struktur oder eines Prozesses von einer früheren Struktur, so wie etwa Fingernägel die Existenz von Fingern voraussetzen. Hängt beispielsweise das Auftreten der Sprache im zweiten Lebensjahr von der ihr vorausgehenden Fähigkeit zu symbolischem Denken und einem gesteigerten Gedächtnis ab, die mit einem Jahr gegeben sind? Piaget war mit zahlreichen zeitgenössischen Psychologen der Überzeugung, daß zwischen den Kompetenzen einer bestimmten Phase und denjenigen von voraufgehenden und nachfolgenden Phasen eine enge Interdependenz besteht. Eine Kontinuität über Stufen hinweg gibt es in dieser Form ganz sicher, doch sollte man nicht die Möglichkeit ausschließen, daß es Kompetenzen gibt, die relativ unabhängig von früheren Funktionen auftreten.

Kontinuität nicht nur im Sinne der Interdependenz, sondern in einem strengeren Sinne liegt vor, wenn man annimmt, daß eine bestimmte Struktur über mehrere Stufen hinweg erhalten bleibe, so wie die 46 Chromosomen des befruchteten Eis bis ans Lebensende erhalten bleiben. Bleiben die Schemata, die sich das Dreijährige vom Gesicht der Mutter gebildet hat, in irgendeiner Form erhalten, oder werden sie durch die mannigfaltigen Kontakte mit der Mutter zwischen dem dritten Lebensjahr und der Adoleszenz vollständig verdrängt? Da die sichtbaren Eigenschaften in den ersten zwölf Lebensjahren einer dramatischen Veränderung unterliegen, sind alle Psychologen sich einig, daß von einer Erhaltung auf dem Niveau des Phänotyps keine Rede sein kann. Falls etwas erhalten bleibt, muß es sich um verborgene Wesenszüge handeln, die sich nur äußerlich ändern. Man nimmt zum Beispiel an, daß bei einem Zwölfjährigen, der als Kleinkind unsicher geworden war und nun zum Gesetzesbrecher geworden ist, Furcht und Feindseligkeit gegen die Eltern als verborgene Eigenschaften aus der Kleinkindzeit bis in die Adoleszenz erhalten geblieben sind.

Der Kinderpsychologe William Stern (1871–1938) sah einen Zusammenhang zwischen dem Lallen des 5 Monate alten Kindes und der Sprache des Zweijährigen (1930). Andere Forscher haben davon gesprochen, daß der Schönheitssinn eines Menschen von der frühen Begegnung mit ansprechenden Spielsachen abhängig sei (Rand, Sweeny und Vincent 1930). Moderne Autoren haben Gründe dafür angeführt, daß zwischen der Strenge der Reinlichkeitserziehung im zweiten Lebensjahr und Konformismus im Erwachsenenalter ein Zusammenhang bestehe oder auch zwischen der Tatsache, daß man in der Kleinkindzeit eine Vielzahl von Betreuungspersonen hatte, und emotionaler Labilität in der Adoleszenz. Manche Beobachter glauben sogar, daß die Fähigkeit des 5 Monate alten Kindes, den Unterschied zwischen zwei und drei schwarzen Punkten zu bemerken, das erste Anzeichen für die spätere Erkenntnis des Konzepts der Zahl sei (Starkey und Cooper 1980).

Von der Annahme eines durchgehenden Zusammenhangs wird das, was man beobachtet und beschreibt, erheblich beeinflußt. Wenn ein Beobachter glaubt, daß eine verborgene Struktur zwischen zwei verschiedenen Zeitpunkten erhalten bleibe, wird er nach Handlungsweisen Ausschau halten, die sich (gewöhnlich auf der Grundlage der physischen Ähnlichkeit) mit früher manifestierten Handlungen zusammenfassen lassen. Piaget ordnete beispielsweise den Greifreflex des Neugeborenen, das einen dargebotenen Finger umklammert, in die gleiche Gruppe ein wie das imitierende Öffnen und Schließen der Hand beim Kind von 18 Monaten, er meinte also, ein Überrest des am ersten Lebenstag gezeigten Aktes sei an der späteren Reaktion beteiligt. Der Nachdruck, den Piaget auf die Erhaltung von Überresten älterer Strukturen legte, läßt sich bis in seine ersten wissenschaftlichen Arbeiten über die Klassifikation von Schnecken zurückverfolgen, die er verfaßte, als er noch nicht zwanzig Jahre alt war (Vidal 1981). Der junge Piaget vertrat die Hypothese, die ständige Auseinandersetzung des Organismus mit der Umwelt könne nach und nach morphologische Veränderungen bewirken, und trat scharf der Auffassung entgegen, die primäre Grundlage des evolutionären Wandels seien plötzliche Mutationen (es ging um die Gattung *Limnaea*). Diese morphologischen Veränderungen sollten sich nach Piaget im Laufe der Zeit graduell vollziehen und sich dadurch erhalten, daß sie schließlich erblich werden.

Diese Ansichten, die er 1913 im Hinblick auf Schnecken vertrat, blieben maßgebend für seine späteren Schriften über die Entstehung der Intelligenz bei Kindern:

> »Aus diesem Grunde waren wir gezwungen, bei der Erforschung der Genese der Intelligenz zu dem Reflex zurückzugehen, um ohne willkürliche Einschnitte die Entwicklung der assimilierenden Aktivität zu verfolgen, die schließlich in der Organisation der angepaßten Schemata endet; denn allein ein Prinzip der funktionellen Kontinuität gestattet es, die unendliche Vielfalt der Strukturen zu erklären.« (1975, S. 24)

Im Geiste der Theorie Piagets meint Jonas Langer die Ursprünge der Logik des Erwachsenen in den Objektmanipulationen von Kindern im Alter zwischen 6 und 12 Monaten entdecken zu können. Wenn ein Kind von 6 Monaten ein Objekt mit der linken Hand vor die Augen hebt, während die rechte Hand ein zweites Objekt nach rechts schiebt, dann schreibt Langer: »Die fortgeschrittensten binären Abbildungen, die in diesem Stadium erzeugt werden, bestehen in Zwei-Schritt-Sequenzen von gleichzeitigen, aber verschiedenen Transformationen.« (1980, S. 29) Ein Kind, das mit einem Klotz dreimal auf den Tisch schlägt, zeigt »eine Drei-Einheiten-Äquivalenz, und dabei handelt es sich um zwei eindeutige Wiederholungen der Erstreaktion« (S. 136).

Eine so starke Betonung der Strukturerhaltung ist nur vertretbar, wenn man bereits von der Kontinuität überzeugt ist. Als Freuds Schriften noch populärer waren, fanden viele Wissenschaftler die Ansicht glaubhaft, daß die verbale Aggression, die eine Frau von zweiundzwanzig Jahren gegenüber ihrem Professor äußerte, auf Strukturen beruhte, deren Ursprung im zu frühen Abstillen im Alter von 9 Monaten lag. Der Glaube an eine Kontinuität von der fernen Vergangenheit bis in die Gegenwart ist noch immer eine wesentliche Prämisse von Entwicklungstheorien, und er war es schon, als man in den Jahrzehnten nach dem großartigen Werk Darwins mit der förmlichen Erforschung des Kindes begann. Alle Theoretiker nahmen einen strukturellen Zusammenhang zwischen allen Entwicklungsphasen an und stimmten Bertrand Russells kühner Behauptung zu: »Der forschende Geist kann die Kette der Ursachen von jedem gegebenen Punkt bis zur Erschaffung der Welt zurückverfolgen.« (Zitiert in Hanson 1961, S. 50) Viele Theoretiker geben zu verstehen, daß von der Vergangenheit des Kindes nichts verlorengehen könne, daß jede psychologische Eigenschaft des Erwachsenen sich theoretisch auf einen fernen Ursprung zurückverfolgen lasse:

> »Unter jenen, die durch ihre Forschungen berechtigt sind, mit Autorität zu sprechen, scheint aber kein Zweifel daran zu bestehen, daß der Geist eines Menschen, Kind oder Erwachsener, aus der Summe aller Erfahrungen besteht, die er seit seiner Geburt gemacht hat, zuzüglich aller Eindrücke, die ihn jemals beiläufig berührt haben, gleichgültig, wie kurz und vergänglich einige davon auch erschienen sein mögen. Das heißt, daß jeder Gedanke, jedes Gefühl, jede Erfahrung, jede Vorstellung, die jemals das Bewußtsein eines Menschen beeinflußt hat, ein für allemal zum Bestandteil eines großen, ständig wachsenden, unzerstörbaren Systems wird, seines Geistes, und das heißt, seines wirklichen Selbst.« (Richardson 1926, S. 33–34)

Edward L. Thorndike (1905) beschloß in seinem Lehrbuch der Psychologie, das im ersten Jahrzehnt unseres Jahrhunderts hohes Ansehen genoß, das letzte Kapitel damit, daß er nachdrücklich den dauerhaften Weiterbestand der frühen Erwerbungen betonte:

> »Es scheint zwar, als vergäßen wir, was wir lernen, doch in Wirklichkeit hinterläßt jede geistige Erwerbung ihre Spur und macht künftige Urteile klüger; (...) vom Guten wie vom Bösen geht nichts jemals verloren; wir mögen vergessen und vergeben, doch die Neuronen vergessen und vergeben nie. (...). Es ist sicher, daß jede gute Tat eine Modifikation der Neuronen darstellt, die nichts uns jemals nehmen kann. Jedes Ereignis im Seelenleben eines Menschen ist unauslöschlich in den Archiven des Gehirns verzeichnet und wird für oder gegen ihn sprechen.« (1905, S. 330f.)

P. H. Mussen, J. J. Conger und ich haben in einer früheren Ausgabe unseres Lehrbuchs angedeutet, daß zwischen strenger Reinlichkeitserziehung im zweiten Lebensjahr und späterem Konformismus ein Zusammenhang bestehe: »Übertriebene Schüchternheit und Überanpassung können ebenfalls auf eine unangemessen strenge Reinlichkeitserziehung zurückgehen« (1969, S. 264); und: »Reinlichkeitserziehung ist eine Lernsituation (...), in der die Mutter-Kind-Beziehung Schaden nehmen kann, so daß eine spätere gesunde emotionale und soziale Anpassung erschwert wird« (S. 265).

In allen oben angeführten Äußerungen steckt die gleiche Prämisse wie in dem, was John Locke vor mehreren Jahrhunderten schrieb:

> »Die winzigen, fast unmerklichen Eindrücke, die wir im zarten Kindesalter empfangen, haben sehr gewichtige und nachhaltige Folgen; auch dort braucht man wie beim Ursprung mancher Flüsse nur leicht Hand anzulegen, um das formbare Wasser in Kanäle zu lenken, die sie einen ganz entgegengesetzten Verlauf nehmen lassen; und durch diese kleine Ausrichtung, die sie am Anfang, an der Quelle erhalten, nehmen sie verschiedene Richtungen an und münden schließlich an weit voneinander entfernten Orten. Ich denke, daß der Geist der Kinder sich ebenso leicht wie das Wasser selbst in diese oder jene Richtung lenken läßt.« (Zitiert in Mandelbaum 1971, S. 151)

Fast immer, wenn zwischen einer Eigenschaft der frühen Kindheit und einer anderen, die später in der Entwicklung auftrat, ein Zusammenhang behauptet wurde, stützte man sich auf ein einziges Element einer möglichen Ähnlichkeit zwischen dem Verhalten von Kleinkindern und Handlungen, die bei älteren Kindern und bei Erwachsenen beobachtet wurden. Die Menschen besitzen eine auffallende Geschicklichkeit, für einen Zusammenhang zwischen grundlegend verschiedenen Phänomenen eine theoretische Begründung zu erfinden; sie brauchen dazu lediglich ein Merkmal ausfindig zu machen, das zwei Ereignisse tatsächlich oder scheinbar miteinander gemein haben. Es ist so leicht, solche Erfindungen zu machen, daß sie als Beweis oder auch nur als Behauptung eines wirklichen Zusammenhangs nicht hinreichen können. Das Pseudopodium einer Amöbe hat mit der Penisereketion des Neugeborenen genauso große Ähnlichkeit wie der Greifreflex des Kleinkindes mit Taschenspielerkunststücken. Es liegt nur an den Anschauungen unserer Kultur, daß die erste der behaupteten Ähnlichkeiten sehr viel weniger glaubhaft erscheint als die letztere. Vor hundert Jahren sah man im Protestgeschrei des Einjährigen nach dem Fortgehen der Mutter etwas Ähnliches wie im vorsätzlichen Ungehorsam des Erwachsenen. Heute bringt man es in Zusammenhang mit der Angst und Traurigkeit, die sich nach dem Verlust eines Geliebten, eines Ehegatten oder eines Elternteils einstellen.

Zu Beginn dieses Jahrhunderts postulierte Havelock Ellis eine Ähnlichkeit zwischen einem säugenden Kleinkind und dem Geschlechtsverkehr der Erwachsenen – Freud bezog sich darauf später in den »Drei Abhandlungen zur Sexualität«:

> »Die erektile Brustwarze entspricht dem erektilen Penis, der vor Begierde triefende Mund des Kleinkinds der feuchten vor Erregung bebenden Vagina, die das lebenswichtige Eiweiß enthaltende Milch dem das lebenswichtige Eiweiß enthalten den Samen. Die vollständige, physische und psychische, beiderseitige Befriedigung von Mutter und Kind bei der Übertragung einer kostbaren organisierten Flüssigkeit von der einen zum anderen ist die einzige wirkliche physiologische Analogie zur Beziehung zwischen Mann und Frau auf dem Höhepunkt des Geschlechtsakts.« (1900, S. 250)

Warum ist diese Analogie, die im Jahre 1900 einsichtig erschien, heute weit weniger überzeugend? Warum hat der Vorgang des Stillens für die heutige Generation eher etwas mit dem Vertrauen zwischen Erwachsenen als mit sexueller Leidenschaft zu tun? Damit eine Analogie zwischen zwei disparaten Erscheinungen als angemessen erscheint, müssen zwei Bedingungen erfüllt sein: Der umfassendere Erfahrungsbereich, auf den sich die Analogie bezieht, hat seine frühere Selbstverständlichkeit eingebüßt, und man muß von der Begründung der Ähnlichkeit zwischen den beiden Phänomenen von vornherein überzeugt sein. Zu Beginn des Jahrhunderts sahen viele Gelehrte zwischen Geschlechtstrieb und Hunger einen engen Zusammenhang, weil dies angeblich die beiden Hauptantriebe der Menschen waren, auf denen das ganze gesellschaftliche Treiben aufbaute. Deshalb war die Allgemeinheit innerlich bereit, das Stillen des Kindes als eine partiell geschlechtliche Handlung zu betrachten.

Heutige Theoretiker messen dem Geschlechtstrieb und dem Hunger geringere Bedeutung zu und sehen in den Bedürfnissen des Individuums nach einer vertrauensvollen, liebevollen Beziehung und Eindämmung der Angst stärkere Antriebe des menschlichen Verhaltens. In unserem Jahrhundert ist der Mangel an Vertrauen zwischen Erwachsenen zu einer großen Quelle der Unsicherheit geworden. Deshalb spricht die Ansicht Erik Eriksons, der Akt des Stillens enthalte Elemente, die dem Band des Vertrauens zwischen Erwachsenen ähneln, Menschen von heute eher an als die nicht minder poetische Vorstellung von Ellis. Alle gängigen Theorien, die einen strukturellen Zusammenhang zwischen der frühen Kindheit und dem Erwachsenenleben postulieren, sind im Grunde Hypothesen über mögliche Geschichtsverläufe. Es sind Sentenzen, die darauf zielen, aus einer Unmenge von Ereignissen eine zusammenhängende Geschichte zu machen, und insofern ähneln sie sowohl »Über den Ursprung der Arten« als auch »Aufstieg und Niedergang des Römischen Weltreiches«.

Doch wie in der Geschichtsschreibung und in der Biologie bestimmen auch in der Entwicklungspsychologie die Neigungen und Vorurteile des Beobachters, welche Einzelheiten für die Geschichte, die er erzählt, herangezogen werden. Zwischen zwei beliebigen Zeitpunkten liegen sehr viel mehr Ereignisse, als sich beobachten oder aufzeichnen lassen; der Wissenschaftler wählt daraus einige wenige aus und übergeht viele andere. Zwischen 1900 und 1978 wurden das Automobil, das Fernsehen, der Atomsprengkopf, der Laserstrahl und die Anti-Baby-Pille erfunden; die Deutschen verloren den Ersten Weltkrieg; es gab eine Weltwirtschaftskrise; Deutschland wurde nach dem Zweiten Weltkrieg geteilt; die Volksrepublik China wurde gegründet; es gab ein langes, erbittertes Ringen in Vietnam; ein amerikanischer Präsident trat von seinem Amt zurück; der Ölpreis und die Postgebühren stiegen dramatisch. Welche dieser Ereignisse sind Bestandteil einer kohärenten Abfolge, und welche nicht? Nur die Theorie kann eine Antwort auf diese Frage geben. Vor dem gleichen Problem stehen die Psychologen. Die meisten Kinder werden zwischen dem zweiten und dem fünfzehnten Lebensmonat ein Gesicht anlächeln, Angst vor einem Fremden zeigen, sitzen, stehen, gehen, laufen, nach einem Spielzeug greifen, das vor ihren Augen unter einem Kissen versteckt wurde, symbolische Spiele aufnehmen und einzelne Wörter auszusprechen beginnen. Welche dieser Phänomene hängen miteinander zusammen, und welche nicht? Es ist der Theoretiker, der bestimmt, welche Phänomene strukturell miteinander zusammenhängen, und zwar aufgrund der Plausibilität der Begründungen, die für die festgestellten Zusammenhänge angegeben werden. Diese Begründungen werden jedoch ebenso wie die vorausgegangene Auswahl der Phänomene von Annahmen geleitet, die nicht immer deutlich gemacht werden.

Argumente für die Kontinuität

Für die Annahme einer Kontinuität in der Entwicklung gibt es gute Gründe, sentimentale ebenso wie rationale. Erstens gibt diese Annahme vorgefundenen Formen einen Sinn, und sie liefert eine rationale Begründung für die Maxime, daß man sich auf die Zukunft vorbereiten müsse. In den ersten amerikanischen Kolonien forderten Geistliche und Politiker die Mütter auf, sich um ihre kleinen Kinder zu kümmern, und sie gaben dabei zu verstehen, daß eine gewissenhafte Einstellung zum Kleinkind etwas Ähnliches sei wie das Holzsammeln im August, mit dem man sich auf die eisigen Winde des Dezembers vorbereitet. Wenn die Eigenschaften des Erwachsenen erst in der späteren Kindheit oder in der Adoleszenz entstehen, hätten die ersten Lebensjahre keine besondere Funktion. Wenn die Zukunft eines Menschen dagegen durch seine frühen Erfahrungen bestimmt wird, dann kann man bis zu einem gewissen Grad die Zukunft kennen, indem man sich Tag für Tag liebevoll um das Kleinkind kümmert. Es ist die Pflicht der Eltern, die richtige Umgebung für das junge Kind zu schaffen, und je eher, desto besser.

Zweitens haben Argumente für eine Kontinuität den Anschein, mechanistisch zu sein. Wenn jeder neuen Funktion eine andere vorausgeht, die in erheblichem Umfang zu ihr beiträgt, dann läßt sich der Zusammenhang von Ursache und Wirkung sehr viel leichter feststellen, als wenn eine Funktion relativ unerwartet infolge einer neuen endogenen Veränderung auftaucht. Für den letzteren Fall fehlt einem die Erklärung; so erging es den Biologen zu Beginn des 19. Jahrhunderts, die sich mit der Theorie auseinandersetzen mußten, es gebe eine spontane Entstehung neuer Lebensformen, eine Annahme, die für jemanden, der behauptete, die Mechanismen der Entstehung neuer Formen zu kennen, irritierend war. Desgleichen warf die Hypothese, der Fötus gehe aus dem Ei hervor, theoretische Probleme auf, denn niemand konnte die körperlichen Organe in dieser winzigen Zelle entdecken, und der eigentliche Gegenstand der Theorie war das Organ, nicht die Zelle. Erst nachdem man die Zelle als Einheit und den Prozeß der Mitose anerkannt hatte, gewann die Kontinuitätsthese erneut die Oberhand, und William Dallinger, ein Mikrobiologe und Pfarrer im 19. Jahrhundert, konnte schreiben, es gebe eine »Kontinuität – eine ununterbrochene Kette der Einheit –, die sich vom Fußpunkt bis zum Gipfel durch die ganze organische Reihe zieht« (zitiert in Farley 1974, S. 149).

Nach Ansicht vieler Wissenschaftler ist es leichter, die Entwicklung mechanistisch zu erklären, wenn man annimmt, daß bei aller psychologischen Erfahrung Neuronen und Synapsen verändert werden. Die Tatsachen, daß Erfahrung das Gehirngewicht beeinflussen kann und daß durch frühe Stimulierung das Wachstum winziger Spines an den Gehirnzellen angeregt sowie die Empfindlichkeit der Sehrinde für vertikale Linien verändert werden kann, haben viele Wissenschaftler zu der Ansicht bewogen, das zentrale Nervensystem sei eine formbare Oberfläche, die materielle, nur schwer zu löschende Prägungen aufnimmt. Wenn man annimmt, daß Erfahrung eine permanente Veränderung im Gehirn hervorruft, und ferner, daß das Gehirn das Denken und Verhalten steuert, so müssen, da die zuerst ausgebildeten Strukturen vermutlich die späteren lenken, die frühen Erfahrungen wichtig sein; allerdings läßt die neuere Hirnforschung zumeist auch auf Veränderlichkeit schließen. Viele Synapsen verschwinden, einige werden ersetzt, und über die ganze Lebenszeit hinweg werden neue gebildet (Stein, Rosen und Butters 1974). Die Zu- und Abnahme von Synapsen im Gehirn des Kanarienvogels, die mit dem Jahreszyklus seines Gesangs einhergehen, ist denn auch mit dem Wachsen und Fallen der Blätter im Mai und Oktober verglichen worden.

Es gibt eine dritte, eher spekulative Quelle für die Überzeugungskraft des Kontinuitätsmodells. Alle historischen Perioden kennen eine vorherrschende philosophische Anschauung, und die meisten Gelehrten vermeiden es, sie anzugreifen, als wäre sie ein intellektueller Elektrozaun. Von der Renaissance bis ins 19. Jahrhundert scheuten die Philosophen und Wissenschaftler vor der Ableitung von Behauptungen zurück, welche die Aussagen der Bibel über den Menschen und die Natur widerlegt oder ihnen widersprochen hätten. Heute macht sich kaum ein Wissenschaftler Gedanken darüber, was seine Ergebnisse für die christliche Lehre bedeuten, doch viele Sozialwissenschaftler sind – oft unbewußt – besorgt um die Auswirkungen ihrer Erkenntnisse und Ideen auf den Egalitarismus. Die Kritik, die an Arthur Jensen, Richard Herrnstein und E. O. Wilson geübt wird, hat weniger mit den von ihnen erörterten Gegebenheiten zu tun als vielmehr mit deren Implikationen für die Idee der Gleichheit.

Die Annahme einer kontinuierlichen Entwicklung menschlicher Eigenschaften läßt sich mit den egalitären Prinzipien eher vereinbaren als die Möglichkeit eines diskontinuierlichen Wachstums, denn dieses dürfte eher auf reifungsbedingten Änderungen im zentralen Nervensystem beruhen. Wenn man den biologischen Veränderungen im Gehirn ein größeres Gewicht beimißt, bedeutet das, daß die biologische Ausstattung eines Menschen prägende Kraft hat. Da jeder Mensch biologisch einzigartig ist (abgesehen von eineiigen Zwillingen), muß man ein unterschiedliches psychologisches Entwicklungstempo annehmen, das seine Grundlagen in biologischen Vorgängen hat. Manche Theoretiker glauben, diese Schlußfolgerung sei nicht mit egalitären Grundsätzen zu vereinbaren, doch diese Ansicht ist nicht überzeugend. Aus der Annahme einer kontinuierlichen Entwicklung soll dagegen folgen, daß Erfahrungen prägend wirken und nach und nach neue Eigenschaften begründen. Da die meisten Psychologen überzeugt sind, daß die Erfahrungen, die Kinder im Leben machen, von außen gesteuert werden können, neigen sie zu der wenn auch unbewiesenen Ansicht, daß es möglich sei, Bedingungen herzustellen, unter denen alle Kleinkinder ähnliche Erfahrungen machen. Wird eine diskontinuierliche Entwicklung – die auf biologischer Reifung, auf genetischer Variation oder auf Umwälzungen der sozialen Umgebung beruhen kann – für möglich erklärt, so bedeutet das, daß die positiven Ergebnisse der frühen Erfahrung durch Peergruppen, eine bestimmte Schulung, soziale Unruhen oder Veränderungen der Physiologie beseitigt werden könnten. Den letztgenannten Kräften Einfluß einzuräumen läßt sich nach Ansicht mancher Theoretiker (zu Unrecht wie ich meine) nicht mit egalitären Grundsätzen vereinbaren, denn dadurch wird es scheinbar schwieriger, die Bedingungen herzustellen, unter denen alle jüngeren Kinder ähnlich positive Erfahrungen machen können.

Viertens wird die Ansicht, daß Eigenschaften etwas Dauerhaftes seien, durch unsere sprachlichen Gepflogenheiten genährt, denn die englische Sprache fordert die Vorstellung der Kontinuität individueller Qualitäten. Die Adjektive, mit deren Hilfe wir jüngere Kinder beschreiben, nehmen kaum Bezug auf das Alter der handelnden Person oder auf den Handlungskontext. Sie implizieren genau wie die Bezeichnungen von Farben eine räumliche und zeitliche Beständigkeit. Adjektive wie *passiv, reizbar, intelligent* oder *labil* werden auf Kleinkinder, Kinder und Erwachsene in einer Weise angewandt, als würde ihre Bedeutung sich nicht mit dem Alter ändern. Das ist nicht in allen Sprachen der Fall. Im Japanischen beispielsweise wird die Eigenschaft der Intelligenz bei einem Kind mit einem anderen Wort bezeichnet als bei einem Erwachsenen. Auf Ifaluk, einer Insel der westlichen Karolinen, wird die Emotion namens *fago*, was nur annähernd unserem *Mitleid* entspricht, Kindern unter sechs Jahren überhaupt nicht zugeschrieben.

Man ist immer leicht versucht, Dingen, die den gleichen Namen tragen, auch ein gleiches Wesen zuzuschreiben; Pflanzenkenner des 16. Jahrhunderts ordneten daher den Weizen (eine Grasart) in die gleiche Gruppe ein wie den Buchweizen (der keine Grasart ist), weil in beiden Bezeichnungen *Weizen* vorkam. Dadurch, daß eine Eigenschaft bei Kindern und Erwachsenen mit ein und demselben Wort bezeichnet wird, werden wir zur Annahme verführt, es gebe eine verborgene Disposition, die sich über Jahre hinweg unverändert erhält.

Ein fünfter Grund für die Wertschätzung der Kontinuität im westlichen Denken liegt möglicherweise in der Bedeutung, die das formale, schriftlich niedergelegte Wissen in unserem Leben hat, ganz anders als in der Alltagserfahrung der meisten Menschen, für die viele bedeutende Ereignisse flüchtiger oder zyklischer Natur sind. Bei denjenigen, die unter Bedingungen leben, unter denen die erste und vorrangige Forderung im Überleben besteht, wird das Bewußtsein beherrscht von Hunger und Sättigung, Schmerz und Freude, Regen und Dürre, Krankheit und Gesundheit, Kummer und Zorn. Für technologische Gesellschaften nehmen formales Denken und schriftliches Wissen größere Bedeutung im Alltagsleben an. Wissen, das in Büchern niedergelegt ist, erzeugt ein Gefühl der Beständigkeit, anders als der ständig sich wandelnde Fluß menschlicher Stimmungen und Begierden. Das Wissen, daß Grippe von einem Virus hervorgerufen und einen ganz bestimmten Verlauf nehmen wird, prägt einer sonst unvorhersehbaren Abfolge sich wandelnder Gefühlszustände eine stabilisierende Gewißheit auf. Um es übertrieben vereinfacht zu sagen: Wenn man in einer Welt der wissenschaftlichen Erklärungen lebt, die in Gestalt abstrakter Ideen auf bedrucktem Papier niedergelegt sind, bekommt die Erfahrung einen Hauch von Stabilität, der für diejenigen, die in engerem Kontakt mit den Ereignissen leben, vielleicht nicht so einsichtig ist.

Ein sechstes Argument für den Glauben an die Kontinuität der früheren Erfahrung beruht auf unserer Gewohnheit, Kinder sowohl in der Schule als auch außerhalb nach positiv bewerteten Merkmalen einzustufen. Die Eltern von Vorschulkindern wissen bereits, daß ihr Kind nach dem ersten Schuljahr bewertet werden wird und daß es von dieser Beurteilung abhängt, welche Schulbildung es anschließend bekommen wird. Kaum eine Gesellschaft betreibt mit einem solchen Eifer eine so strenge Einteilung der Kinder. Das amerikanische Leistungsdenken zwingt uns, Kandidaten unter denen auszuwählen, die die beste Schulbildung haben – eine Entscheidung, die schon früh getroffen wird, vielleicht mit zehn oder elf Jahren. Die meisten Eltern wissen oder ahnen, daß es so abläuft, und möchten deshalb sichergehen, daß ihr Kind bei diesem Wettlauf schon früh ganz vorn liegt. Die meisten glauben, daß ein Kind von sieben Jahren, das im Lesen, Zeichnen oder Rechnen begabter ist als andere Gleichaltrige, wahrscheinlich befähigter bleiben und nicht absacken wird. Diese Ansicht ist in einem gewissen Maße berechtigt; das Kind, das bei der Einschulung einen guten Start hat, wird normalerweise vorn bleiben. Eltern gehen also davon aus, daß die sechs Jahre vor der Einschulung für diese Ausgangsbewertung ausschlaggebend sind, und sie interpretieren die Eigenschaften des Kindes im Alter von sieben Jahren als eine komplexe Ableitung von all dem, was vorangegangen ist.

Argumente gegen die Kontinuität

Obwohl vieles für Kontinuität spricht, liefert die moderne Biologie gewichtige Gegenbeispiele. In der Entwicklung des Embryos gibt es häufig Diskontinuitäten, bei denen Strukturen, wenn sie ihre Aufgaben erfüllt haben, restlos verschwinden. So verschwindet bei der Metamorphose der Kaulquappe eine bestimmte Klasse von sensorischen Zellen in der dorsalen Wirbelsäule und wird durch die typischeren dorsalen Ganglienzellen ersetzt. Ähnliche Beispiele haben einige Biologen (siehe Oppenheim 1981) zu der Auffassung bewogen, daß jedes Lebensstadium bestimmte zeitweilige Strukturen und Funktionen erfordere, welche eine maximale Anpassung für diese spezifische Entwicklungsphase ermöglichen (siehe auch Lerner 1984). Ist die nächste Phase erreicht und werden diese adaptiven Funktionen nicht mehr benötigt, so werden sie unterbunden, ersetzt oder gehen verloren. Das Schreien des einjährigen Kindes bei der Trennung von der Betreuungsperson wird in der modernen psychologischen Literatur überwiegend als ein Maß für die Bindung des Kleinkinds an diese erwachsene Person aufgefaßt, und man sieht darin einen Zustand, der unbegrenzt fortdauert. Die Bindung des Kleinkinds wird weder als ein vorübergehender Prozeß betrachtet, dessen Funktion es ist, während der Hilflosigkeit des ersten Lebensjahres die Mutter in der Nähe zu halten, noch als eine Begleiterscheinung der Reifung neuer kognitiver Fähigkeiten, in deren Gefolge Trennungsangst entstand. Das Phänomen, das man als Trennungskummer bezeichnet, hat im Sinne dieser beiden letzteren Beschreibungen keine nennenswerte Zukunftsaufgabe. Es ähnelt den Reflexhandlungen von Vögeln, die im Begriffe sind, zu brüten. Das spezielle, mit dem Brüten einhergehende Verhalten wird einmal – und nur einmal – benutzt und hat keine weiterreichende Funktion. Das Brutverhalten ähnelt dem Tretreflex des Fötus, dessen mutmaßliche Funktion es ist, den Kopf in die normale Geburtsposition zu bringen (ein Fötus, der nicht die richtige Lage hat, bewegt sich durch sein Treten so lange in der Gebärmutter umher, bis sein Kopf vor dem Muttermund liegt). Während des ersten Lebensjahres ist das hilflose Kleinkind auf die Nähe der Betreuungsperson angewiesen. Mindestens bis ins zweite und dritte Lebensjahr hinein ist es gefährlich, wenn die Betreuungsperson abwesend ist. Vielleicht tritt also der Trennungskummer gegen Ende des ersten Lebensjahrs deshalb auf, weil die Kinder, wenn sie krabbeln oder zu laufen beginnen, eine Möglichkeit brauchen, eine Betreuungsperson herbeizurufen, wenn sie sich entfernen und in eine gefährliche Situation geraten. Mit drei Jahren jedoch, wenn sie selbstsicherer sind, haben die Kinder es nicht mehr nötig zu schreien, wenn die Betreuungsperson nicht anwesend ist. So gesehen, ist die Trennungsangst des Einjährigen während dieser Entwicklungsphase adaptiv, hat aber keine in die Zukunft reichende Funktion. Sie könnte sogar ohne negative Folgen in den Erfahrungen des ersten Lebensjahres entfallen. Es scheint für die Tauglichkeit und Eigenart der Nahrungsgewohnheiten ausgewachsener Ratten keine Rolle zu spielen, ob sie als

Junge normal gesäugt wurden oder nicht. Ratten, die man als Jungtiere durch künstliche Ernährung am Säugen hinderte, unterscheiden sich im Freß- und im Nahrungssuchverhalten nicht von normal aufgewachsenen Ratten (Hall 1975). Ungeachtet der Annahme, daß bei Totenkopfäffchen das spätere Sozialverhalten durch ein vorangegangenes spielerisches Verhalten der Jungen erleichtert wird, tritt ein normales Sozialverhalten auch dort ein, wo die Jungen nicht spielen (Baldwin und Baldwin 1973).

Jede Lebensphase stellt spezielle Anforderungen, und so geht jede Phase mit speziellen Eigenschaften einher. Da von den einzelnen Phasen unterschiedliche Anforderungen gestellt werden, wird manches aus einer früheren Phase unterdrückt oder aufgegeben. Es kommt vor, daß sich in den neuen Fähigkeiten nichts von der früheren, in vielen Fällen funktional ähnlichen Kompetenz findet.

Der Glaube, daß sich menschliche Eigenschaften über die gesamte Lebenszeit hindurch material erhalten, ähnelt der prädarwinistischen Ansicht, die Arten seien etwas Beständiges. Darwins großartige Erkenntnis bestand darin, die Geschichte der Tiere als eine dynamische zu sehen, in der manche Arten verschwinden und neue auftreten. Wenn man die Ontogenese wirklich mit der Evolution vergleichen kann, dann dürfte sich eine Struktur oder ein Prozeß unter der Voraussetzung erhalten, daß er der Anpassung dient. Die Anforderungen der beiden ersten Lebensjahre unterscheiden sich von denen der späteren Kindheit und der Adoleszenz derart, daß man erwarten kann, daß viele der Eigenschaften dieser frühen Periode verschwinden und von ihrer zeitweiligen Vorherrschaft keine Spur bleibt.

Die Entwicklung entspricht nicht in allen Aspekten einem Staffellauf, bei dem ein Läufer nach dem anderen den Stab überreicht bekommt. Manche Entwicklungssequenzen ähneln eher der Erschaffung eines Gemäldes, bei der es von dem Künstler abhängt, wann und wo auf der Leinwand eine neue Gestalt erscheint. Daß sich auf der Leinwand eine Baumreihe befindet, ist nicht der Grund für die spätere Einfügung einer Figur, die sich an einen der Bäume lehnt, auch wenn das letztere auf das erste folgt. Obwohl es verlockend ist und sinnvoll erscheint, die Entwicklung als eine Folge von langsam sich entfaltenden, zusammenhängenden Stufen aufzufassen, sollten wir nicht übersehen, wie rasch die Übergänge erfolgen und wie unterschiedlich der Grad des Zusammenhangs ist.

Ich behaupte nicht, daß es strukturell durchgängige Elemente in der Entwicklung nicht gäbe – einige muß es geben; ich meine nur, daß es unwahrscheinlich ist, daß jeder Spieler aus der ersten Szene des Stückes auch im zweiten Akt eine Rolle zu spielen hat.

Paul Baltes vom Max-Planck-Institut in West-Berlin hat für das Gleichgewicht der früher und später auftretenden Kräfte, von denen die Entwicklung im Laufe eines Lebens bestimmt wird, eine brauchbare heuristische Konzeption gefunden. Er nimmt an, daß man, würde man das Verhalten – die kognitiven Fähigkeiten, das Sozialverhalten, die emotionalen Reaktionen – eines Menschen über fünfzig Jahre Tag für Tag untersuchen, Übergangszeiten finden würde, in denen sich das Verhalten dieses Menschen erheblich ändert. In den aufeinander folgenden Entwicklungsabschnitten nehmen die vier wichtigsten Bedingungen der Veränderung jeweils ein unterschiedliches Gewicht an.

Die erste Gruppe von Bedingungen ist ein Produkt der genetisch programmierten Veränderungen im Zentralnervensystem, die ich im zweiten Kapitel beschrieben habe. Da die Reifung sich in der späteren Kindheit weniger stark auswirkt, werden Verhaltensänderungen eher mit Umweltanforderungen zusammenhängen. Die zweite Gruppe von Bedingungen besteht daher in den normativen Forderungen einer bestimmten Kultur. Alle amerikanischen Kinder kommen im Alter von fünf bis sechs Jahren in die Schule; dieses normative Ereignis ruft im Verhalten des Kindes eine erhebliche Veränderung hervor. Die meisten Jugendlichen lernen Autofahren, und etwa die Hälfte besucht zwischen sechzehn und achtzehn Jahren weiter das College. Jedes dieser sozial normativen Ereignisse führt zu signifikanten Veränderungen im Verhalten eines Menschen. Solche Normen bestehen zwar im frühen Erwachsenenalter noch weiter, doch ihre Auswirkungen schwächen sich bis zum 30. Lebensjahr ab. Das Verhalten eines Dreißigjährigen wird ja von neuen normativen Zwängen bestimmt.

Eine dritte Gruppe von Bedingungen bilden historische Ereignisse, die zwar die gesamte Gesellschaft beeinflussen, sich aber bei Jugendlichen und jungen Erwachsenen am stärksten auswirken. Zu solchen historischen Ereignissen zählen Wirtschaftskrisen, Kriege, Revolutionen, Naturkatastrophen und Erfindungen wie das Automobil, das Radio oder das Fernsehen. Es wird behauptet, daß Kinder, die bei der Einführung des Fernsehens zwischen fünf und fünfzehn Jahren alt waren, von diesem Medium stärker beeinflußt wurden als jüngere Kinder und Erwachsene. Ebenso nimmt man an, daß Amerikaner, die während des Vietnam-Krieges zwischen fünfzehn und fünfundzwanzig Jahren alt waren, von den Anti-Kriegs-Demonstrationen stärker beeinflußt wurden als andere Amerikaner, die in den sechziger Jahren jünger oder älter waren. Kinder, die jetzt zwischen sieben und siebzehn Jahren alt sind, werden durch die verbreitete Benutzung von Computern entscheidender beeinflußt werden als ihre Eltern.

Eine vierte Gruppe von Kräften besteht in unerwarteten oder unvorhersehbaren Ereignissen wie etwa einer Scheidung, einer Krankheit, einem Unfall oder dem Kennenlernen einer bestimmten Person. Diese seltenen Ereignisse sind zwar immer wirksam, doch nimmt ihre Bedeutung für eine Verhaltensänderung nach dem 30. Lebensjahr zu, wenn das Gewicht der übrigen drei Faktoren nachläßt und das Verhalten, die Ansichten und Stimmungen relativ beständig werden.

Die Erhaltung individueller Eigenschaften

Die Frage nach der Kontinuität bekommt einen ganz anderen Sinn, wenn wir die Erhaltung der besonderen psychischen Eigenschaften betrachten, durch die sich ein Kind von einem anderen unterscheidet. Ein Beispiel für ein solches Merkmal ist die im zweiten Kapitel erörterte extreme Gehemmtheit gegenüber dem Unvertrauten. Kontinuität in diesem Sinne ist von großem Interesse für die Eltern, denn sie möchten wissen, ob die Persönlichkeit ihres Kindes es erlaubt, auf seinen späteren Charakter als Erwachsener zu schließen. Bevor wir diese Frage beantworten können, müssen wir uns über die individuellen Eigenschaften einig werden, die möglicherweise den Vorzug genießen, erhalten zu bleiben.

Leider haben Psychologen nicht den Vorteil, sich über den primären Gegenstand ihrer Theorie einig zu sein. Die Biologen gehen jeden Tag mit diesem Vorteil an ihr Werk: Den drei wichtigsten theoretischen Vorstellungen der Biologie – Vererbung, Wachstum und Evolution – liegt jeweils ein anderer hypothetischer Gegenstand zugrunde. Die Vererbung findet ihren zentralen Gegenstand im Gen, das Wachstum in der Zelle, die Evolution im individuellen Organismus. Jeder dieser drei Gegenstände hat andere Eigenschaften und Funktionen.

Die zentralen theoretischen Gegenstände der Psychologie sind nicht Dinge wie die Gene oder die Zellen, sondern Prozesse. Die Psychologen müssen daher aus Verben Substantive machen, wie es die Physiologen tun, wenn sie sagen: »Die Atmung versorgt das Blut mit Sauerstoff.« Noch haben die Psychologen keinen theoretischen Gegenstand entdeckt, der es an Bedeutsamkeit mit dem Gen oder der Zelle aufnehmen könnte, doch ist es vielleicht hilfreich, einige Kandidaten vorzuschlagen. Wie in der Biologie ist die primäre Stellung einer theoretischen Einheit eine Frage des Zwecks, dem sie dienen soll; die Kandidaten, die ich benennen werde, sind besonders zweckmäßig, wenn es darum geht, die Erhaltung psychologischer Eigenschaften zu beschreiben; für theoretische Erörterungen der Sprache und des Denkens mögen diese Einheiten weniger zweckdienlich sein.

Die primäre Stellung einer theoretischen Einheit ist außerdem eine Frage des Entwicklungsstandes der jeweiligen Disziplin und kann daher immer nur vorläufig sein. Im 18. Jahrhundert war nicht die Zelle, sondern das Organ die primäre Einheit der Biologie, und die primäre Einheit der Physik war in den Anfängen dieses Jahrhunderts nicht das Quark, sondern der Atomkern. Es ist denkbar, daß ein Jahrhundert weiter sowohl die Zelle als auch das Quark nicht mehr so fundamental sein werden wie heute. Angesichts der derzeitigen Unausgereiftheit der Psychologie geht man kaum ein Risiko ein, wenn man vorhersagt, daß in einem Jahrhundert keine der fünf Einheiten, die ich vorschlage, fundamental sein werden.

Die Einheiten, welche die Erhaltung weiter erklären sollen,

müssen fünf wichtige psychologische Funktionen erfüllen. Zunächst benötigen wir eine Einheit, welche eine Erfahrung in hinreichend getreuer Form speichert, so daß ein Mensch die meisten Ereignisse, die ihm früher begegnet sind, wiedererkennen kann. Diese Funktion erfüllt das *Schema*. Ein Schema ist, wie ich im zweiten Kapitel bemerkte, die Art und Weise, in der ein Kleinkind sich ein Ereignis repräsentiert, sei es nun das Gesicht des Vaters, ein inneres Gefühl oder das erwartete Auftauchen der Mutter. Ältere Kinder und Erwachsene können aufgrund von Schemata erkennen, daß sie einer Stimme, einem Raum, einer Melodie oder einem Duft, der sich jetzt im Wahrnehmungsfeld befindet, schon einmal begegnet sind.

Schemata sind jedoch weder der sprachlichen Beschreibung noch der logischen Bearbeitung ohne weiteres zugänglich, und so benötigen wir eine abstraktere Einheit, die sich leicht kommunizieren und gedanklich bearbeiten läßt. Diese Funktion erfüllt der *Begriff*, verstanden als symbolische Repräsentation der gemeinsamen Merkmale einer Reihe von Ereignissen oder Sachverhalten. Jeder Mensch besitzt eine große Zahl von Schemata für die spezifischen Eigenschaften verschiedener erwachsener weiblicher Personen, doch der Begriff *Frau* ist eine stabilisierende Kraft, die es einem erlaubt, von der gesamten Klasse der Frauen zu sprechen, denen man bisher begegnet ist. Faßt man die Schemata unter die symbolischen Begriffe des Essens, der Gerechtigkeit oder des Vergnügens, so verschwinden die konkreten Differenzen zwischen den ursprünglich mannigfaltigen Erfahrungen. Einige Schemata werden äquivalent, andere werden Bestandteil von etwas Umfassenderem. Wenn ich mein Schema von meinem zehn Jahre alten grünen Volvo unter den passenden Begriff *Auto* bringe, verliert er seine Farbe, seine Beulen und das Quietschen der Hinterräder; unter den Begriff *Fahrzeug* gefaßt, verliert er sogar seine Form und Größe.

Begriffe bilden die Grundelemente von Anschauungen, denn eine Anschauung besteht in einer Relation zwischen Begriffen. Die Ansicht »Jungen sind zäh« stellt beispielsweise eine Relation zwischen den Begriffen *Junge* und *zäh* dar. Sprachphilosophen und Psychologen betrachten Anschauungen als Bestandteil einer größeren Klasse von Einheiten, *Propositionen* genannt. Da viele

Anschauungen sich erhalten, manche sogar über lange Zeit hinweg, könnte man fast meinen, daß es richtig wäre, die Propositionen als grundlegende Einheiten zu betrachten. Das wäre sicherlich nicht falsch. Ich kann jedoch vermeiden, diese zusätzliche Einheit zu postulieren, indem ich sage, daß eine Anschauung wie »Jungen sind zäh« auch so aufgefaßt werden kann, daß der Begriff *Junge* Zähigkeit als eine seiner hervorstechenden Eigenschaften enthält. Und die meisten Propositionen können als Aussagen über ein oder mehrere hervorstechende Attribute eines Begriffs aufgefaßt werden. Wenn sich die Anschauung eines Menschen ändert, ändern sich auch die hervorstechenden Attribute der zugrundeliegenden Begriffe. Verwandelt sich die feindselige Haltung eines Mädchens ihrer Mutter gegenüber in eine respektvolle Haltung, so verändert sich auch ein hervorstechendes Attribut des Begriffs *Mutter*. Es gibt nur wenige Propositionen, die nicht auf diese Weise transformiert werden können. Deshalb betrachte ich den *Begriff* als grundlegende Einheit und die *Proposition* als abgeleitet.

Schemata, Begriffe und Propositionen sind Denkeinheiten, und wir müssen die Person mit solchen Einheiten ausstatten, die es ihr erlauben, Gefahren zu meiden und am Leben zu bleiben. Eine dritte primäre Einheit besteht daher in einer *Handlung*, die eine Veränderung in der Umwelt hervorruft. Als Beispiele kommen in Frage: Lächeln, Reden, Hämmern und einem Befehl Gehorchen, Träumen jedoch nicht. Ich möchte die psychologische Bedeutung von solchen Prozessen wie dem Träumen nicht bagatellisieren, vermute aber, daß sie weniger wichtig sind, denn ein Verhalten, das eine Veränderung in der Umwelt bewirkt, verschafft dem Individuum Informationen, die es dazu benutzen kann, sein Handeln zu vervollkommnen, mit dem Ergebnis, daß die Außenwirkung des Verhaltens auf Anpassung hinzielt. Ich glaube fast, daß der *Operant*, von den Behavioristen als eine Handlung verstanden, die eine Veränderung bewirkt, die wichtigste Idee des Behaviorismus war (Skinner 1938, Herrnstein 1970).

Jeder Mensch verfügt jedoch über viele Handlungen, Schemata und Begriffe, und wir müssen eine Einheit finden, die aus dem großen Spektrum die wenigen relevanten auswählt. Die Wissenschaft des 19. Jahrhunderts meinte, der *Wille* erfülle diese Funktion. Der Wille hat aber eine rein kognitive Bedeutung; es gibt anhaltende emotionale Zustände oder Stimmungen, welche die Wahl des Verhaltens bestimmen und über lange Zeit erhalten bleiben können. Eine vierte Einheit bildet daher der *Bewußtseinszustand*, zu dem die wahrgenommene Gefühlstönung und die Intentionen gehören, die das Bewußtsein in einem bestimmten Augenblick beherrschen. Es gibt zwar einige Bewußtseinszustände, die flüchtiger sind als Schemata, Begriffe und Handlungen, doch ist der Bewußtseinszustand das, was einen großen, wenn auch begrenzten Teil der Verhaltensweisen, Wünsche und Emotionen eines Menschen ausführt.

Schließlich ist es für die Psychologen sinnvoll, Begriffe zu bilden, in denen Schemata, Begriffe, Handlungen und Bewußtseinszustände zu einem Ganzen zusammengefaßt werden. Diese vier Grundeinheiten bilden Komplexe, die als *Klassen von Personen* aufgefaßt werden, unsere fünfte Einheit. Ein Jugendlicher, der in Prüfungssituationen Angst empfindet und Situationen, die eine intellektuelle Herausforderung enthalten, vermeidet, wird von dem Wissenschaftler eingestuft als »jemand, der sich vor Versagen fürchtet«. Wenn jemand Schemata bildet, in denen er einen höheren Status hat als ein anderer, wenn jemand die Interaktion überwiegend danach einteilt, ob sie ihm den Zugang zu hohem Status entweder erleichtert oder versperrt, und er Freude daran findet, andere zu beherrschen, wird er eingestuft als ein »Mensch mit einem Hang zur Macht«. Die Forscher, die die Erhaltung menschlicher Eigenschaften untersuchen, machen Annahmen über solche Zusammenhänge, und deshalb müssen wir die Klasse von Personen als grundlegende Einheit postulieren.

Fast alle bisherigen Untersuchungen, in denen es um die Erhaltung menschlicher Eigenschaften von Kindheit an ging, haben sich mit Handlungen und Klassen von Personen befaßt, weil es den Psychologen noch nicht möglich ist, Schemata, Begriffe oder Bewußtseinszustände eindeutig zu messen. Wenn Handlungen und Klassen von Personen die primären Einheiten sind, kann, wie wir gleich sehen werden, bis in die späte Kindheit hinein kaum von einer langfristigen Erhaltung die Rede sein. Sollten die Wissenschaftler aber einmal in der Lage sein, die übrigen drei Einheiten – Schemata, Begriffe und Bewußtseinszustände – eindeutiger zu erfassen, so ist es denkbar, daß sie Anhaltspunkte für die volkstümliche Anschauung finden, wonach sich einige frühe Erinnerungen und intensive emotionale Zustände von der Kindheit bis in die Adoleszenz und das Erwachsenenalter erhalten. Das werden wir abwarten müssen.

Wie man die Erhaltung mißt

Zu beurteilen, ob sich eine psychologische Eigenschaft über einen Zeitraum erhalten hat, ist sehr viel schwieriger, als es auf den ersten Blick erscheinen mag. Es wird dadurch erschwert, daß kein Lebewesen sich genau gleichbleibt; alle Aussagen über den Grad der Erhaltung müssen daher relativ sein. Aber relativ in bezug auf was oder wen? Das Problem soll an einem Beispiel geklärt werden. Angenommen, wir hätten an hundert aufeinander folgenden Tagen gefilmt, wie eine Frau sich in der ersten Stunde nach dem Aufwachen zu Hause verhält, und wir möchten wissen, ob ihre Handlungen während dieser Stunde sich über die hundert Tage erhalten haben. Die Frage ist also: Führt die Frau an einer Mehrzahl von Tagen die gleichen Handlungen in der gleichen Reihenfolge aus? Warum sich das Verhalten der Frau in einem nennenswerten Umfang erhalten hat, können wir jedoch erst beurteilen, wenn wir einen Bezugspunkt haben; dieser Bezugspunkt könnte ihr Verhalten während einer anderen Tageszeit, ihr Verhalten an einem anderen Ort oder das frühmorgendliche Verhalten einer anderen Person sein. Wenn wir lediglich ihr Verhalten während der ersten Stunde untersuchen, werden wir wahrscheinlich finden, daß sie an einem Morgen das Bett macht, badet, sich anzieht und dann frühstückt. An einem zweiten Morgen aber zieht sie sich an und frühstückt, macht jedoch nicht das Bett und badet nicht, und an einem dritten Morgen läßt sie das Frühstück ausfallen. Würden wir verlangen, daß an jedem Morgen die gleichen Handlungen oder die gleichen Handlungen in der gleichen Reihenfolge wiederholt werden, so könnten wir dann zu der unserer Intuition widersprechenden Schlußfolgerung gelangen, daß das Verhalten der Frau im Vergleich von einem Tag zum andern nicht stabil sei. Dagegen wird ihr Morgenverhalten stabil erscheinen, wenn wir ihre Handlungen in der ersten Stunde mit dem vergleichen, was sie zu einer anderen Tageszeit tut, oder mit ihrem Verhalten an einem anderen Ort, etwa in einem Urlaubshotel im Hochsommer. Nun stellen wir fest, daß Baden, Anziehen und Frühstücken mit sehr viel größerer Wahrscheinlichkeit in dieser Reihenfolge während der ersten Stunde zu Hause als zu einer anderen Tageszeit vorkommen und daß diese drei Handlungen zu Hause sehr viel wahrscheinlicher sind als in einem Urlaubshotel. Sobald wir also einen Vergleichszeitraum oder einen Vergleichsort heranziehen, sehen wir, daß sich ihr Verhalten während der ersten Morgenstunde in einem beträchtlichen Maße erhält. In Wirklichkeit jedoch beziehen sich unsere Schlußfolgerungen auf die Erhaltung von *Unterschieden im Verhalten* zwischen verschiedenen Zeiträumen und Orten.

Ein dritter Vergleichspunkt könnte eine in der ersten Stunde vorkommende weniger häufige Handlung sein, sagen wir, Radiohören. Würde die Frau durchweg mehr Radio hören als baden, so würden wir sagen, daß die erste der beiden Handlungen sich besser erhalten habe als die letzte. Auf diese Weise – nämlich dadurch, daß verschiedene Verhaltensweisen in ihrer relativen Häufigkeit verglichen werden – wird vielfach von Eltern die Stabilität abgeschätzt, wenn sie sich darüber Gedanken machen, ob die Persönlichkeit ihres Kindes beständig sei. Betrachten wir etwa die Frage, ob Kinder den Befehlen ihrer Mutter folgen oder nicht. Es ist eine plausible Frage, ob die Tendenz eines Kindes, eher zu folgen als nicht zu folgen, sich über die Zeit erhält. Wenn ein Kind von hundert Forderungen der Mutter fünfundsiebzig befolgt und fünfundzwanzig nicht, könnten wir sagen, daß die Präferenz des Kindes, eher zu folgen als nicht zu folgen, sich erhält. Die Häufigkeit und die Form des Gehorsams beziehungsweise Ungehorsams könnten jedoch je nach Zeitpunkt und Situation sehr verschieden sein. Es ist denkbar, daß das Kind bei einer Gelegenheit protestiert, bei einer anderen die Mutter ignoriert oder bei einer dritten die Befolgung hinausschiebt. Wenn Eltern sagen, ihr zehnjähriges Kind sei immer folgsam gewesen, so heißt das nicht, daß das Kind durchweg ihre Forderungen befolgt hat oder daß es folgsamer ist als andere Kinder. Ich vermute, sie meinen damit, daß bei ihrem Kind die Tendenz zu folgen in der Regel stärker ist als die Gegentendenz, nicht zu folgen.

Am häufigsten wird das Verhalten einer anderen Person oder anderer Personen im entsprechenden Kontext zum Vergleich herangezogen. Wenn andere Personen den Bezugspunkt bilden, gelten die Schlußfolgerungen des Psychologen der Erhaltung von Verhaltensunterschieden innerhalb einer bestimmten Personengruppe. Aber es kommt sehr darauf an, wer die »andere Person« ist. Vergleichen wir die morgendliche Routine unserer Frau mit der Routine einer Nachbarin, so werden die Verhaltensunterschiede klein sein, während sich im Vergleich zu einer Eskimofrau der Hudson Bay dramatische Unterschiede ergeben. Das Ausmaß der Erhaltung, zu dem man gelangt, hängt also, um es noch einmal zu sagen, vom gewählten Bezugspunkt ab.

Bei wissenschaftlichen Untersuchungen über die Erhaltung menschlicher Eigenschaften im Zeitablauf geht es in den meisten Fällen um Unterschiede, die im Hinblick auf ein Attribut oder einige verwandte Attribute zwischen Personen bestehen. Wird beispielsweise bei hundert Kindern vom ersten bis zum fünften Lebensjahr im Abstand von 6 Monaten die Körpergröße gemessen, so dürfte sich zwischen der Größe mit einem Jahr und der Größe mit fünf Jahren eine Korrelation von 0,5 ergeben, und der Wissenschaftler folgert daraus, daß die relative Größe ein stabiles Attribut von Kindern ist. Diese Aussage bedeutet jedoch nicht, daß die Größe eines Kindes sich nicht verändert oder daß sie besser erhalten bleibt als ein anderes Atrribut, etwa das Gewicht. Sie bedeutet vielmehr, daß die Größenunterschiede unter den hundert Kindern einigermaßen konstant geblieben sind. Wenn es in Lehrbüchern heißt, die Intelligenz von Kindern sei vom fünften bis zum zehnten Lebensjahr stabil, so bedeutet das nicht, daß die elementaren intellektuellen Fähigkeiten eines Kindes stabil seien – das sind sie nicht –, sondern es bedeutet, daß die Unterschiede in den Ergebnissen eines IQ-Tests innerhalb einer Gruppe von Kindern erhalten bleiben, trotz der einschneidenden Veränderungen in den intellektuellen Fähigkeiten im Laufe des Wachstums.

Aus den Ergebnissen einer solchen Strategie Schlußfolgerungen bezüglich der Stabilität einer abstrakten Eigenschaft zu ziehen ist insofern problematisch, als man leicht eine hypothetische Eigenschaft erfindet, die eine mögliche Erklärung für die Unterschiede liefert, welche man an zwei deutlich verschiedenen Verhaltensweisen zu zwei unterschiedlichen Zeitpunkten zwischen den Individuen beobachtet hat, besonders wenn viele Jahre dazwischenliegen. Alan Sroufe (1979) ist, wie ich im zweiten Kapitel bemerkte, der Auffassung, daß sich in dem positiven Zusammenhang zwischen dem Verhalten in der Fremden Situation (Ainsworth) mit einem Jahr (einige Kinder weinen, wenn die Mutter fortgeht, begrüßen sie aber, wenn sie zurückkehrt) und der Tendenz des Dreijährigen, in einer neuen Umgebung neue Spielsachen zu erkunden, die Erhaltung einer Eigenschaft äußert, die Sroufe als »sichere Bindung« bezeichnet.

Diese Hypothese darüber, welche Disposition erhalten bleibt, könnte zwar richtig sein, ist aber weder intuitiv einleuchtend noch empirisch gesichert. Es ist sogar wahrscheinlich, daß der positive Zusammenhang zwischen zwei Klassen von Verhaltensweisen zu zwei Zeitpunkten auf zahlreichen Veränderungen beruht, die zwischen den beiden Messungen eingetreten sind. Für einen Dreijährigen aus der Mittelschicht, der einen ungewöhnlich großen Wortschatz hat, ist die Wahrscheinlichkeit, daß er ein erfolgreicher Anwalt wird, größer als für ein dreijähriges Arbeiterkind, das eben erst angefangen hat zu sprechen. Statt zu behaupten, die anfänglichen Unterschiede in den kognitiven Fähigkeiten beider Kinder blieben vom dritten Lebensjahr bis ins Erwachsenenalter erhalten, könnte man jedoch ebensogut behaupten, die unterschiedlichen Ergebnisse im Erwachsenenalter beruhten darauf, daß die jeweilige Umgebung drei Jahrzehnte lang gleichgeblieben ist.

Beweise für die Stabilität von Unterschieden

Die Erhaltung von psychologischen Eigenschaften wird erst seit kurzem wissenschaftlich erforscht, die Fakten sind ungesichert, und in der Regel geht es um Vergleiche zwischen Kindern. Den Schlußfolgerungen ist daher mit großer Vorsicht zu begegnen. Außerdem sind, wie ich oben festgestellt habe, als primäre psychologische Einheiten in der Regel Handlungen und Klassen von Personen, nicht aber Schemata, Begriffe oder Bewußtseinszustände untersucht worden.

Die Unterschiede, die im Hinblick auf bestimmte Handlungsprofile – Aggression oder Dominanzverhalten gegenüber Gleichaltrigen, Abhängigkeit von den Eltern, Umgänglichkeit oder Schüchternheit gegenüber unbekannten Menschen und intellektuelle Leistungen – zwischen Kindern bestehen, bleiben im allgemeinen vom fünften oder sechsten Lebensjahr bis in die Adoleszenz erhalten (Kagan und Moss 1983; Olweus 1981). Aus einem sehr zurückhaltenden, schüchternen Sechsjährigen wird mit großer Wahrscheinlichkeit ein Jugendlicher, der gegenüber Fremden verkrampft und schweigsam ist (Kagan und Moss 1983), und ein Erwachsener, der einen sicheren Arbeitsplatz einem solchen, der Risiken enthält, vorzieht (Morris et al. 1954). Jungen, die als Drei- bis Achtjährige äußerst schüchtern und in sich gekehrt waren, arbeiteten, als man sie zwanzig Jahre später als Erwachsene befragte, überwiegend in großen Institutionen, kaum einer hatte eine unternehmerische Tätigkeit mit dem entsprechenden Risiko ergriffen. Sie betonten, wie wichtig die Arbeitsplatzsicherheit sei, und mit Frauen, die aus sich herausgingen und eine Ergänzung ihrer eigenen Persönlichkeit darstellten, waren sehr viel mehr von ihnen verheiratet als mit Frauen, die genau wie sie zurückhaltend und introvertiert waren.

Der aggressive Siebenjährige wird wahrscheinlich zu einem jugendlichen Schläger. Aus vierzehn verschiedenen Längsschnittuntersuchungen amerikanischer wie europäischer Forscher geht hervor, daß aggressives Verhalten besonders unter Jungen über Zeiträume von zwei bis drei Jahren stabil ist. Das Ausmaß, in dem Aggression erhalten bleibt, geht zwar allmählich zurück, wenn der Altersabstand wächst, doch selbst über Zeiträume von zwanzig Jahren erhalten sich Unterschiede im aggressiven Verhalten (Olweus 1981). Bestimmte Handlungsweisen und Charaktertypen erhalten sich also von der Kindheit bis in das Erwachsenenalter.

Tatsache ist jedoch, daß die vorliegenden Daten, mögen sie auch kritisierbar sein, kaum die Auffassung bestätigen, daß die in den ersten zwei oder drei Lebensjahren auftretenden Eigenschaften – mit Ausnahme der Temperamentseigenschaft der Gehemmtheit oder Ungehemmtheit – in die Zukunft fortgeschrieben werden können (Moss und Susman 1980). Die Ergebnisse der einzelnen Untersuchungen sind zu schwach, um allein die Beweislast zu tragen, doch lassen sich die Resultate zahlreicher ähnlicher Studien zu einem überzeugenderen Bild zusammenfügen.

Nach dem Zweiten Weltkrieg vermittelte ein internationaler Sozialdienst für amerikanische Mittelschichtfamilien die Adoption von Kindern aus Europa, die während des Krieges ihre Familien verloren hatten. Bei ihrer Ankunft in den Vereinigten Staaten waren die Kinder zwischen 5 Monaten und zehn Jahren alt. Achtunddreißig dieser Kinder wurden in ihren neuen Familien weiter beobachtet. Rund 20 Prozent der Kinder zeigten anfangs Symptome schwerer Angstzustände wie etwa Überessen, Schlafstörungen und Alpträume. Doch im Laufe der Jahre verschwanden alle diese Symptome; die überwiegende Mehrheit der Kinder kam in der Schule gut voran, und es gab unter ihnen keinen Fall von Lernschwierigkeiten. Die Verfasser dieser Studie schrieben:

> »Am beeindruckendsten ist die Tatsache, daß sie mit nur wenigen Ausnahmen weder an Teilnahmslosigkeit noch an der von Bowlby beschriebenen unterschiedslosen Freundlichkeit zu leiden scheinen. Soweit sich das feststellen läßt, haben sie zu ihren Adoptionsfamilien wirklich herzliche Beziehungen. (...). Die vorliegenden Ergebnisse weisen darauf hin, daß für ein Kind, das größten Verlust erlitten hat, die Aussichten auf Erholung weit besser sind, als man zuvor angenommen hatte.« (Rathbun, DeVirgilio und Waldfogel 1958).

In einer ähnlichen, späteren Untersuchung wurden 229 koreanische Mädchen, die im Alter zwischen zwei und drei Jahren von amerikanischen Mittelschichtfamilien adoptiert worden waren, über mindestens sechs Jahre beobachtet. Zum Zeitpunkt ihrer Aufnahme in die Pflegefamilie wurden die Kinder je nach dem Grad ihrer Unterernährung in drei Gruppen eingeteilt und sechs Jahre später, als sie alle die Grundschule besuchten, erneut untersucht. Der durchschnittliche Intelligenzquotient der stark unterernährten Gruppe (IQ 102) lag um 40 Punkte über den Ergebnissen, die man bei koreanischen Kindern fand, welche in ihre alte Heimat zurückgekehrt waren. Bei unterernährten Kindern, die nach einer Rehabilitationsphase in ihre ärmliche Umgebung zurückkehren, ist also ein solches Aufholen an intellektuellen Fähigkeiten und eine solche Wiederherstellung der körperlichen Gesundheit nicht festzustellen (Winick, Meyer und Harris 1975).

Selbst Kinder, die so schwere Symptome haben, daß sie mit neun Jahren in eine Kinderklinik überwiesen werden, können zu leidlich angepaßten jungen Erwachsenen werden. Die Verfasser einer einschlägigen Untersuchung schreiben:

> »Außer in Fällen einer extrem gestörten Persönlichkeit, also bei Psychosen und extrem antisozialem Verhalten, scheint es, was die Störungen im Kindes- und im Erwachsenenalter betrifft, kaum eine Kontinuität zu geben. Man kann davon ausgehen, daß die meisten Kinder (...) mit oder ohne Therapie bis zum Erwachsenenalter eine bessere Anpassung erreichen.« (Cass und Thomas 1979, S. 121) »Die Schwierigkeit, aufgrund von Kindheitsmerkmalen die Angepaßtheit des Erwachsenen zu prognostizieren, könnte teilweise auf den Einfluß gewisser Lebenserfahrungen zurückzuführen sein, die zwischen den beiden Zeitpunkten eintreten. Forschungsergebnisse lassen zunehmend die bisher bevorzugten Theorien über die Kontinuität der Persönlichkeitsentwicklung und die große Bedeutung, die der Erfahrung der ersten drei Lebensjahre zukommt, zweifelhaft erscheinen, und auch die Auswirkungen von zwischenzeitlich eintretenden Ereignissen, namentlich von Traumata und Streß, sind eine offene Frage. Wir halten es inzwischen für wahrscheinlich, daß Lebenserfahrungen, die zwischen der frühen Kindheit und dem Erwachsenenalter auftreten, frühere positive und negative Erfahrungen abschwächen oder verstärken können und dadurch die Anpassung auf komplexe Weise beeinflussen.« (S. 142)

Psychologen haben die Entwicklung eines Mädchens namens Genie verfolgt, das mit dreizehneinhalb Jahren aus einer Familie geholt wurde, in der es während seiner ersten dreizehn Lebensjahre fast nur gefesselt, vom Kontakt mit anderen abgeschnitten und körperlichen Mißhandlungen ausgesetzt war. Als man es entdeckte, war es unterernährt, unfähig, aufrecht zu stehen und ohne Sprache – ein unsozialisiertes Opfer äußerster Deprivation.

Nach nur vier Jahren in einer normalen Umgebung hatte es gewisse sprachliche Fähigkeiten entwickelt und einige soziale Fertigkeiten erlernt; es war fähig, mit dem Bus zur Schule zu fahren, und es begann, einige der elementaren menschlichen Emotionen zu zeigen. In einem standardisierten Intelligenztest erreichte es auf einigen Skalen ähnliche Werte wie ein Durchschnittskind. Genie ist zwar noch immer deutlich anders als eine durchschnittliche kalifornische Achtzehnjährige, doch hat sie sich innerhalb kurzer Zeit bemerkenswert entwickelt. (Curtiss et al. 1975)

Untersuchungen zeigen, daß sich bei normalen Kindern die meisten Verhaltensweisen im Laufe der Entwicklung ändern. Mehrere Längsschnittuntersuchungen an amerikanischen Arbeiter- und Mittelschichtkindern, die zum größten Teil in relativ stabilen und das Kind fördernden Familien aufwuchsen, deuten darauf hin, daß die Unterschiede in den psychologischen Eigenschaften während der ersten drei Lebensjahre keine begründete Voraussage der fünf, zehn oder zwanzig Jahre später auftretenden Unterschiede in kulturell bedeutsamen und altersgemäßen Eigenschaften zulassen; Unterschiede in den ersten Schuljahren, besonders zwischen dem fünften und zehnten Lebensjahr, lassen dagegen einen Schluß auf das Profil des Jugendlichen und des Erwachsenen zu. Bei einer Studie wurden Arbeiter- und Mittelschichtkinder aus der Gegend von Boston während der ersten drei Lebensjahre viermal ausführlich untersucht. Im ersten Teil der Studie untersuchte man im Alter von 4, 8, 13 und 27 Monaten die Aufmerksamkeit, die Neigung zu Lautäußerungen, das Aktivitätsniveau, das Spieltempo, die Reizbarkeit und die Bereitschaft zum Lächeln. Mit nur einer Ausnahme ließen die Unterschiede bezüglich dieser Verhaltensweisen vor Abschluß des ersten Lebensjahres keine klare Vorhersage auf einige theoretisch verwandte Eigenschaften im Laufe von 27 Monaten zu. Man untersuchte diese Kinder erneut mit zehn Jahren, um festzustellen, ob sich aufgrund der Unterschiede bei den Kleinkindern das Ergebnis von Intelligenztests, die Lesefertigkeit oder eine Neigung zur Bedächtigkeit beziehungsweise Impulsivität des Zehnjährigen vorhersagen ließen. Es zeigte sich, daß allein das Bildungsniveau der Familie – und damit die soziale Schichtzugehörigkeit der Familie – den IQ und die Lesefertigkeit des Kindes bestimmte. Beim Vergleich zwischen Kindern aus ein und derselben sozialen Schicht, die sich sowohl hinsichtlich des IQ als auch der Lesefertigkeit deutlich unterschieden, zeigte sich, daß in der Kleinkindzeit keine größeren Unterschiede zwischen ihnen bestanden hatten.

Bei einer größeren Langzeituntersuchung an 71 Kindern, die zwischen 1929 und 1957 im Südwesten von Ohio aufgewachsen waren, ergab sich, daß zwischen den Unterschieden in Aktivität, Abhängigkeit, Neigung zu Wutanfällen und Aggression während der ersten drei Lebensjahre und den Unterschieden in einer Reihe von kulturell verwandten und einschlägigen Eigenschaften in der Adoleszenz und im frühen Erwachsenenalter kaum ein Zusammenhang bestand. Im Schulalter bestand zwischen Kindern, die extrem reizbar, und solchen, die weniger reizbar gewesen waren, kein nennenswerter Unterschied mehr; solche, die als Kleinkinder aktiv gewesen waren, unterschieden sich nicht von den weniger aktiven. Eine gewisse Kontinuität ergab sich nur bei der Eigenschaft, die ich »Gehemmtheit gegenüber dem Unbekannten« nenne: Manche Kleinkinder ziehen sich vor Unbekanntem, vor Drohungen und Hindernissen zurück, während andere eher dazu neigen, sich anzunähern, anzugreifen oder Drohungen zu erwidern (siehe Kapitel 2, S. 100–106). Die gehemmten Kleinkinder zeigten im Schulalter ein Verhalten, in dem sich dieselbe Eigenschaft zu äußern schien. Sie mieden gefährliche Aktivitäten, waren gegenüber Gleichaltrigen weniger aggressiv, und gegenüber anderen Menschen waren sie zurückhaltender und weniger spontan. Die männlichen Erwachsenen, die als Kleinkinder am stärksten gehemmt gewesen waren, wählten Berufe, die in möglichst geringem Maße konkurrenzbetont und keine ausgesprochenen Männerberufe im herkömmlichen Sinne waren. Dagegen wählten Männer, die als Kleinkind die geringsten Hemmungen gezeigt hatten, stärker konkurrenzbetonte und traditionell männliche Beschäftigungen (Sporttrainer, Handelsvertreter und Ingenieur) (Kagan und Moss 1983).

Diese Eigenschaften werden sich aber, auch wenn sie zum Teil erblich bedingt sein sollten, nicht erhalten, falls sie ganz und gar unangepaßt sind. Eine gewisse Bestätigung findet sich in der Tatsache, daß aus einer Gruppe von Kindern, die mit 21 Monaten extrem gehemmt waren, etwa ein Drittel im Alter von vier Jahren weniger gehemmt war, während von jenen, die mit 21 Monaten ungehemmt waren, keines später erkennbar gehemmt war (Kagan et al., im Druck). Die meisten amerikanischen Eltern wollen keine schüchternen, ängstlichen Kinder, und daher fördern sie Mut und Beherztheit, während sie Ängstlichkeit konsequent mißbilligen. Aus einem gehemmten Kind kann ein ungehemmtes werden, auch wenn diese Veränderung einem Kind, dessen verhaltensmäßige Gehemmtheit teilweise auf seiner biologischen Situation beruht, wahrscheinlich schwerer fällt.

Auch Kinder im Schulalter, die extrem aggressiv beziehungsweise introvertiert sind und daher sowohl Angst als auch soziale Zurückweisung erfahren, zeigen, wenn sie älter werden, in der Regel ein weniger extremes Verhalten. Von 3000 Kindern zwischen sechs und dreizehn Jahren, die von ihren Klassenkameraden als ungewöhnlich aggressiv beziehungsweise introvertiert bezeichnet worden waren, war drei Jahre später weniger als ein Drittel noch genauso extrem. Dies bedeutet nicht, daß die extrem aggressiven Kinder nicht mehr aggressiv waren, es läßt aber den Schluß zu, daß die meisten *weniger* aggressiv waren als drei Jahre zuvor (Ledingham und Schwartzman 1983).

Eine ähnliche Untersuchung galt Dreißigjährigen, die im Alter von acht Jahren von ihren Altersgenossen als entweder sehr wenig oder sehr stark aggressiv bezeichnet worden waren. Wohl wurden aus den extrem aggressiven Kindern, verglichen mit den weniger aggressiven, Erwachsene, die sich selbst als aggressiv bezeichneten und mehr Strafdelikte aufwiesen, doch bestand zwischen dem Grad der kindlichen Aggressivität und diesen beiden Maßen des aggressiven Verhaltens im Alter von dreißig Jahren eine schwache Korrelation: nur etwa 0,3 bei den Männern und 0,2 bei den Frauen. Offenbar waren die meisten aggressiven Kinder in der Zwischenzeit von zweiundzwanzig Jahren weniger aggressiv geworden, und viele der in geringem Maße aggressiven Kinder waren aggressiver geworden (Huesman et al. 1983).

Ungeachtet einer Vorgeschichte, die im Sinne der Anpassung ungünstig ist, neigt jedes Kind dazu, die von der sozialen Umgebung geforderten Eigenschaften anzunehmen, und zu dieser Tendenz findet sich eine klare Entsprechung in der Evolution. Die morphologischen Merkmale eines Tieres, die an seiner Anpassung beteiligt sind, lassen nach Ansicht von Biologen seine stammesgeschichtliche Herkunft weniger deutlich erkennen als bestimmte Eigenschaften, die mit seiner Anpassung nur minimal oder indirekt zu tun haben. Wie eng ein Vogel mit einer anderen Vogelart verwandt ist, läßt sich an der Form seines Schnabels, die für den Nahrungserwerb wichtig ist, nicht so klar ablesen, wie an seinen inneren Organen oder seiner Biochemie. Ein aufgeschlossener und ungezwungener Umgang mit Fremden ist in der modernen Gesellschaft eine wünschenswerte menschliche Eigenschaft, und so ist es denkbar, daß eine Ähnlichkeit, die im Hinblick auf diese Eigenschaft zwischen Erwachsenen besteht, keinen klaren Hinweis auf eine Ähnlichkeit ihrer Vorgeschichte gibt. Schulversagen und extreme Schüchternheit sind dagegen keine angepaßten Verhaltensweisen und verraten daher vermutlich mehr über die Vergangenheit eines Menschen.

Auch bei Tieren, die im Laboratorium aufgezogen werden, scheinen individuelle Unterschiede im Hinblick auf Eigenschaften wie Aggressivität, Aktivität oder Erregbarkeit von der Jungtierphase bis zum ausgewachsenen Tier nur eine geringe Stabilität zu besitzen. So waren die Unterschiede zwischen jungen Affen im Hinblick auf Erregbarkeit oder soziale Interaktion nicht einmal über 18 Monate stabil (Stevenson-Hinde, Stillwell-Barnes und Zunz 1980b); Unterschiede im Dominanzverhalten zwischen Laboratoriumsratten blieben über eine Beobachtungszeit von 20 Monaten nicht erhalten (Ewer 1968).

Nach gründlicher Sichtung des vorliegenden Materials über die Erhaltung von Verhaltensunterschieden bei Tieren kamen R. B. Cairns und K. E. Hood (1983) zu dem Schluß, daß die Erhaltung von Unterschieden im Verhalten erst sichtbar wurde, wenn das Tier sich der Fortpflanzungsreife näherte:

> »Die Befunde stützen kaum die Ansicht, daß wichtige Merkmale sozialer Interaktionen zum Zeitpunkt der Reife durch Erfahrungen in den Anfängen der Entwicklung determiniert werden. (...) Die vorhersagbaren Merkmale sind nicht im Organismus begründet, sondern im Kontext seiner Entwicklung, in seinen Beziehungen und in seinem mutmaßlichen weiteren Entwicklungsverlauf.« (S. 53)

Der junge Organismus ist bemerkenswert plastisch, und vieles von dem, was »aus der sozialen Umgebung (erworben wird), ist vorübergehender Natur und in erster Linie für die unmittelbare Anpassung des Organismus bedeutsam« (S. 55).

Die Erhaltung einer Eigenschaft über einen kürzeren Zeitraum – ein bis zwei Jahre – kommt öfter vor. So waren einige Kinder, die im ersten Lebensmonat extrem reizbar und schwer zu beruhigen waren, auch mit 3 Monaten noch schwer zu besänftigen (Crockenberg und Smith 1981). Nach all den überprüften Befunden ist es allerdings wahrscheinlich, daß diese Kinder, falls man sie mit fünf Jahren noch einmal untersuchte, sich im Hinblick auf Reizbarkeit oder ähnliche Verhaltensweisen nicht unterscheiden würden.

Manche Psychologen und Psychiater mögen diese Schlußfolgerung nicht gelten lassen und argumentieren, daß Kinder, die mit 6 Monaten extrem reizbar sind, sich von denjenigen, die weniger reizbar sind, in einem gewissen Maße weiterhin unterscheiden werden, weil die Grundlage ihres ursprünglichen Verhaltens nicht verschwinden kann. Mag sich das äußere Verhalten auch geändert haben, so bleiben nach Ansicht dieser Theoretiker gewisse Schemata oder Neigungen zur Ängstlichkeit – Einheiten, die schwer zu messen sind – doch erhalten. Bei der Kontroverse über die Kontinuität geht es im Grunde um diese Ansicht. Daß Wissenschaftler, würden sie diese kaum faßbaren Eigenschaften messen, zehn Jahre später auf der Theorie entsprechende Unterschiede zwischen reizbaren und nicht reizbaren Kindern stoßen würden, kann man immer behaupten. Möglich ist das schon, doch halte ich es ebenso für vertretbar, zu behaupten, daß man einen solchen Unterschied nicht finden würde, weil die Grundlagen der Reizbarkeit des Kleinkinds verschwunden sind. Die Reizbarkeit eines Babys kann einen vorübergehenden Grund haben, etwa eine Kolik oder eine temporäre Allergie gegen Milch. Wenn es älter wird und diese Gründe entfallen, verschwindet auch die Tendenz zur Reizbarkeit. Für die Annahme, daß von einer Reizbarkeit der ersten 6 Monate eine dauerhafte Struktur zurückbleibt, spricht ebensowenig wie dafür, daß ein Kind, das in den ersten 3 Monaten viel geschwitzt hat, weil es mitten im Hochsommer in Nord-Carolina geboren wurde, von der übermäßigen

Transpiration psychologische Überreste in die späte Kindheit mitnehmen wird. Nicht jede Eigenschaft muß strukturelle Eigenschaften hinterlassen.

Ein weiterer Grund dafür, daß wir keine Überbleibsel einer frühen Reizbarkeit beobachten, könnte darin bestehen, daß Eltern auf eine hochgradige oder auch auf eine geringe Reizbarkeit ihres Kindes nicht in der gleichen Weise reagieren. Manche Mütter ignorieren die Gereiztheit ihres Kindes, andere werden übertrieben fürsorglich, und so entstehen bei diesen Kindern unterschiedliche Dispositionen. Auch auf die Unempfindlichkeit ihres Kindes reagieren die Eltern verschieden; manche lassen es lange allein spielen, andere beschäftigen sich ausgiebig mit ihm.

Das Verhaltensprofil, das durch unterschiedliche Behandlung bei den Kindern entstanden ist, löst bestimmte Reaktionen bei anderen Menschen aus. Bei zehnjährigen Kindern dürfte die bloße Tatsache, daß sie mit 3 Monaten extrem reizbar waren, kaum zu einem übereinstimmenden Ergebnis geführt haben, obwohl es, vorausgesetzt, man würde die ganze Geschichte des Kindes kennen, möglich ist, eine Fabel zu erfinden, die scheinbar erklärt, warum eine bestimmte Eigenschaft eines Zehnjährigen – etwa Schüchternheit gegenüber Gleichaltrigen – durch übermäßige Reizbarkeit während des ersten Lebensjahres beeinflußt wurde (Moss und Susman 1980).

Während es schwerfällt, die Zukunft eines Kindes aufgrund seiner Eigenschaften vorherzusagen, lassen sich viele Aspekte des Verhaltens eines Kindes im Alter von zehn Jahren hervorragend aus dem Bildungsgrad, der beruflichen Stellung und dem Einkommen seiner Eltern herleiten. Entdeckt man also zwischen einer bestimmten Eigenschaft des Kleinkindalters und einer anderen beim fünf oder zehn Jahre alten Kind einen Zusammenhang, so muß das nicht heißen, daß sich ein bestimmter Aspekt der ursprünglichen Eigenschaft erhalten hat; es könnte vielmehr darauf hindeuten, daß die Kräfte, die das Verhalten im ersten Jahr hervorgerufen haben, auch in den folgenden zehn Jahren weiterhin wirksam waren. Zum Beispiel haben Kinder, die auf diskrepante Reize sehr aufmerksam reagieren, fünf bis zehn Jahre später höhere IQ-Werte als weniger aufmerksame Babys (Kagan, Lapidus und Moore 1978). Daraus scheint hervorzugehen, daß sich eine Eigenschaft, die mit der Intelligenz zusammenhängt, erhalten hat; man nimmt an, daß manche Kinder durch ihre »intellektuelle Fähigkeit« dazu kamen, die diskrepanten Ereignisse zu entdecken und länger zu betrachten, um sie zu verstehen. Tatsache ist jedoch, daß man sowohl anhaltende Aufmerksamkeit im Kleinkindalter als auch einen höheren IQ häufiger bei Kindern findet, deren Eltern einen höheren Bildungsgrad haben. So werden auch viele unaufmerksame Kleinkinder aus Mittelschichtfamilien mit zehn Jahren einen hohen IQ haben.

Betrachten wir die folgende Analogie. Wohlgenährte, körperlich gesunde Kinder spielen lebhafter als unterernährte oder kränkliche Kinder, und gesunde Erwachsene befassen sich eher mit sportlichen Übungen als kranke Erwachsene. Dennoch würde niemand auf die Idee kommen, es gebe eine Eigenschaft namens *Munterkeit*, die vom ersten Lebensjahr bis ins Erwachsenenalter stabil ist. Es ist vielmehr so, daß ein kränkelndes Kleinkind, wenn es in einer Umgebung verweilt, die nicht seine Gesundheit fördert, als Kind krank und schwach sein und sich in seinem späteren Leben kaum sportlichen Aktivitäten widmen wird. Der Zusammenhang zwischen den beiden Eigenschaften beruht auf der fortdauernden Wirkung eines bestimmten äußeren Einflusses und nicht auf dem ununterbrochenen Besitz der Eigenschaft »Munterkeit«. Wenn eine Murmel in einer schmalen Rinne geradeaus rollt, wird man ihr nicht einen Richtungssinn zuschreiben, sondern man wird korrekt folgern, daß sie geradeaus rollt, weil die Rinne ihre Bewegung von außen beschränkt. In den meisten Gegenden der Welt wachsen Kinder, deren Eltern in Armut leben, wieder zu armen Erwachsenen heran, nicht weil sie eine angeborene Unfähigkeit besäßen, Eigentum zu erwerben, sondern weil es ihnen unmöglich ist, aus ihrem Dorf herauszukommen.

In einer typischen Gemeinde von heute werden im allgemeinen 10 bis 20 Prozent der Heranwachsenden den Anforderungen der Schule oder anderen örtlich geltenden Normen für wohlerzogenes Verhalten nicht gerecht. Diese offenkundige Unfähigkeit zur Anpassung läßt sich am ehesten darauf zurückführen, daß sie fortgesetzt in einer Familie leben, die unter wirtschaftlichen Schwierigkeiten leidet und überzeugt ist, an ihrem Status nichts ändern zu können. Kinder, die in einer solchen Umgebung aufwachsen, sind auf die Bewältigung der Schule nicht so gut vorbereitet und gelangen infolge der Identifikation mit ihrer sozialen Schicht dahin, an ihren Fähigkeiten zu zweifeln. Folglich schrauben sie ihre Erwartungen herunter und bauen eine Abwehr gegen Normen der Mittelschicht auf. Von der sozialen Schicht, der ein Kind angehört, gehen fortdauernd Einflüsse auf seine Entwicklung aus. Diese Beständigkeit der Umgebung, in der sich die Alltagsereignisse abspielen, sorgt dafür, daß psychologische Eigenschaften stabil bleiben. Je stabiler die Umwelt, desto eher werden sich die Eigenschaften erhalten, die diesem Kontext angepaßt sind. Es wird behauptet, Muscheln hätten sich während der letzten 100 000 Jahre sehr viel weniger verändert als Landtiere, weil es in der Umwelt der Muschel weniger schwerwiegende Veränderungen gegeben hat als in der des Pferdes (Stanley 1982). Man sollte das Kind deshalb nicht so sehen, als besäße es tief im Gehirn eine Reihe von vorbespielten Bändern mit dem Etikett »intelligent«, »reizbar«, »abhängig«, »labil« oder »passiv«. Zwar bieten Kinder ihrer Umwelt während der ersten Lebensjahre ein unterschiedliches äußeres Verhalten, doch jedes paßt sich dem äußeren Druck an und wird den äußeren Kräften entsprechend verändert.

Ein Verhalten, das über längere Zeit durchgehalten wird, ist vielfach ein stummer Versuch, einen Wunsch, einen Vorwurf oder gar eine Forderung mitzuteilen, sei es, weil Worte unzureichend sind, sei es, weil es sich der Botschaft, die es mitteilen möchte, nicht bewußt ist. Viele der Jugendlichen, die Geschäfte verwüsten, Denkmäler mit Farbe beschmieren oder Handtaschen stehlen, möchten der Gesellschaft mitteilen, daß sie zornig sind. Die hingekritzelte Notiz, die warnend auf einen Selbstmord hinweist, ist ein Hilferuf; das zwölfjährige Mädchen, das sich weigert zu essen, versucht damit zu sagen, daß es nicht erwachsen werden möchte. Selbstverständlich gibt jede Kultur dem Handeln eine andere Bedeutung. Wenn bei einem Stamm auf Neuguinea ein Mann von zwanzig Jahren plötzlich grundlos aggressiv wird, so ist das kein Anzeichen von Zorn, sondern eine Mitteilung, daß ihm die neuen Bürden des Erwachsenenlebens zu schwer sind (Newman 1960).

Demnach erhält sich ein Verhalten so lange, wie die Botschaft, die es ausdrückt, dringlich bleibt. Mit dem Heranwachsen verlieren viele Botschaften ihre Dringlichkeit. Einige hartnäckige Gewohnheiten wollen sich nicht verdrängen lassen, doch weit mehr sind symbolische Ausdrücke, und sie verändern sich, wenn die Bedingungen sich verändern.

Die vorliegenden Befunde sind nicht hinreichend gesichert, um die Schlußfolgerung zu rechtfertigen, daß die frühen Erfahrungen oder die Eigenschaften von Kleinkindern für die spätere Kindheit folgenlos seien. Allerdings kann man dem Datenmaterial entnehmen, daß die durch frühe Interaktionen entstandenen Profile sich wahrscheinlich ändern werden, wenn sie nicht durch die künftige und die gegenwärtige Umwelt verstärkt werden. Manche Eltern wollen das nicht gelten lassen, weil sie glauben möchten, ein bestimmtes Gemisch von Erfahrungen in der Familie sei ein Elixier, das junge Kinder brauchen, um gesund und glücklich heranzuwachsen. Viele Menschen befürchten, die Eltern könnten gegen die Bedürfnisse ihrer kleinen Kinder gleichgültig werden, wenn sie zu der Ansicht kämen, daß die Gestaltung der Zukunft nicht wesentlich von den Erfahrungen der Kleinkindzeit abhängt. Da die Art und Weise, in der man mit Kindern umgeht, ihre Stimmung und ihr Verhalten in der Tat beeinflußt, bedarf es hier einer Klarstellung.

Wahrscheinlich wirkt sich die Umgebung der frühen Kindheit, mag sie auch sehr unterschiedlich sein, ganz ähnlich auf die Kleinkinder aus. Wenn Betreuungspersonen nur für Nahrung sorgen, das Kind vor Schmerzen bewahren und regelmäßig mit ihm spielen, werden die geringen Unterschiede zwischen Zweijährigen, die auf diese Weise aufgezogen werden, kaum etwas darüber aussagen können, welche Unterschiede fünf oder zehn Jahre später zwischen ihnen bestehen mögen. Es besteht indes kein Zweifel, daß Kleinkinder, die häufig über längere Zeit leiden und keine spielerische Interaktion mit Erwachsenen kennen, mit drei Jahren furchtsamer, reizbarer und möglicherweise aggressiver und kognitiv weniger leistungsfähig sein werden als Kinder, mit denen besser umgegangen wird.

Ziehen wir Erkältungskrankheiten zum Vergleich heran. Man darf wohl annehmen, daß Kleinkinder, die sich im ersten Lebensjahr nur zwei Erkältungen zuziehen, unter sonst gleichen Umständen mit sechs Jahren nicht gesünder sein werden als Kinder, die sich sechsmal erkältet haben. Dagegen werden Kinder, die während des ganzen ersten Jahres eine chronische Infektion der Atemwege hatten, mit sechs Jahren vermutlich nicht so gesund sein. Den vorliegenden Daten kann man in der Tat entnehmen, daß die Anzahl der akuten, von selbst zurückgehenden Erkrankungen in der frühen Kindheit kaum etwas über die künftige Gesundheit von Mittelschichtkindern aussagt. Es scheint so etwas wie eine Schwellenfunktion zu geben: Bis zu einem gewissen Punkt ist der Inhalt der Erfahrung von geringer Bedeutung für die Zukunft. Ist diese Schwelle aber einmal überschritten, sind die Konsequenzen schwerwiegender. Da die meisten amerikanischen Eltern ihre Kinder hinreichend versorgen, brauchen sie sich über die möglichen Auswirkungen von unterbliebenen Zärtlichkeiten oder unbedacht verabfolgten Strafen keine übertriebenen Sorgen zu machen. Damit ist jedoch der Gleichgültigkeit, Reserviertheit oder Lieblosigkeit kein Freibrief ausgestellt.

Kleinkinder, die durch ihre Erfahrungen krank geworden sind, werden sich nur dann anomal weiterentwickeln, wenn sie in der gleichen Umgebung bleiben. Zweijährige, die vernachlässigt wurden, sind jedoch für Veränderungen empfänglich, wenn sie in eine freundliche Umgebung kommen, die eine wünschenswerte Entwicklung unterstützt. Die Natur liefert einen klaren Beleg für diese Hypothese. Bei einer Mutter, die während des größten Teils der Schwangerschaft übernervös oder krank ist, steigt die Wahrscheinlichkeit einer Frühgeburt. Vorzeitig geborene Kinder sind bis zum ersten oder zweiten Lebensjahr psychologisch gesehen ein Sonderfall. Wenn dann aber ihre Entwicklung durch die Umgebung gefördert wird, können Psychologen zwischen Kindern, die zu früh geboren wurden, und solchen, die termingerecht zur Welt kamen, keinen Unterschied mehr feststellen. Die Erfahrungen, die das Kind innerhalb von sechs Jahren macht, sind imstande, psychologische Rückstände des vorzeitig geborenen Kindes auszugleichen und sein psychologisches Profil zu verändern.

Dieses Prinzip wird auch in einer Langzeituntersuchung an über sechshundert Kindern deutlich, die auf der zum Hawaii-Archipel gehörenden Insel Kauai aufwuchsen; man beobachtete diese Kinder von der Geburt bis zum achtzehnten Lebensjahr, um herauszufinden, ob Kinder, die mit perinatalen Komplikationen zur Welt kommen, später mit Lernschwierigkeiten oder psychischen Störungen rechnen müssen (Werner und Smith 1982). Nur eine kleine Gruppe von vierzehn Kindern war unter ernsten Geburtskomplikationen geboren worden. Mit zehn Jahren waren vier aus dieser Gruppe geistig zurückgeblieben, zwei hatten Probleme mit ihrer psychischen Gesundheit, und drei waren straffällig geworden. Schwere Geburtskomplikationen stellen also ein Risiko für das Kind dar. Bei den 69 Kindern, die unter leichteren Geburtskomplikationen zur Welt gekommen waren, kamen geistige Zurückgebliebenheit, Schizophrenie, neurotische Symptome und Straffälligkeit jedoch nicht häufiger vor als bei Kindern mit einer unkomplizierten Geburt, weil eine häusliche Umgebung, die im Sinne der kindlichen Entwicklung positiv ist, die durch die perinatale Belastung entstandene Anfälligkeit auszugleichen vermag. Was noch wichtiger ist: Psychische Probleme lassen sich eher auf eine belastende häusliche Umgebung als auf eine Risikogeburt zurückführen. Kinder aus psychologisch nicht sehr stabilen oder wirtschaftlich benachteiligten Familien hatten in der Adoleszenz eher Probleme als Kinder, die mit einem biologischen Risiko dieser oder jener Art zur Welt gekommen waren.

Im Alter von zehn Jahren waren etwa sechzig dieser Kinder (10 Prozent der ursprünglichen Gruppe) ängstlich, hatten neurotische Symptome oder bedurften einer psychiatrischen Behandlung. Wie sich jedoch zeigte, waren diese Probleme vorübergehender Natur, besonders bei Jugendlichen aus wirtschaftlich gesicherten Familien. Psychologische Probleme waren am ehesten dort zu erwarten, wo biologische Belastungen während der Geburt und wirtschaftliche Belastungen der familiären Umwelt zusammmentrafen; wo nur eine dieser Bedingungen vorlag, waren die Auswirkungen sehr viel schwächer. In der Studie heißt es: »Während wir beobachteten, wie sich diese Kinder vom Säuglingsalter bis zum Erwachsenenalter entwickelten, konnten wir nicht umhin, den ihnen innewohnenden Tendenzen zur Selbstkorrektur Respekt zu zollen, denn sie sorgten – von ganz hartnäckigen Widrigkeiten abgesehen – unter allen Bedingungen für eine normale Entwicklung.« (Werner und Smith 1982, S. 159)

Wir haben hier die beiden Formen von Kontinuität erörtert und damit zwei Lieblingsideen des abendländischen Entwicklungskonzepts in Frage gestellt. Einer verbreiteten Auffassung zufolge wird die Gegenwart schwerwiegend durch die Vergangenheit eingeschränkt in Gestalt von materiellen Bindegliedern, die aus den universalen Entwicklungsetappen eine eherne Kette machen. Jedes Kind muß auf dem Weg zur Reife jedes Bindeglied durchlaufen, Überspringen ist nicht gestattet. In einer Gesellschaft, die das Originelle schätzt, ist es sonderbar, daß viele Sozialwissenschaftler zu der Ansicht neigen, neue psychologische Entwicklungen seien dermaßen von der Vergangenheit abhängig, daß sie als geradezu determiniert erscheinen.

Die andere beliebte Annahme, kurz gefaßt in dem Sprichwort »Gut begonnen ist halb gewonnen«, besagt, daß die als erste erworbenen Eigenschaften sich am längsten behaupten werden. Wir können also mit einem Blick auf das Kleinkind nicht nur das Kommende voraussehen, sondern wir dürfen auch die Persönlichkeit eines Erwachsenen als das notwendige Produkt der fernen Vergangenheit erklären. Diese beiden Annahmen ignorieren den Einfluß der vielfältigen sozialen Kräfte und der im weiteren Verlauf des Lebens reifenden Fähigkeiten.

Der Stammbaum der Evolution ist möglicherweise eine geeignete Metapher für die psychische Entwicklung. Die Biologen erklären das Auftreten des Menschen nicht mit einem Hinweis auf die Protozoen, obwohl die Existenz von Protozoen in der fernen Vergangenheit den Menschen ein wenig wahrscheinlicher gemacht hat. Die Wissenschaftler verweisen vielmehr auf die gesamte Abfolge der Evolution. Entsprechend kann man die Pferdephobie eines Zehnjährigen oder Prousts Ästhetizismus nicht mit der Aufzählung ihrer jeweiligen Kindheitserlebnisse erklären. Jeder Mensch kann nur als Zusammenhang von vielen, vielen vergangenen Ereignissen begriffen werden.

Eine Erklärung, die trotz eines großen zeitlichen Abstandes zwei psychische Eigenschaften miteinander verknüpft, ist nur in dem Maße befriedigend, wie es dem Theoretiker gelingt, die Zwischenzeit mit möglichen Mechanismen auszufüllen. Je älter das Kind ist, um so weniger befriedigend sind Erklärungen, die sich zu stark auf frühe Erfahrungen stützen.

Jede Entwicklungsreise enthält zahlreiche Punkte, an denen es in die eine oder andere Richtung weitergehen kann. Wie man sich auch entscheidet, die Wahrscheinlichkeit eines bestimmten Ergebnisses wird dadurch – und sei es noch so geringfügig – verändert. Ein perinatales Trauma beeinflußt die Wahrscheinlichkeit späteren Schulversagens ganz minimal. Die Liebe der Mutter, die Ankunft eines Geschwisters, die autoritäre Art des Vaters und der Erfolg in der ersten Klasse sind Ereignisse, die ein Kind nach und nach zu bestimmten Entscheidungen hin- und von anderen wegbringen. Ist eine Entscheidung aber einmal gefallen, wird sich das Kind nur schwer von dem eingeschlagenen Weg abbringen lassen.

Die embryonale Entwicklung der Zellen des Neuralkamms liefert den aufschlußreichsten Vergleich. Zu Beginn der Entwicklung des Nervensystems wandern die Zellen, die das spätere Rückgrat umgeben, an verschiedene Stellen innerhalb des winzigen Embryos. Manche dieser Zellen werden schließlich das Auge bilden, andere den Darm, andere das Herz. Ihr endgültiges Schicksal wird determiniert durch die Zellen, denen sie auf ihrer Reise begegnen – es ist nicht vor Beginn ihrer Wanderung in ihrer Struktur vorgegeben (Le Douarin 1982). Sobald die Zelle aber ihr Ziel erreicht – sei es das Auge, der Darm oder das Herz –, nimmt sie eine Form an, die schließlich nicht mehr verändert werden kann. Dieses Prinzip scheint auch für die psychische Entwicklung zu gelten. Ich vermute, daß die Dispositionen eines Kindes sich erst dann stärker einer Veränderung widersetzen, wenn es begreift, daß seine Erfahrungen etwas mit seiner Begabung, seinem Geschlecht, seiner Tugendhaftigkeit und seinem Akzeptiertwerden zu tun haben. Wie wir im nächsten Kapitel sehen werden, treten die ersten Elemente eines Selbstgefühls erst gegen Ende des zweiten Lebensjahres auf.

4 *Wie eine Moral entsteht*

Methaphysik ist das Erfinden schlechter Gründe für das, was wir instinktiv glauben.

Francis Herbert Bradley,
»Appearance and Reality«

Die Fähigkeit, das eigene und fremde Handeln als gut oder böse zu bewerten, ist eine der psychischen Qualitäten, durch die sich der *Homo sapiens* am stärksten von den höheren Affen unterscheidet. Schimpansen sind der symbolischen Kommunikation fähig, wenngleich ihre Fähigkeiten weit hinter der Sprachfähigkeit des dreijährigen Kindes zurückbleiben, und sie verhalten sich so, als lägen Furcht, Freude und Traurigkeit innerhalb ihres Erlebnisbereichs. Aber es gibt nicht die Spur eines Beweises dafür, daß diese Tiere die Begriffe von Gut und Böse besitzen und diese Begriffe auf ihre Handlungen oder die von anderen anwenden. Die Psychologie hat den Wertmaßstab in ihre Arbeitsterminologie aufgenommen, weil es Ideen und Handlungen gibt, die als gut oder böse eingestuft werden, und jede Bewertung mit bestimmten Gefühlszuständen verbunden ist. Kinder werden bereitwillig zugeben, daß es böse ist, »einen anderen zu schlagen«, aber sie werden verwirrt dreinschauen, wenn man sie fragt, ob »Kartoffelnessen« böse ist. »Den Fußballgegner schlagen« werden sie als gut empfinden, doch sie werden nicht wissen, wie sie »eine Tür öffnen« bewerten sollen. Die Tatsache, daß bewertende Ausdrücke selektiv auf Gedanken und Handlungen angewandt werden, die Angst, Scham, Schuldgefühl oder Stolz auslösen können, deutet auf die Existenz einer speziellen Klasse von Ideen hin. Ich werde diese Klasse als *Wertmaßstab* bezeichnen, wobei klar sein sollte, daß die Zugehörigkeit zu dieser Klasse vorübergehend sein kann.

Die Bedeutungen von Gut und Böse

Es ist hier nicht die Gelegenheit, ausführlich auf die unaufhörlichen philosophischen Auseinandersetzungen um die Bedeutungen von Gut und Böse einzugehen oder die Frage zu erörtern, in welchem Verhältnis diese Bedeutungen zu den moralischen Lehrsätzen stehen, auf deren Grundlage man, wenn man zu wählen hat, entscheidet, was man tun sollte. Bevor wir jedoch erörtern, wie das Kind sich moralische Wertmaßstäbe aneignet, sollen drei wichtige, ungelöste Probleme zur Sprache gebracht werden: die Bedeutungen von *Gut* und *Böse*; die Frage, wer die Personen sind, deren Wohlergehen von demjenigen, der sich eine Handlung überlegt, Priorität zuzuerkennen ist; und schließlich die Frage, ob allgemeingültige Maßstäbe des menschlichen Handelns mit logischen, empirischen oder phänomenologischen Gründen gerechtfertigt werden können.

Der englische Philosoph G. E. Moore (1959 [1922]) hat nachdrücklich erklärt, die Bedeutungen von *Gut* und *Böse* seien intuitiv gegeben und ließen sich nicht objektiv definieren, doch ist den meisten Philosophen und auch den Normalbürgern bei einer solchen Beliebigkeit unwohl, und so haben sich die Philosophen um eine rein rationale Definition bemüht. Es besteht jedoch keine einhellige Meinung darüber, ob die Kriterien von Gut und Böse das Wissen eines Menschen, seine Rationalität, seine Gefühle, seine Intentionen, seine Handlungen oder die Konsequenzen, die sein aus freien Stücken gewähltes Verhalten für einen anderen hat, betonen sollten. Von keinem dieser Elemente kann man sagen, es sei logisch fehlerhaft, empirisch unhaltbar oder intuitiv nicht einleuchtend. Jedes dieser Elemente ist als gut oder böse bewertbar und bewertet worden. Strittig ist, welchem Kriterium bei der Konstruktion einer präskriptiven Moral, die ein zerstörerisches Verhalten einzelner innerhalb der Gesellschaft unterbinden könnte, der Vorrang gebührt. Die meisten Philosophen sind sich nämlich darin einig und haben andere davon überzeugen wollen, daß Aggression, Ausbeutung, Diebstahl und willkürlicher Zwang, die das harmonische Funktionieren der Gesellschaft stören, böse seien und daß es für alle Bürger moralisch bindend sei, solche Handlungen zu unterlassen.

In der westlichen Moral vollzog sich ein bedeutender historischer Wandel, als Gelehrte des 17. Jahrhunderts unter dem Einfluß der zu neuem Ansehen gelangten Lehren des Naturalismus, Individualismus und Empirismus die Auffassung vertraten, die Hauptkriterien für Gut und Böse sollten im persönlich empfundenen Vergnügen oder Mißvergnügen jedes einzelnen bestehen. David Hume entsprach dem Verlangen, die Moral auf das Naturrecht zu gründen, und erklärte, die moralische Bewertung solle sich von den Gefühlen des einzelnen leiten lassen: Angenehme Gefühle seien gut, unangenehme schlecht (Hume 1969 [1739–40]). Diese Begründung der moralischen Pflicht hat jedoch offenkundige Mängel, besonders in großen Gesellschaften, deren Mitglieder nichts miteinander zu tun haben und unterschiedlich privilegiert sind, denn sie läßt zu, daß Menschen mit mehr Macht andere, die weniger Macht haben, angreifen und ausbeuten.

An Humes Position entzündete sich eine Auseinandersetzung, in der auf der einen Seite die persönliche Freiheit und das Eigeninteresse verfochten wurden, während die Vertreter der traditionellen Ethik verlangten, daß der Wunsch nach Macht, Reichtum und Schönheit (die drei Tugenden Humes) zurückzustehen habe hinter der Bereitschaft, sich den Gesetzen einer wohlwollenden Autorität zu unterwerfen, Gesetzen, die in der Regel als *Universalien* verstanden wurden. Bis zum Ende des 18. Jahrhunderts hatte diese ideologische Auseinandersetzung eine Polarisierung bewirkt, in der Wissenschaftler gegen Humanisten, Bürgertum gegen Arbeiterklasse und Agnostiker gegen Christen standen. Die ungehemmte Verfolgung des Eigeninteresses durch jene, die die Macht hatten, nach eigenem Willen zu verfahren, führte zu Konsequenzen, an denen deutlich wurde, daß die schlichte, aber anziehende Idee, Freiheit und Vergnügen seien die naturgegebenen Definitionen des Guten, nicht ausreichte, und damit war für Kant die Voraussetzung gegeben, den kategorischen Imperativ zu formulieren (Kant 1959 [1785]). Diese machtvolle Idee, nach der eine Norm moralisch bindend ist, wenn man wünscht, daß sie für alle gelten soll, erfüllte drei Zwecke zugleich: Sie widerlegte Hobbes' pessimistische Ethik, sie erlaubte es, die Moral auf die freie, aber besonnene Entscheidung des einzelnen zu gründen, und sie ermöglichte – was das Wichtigste war – die rationale Begründung einiger weniger allgemeingültiger Normen, darunter natürlich die Unterdrückung der Aggression gegen andere.

Da aber die Menschen ihre wahren Intentionen sehr gut zu verhüllen wissen, vermochte der kategorische Imperativ die sozialen Probleme, deren Lösung die Philosophen als ihre Pflicht angesehen hatten, nicht zu lösen. So gingen die Gelehrten des 19. Jahrhunderts zu einem pragmatischen Kriterium über, von dem sie hofften, es würde diese Schwierigkeiten direkter angehen. Gutes oder böses Handeln sollte durch seine Folgen definiert werden, und die Gefühle, die Intentionen, ja sogar das Verhalten des Handelnden sollten keine Rolle spielen; ganz ähnlich fordern heute Vertreter von Minderheiten Gleichheit nicht als Chance, sondern als Ergebnis. Das anzustrebende Ergebnis sollte sein, daß die größtmögliche Zahl von Menschen glücklicher oder weniger unglücklich würde. Die Anwendung dieses utilitaristischen Kriteriums fällt dem einzelnen schwerer als einer gesetzgebenden Körperschaft, da niemand die Folgen einer Handlung vorhersagen kann. Nach einer engen Auslegung des Utilitarismus hat ein Mann, der ins Wasser springt, um ein Kind zu retten, von dem er glaubt, es sei am Ertrinken, nicht moralisch lobenswert gehandelt, wenn im Ergebnis sowohl das Kind als auch er selbst zu Tode kommt.

Gleichgültig, ob wir den Folgen, den Gefühlszuständen, den Intentionen oder den Handlungen die höchste moralische Bedeutung beimessen, offen bleibt, was innerhalb dieser Klassen an erster Stelle zu stehen hat. Angenommen, das Wichtigste seien Gefühlszustände: Soll dann der Sinneslust oder Gefühlen der Treue und Hingabe Priorität zuerkannt werden? Angenommen, es hinge von den Intentionen ab, was gut ist: Soll dann der Wunsch, gerecht zu sein, Vorrang haben gegenüber dem Wunsch, einen anderen in seiner Selbstachtung zu stärken, oder gar gegenüber dem Wunsch, aufrichtig zu sein? Angenommen, Angelpunkt der Ethik sei das Handeln: Was soll man am meisten verabscheuen – Aggression, Unaufrichtigkeit, Ausübung von Zwang oder sexuelle Ausbeutung? Angenommen, maßgebend seien die Konsequenzen: Was sollte dann den Primat bekommen – die Würde des anderen, seine Gesundheit, seine seelische Gelassenheit, seine wirtschaftliche Sicherheit oder seine Handlungsfreiheit? Und wessen Gefühlszustände sind im Zweifelsfall die wichtigsten – die des Ehegatten, die von Verwandten, die eines beliebigen Menschen, der in Gefahr ist, die der Angehörigen einer Gemeinschaft oder die der größtmöglichen Anzahl von Menschen in der Welt?

Aus teilweise verständlichen Gründen haben westliche Gelehrte der Neuzeit der individuellen Freiheit und den Intentionen, gerecht und aufrichtig zu sein, eine ethische Sonderstellung eingeräumt. Diese Auffassung wird in der Gegenwart unter anderem von Lawrence Kohlberg (1981), Charles Fried (1978), John Rawls (1971) und Alan Gewirth (1978) vertreten. Die Behauptung, die Freiheit sei ein vorrangiges Gut und ihr Verlust das schwerste Übel, ist schon in der christlichen Annahme enthalten, der Mensch habe einen freien Willen, um zwischen rechtem und unrechtem Tun zu wählen; doch in der Aufklärung wandelte sich dieser moralische Grundsatz, und aus der Freiheit wurde nun die Freiheit, mit anderen Verträge zu schließen, persönliches Eigentum zu besitzen, seine Gedanken ohne Furcht vor Repressalien auszusprechen und sein Eigeninteresse zu verfolgen. Diese Definitionen der individuellen Freiheit waren für viele Gesellschaften nicht so selbstverständlich, beispielsweise für die Athener des 4. Jahrhunderts, die kein Schuldgefühl empfanden, wenn sie Barbaren versklavten, oder für französische Mönche des 6. Jahrhunderts, die Gott vollkommene Ergebenheit gelobten. Gleichwohl erkennen nahezu alle Bürger unserer Gesellschaft der so verstandenen individuellen Freiheit den höchsten moralischen Rang zu, denn trotz des ideologischen Pluralismus in vielen Dingen ist man sich einig, daß der einzelne in seinem Bemühen, die eigenen Fähigkeiten zu entfalten und zu Reichtum und Ansehen zu gelangen, so wenig wie möglich beschränkt werden solle. Allerdings ist das Axiom, daß die Freiheit, sein Eigeninteresse zu verfolgen, ein absolutes, vorrangiges Gut sei, weder aus der Logik noch aus der Beobachtung abzuleiten. Es liegt nicht auf der Hand, daß die so verstandene Freiheit eher der menschlichen Natur entspricht oder eher zu gesellschaftlicher Harmonie führt als die halbherzige Anerkennung einer Verpflichtung, sich um einen kranken Verwandten zu kümmern, oder die Annahme einer Einladung, gemeinsam etwas Schönes zu schaffen.

Einer Prinzessin, die nach Verhaltensregeln gefragt hatte, antwortete Descartes: »Jeder von uns ist ein Mensch für sich, der sich von allen anderen unterscheidet (...), doch müssen wir stets bedenken, daß keiner von uns für sich allein existieren könnte (...). Den Interessen des Ganzen, zu dem wir alle gehören, gebührt stets der Vorrang vor denen unserer eigenen Person« (zitiert in Goldmann 1973, S. 27). Die Tugend der Gerechtigkeit gegenüber Nichtverwandten – jene Tugend, um die es fast immer geht, wenn soziale und ökonomische Gleichheit gefordert wird (Rawls 1971) –, ist ein Ideal, das man in den westlichen Ländern heute dringender braucht als in kleinen Dörfern Lateinamerikas oder Afrikas. In diesen Gemeinschaften, die von einer Subsistenzlandwirtschaft leben und aus Haushalten bestehen, die, was ihre wirtschaftlichen Möglichkeiten und die Ideologie betrifft, relativ homogen sind, ist man nicht der Ansicht, daß derjenige, der innerhalb der größeren Gemeinschaft weniger begünstigt ist, von den anderen vor allem mit Wohltaten zu bedenken sei. In einem Dorf mit 300 Einwohnern, das einem halben Dutzend Familien gehört, sieht man das eigentlich Böse zumeist in einzelnen Fällen von Klatsch, Aggression, Diebstahl oder Ehebruch, denn sie sind es, die einem anderen und seiner Sippe Schaden zufügen.

Charles Frieds Eintreten für die Tugend der Ehrlichkeit geht von der Prämisse aus, daß man im Sinne des Eigennutzes nur dann die beste Wahl treffen kann, wenn man die ganze Wahrheit kennt. Viele glauben zwar, daß ein bißchen Mogeln dazu beitragen könne, Entscheidungen zu treffen, die einem am Ende nützen werden, doch Fried ist überzeugt, daß diejenigen, die einander täuschen, das Eigeninteresse des anderen auch bei bester Absicht nicht fördern (1978). Dieser moralische Imperativ ist sogar bis in die Abhandlungen von Sprachphilosophen durchgesickert, denn in einer Sprachuntersuchung, die ansonsten analytisch objektiv ist, erklärt John Pollock plötzlich: »Man soll nichts äußern, wenn man nicht von seiner Wahrheit überzeugt ist« (1982, S. 232).

Es ist von Kultur zu Kultur verschieden, wieweit die Norm, anderen gegenüber ehrlich zu sein, umfassend oder kontextspezifisch gilt. In der westlichen Gesellschaft beziehen sich Normen für die Ehrlichkeit der Mitteilung von Tatsachen und Intentionen in der Regel nicht auf bestimmte Situationen. Lügen ist auf jeden Fall böse, gleichgültig, wer belogen wird. In Japan gilt es in vielen sozialen Situationen als ethisch vertretbar, wenn man vermeidet, die Wahrheit zu sagen, damit die soziale Harmonie nicht gestört wird. Einzelfälle eines solchen Verhaltens, *tatemae* genannt, gelten nicht als moralisch verwerflich. Es ist jedoch verwerflich, ein Mitglied der eigenen engeren Gruppe zu belügen, denn das verletzt den Wertmaßstab der *honne*.

Im Vergleich zu allen anderen Kulturen machen westliche Eltern ungewöhnlich viel Aufhebens um das Lügen. Ich habe den Verdacht, daß diese Besorgnis zum Teil auf der stillschweigenden Voraussetzung beruht, daß der Charakter eines Kindes genau wie seine Intelligenz eine unteilbare Einheit bildet, die, wenn sie nur irgendwo einen Makel hat, vollständig verdorben ist.

Die westliche Vorliebe für hochabstrakte Normen, die kaum eine Einschränkung im Hinblick auf bestimmte Situationen oder Zielpersonen kennen, ist ein weiterer Beleg für den Hang zu abstrakten Ideen, den wir als unser viertes Thema im ersten Kapitel erörtert haben. Die meisten Sozialwissenschaftler bevorzugen einen einzelnen Begriff wie *Intelligenz*, mit dem mehrere, deutlich verschiedene kognitive Kompetenzen bezeichnet werden, oder *Furcht*, der unterschiedliche Affekterlebnisse zusammenfaßt, oder *Ehrgeiz*, mit dem klar getrennte Arten von Motivationen bezeichnet werden. Daß Theoretiker wie Piaget und Kohlberg zahlreiche Anhänger haben, liegt teilweise daran, daß sie Entwicklungsstadien der Moral postulieren, die auf die spezifische Situation, in der die moralische Kompetenz zum Tragen kommt, keine Rücksicht nehmen. Alle wichtigen Entscheidungen eines Zwanzigjährigen, der sich in Kohlbergs (1981) Schema der moralischen Entwicklung auf Stufe 6 befindet, sollen aus einem kohärenten, in sich stimmigen Arrangement von Prämissen und Normen fließen, einer Art privater Moraltheorie. Einen Fremden, der sich verirrt, zu belügen, soll nach diesem Schema für den eigenen Charakter ebenso weitreichende Implikationen haben, wie wenn man einen engen Freund bestehlen würde. So abstrakt wird die menschliche Moral in kaum einer Kultur gedacht. Mit der psychischen Entwicklung kommt es sowohl zu einer Differenzierung als auch zu einer Synthese, doch die westliche Wissenschaft betont vor allem die letztere, denn so kann sie den idealen Erwachsenen als einen Menschen beschreiben, der, statt sich den jeweiligen Anforderungen anzupassen, in seinen täglichen Entscheidungen einigen wenigen abstrakten Prinzipien gehorcht. Dort, wo die Japaner vielleicht sagen würden, daß jemand »sich mit richtigem Fingerspitzengefühl auf die Situation eingestellt hat«, sprechen Amerikaner von »Heuchelei«, »Unaufrichtigkeit« oder »Charakterlosigkeit« und bringen so die allgemeine Voreingenommenheit gegenüber einem Menschen zum Ausdruck, dessen Verhaltensmaßstäbe sich nach den wechselnden Erfordernissen der Situation richten. William James faßte das Spannungsverhältnis zwischen diesen beiden Einstellungen folgendermaßen: »Das Leben ist ein einziger langer Kampf zwischen Schlußfolgerungen, deren Grundlage eine abstrakte Auffassung der Gegebenheiten ist, und entgegengesetzten Schlußfolgerungen, die darauf beruhen, daß die Gegebenheiten instinktiv als individuelle Tatsachen wahrgenommen werden.« (1981b, S. 1266)

Kann es universale Normen geben?

Gegen universale moralische Normen wird normalerweise eingewandt, daß ein historischer Vergleich der als Tugenden bezeichneten Qualitäten bemerkenswerte Unterschiede zwischen den zu moralischem Rang beförderten Handlungsweisen aufdecke, da in den Kriterien, nach denen ein Handeln als moralisch einwandfrei oder verwerflich beurteilt wird, auch sich wandelnde gesellschaftliche Gegebenheiten zum Ausdruck kämen. Im griechischen Stadtstaat war patriotische Haltung eine zentrale Tugend; für Bürger einer modernen Großstadt ist dieser Maßstab sehr viel weniger verbindlich. Ein hervorstechendes Merkmal der modernen westlichen Ethik ist das Recht eines jeden Bürgers, seine Lebensbedingungen zu verbessern, in den meisten Gesellschaften des Altertums war das nicht der Fall. Die jakobinischen Tugenden der Freiheit, Brüderlichkeit und Gleichheit wären im 6. Jahrhundert bei den Mayas im Süden Mexikos auf Unverständnis gestoßen. In jeder historischen Epoche werden, um die wichtigsten Spannungsursachen zu beseitigen, die moralischen Vorschriften äußerlich verändert, eine Tatsache, die Alasdair MacIntyre (1981) zu der Feststellung veranlaßte, daß der Mut, den Homer in der »Odyssee« pries, sich auf Taten bezieht, die von der Mehrheit der Erwachsenen im heutigen Amerika nicht nachvollziehbar sind. Die von Aristoteles geforderte Selbstbeherrschung wäre für die Mehrheit der Erwachsenen in Los Angeles, die ebenfalls das angenehme Gefühl der Tugendhaftigkeit haben möchten, unverständlich. Die moralische Bewertung von Handlungen und Intentionen – auch des Tötens – erfolgt gewöhnlich in einem bestimmten Kontext, und da der Kontext sich mit der Zeit und dem Ort ändert, kann es darüber, was ein guter Mensch sei und wie die Rangfolge der guten Taten aussehen soll, keinen Konsensus zwischen den Kulturen geben. Diese Tatsache hat viele Bürger dazu gebracht, widerstrebend eine Philosophie des moralischen Relativismus zu akzeptieren.

Affekt und universale Normen

Ich glaube jedoch, daß es hinter der außerordentlichen Vielfalt des äußerlichen Verhaltens und der ausdrücklich verkündeten Ideale einige emotionale Zustände gibt, welche die Grundlage einer begrenzten Zahl von universalen, von Zeit und Ort unabhängigen moralischen Kategorien bilden. Ein Erwachsener in einer Kipsigis-Gemeinschaft im Westen Kenyas versucht diese emotionale Regung des Gewissens zu erklären:

> »Man ist dauernd unzufrieden, weil man etwas auf dem Herzen hat, das einen ein wenig bange werden läßt wegen etwas, das man einem anderen angetan hat. Weil man, wenn man auf das eigene Herz hört, sich Vorwürfe macht, daß man damals nicht recht gehandelt hat.« (Harkness, Edwards und Super 1981, S. 600)

Zwei Jahrhunderte zuvor hat David Hume den gleichen Gedanken geäußert: »Wenn du eine Handlung oder Eigenschaft für verwerflich erklärst, dann meinst du damit nichts anderes, als daß du, wenn du darüber nachdenkst, aufgrund der Beschaffenheit deines Wesens eine Regung oder ein Gefühl der Schuld empfindest« (1739, S. 520). Die menschliche Fähigkeit, einige charakteristische emotionale Zustände zu empfinden, ist vergleichbar mit der Erhaltung morphologischer Grundstrukturen im Laufe der Evolution – ein Beispiel ist das Auge –, die sich zwar in unterschiedlichen Phänotypen ausdrücken, aber auf eine gemeinsame Urform zurückgehen. Nehmen wir einmal an, die äußerlichen Tugenden, die in hohem Maße verlangt werden, sei es nun physischer Mut, Loyalität gegenüber der Gemeinschaft, Ehrlichkeit gegenüber anderen, Sparsamkeit, Fleiß, Mildtätigkeit gegenüber Fremden, Selbsterkenntnis oder ein Dutzend weiterer Verhaltensmaßstäbe, die in Diskussionen über Moral eine Rolle gespielt haben, würden von den wirtschaftlichen, politischen und sozialen Verhältnissen einer Gesellschaft determiniert. Jene Tugenden, die während einer bestimmten historischen Epoche höchstes Ansehen genießen, werden eine gewisse Anstrengung erfordern, aber doch für alle Bürger im Rahmen ihrer Möglichkeiten liegen. Nehmen wir weiter an, daß jene Tugenden, die bei anderen am ehesten zu befürworten und vor einem selbst am leichtesten zu rechtfertigen sind, die unangenehmen Gefühle verhindern, die mit der Versuchung einhergehen, eine Norm zu verletzen, daß sie das Unbehagen nach einer Normverletzung mildern und daß sie bei Ausübung angenehme Emotionen erzeugen.

Die unangenehmen Emotionen werden durch bestimmte Bedingungen ausgelöst, die in verschiedenen Gesellschaften eine unterschiedliche Wahrscheinlichkeit besitzen. Fünf mögliche Kandidaten sind: die Vorwegnahme der verschiedenen Spielarten von »Angst« in Reaktion auf denkbare körperliche Beeinträchtigung, soziale Mißbilligung oder Versagen bei einer Aufgabe; das Sich-Einfühlen in die Lage von Menschen, die in Not oder Gefahr sind; das Gefühl der Verantwortung nach der Erkenntnis, daß man einem anderen Leid oder Schaden zugefügt hat; das Gefühl der Ermattung und/oder Langeweile nach wiederholter Befriedigung eines Verlangens; schließlich das Gefühl der Unsicherheit, wenn man diskrepanten Ereignissen begegnet, die nicht leicht zu verstehen sind, oder wenn man entdeckt, daß innerhalb der eigenen Ansichten oder zwischen den eigenen Ansichten und den Taten Widersprüche bestehen. Nun haben es die Menschen nicht gern, Angst zu empfinden, jemanden, der weniger privilegiert ist, zu bedauern, sich schuldig zu fühlen, gelangweilt, ermattet oder verwirrt zu sein, und daher werden sie diese unangenehmen Zustände als negativ einstufen, und sie werden bestrebt sein, diese Zustände zu verdrängen, zu unterdrücken oder zu vermeiden. Die Handlungen, Motive und Eigenschaften, mit deren Hilfe diese Ziele erreicht werden, empfinden sie als gut und damit tugendhaft. Es hängt jedoch von Zeit und Ort ab, welche konkreten Bedingungen diese unangenehmen Empfindungen auslösen, und damit auch, welche spezifischen Handlungen und Eigenschaften imstande sind, sie zu unterdrücken. Wenn die Erwartung, bei der Verteidigung der Polis ein Bein zu verlieren, eine häufige Quelle der Angst ist, wird physischer Mut eine zentrale Tugend sein. Ist dagegen die soziale Zurückweisung, mit der man rechnen muß, wenn man eine unpopuläre Ansicht vertritt, ein verbreiteter Auslöser für die Angst, wird das Festhalten an der eigenen Überzeugung eine gefeierte Tugend sein. Gibt es in einer Gesellschaft nur einige verarmte Bürger, so werden es viele für möglich halten, die Armut zu beseitigen, und man wird Mildtätigkeit gegenüber den Armen zu einer Tugend erheben. Ist die Zahl der Entrechteten jedoch wie in Indien und Tibet zu groß, wird man den Kampf gegen die Armut für aussichtslos halten, und an die Stelle der Sorge für die Armen tritt dann wahrscheinlich eine als Tugend gepriesene Losgelöstheit. In Tibet schützt die ausgeübte Tugend der Losgelöstheit von Menschen und materiellen Dingen die Armen vor der Unannehmlichkeit ständigen Neides, während die wenigen, die etwas besitzen, es vermeiden, Neid zu erregen, indem sie ihren Reichtum verstecken.

Jede der vier Tugenden, die im Athen des 5. Jahrhunderts galten – Mut, Gerechtigkeit, Weisheit und Mäßigung –, fand im Leben der Athener eine spezielle Verwirklichung, die man im Boston des 19. Jahrhunderts wohl nur schwerlich hätte nachvollziehen können; als Tugenden, die dort galten, könnte man vielleicht nennen: Festhalten an den eigenen Überzeugungen, Mildtätigkeit gegenüber den Armen, Erkenntnis der eigenen Intentionen und Zügelung des Ehrgeizes. Peter Geach (1977) führt Glaube, Hoffnung, Mildtätigkeit und Besonnenheit als die grundlegenden modernen Tugenden an. Glaube und Hoffnung mildern die Niedergeschlagenheit, Traurigkeit und Apathie, die sich infolge der Erkenntnisse einstellen, daß man ein begehrtes Ziel nicht erreichen kann; Mildtätigkeit dämpft die durch das Mitgefühl hervorgerufene Beunruhigung; und Besonnenheit ist eine wirksame Vorbeugung gegen Kummer über den möglichen Verlust von Besitz und Ansehen. Jede Kultur und jede historische Epoche besitzt also ein bestimmtes Spektrum von auslösenden Bedingungen für einige wenige unangenehme Gefühlszustände und bestimmte Handlungsmöglichkeiten, um diese Zustände zu vermeiden oder zu lindern, und so werden es immer wieder andere konkrete Eigenschaften sein, die als moralisch gelobt und gefördert werden.

Wenn man erkennt, daß Gefühle und Moral etwas miteinander zu tun haben, versteht man vielleicht besser die sinnvolle Unterscheidung zwischen einer konventionellen und einer prinzipiellen Moral, denn nur die letztere ist mit starken Emotionen verbunden.

Fünfjährige begreifen, daß Bekleidungsvorschriften Konventionen sind; fragt man sie aber, ob es richtig ist, wenn eine Schule den Kindern erlaubt, andere zu schlagen, erwidern sie: »Nein, das ist nicht richtig.« »Warum nicht?« »Weil das bedeutet, andere unglücklich zu machen. Man kann ihnen damit wehtun. Es tut anderen weh, Wehtun ist nicht gut« (Shweder, Turiel und Much 1981, S. 293). Eine prinzipielle Norm wird zu einer konventionellen, wenn auf ihre Verletzung nicht mehr gefühlsmäßig reagiert wird. Im amerikanischen Film gibt es zum Beispiel seit einiger Zeit die Tendenz, Prostitution und Ehebruch zu legitimieren, indem man zu verstehen gibt, daß die Normen des Sexualverhaltens eigentlich konventioneller Natur sind. Ein amerikanisches Fernsehspiel, in dem beide Ehegatten am Anfang entdeckten, daß der andere untreu war, endete glücklich damit, daß beide einander das unbedeutende Vergehen verziehen. In dem französischen Film *Die Rückkehr des Martin Guerre* (1983) wird die Liebe einer verheirateten Frau zu einem Schwindler, von dem sie weiß, daß er nicht ihr Mann ist, moralisch höher gewertet als das Festhalten des Dorfes an der traditionellen Bewertung des Ehebruchs. Der National Film Board of Canada hat einen Film über eine verheiratete Prostituierte produziert, deren liebevoller Ehemann die Arbeit seiner Frau als ehrbares Gewerbe auffaßt, als eine Möglichkeit für sie, etwas zu verdienen und »ihren Teil beizutragen«. Der Film ist so verständnisvoll gemacht, daß er möglicherweise bei einigen die Einstellung zur Prostitution verändert. Ich denke, daß vor einem halben Jahrhundert kaum ein Kanadier oder ein Amerikaner die Norm für das Sexualverhalten einer verheirateten Frau als konventionell aufgefaßt hat – nicht etwa, weil diese Norm auf einem überzeugenden rationalen Argument beruht hätte, das aus Grundsätzen über Recht und Unrecht abgeleitet war, sondern weil man auf unerlaubte Sexualität mit starken Emotionen reagierte. Wenn in einer Gesellschaft die emotionale Reaktion auf die Verletzung einer Norm nachläßt, wird auch das rationale Argument gegen die Verletzung brüchig, und es kann geschehen, daß die Norm zur Konvention herabsinkt, wie es heute in Indien mit der prinzipiellen Norm der Brahmanen über den Kontakt mit Unberührbaren geschieht, die allmählich zur Konvention wird.

Manche Eltern protestieren gegen Gewalt im Fernsehen, weil sie fürchten, daß die ständige Darbietung von Aggressionen die Kinder in ihrer emotionalen Reaktion abstumpfen wird und daß aus der prinzipiellen Haltung zur Gewalt eine eher konventionelle wird, wenn die Kinder bei aggressiven Handlungen keine heftige Abscheu oder Furcht mehr empfinden.

Es besteht also keine Einigkeit im Hinblick auf das Kriterium, nach dem entschieden wird, ob eine Norm eine prinzipielle oder eine konventionelle ist. Die Rationalisten, die unter den Philosophen und Psychologen die Mehrheit bildeten und noch immer bilden, treffen die Entscheidung aufgrund der Logik eines Arguments, demzufolge die Allgemeingültigkeit einer Norm von der Richtigkeit bestimmter moralischer Axiome und der daraus rational abgeleiteten ethischen Folgerungen abhängt. So meint Rawls (1971), das Gerechtigkeitsempfinden sei eine seelische Fähigkeit, die sich auf bewußte Überlegungen stützt, mit Sicherheit sei es kein impulsives Gefühl.

Das klassische Beispiel lautet, daß es unrecht sei, einen anderen zu verletzen, weil (1) man anderen nicht antun sollte, was man sich selbst nicht wünscht, oder (2) Leben und Glück die höchsten Güter der Menschen sind und daher jede Handlung, die

Leben und Glück beeinträchtigt, Unrecht sein muß. Gewöhnlich wird eines dieser Argumente oder beide als Kriterium für eine universale Norm angeführt.

Ich denke jedoch, daß der Normalbürger sich, wenn auch bei weitem nicht so artikuliert, auf Gefühle verläßt, um zum gleichen Schluß zu gelangen. In den meisten Gesellschaften sind die Eltern der Ansicht, daß die bedeutendsten Sozialisationserfahrungen in dem bestehen, was das Kind sieht und hört. Wahrscheinlich werden die Eltern nicht erklären können, warum sie von der Richtigkeit bestimmter Normen überzeugt sind, doch vermute ich, daß eine gründlichere Nachforschung die Überzeugung zu Tage fördern würde, daß ein Kind, welches allzu viel Aggression, Unehrlichkeit, Sexualität und Zerstörung miterlebt, nicht mehr die Emotionen der Furcht, Angst und Abscheu empfinden wird, von denen die entsprechenden Normen getragen werden. Die meisten Erwachsenen befürchten – ich möchte sagen, zu Recht –, daß Normen eine Sache des Beliebens werden und ihre Verbindlichkeit einbüßen, wenn die emotionale Reaktion auf sozial unerwünschte Handlungen nachläßt.

Die beiden Argumente sind komplementär. Die Menschen möchten für eine von ihnen anerkannte Norm gern einen Grund haben – manche Psychologen würden sagen, sie verlangen danach –, und deshalb denken sie sich die Argumente aus, die von den Rationalisten als wesentlich betrachtet werden. Die Rationalisierung einer Norm besitzt in der Tat eine hemmende Wirkung und ist nicht bloß eine irreführende Deutung, denn es ist den Menschen unangenehm, wenn sie zwischen ihren Ansichten und ihren Handlungen Widersprüche entdecken. Doch ohne die ursprüngliche emotionale Reaktion hätte die Norm wohl nie überzeugende Kraft gewonnen. Psychologen und Psychiater, die mit Kindesmißhandlungen durch Eltern zu tun haben, behaupten sogar entschieden – wenn auch aus anderen Gründen –, daß ein Kind, das solchen Mißhandlungen ausgesetzt war, später seine eigenen Kinder wieder mißhandeln wird.

Einer der Gründe, warum viele Gelehrte die Moral lieber auf die Logik als auf das Gefühl gegründet haben, liegt in der Annahme der meisten westlichen Philosophen, daß die Natur des Menschen im Grunde egoistisch, grausam und hinterhältig sei. Daher konnten sie der Emotion als Grundlage einer ethischen Entscheidung nicht trauen und mußten zwischen dem starken Verlangen eines Menschen und seinem Verhalten den Willen einschalten. Der Wille ist ein besonnen planendes, der Vernunft zugängliches Leitungsorgan. Die Chinesen dagegen konnten, weil sie die menschliche Natur nicht so negativ sehen, den menschlichen Instinkten stärker trauen und brauchten nicht auf einen rationalen Willen zu setzen, der für ein zivilisiertes Verhalten von Kindern und Erwachsenen sorgen würde. Außerdem haben die Chinesen der Wahrnehmung der eigenen Gefühlszustände eine größere Bedeutung beigemessen, während der Westen – besonders nach der Renaissance – den Akzent auf das Handeln und dessen Konsequenzen legte.

Der Philosoph Bernard Williams (1971) hat die Meinung vertreten, Kant habe gezögert, den Einfluß der Emotion auf das sittliche Verhalten anzuerkennen, weil er annahm, daß Erwachsene sich in ihrer Empfindungsfähigkeit von Natur aus unterscheiden und folglich in ihrem moralischen Empfinden nicht gleich sein können. Die Fähigkeit zu vernünftigem Denken sei jedoch nach Kant allen Menschen gegeben. Schließlich haben Philosophen die rationale Rechtfertigung moralischer Grundsätze deshalb betont, weil sie auf diese Weise die Richtigkeit oder Unrichtigkeit einer moralischen Norm beurteilen zu können glaubten. Eine solche Bewertung ist nicht möglich, wenn moralische Vorstellungen auf der Grundlage von Gefühlen beurteilt werden.

Ich gebe zu, daß es besserer Beispiele und genauerer Begründungen bedarf, damit dieses spekulative Argument größere Überzeugungskraft bekommt. Wenn es aber richtig ist, daß der Mensch ein Potential für bestimmte Gefühlszustände besitzt und dieses eine nicht relativistische Grundlage darstellt, auf der eine Reihe von universalen oder grundsätzlichen moralischen Normen aufgebaut werden kann, dann hat Hume zu Recht darauf bestanden, daß die Moral ihre Kraft aus dem Gefühl zieht, nicht aus der Logik, wenngleich nach seiner Ansicht nur eine Emotion – Sympathie – nötig war, um all die »künstlichen Tugenden«, darunter Gerechtigkeit, Bescheidenheit und Anstand, zu erklären. Auch Wittgenstein war überzeugt, daß die Moral auf einem Sinn für das Schöne beruhe, wünschte jedoch nicht, daß unbeobachtbare persönliche Empfindungen die Grundlage des allgemeinen Konsensus über die Ethik bildeten, offenbar weil er annahm, es könne einige geben, die in Unruhe und Verworrenheit wünschenswerte Zustände sehen und diese zu erhalten trachten (Janik und Toulmin 1973).* Dazu schreibt Pascal in seinen »Pensées«: »Wir erkennen die Wahrheit nicht mit der Vernunft allein, sondern auch mit dem Herzen; auf die zweite Art erkennen wir die ersten Prinzipien, und es ist eitel, wenn das Urteil, das an dieser Erkenntnis keinen Teil hat, sie zu widerlegen versucht.« (Pascal o.J., S. 164)

Während die Moralphilosophen sich bemüht haben, auf kohärente und logisch unanfechtbare Weise zu begründen, was gut und böse sei, um Unklarheiten, die in der Gesellschaft bestanden, auszuräumen, haben sich die Psychologen von heute ein anderes Ziel gesetzt: Ihnen geht es mehr um die Selbstbeurteilung des einzelnen als um die Bewertung der Handlungen, Intentionen und Gefühle der Menschen. Die Tugendhaftigkeit eines Menschen wird daran gemessen, wie weit seine Handlungen, Intentionen und Gefühle sich mit seinen persönlichen Normen decken. Aus diesem unterschiedlichen Interessenschwerpunkt erwächst eine Spannung, die bis heute nicht aufgelöst wurde.

Wenn die moralische Bewertung vor allem darauf abstellt, ob jemand seinen persönlichen Normen, worin diese auch immer bestehen mögen, treu ist, dann kann es unter Umständen gerechtfertigt sein, andere zu verletzen, beispielsweise für Terroristen, die zutiefst von einer Ideologie überzeugt sind. Werden dagegen vor allem einzelne Handlungen oder ihre Konsequenzen gewichtet, so kann es geschehen, daß man genötigt ist, Dinge zu tun, die die eigenen Normen verletzen, indem man etwa, wenn auch widerstrebend, einem Nachbarn in der Gefahr beisteht, dadurch ungewollt eine Beschränkung der eigenen Freiheit anerkennt und sich so dem unangenehmen Gefühl eines moralischen Konflikts aussetzt. Bislang haben sich die Moralphilosophen erfolglos bemüht, das zweite Kriterium der Moralität rational aus

* Stuart Hampshire räumt in seinem jüngst erschienenen Essay »Morality and Conflict« ein, daß er seine frühere Ansicht, die Vernunft sei maßgebend für die Moral, nicht mehr aufrechterhält; bedeutsam sei der Konflikt – und das bedeutet, die Emotionen.

dem ersten folgen zu lassen. Möglicherweise sind es zwei verschiedene inkommensurable Prozesse, die uns an die moralische Richtigkeit einer Idee glauben lassen. Der eine beruht auf Gefühlen, der andere auf logischer Übereinstimmung und einigen wenigen Grundprämissen. Wenn eine Norm ihre Stärke aus beiden Grundlagen herleitet, fällt es uns schwer, ihren Forderungen nicht zu entsprechen; wird sie von beiden unterstützt, wie etwa im Falle der Folter und des nicht provozierten Mords, so hat sie die größtmögliche bindende Kraft.

Das Entstehen von Normen

Irgendwann nach der Mitte des zweiten Lebensjahres merken die Kinder, daß es Normen gibt. Sie zeigen dann auf zerbrochene Dinge, zerrissene Kleider und fehlende Knöpfe und verraten dabei durch Stimme und Gesichtsausdruck eine gewisse Betroffenheit. Ein Kind weist etwa auf einen Riß in einem Plastikspielzeug hin und sagt »oh, oh« oder »kaputt«. Als man 14 und 19 Monate alte Kinder in einem Laboratoriums-Spielzimmer mit zahlreichen Spielsachen konfrontierte, von denen einige absichtlich zerrissen oder entstellt waren (das Gesicht einer Puppe war mit schwarzem Stift bemalt, einem Tier fehlte der Kopf), ließ keines der jüngeren Kinder, aber über die Hälfte der älteren offenkundige Betroffenheit über die beschädigten Spielsachen erkennen. Sie brachten das defekte Spielzeug zu ihrer Mutter, zeigten auf den beschädigten Teil, legten einen Finger auf die Stelle, wo das Tier seinen Kopf gehabt hatte, oder wenn sie sprechen konnten, gaben sie zu verstehen, daß etwas nicht in Ordnung war, indem sie sagten: »Heilmachen« oder »Gittigit«. Das Zweijährige reagiert in dieser Weise nicht auf alle Abweichungen vom Normalen, sondern nur auf solche Ereignisse, die durch Handlungen hervorgerufen worden sein könnten, oder auf Ereignisse, die das Kind als unschicklich oder böse einstuft. Hätte man einer Bluse zusätzliche Knöpfe angenäht oder einem Besen zusätzliche Borsten hinzugefügt oder wäre ein Hemd sauberer gewesen, als es zuvor war, so hätte das Kind anders oder überhaupt nicht reagiert.

Wenn wir diese neue Betroffenheit erklären wollen, müssen wir annehmen, daß das Kind anfängt, Hypothesen über die Ursachen von Ereignissen aufzustellen. Ein Kind, das auf ein Hemd, dem ein Knopf fehlt, emotional reagiert, nimmt an, daß das Fehlen des Knopfes kein inhärentes Merkmal des Hemdes war und daß irgendein Ereignis den veränderten Zustand herbeigeführt hat. Wenn das Kind die Vermutung aufstellt, daß das Fehlen des Knopfes auf ein Handeln zurückgeht, von dem es weiß, daß die Eltern es mißbilligen, dann wird es aufgeregt. Die Mißbilligung der Erwachsenen – sei es ein Stirnrunzeln, ein verbaler Tadel oder eine Ohrfeige – ruft einen Zustand der Unsicherheit hervor, der sich mit dem Gedanken an das unerlaubte Handeln verknüpft. Das Kind wird also beunruhigt, wenn es vermutet, jemand habe den Knopf vom Hemd abgerissen. Eine Quelle von Normen besteht deshalb darin, daß Erwachsene bestimmte Handlungen mißbilligen oder bestrafen.

Der Philosoph W. V. Quine, der die Lehren des Behaviorismus vertritt, meint, Normen würden durch »Ohrfeigen und Bonbons« (1981, S. 57) eingeschärft. Damit aus einer gewöhnlichen Idee eine moralische wird, muß daher nach Quine zwischen Gefühl und Handeln eine möglichst starke Assoziation entstehen:

> »Was der moralischen Erziehung zugrunde liegt, ist (...) die Verwandlung von Mitteln in Zwecke. Viele gute Verhaltensweisen liegen anfangs unten auf der Bewertungsskala und werden zunächst nur gepflegt, weil sie zu höheren Zwecken hinführen: zu den angenehmen Konsequenzen oder zur Vermeidung der unangenehmen, über die der Erzieher verfügt.« (1981, S. 75)

Eine andere Interpretation der Betroffenheit über den fehlenden Knopf geht davon aus, daß das Kind Vorstellungen darüber entwickelt, wie Dinge im Idealzustand sein sollten, und zwar in Abhängigkeit davon, wie sie normalerweise erscheinen. Hemden sollten alle ihre Knöpfe haben, Spielsachen sollten keine Sprünge haben, Vorhänge sollten keine Risse oder Flecken haben. Auf eine Abwandlung des Ideals wird vermutlich mit Beunruhigung, Betroffenheit oder Mißstimmung reagiert. Nach dieser Interpretation setzt die Betroffenheit des Kindes keine vorhergehende elterliche Mißbilligung voraus – eine der Intuition zuwiderlaufende und schwer zu beweisende Annahme –, doch erinnere ich mich an ein zweijähriges Mädchen, das in einem Spielzimmer alle Spielsachen nach einem kleinen Bett durchsuchte, um eine kleine Puppe hineinzulegen. Die Eltern hatten dem Mädchen nicht gesagt, daß kleine Puppen in kleinen Betten schlafen sollten; es entwickelte selbst diese Norm. In einem anderen Fall begann ein Junge, der zu Hause Estnisch und in der Kindertagesstätte Englisch lernte, kurz nach seinem zweiten Geburtstag die jeweilige Sprache in ihrem richtigen Kontext zu benutzen, obwohl Eltern und Erzieher ihn nicht plötzlich dafür bestraften, wenn er zu Hause Englisch oder in der Tagesstätte Estnisch sprach (Vihman 1983). Es war, als hätte das Kind plötzlich erkannt, welche Sprache in der jeweiligen Umgebung angebracht war.

Auf Abbildungen von Menschen, deren Gesichter oder Körper entstellt sind, reagieren Zweijährige mit Interesse und gelegentlich mit Angst (Kagan 1971). Das Bild eines menschlichen Gesichts mit verzerrten Zügen wird sowohl von amerikanischen Zweijährigen als auch von zweijährigen Maya-Indianern, die in Dörfern der Yucatán-Halbinsel leben, länger betrachtet als ein normales Gesicht. Die Äußerungen der Kinder (»Was ist mit seiner Nase passiert?« oder »Wer hat ihm auf die Nase gehauen?«) lassen erkennen, daß sie sich für die Ursachen der Gesichtsverletzung interessieren und Hypothesen über die Ereignisse aufstellen, die zu den Entstellungen geführt haben könnten. Nach diesen Beobachtungen sind Kinder bereit, auf Ereignisse, die ihrem Verständnis von der normalen Erscheinung der Dinge widersprechen, mit ängstlicher Betroffenheit zu reagieren.

Eine zweite Grundlage von Normen liefert die Fähigkeit, sich in einen anderen hineinzufühlen (Hoffman 1981). Die meisten Kinder haben mit zwei Jahren erlebt, wie unangenehm es ist, wenn man geschlagen, verhauen oder verprügelt wird. Sobald das Kind zu der Schlußfolgerung fähig wird, daß andere in der gleichen Situation ebenfalls Unbehagen empfinden, faßt es Handlungen, die einem anderen wehtun, als Verletzung von Normen auf. Jerome Bruner (1983) schreibt: »Es ist eine Grunderkenntnis, daß man anderen unterstellt, genauso zu empfinden wie wir selbst.« (1983, S. 122) Wir wissen, daß Zweijährige zu Schlußfolgerungen fähig sind; um die Mitte des zweiten Lebensjahres folgern sie, daß ein Nonsens-Wort – »Piff« zum Beispiel – der Name eines unvertrauten Objekts sein könnte, und ihr Reden und Verhalten läßt erkennen, daß sie die persönlichen Gefühlszustände anderer erschließen können (Novey 1975; Zahn-Waxler, Radke-Yarrow und King 1979). Einen überzeugenden Beleg für einfühlendes Verstehen liefert eine Beobachtung an zwei dreieinhalbjährige Jungen, die in unserem Laboratorium spielten. Während der ersten halben Stunde hatte der eine der Jungen den anderen dominiert. Als dann der eingeschüchterte Junge das einzige vorhandene Superman-Kostüm anlegte, wollte der andere Junge es sofort haben, war aber hinreichend sozialisiert, um es nicht an sich zu reißen. Das zuvor passive Kind erkannte plötzlich, daß es symbolische Macht gewonnen hatte, und stolzierte mit seiner Beute prahlend durch den Raum. Und dann sagte er, so als hätte er begriffen, welchen Neid er in dem aggressiveren Jungen weckte: »Von mir aus brauchst du mich nicht zu mögen.«

Eine dritte Quelle von Normen wird sichtbar, wenn das Kind erkennt, daß es ein bestimmtes Ziel mit seinen eigenen Fähigkeiten erreichen beziehungsweise nicht erreichen kann. Wenn Zweijährige außerstande sind, einer Leistungsnorm, die eine andere Person aufgestellt hat, zu genügen, regen sie sich sehr auf. Kinder von unterschiedlicher kultureller Herkunft beginnen sofort zu weinen oder zu protestieren, wenn eine Frau zu einem Kind geht und an einem Spielzeug einige schwer zu behaltende oder schwer nachzuahmende Handlungen vornimmt (Kagan 1981). Es ist unwahrscheinlich, daß diese Kinder vorher dafür bestraft worden sind, daß sie ihre Eltern oder einen anderen Erwachsenen nicht nachzuahmen vermochten. Man kann daher ausschließen, daß der Kummer auf einer konditionierten oder erworbenen Furcht vor Strafe beruht. Nach meiner Ansicht denkt sich das Kind, es sei verpflichtet, die Handlungen des Erwachsenen nachzuvollziehen, und außerdem weiß es, daß es dazu unfähig ist. Das Bewußtsein einer zu erfüllenden Leistungsnorm und die Unfähigkeit, sie zu erfüllen, lösen zusammen das Weinen und Protestieren aus. Erfüllen Kinder dagegen eine Norm, die sie sich selbst gesetzt haben, so zeigen sie Anzeichen von Freude: In der Regel wird ein Zweijähriges spontan lächeln, wenn es innerhalb weniger Minuten einen Turm aus sechs Klötzen gebaut oder ein schwieriges Puzzle fertiggemacht hat. Dabei schaut das Kind niemanden an; das Lächeln ist eine persönliche Reaktion auf die Erkenntnis, daß es die Norm, die es sich selbst setzte, erfüllt hat. Sollte ein Erwachsener versuchen, das Puzzle zu übernehmen, bevor es fertig ist, wird das Kind wahrscheinlich Widerstand leisten.

Als ich vor einer Reihe von Jahren im dünn besiedelten Hochland des nordwestlichen Guatemala in der Umgebung eines kleinen indianischen Dorfes umherwanderte, stieß ich auf einen dreijährigen Jungen, der aus feuchtem Ton so etwas wie unbeholfene Tortillas formte. Als ich nähertrat, schaute der Junge auf, dann blickte er auf den Ton herab und errötete vor Verlegenheit, so als würde er eingestehen, daß seine mißgestaltete Tortilla eine unvollkommene Nachbildung war. Wenn das Kind sich einen bestimmten Endzustand vorstellen kann, den es mit einer gewissen Anstrengung erreichen könnte, und wenn es weiß, daß es Handlungen in Gang setzen kann, durch die dieser Zustand erreichbar wäre, ist das Erreichen des Ziels ein positives Erlebnis, vorausgesetzt, die Handlung ist nicht von einem Erwachsenen mißbilligt worden und fügt einem anderen keinen Schaden zu. Die beiden letzten Einschränkungen sind notwendig, denn kein Kind empfindet das sorgfältige Zerreißen eines Hemdes als positiv, obwohl das einen Plan und eine gewisse Anstrengung erfordert; die Fähigkeit, sich in einen anderen hineinzuversetzen, ist die universale Grundlage dafür, daß die Zügelung der Aggression als positiv aufgefaßt wird.

Die Erkenntnis, daß ein noch nicht bestehender Zustand durch Anwendung der eigenen Fähigkeiten erreicht werden kann – die Psychologen sprechen hier von *Meistern* –, erzeugt einen Zwang zu versuchen, diesen Zustand zu verwirklichen. Da der Erfolg von einem angenehmen und der Mißerfolg von einem unangenehmen Zustand begleitet ist, entspricht die Vorstellung von dem künftigen Ziel meiner obigen Definition einer Norm. Anders als bei den Normen, die sich gegen das Zerstören oder gegen schmutzige Hände richten, ist bei der Norm für Meistern nicht zu erkennen, daß sie auf Erziehung oder auf eine zuvor entstandene Assoziation mit Schmerz oder Wohlgefühl zurückgeht, sondern sie scheint auf einem Prozeß zu beruhen, der ebenso endogen ist wie das Hungergefühl oder das Gehen.

Im Laufe des dritten und vierten Lebensjahres wird die negative Bewertung einer Tat auf die eigene Person ausgedehnt. In einer unserer Untersuchungen bemerkte eine Mutter, wie ihr dreijähriger Sohn sich kräftig zwickte. Auf die Frage, warum er sich selbst wehtue, antwortete er: »Ich mag mich nicht«. Dazu muß man wissen, daß dieser Junge gegenüber anderen Kindern in der Nachbarschaft aggressiv war und daß er wußte, daß sowohl die Kinder als auch ihre Eltern sein Verhalten mißbilligten. Viele Eltern haben bemerkt, daß ihre Kinder sich mit vier Jahren sichtlich danebenbenehmen, um bestraft zu werden, und daß sie oft ihre Eltern fragen: »Hast Du mich lieb?« oder »Bin ich lieb?«. Mit vier Jahren bewerten Kinder ihre Träume als gut oder böse. Ein vierjähriges Mädchen erklärte seiner Mutter, es habe etwas Böses geträumt. Gefragt, um was es denn ginge, gestand das Mädchen, es habe geträumt, sein kleiner Bruder sei nach einem Bienenstich gestorben.

Wie ist es möglich, daß ein Kind Träume oder Gedanken, die nur es selber kennt und die daher der Billigung oder Mißbilligung entzogen sind, als gut oder böse einstuft? Warum wird der Gedanke »Ich hasse meine Mutter« als böse bewertet, während »Ich denke an meine Mutter« weder gut noch böse ist? Vielleicht liegt es daran, daß das Kind anfangs Denken und Tun gleichsetzt. Diese Annahme wird dadurch bestätigt, daß die Vierjährige über den Traum vom Tod ihres Bruders verstört war. Gegen diese Annahme spricht jedoch die Tatsache, daß ein Vierjähriger auf Befragen unzweideutig erklären wird, es sei nicht dasselbe, ob man an ein Eis denkt oder ob man es ißt, ob man nur daran denkt, mit einem Freund zu kämpfen oder Ball zu spielen, oder ob man es wirklich tut. Wenn das Kind in diesen Situationen Denken und Tun nicht miteinander gleichsetzt, warum sollte es dann das »Träumen« oder »den bloßen Gedanken, jemandem wehzutun«, als böse betrachten?

Wahrscheinlicher ist, daß das Kind glaubt, andere könnten gewisse Gedanken, besonders feindselige Gedanken, erraten. Es ist imstande, bei Vater und Mutter an einem Stirnrunzeln oder einer Geste, an der Stimme und am Verhalten abzulesen, ob sie verärgert sind, daß, wenn es selbst bei einem anderen Verärgerung diagnostizieren kann, der andere, Vater oder Mutter, ebenfalls imstande sein muß, Verärgerung bei ihm zu diagnostizieren. Mit drei Jahren ist das Kind in der Lage, die Gefühle eines anderen nachzuempfinden, und es stellt sich daher vor, daß ein anderer, gegen den es insgeheim Ablehnung empfindet, bekümmert wäre, wenn er dies entdecken würde. Feindselige Gedanken können folglich wehtun und sind daher böse.

Da das Kind sich selbst nicht gern als böse einstuft, ist es bestrebt, eine entsprechende Erkenntnis zu vermeiden. Aus der Möglichkeit, sich selbst als böse einzustufen, wächst daher eine Hemmung, Normen zu verletzen. Diese Dynamik ist schon früh in der Entwicklung wirksam, und deshalb nehme ich an, daß die Hemmung aggressiven Verhaltens bei jungen Kindern nicht nur auf der Angst vor Bestrafung durch Erwachsene beruht, sondern auch durch Selbstverurteilung verstärkt wird – allerdings würde wohl kaum ein vierjähriges Kind das so ausdrücken, wenn die Mutter es fragte, warum es einen anderen, der es geärgert hat, nicht schlägt.

Für Eltern aus verschiedenen Kulturen steht fest, daß Kinder mit dem dritten Geburtstag die Normen verbotenen Verhaltens kennen und bis zum siebten Geburtstag imstande sein sollten, ihr Verhalten entsprechend zu regulieren. Die Utku-Eskimos von der Hudson-Bay bezeichnen diese Kenntnis der Normen als *ihuma* (übersetzt als »Vernunft«); die Bewohner der Fidschi-Inseln bezeichnen sie als *vakayalo* (»Sinn für das, was sich gehört«). In beiden Kulturen gilt es als sinnlos, Kinder zu bestrafen, bevor sie die Fähigkeit erworben haben, den Unterschied zwischen Recht und Unrecht zu erkennen. In allen Kulturen fangen Kinder mit zwei bis drei Jahren an, sich vor, während oder nach einer Handlung Gedanken darüber zu machen, ob sie dazu imstande sind und ob das, was sie tun, richtig und angemessen ist. Sie messen ihr Verhalten, ihre Gedanken und Gefühle an der Norm und bemühen sich, ihr möglichst genau zu entsprechen, vergleichbar mit dem Programm eines Raumfahrzeugs, das dessen Kurs während des Fluges korrigiert.

Das genaue Achtgeben auf die Korrektheit des eigenen Verhaltens hängt mit einer Bereitschaft zusammen, auf die Verletzung einer Norm bekümmert zu reagieren, und das läßt sich in der Zeit beobachten, in der diese neue Fähigkeit entwickelt wird. Drei- und vierjährige Kinder wurden gebeten, ein bekanntes Objekt (einen Baum, ein Tier oder einen Menschen) zu zeichnen. Eine Woche später zeigte man ihnen vier Zeichnungen eines bestimmten Objekts, von denen nur eine von ihnen selbst stammte (der andere, äußerlich ähnliche Baum war von einem anderen Kind gezeichnet worden). Die Kinder wurden gebeten, auf die Zeichnung zu deuten, die sie eine Woche vorher angefertigt hatten. Zusätzlich beobachtete man das Spiel der Kinder vor und nach einem Mißerfolgserlebnis. Den Kindern wurde ein aus Steinen zusammengebautes Spiel-Flugzeug gezeigt, das sie mit der gleichen Anzahl von Steinen nachbauen sollten; die Aufgabe überstieg die Fähigkeiten der Kinder, und keines brachte sie zu Ende. Die Störung des Spielverhaltens nach dem Mißerfolgserlebnis sollte ein Maßstab dafür sein, wie stark die Kinder durch ihr Unvermögen, der von einem Erwachsenen vorgegebenen Norm zu entsprechen, verunsichert waren. Jene Kinder, die sich – vermutlich, weil sie während der Ausführung über die Qualität ihrer Leistung nachgedacht hatten – am besten an ihre Zeichnung erinnern konnten, waren von ihrem Unvermögen, der Norm des Erwachsenen zu genügen, am stärksten betroffen, was sich darin äußerte, daß sie nach dem Mißerfolg kaum noch spielen mochten. Einige sagten später: »Jetzt könnte ich es«, oder »Ich möchte es noch einmal versuchen« (Nolan 1979).

Der Behaviorismus erklärt ein neues Verhalten mit den psychischen Folgen dieses Verhaltens. Diese verändernde Kraft mag zwar bei vielen Gelegenheiten wirksam sein, doch scheint sie für das Lächeln nach der Bewältigung, dem Meistern einer Aufgabe oder den Kummer nach dem Mißlingen kaum eine Erklärung zu bieten. Es ist unwahrscheinlich, daß der Ärger, mit dem der Dreijährige reagiert, wenn er ein Puzzle nicht fertigbekommt, eine generalisierte Reaktion darstellt, die sich darauf zurückführen ließe, daß er von den Eltern bestraft wurde, wenn er sein Frühstück nicht zu Ende aß oder einen Satz nicht richtig zu Ende sprach. Wahrscheinlicher ist die Vermutung von Theoretikern des 19. Jahrhunderts, daß das Kind biologisch darauf vorbereitet ist, Normen zu übernehmen. Ich will nicht behaupten, es sei irrelevant, ob Erwachsene das Kind loben, wenn es sich richtig verhält, und ungehöriges Verhalten bestrafen, aber ich bin überzeugt, daß alle Kinder eine Fähigkeit besitzen, Vorstellungen von guten und schlechten Zuständen, Handlungen und Handlungsresultaten zu entwickeln. Für Hume waren moralische Empfindungen »so tief in unserer Konstitution und Veranlagung verwurzelt, daß es unmöglich ist, sie auszurotten und zu zerstören, es sei denn, der menschliche Geist würde durch Krankheit oder Wahnsinn völlig verwirrt«. (1969 [1739–49], S. 526) Gibt es einen Grund dafür, daß die Anerkennung von Normen so früh in der Entwicklung auftritt, lange vor der Reifung der Sprache und der motorischen Koordination und ein Jahrzehnt vor der Fortpflanzungsfähigkeit? Eine denkbare Erklärung wäre, daß der Sinn für Recht und Unrecht, das Bewußtsein der eigenen Fähigkeit, jemand anderem zu schaden, und die Fähigkeit, sich in ein Opfer hineinzufühlen, zufällige Begleiterscheinungen der fundamentaleren Kompetenzen des Reproduktionsgedächtnisses, der Symbolbildung, des planvollen Denkens und der Sprache sind. Man kann jedoch auch annehmen, daß diese spezifisch menschlichen Merkmale so früh in der Entwicklung auftreten, weil sie für die Sozialisation aggressiven und destruktiven Verhaltens nötig sind. Fast überall auf der Welt wird das nächste Kind etwa zwei bis drei Jahre nach dem vorigen Kind geboren. Das Dreijährige ist sowohl stark genug, einem kleineren Geschwister Schaden zuzufügen, als auch – und das ist wichtiger – imstande, feindselige Empfindungen aufrechtzuerhalten, nachdem ein kurzer Wutanfall sich längst gelegt hat. Das aggressive Verhalten, das bei einem Dreijährigen aus der Eifersucht auf ein jüngeres Geschwister entstehen kann, muß in Schach gehalten werden. Es wäre im Sinne der Anpassung, wenn alle Dreijährigen erkennen könnten, daß bestimmte Verhaltensweisen falsch sind, und wenn sie wüßten, daß sie imstande sind, solche Verhaltensweisen zu unterdrücken. Ohne diese grundlegende menschliche Fähigkeit, die man im 19. Jahrhundert als »moralisches Empfinden« bezeichnete, könnte das Kind nicht sozialisiert werden.

In den fünfzig Jahren zwischen dem Ersten Weltkrieg und dem Ende unseres Vietnam-Engagements ist der Glaube an die Unausweichlichkeit des Gewissens abhandengekommen, und die

Ansicht Lockes, das Kind komme ohne Vorurteile auf die Welt, wurde in dieser Zeit wiederbelebt und von den Anhängern des Behaviorismus verbreitet. Viele Psychologen erklärten in dieser Zeit, alle Kinder müßten erst lernen, was Gut und Böse bedeutet, und wenn man nicht für die richtige Abstimmung der Umwelterfahrungen sorge, könne es geschehen, daß ein Mensch nicht begreift, was Recht und Unrecht ist, daß er zu einem moralischen Schwachkopf wird. Die psychiatrische Diagnose »Psychopathie« wird vornehmlich bei solchen Personen gestellt, die ohne Gewissensbisse oder Schuldgefühle Aggressionshandlungen begehen, und sie läßt die Möglichkeit zu, daß Erwachsene, die weder seelisch krank noch wahnsinnig sind, nicht wissen, daß Vergewaltigung, Folter und Mord unrecht sind. Dabei müssen doch, wie der britische Autor James Sulley 1896 schrieb, alle Kinder – eben weil sie Menschen sind – begreifen, daß es unmoralisch ist, einem anderen Schmerzen zuzufügen. Eine solche Einsicht kann niemals verlorengehen, gleichgültig, welche Grausamkeiten das Kind anschließend erfahren mag. Das Kind braucht nicht zu lernen, daß es böse ist, anderen wehzutun – diese Einsicht kommt mit seiner Entwicklung von selbst.

Allerdings bedarf es eines psychischen Mechanismus, der die Kompetenz, die in der Erkenntnis von Recht und Unrecht steckt, in die Fähigkeit zu richtigem Verhalten umsetzt. Für die Theoretiker des 19. Jahrhunderts erfüllte der Wille diese Aufgabe. William Preyer schrieb:

> »Man kann in der Tat alle Muskelbewegungen des Menschen danach unterscheiden, ob sie vom Willen abhängig sind oder nicht, ob sie willkürlich oder unwillkürlich sind. (...). Die Entwicklung des Willens (...) und die Entwicklung des Nicht-Wollens (...) bei der Unterdrückung von häufig wiederholten Bewegungen liefert die Grundlage für die Charakterbildung.« (1888, S. 193)

Der Wille ist die Verbindung einer geistigen Vorstellung von einem Ziel mit dem zur Erreichung dieses Ziels notwendigen Verhalten. Der Wille ist aktiv, überlegt und selektiv und wird zu einer Exekutivgewalt, die fähig ist, zwischen Alternativen zu wählen. Für Autoren des ausgehenden 19. und des frühen 20. Jahrhunderts war der Wille eine so zentrale Größe, daß man ihm eine sowohl von der Vererbung als auch von der Umwelt unabhängige und ihnen ebenbürtige Erklärungskraft zuschrieb. Der Verfasser eines verbreiteten Lehrbuchs zur Kinderpsychologie gab zu verstehen, daß der Wille ein spezielles Organ sei, welches jedes Kind in hinreichendem Maße besitze, so daß es den Einfluß sowohl der Biologie als auch der Familie zu hemmen wie zu fördern vermöge (Forbush 1915).

Während des ersten Jahrzehnts unseres Jahrhunderts wurde der Charakter des Kindes also als etwas Absolutes gedacht. Die Bereitschaft zur Übernahme eines unwandelbaren Katalogs richtiger Handlungsweisen wurzelte in der Biologie und in universalen Erfahrungen, und sie wurde verwirklicht von einem autonomen Willen. Doch um 1920 war von dieser Auffassung erstaunlicherweise nichts mehr zu hören. Der Pragmatismus, der moralische Relativismus und die Konditionierungstheorie hatten die Erklärung des ethischen Verhaltens des Kindes tiefgreifend verändert. Die neuen Theorien betonten die interaktive Erfahrung innerhalb der Familie, ersetzten den freien Willen durch Motive und Gewohnheiten und befaßten sich vornehmlich mit individuellen Unterschieden in der kindlichen Anpassung.

Daß nun die soziale Erfahrung eine Quelle wichtiger psychischer Eigenschaften wurde, ließ die Theorien über die Entstehung von Normen nicht unberührt. In Lehrbüchern zur Kinderpsychologie, die kurz vor dem Ersten Weltkrieg entstanden, war wieder, ähnlich wie früher, von der Reifung eines moralischen Empfindens die Rede, und spezifischen Erfahrungen mit Erwachsenen wurde ein größerer Einfluß, wenn auch noch keine totale Macht, eingeräumt. Gabriel Compayré, Rektor der Universität Lyon und Verfasser einer zweibändigen Abhandlung über das junge Kind, argumentierte, daß die Nachahmung zwar eine angeborene Kompetenz und Grundlage der Sozialisation von Werten sei, daß es aber von den Erwachsenen, mit denen das Kind Umgang habe, abhänge, welche Reaktionen es nachahmen und erwerben wird. Compayré verwarf die Annahme eines angeborenen moralischen Empfindens und behauptete, die Moral werde Schritt für Schritt erworben, wobei Lust und Schmerz die Rolle von notwendigen Katalysatoren spielten:

»Deshalb ist es kein Anachronismus, schon an der Wiege an

die Verantwortung, die moralischen Pflichten zu denken, die eines Tages auf dem Haupt des kleinen Kindes ruhen werden, das jetzt in seiner unbewußten Unschuld lächelt, während sein Denken und Empfinden nur das seiner Eltern widerspiegelt, so wie seine linke oder rechte Wange, wenn es mit dem Trinken fertig ist, gleich der einen, von der Sonne vergoldeten Seite eines Pfirsichs einige Minuten lang gerötet bleibt, aufgeheizt durch den Kontakt mit der Mutterbrust.« (1914, S. 185)

Als nach dem Ende des Ersten Weltkrieges die Pawlowsche Theorie breite Geltung gewann, wurde aus der Moral des Kindes nichts anderes als eine weitere Gewohnheit, die nicht unbedingt entstehen mußte, wenn nicht für die entsprechenden Bedingungen gesorgt war: »Man kann nicht erwarten, daß ein Kind mit einer gewissen Einsicht und einer gewissen Freiheit handelt, wenn nicht nach und nach eine ganze Reihe von Gewohnheitssystemen in sein Verhalten eingebaut werden. (...). Das moralische Verhalten (...) ist keine angeborene Tendenz, (...) es ist ein Nebenprodukt des Zusammenlebens.« (Chave 1937, S. 164) Bis zur Mitte des dritten Jahrzehnts hatte sich die Doktrin des moralischen Relativismus so fest in den amerikanischen Schulen verschanzt, daß im *Journal of the National Educational Association* Artikel erschienen, in denen die Verwirrung der Lehrer, welche Charakterzüge sie denn nun fördern sollten, gerechtfertigt wurde. In einer typischen Abhandlung aus dieser Zeit wurde gefragt: »Woher weiß eine Lehrerin, welche Gewohnheiten bei den Kindern ausgebildet werden sollen? Woher weiß sie, welche Bedeutung den einzelnen Gewohnheiten zukommt? Woher weiß sie, ob in der Entwicklung dieser Gewohnheiten ein Fortschritt gemacht wird?« Man riet den Lehrern, von Fachleuten aufgestellte Listen von Charaktermerkmalen zu konsultieren, so als ließe sich in diesem Bereich mit der gleichen Strategie, die in Erdkunde und Geschichte benutzt wurde, pädagogische Orientierung erreichen.

Nach dem Zweiten Weltkrieg war von dem Geschwafel über moralischen Relativismus nichts mehr zu hören. Das beste Kind war nun jenes, das dazu erzogen worden war, den Ansprüchen der jeweiligen Umwelt im Hinblick auf schulischen, beruflichen und gesellschaftlichen Erfolg zu genügen, und das vor allem die Freiheit besaß, seine jeweiligen Motive und Begabungen zu verwirklichen. Die Annahme, jedes Kind besitze eine Disposition, einen Kernbestand von unwandelbaren moralischen Leitsätzen anzuwenden, war jetzt hoffnungslos veraltet, weil alle moralischen Normen und die Bereitschaft zu moralischem Handeln durch sorgfältige Bemessung von Lohn und Strafe erworben wurden.

Daher konnte Quine ein halbes Jahrhundert nach dem Ersten Weltkrieg in einer Abhandlung über moralische Werte schreiben: »In der Sprache wie in der Moral wird Einheitlichkeit durch Instruktion erreicht« (1981, S. 61), und: »Es fällt schwer, bei den moralischen Werten ein besonderes Unterscheidungsmerkmal herauszufiltern, wenn man einmal von der unbestimmten Tatsache absieht, daß sie irgendwie auf eine irreduzible Weise sozial sind.« (S. 58)

Übereinstimmung zwischen Überzeugung und Handeln

Erwerb und Aufrechterhaltung von Normen werden außer durch Strafe, Mißbilligung und die Fähigkeiten, sich in einen anderen hineinzuversetzen, Abweichungen vom Normalen zu erkennen und sich ideale Endzustände vorzustellen, noch durch zwei weitere Mechanismen vermittelt, die im späteren Verlauf der Entwicklung wirksam werden. Der eine besteht im Bedürfnis nach kognitiver Übereinstimmung zwischen Überzeugungen, Handlungen und wahrgenommenen Realitätsanforderungen, der zweite in der Identifikation mit anderen.

In den Jahren vor der Pubertät, jenem Entwicklungsabschnitt, den Piaget als *Stadium der konkreten Operationen* bezeichnet, entwikkeln die Kinder Normen für die Beurteilung der Gültigkeit von Aussagen. Für den Siebenjährigen wie für den Erwachsenen besteht die primäre Bedeutung von »wahr« in der konsequenten Anwendung einer bestimmten symbolischen Bezeichnung auf ein Ereignis: Es ist falsch, einen Baum als ein Stück Kuchen zu bezeichnen. Außerdem fordert aber auch der Grad der logischen Übereinstimmung zwischen verwandten Aussagen und die Übereinstimmung zwischen einer Überzeugung und dem entsprechenden Verhalten zu einer Überprüfung ihrer Gültigkeit heraus, und von deren Ergebnis hängt die Güte der Überzeugung ab. Bei Zehnjährigen lösen Handlungen, die sich nicht mit Überzeugungen vereinbaren lassen, Gefühle der Unsicherheit aus. »Seine Kleider nicht zu beschmutzen« ist für einen Dreijährigen eine Norm, denn wenn er sich nicht daran hält, verletzt er ein erlerntes Verbot. Zehnjährige erkennen jedoch, daß sie eine Wahl haben, die Dreijährige nicht haben, und manche ältere Kinder brauchen eine kognitive Verstärkung, um an der Sauberkeitsnorm festzuhalten, weil sie sich mit einer anderen Norm – jener für persönliche Autonomie – nicht vereinbaren läßt: Manche Kinder finden es unerträglich, sich vor dem Mißfallen der Eltern zu fürchten; aus Furcht vor den Eltern ein elterliches Gebot zu befolgen verletzt eine wichtige Altersrollen-Norm. Wenn das Kind überzeugt ist, wählen zu können – eine Fähigkeit, die vor dem vierten Geburtstag auftaucht –, entsteht eine neue Norm: Übereinstimmung zwischen den eigenen Überzeugungen und zwischen Überzeugungen und Verhalten.

Wenn ein Kind regelmäßig darauf achtet, seine Kleidung nicht schmutzig zu machen, möchte es gern überzeugt sein, daß diese Gewohnheit der Schicklichkeit entspricht. Das Kind betrachtet dieses Handeln deshalb als richtig, weil es dazu gezwungen ist, und diese Bewertung genügt der Norm, die Übereinstimmung fordert. Verlangen die mutmaßlichen Realitätsanforderungen ein bestimmtes Verhalten, so wird das Kind sich Begründungen dafür ausdenken, daß dieses Verhalten richtig ist. Das Kind geht zur Schule, sitzt an einem Tisch und ist in der Bibliothek still, weil die Übertretung dieser Regeln nicht erlaubt ist. Das Kind ist von der Richtigkeit dieses Verhaltens auch dann überzeugt, wenn es diese Regeln nie verletzt und daher nie Mißbilligung durch Erwachsene erfährt. Während Gehorsam gegenüber den Eltern für die meisten Achtjährigen etwas Positives ist, sehen viele Heranwachsende darin ein Anzeichen von Unreife. Der Unterschied zwischen diesen beiden Gruppen liegt teilweise darin, daß das jüngere Kind gar nicht umhin kann, eine gehorsame Haltung einzunehmen, und sie deshalb bejaht. Heranwachsende sind in der Lage, diese Haltung nicht einzunehmen, und müssen sie daher nicht rechtfertigen. Indem man es zu einem bestimmten Verhalten zwingt, kann man ein Kind veranlassen, es positiv zu bewerten.

Es gibt keine allgemeine Regel, nach der man vorhersagen könnte, was geschieht, wenn es zwischen einer Norm, die aus einem Bedürfnis nach Übereinstimmung zwischen Überzeugung und Verhalten erwächst, und einer anderen Norm, die auf einem älteren Verbot durch die Autorität beruht, zu einem Konflikt kommt. Wie sich diese Spannung auswirkt, hängt von der jeweiligen Handlung und vom Kontext ab. Nach der Pubertät können Jugendliche besser logische Widersprüche im Gesamtsystem der Überzeugungen entdecken, und wenn sie auf einen Widerspruch zwischen bestimmten Überzeugungen stoßen, bearbeiten sie die einander widersprechenden Elemente und verändern diese. Eine Funktion der Erkenntnis besteht folglich darin, Normen so zu verändern, daß sie mit dem, was als Tatsache wahrgenommen wird, besser übereinstimmen.

Die Gründer der isrealischen Kibbuzim waren überzeugt, daß es richtig sei, Kinder in Tagesstätten zu geben, denn sie nahmen an, daß die Beziehung zu der Betreuungsperson eine allzu enge Bindung zwischen Mutter und Kind und eine übermäßige Abhängigkeit von den Eltern im weiteren Entwicklungsverlauf verhindern würde. Diese Norm ist zwei Generationen später nicht mehr so stark, denn jetzt sind die jungen Mütter überzeugt, daß es richtig sei, engere emotionale Bindungen zum Kind zu haben. Einer der Gründe für den Normenwandel bestand darin, daß die Berufsrollen von Frauen in den Kibbuzim an Ansehen verloren haben.

Zu einem grundlegenden Normenwandel kann es im weiteren Verlauf des Lebens kommen, wenn die inzwischen gesammelten Erfahrungen auf bislang unbemerkte Tatsachen angewandt werden. Eine Frau von fünfundvierzig Jahren, die überzeugt davon war, daß es richtig sei, wenn sie ihre persönliche Autonomie und ihre Wünsche den Bedürfnissen ihres Mannes und ihrer Kinder unterordnete, muß erkennen, daß diese Auffassung falsch war, wenn innerhalb eines Jahres sowohl die Kinder als auch der Mann sie verlassen. Wenn neue Ereignisse es einem schwer machen, an den bisherigen Normen festzuhalten, werden neue Normen entwickelt. Jean Paul Sartre (1964) schrieb in seinem autobiographischen Essay, daß er als junger Mann geglaubt habe, seine Abhandlungen seien im moralischen Sinne gut, weil sie sich in einer angstgepeinigten Gesellschaft positiv auswirkten. Als er diese Überzeugung verlor, erkannte er, daß er geschrieben hatte, weil er gar nicht anders konnte.

Das Selbstkonzept

Vom zweiten bis zum sechsten Lebensjahr entwickelt das Kind ein immer klareres Konzept von sich selbst als einem Objekt. Genau wie die Begriffe »Tier«, »Essen« und »Gerechtigkeit« beruht das Selbstkonzept auf zwei komplementären Erkenntnisquellen. Die eigentliche Grundlage bilden Qualitäten von absolutem Charakter, die ihre Bedeutung nicht primär von einem Vergleich mit anderen herleiten. Zu diesen Qualitäten gehören die bewußte Wahrnehmung von Gefühlen und Intentionen, das Gefühl der Zugehörigkeit zu bestimmten ethnischen, religiösen, rassischen, altersmäßigen und Geschlechtsgruppen, sowie körperliche Merkmale wie Haar- und Augenfarbe. Die Erkenntnis »Ich bin ein glücklicher, zehnjähriger, braunäugiger, katholischer Chicano-Junge«, enthält sechs dieser Dimensionen.

Die ersten Anzeichen einer Selbstwahrnehmung tauchen zur gleichen Zeit auf wie die Erkenntnis von Normen. Ein solches Anzeichen ist die aktive Steuerung anderer. Das Kind hält beispielsweise der Mutter ein Spielzeugtelefon an das Ohr, gibt ihr zu verstehen, daß es möchte, daß sie sich auf einen anderen Stuhl setzt, bittet bei einem Problem um Hilfe oder verlangt, daß die Mutter einen lustigen Ton hervorbringt. Diese an Erwachsene gerichteten Direktiven zielen nicht auf die Erlangung eines bestimmten materiellen Objekts – das Kind möchte nicht ein Plätzchen oder ein Spielzeug. Vielmehr scheint das Ziel des Kindes einfach darin zu bestehen, das Verhalten des Erwachsenen zu beeinflussen. Da das Kind solche Befehle nicht äußern würde, wenn es nicht überzeugt wäre, daß die Mutter gehorchen wird, nehmen wir an, daß das Kind sich von seiner Fähigkeit, das Handeln des Erwachsenen zu verändern, etwas erwartet und daß es – ebenso bedeutsam – seine Fähigkeit, das Verhalten anderer zu verändern, erkannt hat.

Der Zweijährige kann ein Bild von ihm selbst erkennen, und

wenn er bei einem Blick in den Spiegel auf seiner Nase einen roten Fleck entdeckt (den seine Mutter unbemerkt dort angebracht hat), wird er sich an die Nase fassen, so als wüßte er, daß das von dem Spiegel zurückgeworfene Gesicht zu ihm gehört (Lewis und Brooks-Gunn 1979).

Wenn das Kind beginnt, Verben zu artikulieren – gewöhnlich nach dem zweiten Geburtstag –, fängt es an, seine eigenen Handlungen während ihrer Ausführung zu beschreiben, oft unter Verwendung von Pronomen wie »ich«, »mich« oder »mein«, mit denen es sich auf sich selbst bezieht. Das Kind sagt »auf«, während es auf einen Stuhl klettert, »rausgehen«, während es nach draußen läuft, »ich ganzmachen«, während es versucht, einen umgestürzten Turm aus Bauklötzen wieder aufzubauen, oder »Julia Plätzchen kriegen«, während es zur Küche geht. Da das Kind eher seine eigenen Aktivitäten als das entsprechende Verhalten anderer beschreibt, nehmen wir an, daß es ein vorrangiges Interesse an seinen eigenen Handlungen entwickelt hat. Einige Monate zuvor, als das Kind eben zu sprechen begann, hatte es eine Tendenz, jene Objekte zu benennen, deren Bezeichnungen es gerade beherrschte, so als ob die Erkenntnis, daß es den Namen eines Objekts wußte, es hinreichend erregte, um die spontane Äußerung hervorzurufen. Das Zweijährige hat erkannt, daß es sich bewußt geworden ist, daß es etwas tun kann, daß es andere beeinflussen kann und daß es seinen eigenen Normen genügen kann. Diese Erfahrungen sind dermaßen erregend, daß es seine Handlungen während ihrer Ausführung beschreibt. Es ist wohl kein Zufall, daß gehörlose Kinder, welche die amerikanische Zeichensprache erlernen, im gleichen Alter beginnen, Zeichen hervorzubringen, die sich auf sie – die Kinder – selbst beziehen, in dem auch Kinder mit Gehör anfangen, ihre Handlungen zu beschreiben (Petitto 1983). Diese bemerkenswerte zeitliche Koinzidenz läßt auf die Reifung einer Kompetenz schließen, die es erlaubt, sich selbst bewußt als eine Entität wahrzunehmen.

Bis zum dritten Geburtstag hat sich das Selbstgefühl erweitert und schließt nun ein Gefühl für den Besitz ein. Ein Beispiel dafür liefert die folgende Interaktion zwischen zwei dreijährigen Jungen, die einander völlig fremd waren. Während der ersten zwanzig Minuten einer Spielsitzung drang Kind B viermal in das

Territorium von Kind A ein und nahm sich ein Spielzeug. Kind A tat nichts dagegen: Es protestierte nicht, weinte nicht, quengelte nicht, übte keine Vergeltung und wandte sich nicht um Hilfe an seine Mutter. Einige Minuten später ging es jedoch bedächtig in die andere Ecke, hob ein Spielzeug auf, mit dem Kind B zuvor gespielt hatte, das es aber gerade fallengelassen hatte, und brachte es zurück in sein Territorium. Einige Minuten später, als Kind A mit einem Wagen spielte, kam Kind B herüber und versuchte ihn fortzunehmen. Diesmal hielt Kind A ihn fest und leistete dem Aneignungsversuch von Kind B erfolgreich Widerstand.

Zunächst müssen wir erklären, warum Kind A das Spielzeug zurückholte, das Kind B fallengelassen hatte, und ferner, was ebenso wichtig ist, warum Kind A beim fünften Mal Kind B Widerstand leistete, nachdem es das bei den ersten vier Malen nicht getan hatte. Die beste Vorhersage eines künftigen Verhaltens besteht in der Regel in dem, was jemand in der gleichen Situation früher getan hat. Diese Regel gilt jedoch nicht immer. Der Grund für die Widerstandsaktion von Kind A muß in ihm selbst liegen, denn die äußere Situation hat sich überhaupt nicht geändert. Was hatte sich infolge der vier vorhergegangenen Verluste von Spielsachen geändert? Wir müssen hier ein Besitzempfinden annehmen, ein Gefühl, daß man zu bestimmten Objekten Zugang hat und über sie verfügt, mag es auch das erste Mal sein, daß das Kind diesen Objekten begegnet ist. Wenn das Besitzempfinden durch das Fortnehmen und den Verlust beeinträchtigt wird, entsteht Unsicherheit, und eine Reaktion auf diese Unsicherheit ist der Versuch, das Besitzempfinden erneut zu bekräftigen; daher leistet das Kind gegen eine weitere Fortnahme Widerstand und versucht seinerseits, dem anderen Kind Spielsachen fortzunehmen, um zu beweisen, daß es fähig ist, Besitzanspruch aufrechtzuerhalten. Diese Beschreibungen implizieren die Existenz eines *Selbst*, das Objekte besitzen und die Verfügung über sie aufrechterhalten kann.

Diese erste Phase in der Entwicklung eines Selbstgefühls besteht im wesentlichen in der bewußten Wahrnehmung eigener Intentionen, Gefühle und Normen sowie in der Fähigkeit, ein Ziel zu erreichen. Eine zweite, sich davon unterscheidende Grundlage für die Entwicklung eines Selbstkonzepts wird einige Jahre später bedeutsam und ist das Ergebnis vergleichender Bewertungen seiner selbst in bezug auf andere, besonders andere Kinder. Nun schreibt das Kind sich selbst in einer psychischen oder physischen Dimension eine Stellung zu, in der sich das von ihm wahrgenommene Maß äußert, in dem es die entsprechende Qualität im Vergleich zu anderen Kindern besitzt. So überzeugt, wie ein Mädchen sagen wird, daß ein Hund größer sei als eine Fliege, so überzeugt wird sie sagen, daß sie netter sei als ihr Bruder, aber nicht so tapfer wie ihre Schwester. Am Ende kann es dann geschehen, daß komparative Eigenschaften wie die Intelligenz als absolute Größen aufgefaßt werden. Insofern kann dann ein Erwachsener sich selbst in einem absoluten Sinne als intelligent und mutig einstufen, obwohl die Einstufung sich vorher auf einen Vergleich mit anderen gestützt hatte. Die Überzeugung, daß das Selbst eine Reihe von absoluten und komparativen Qualitäten umfasse, wird über mehrere Mechanismen gewonnen: Schlußfolgerungen, die sich auf die regelmäßigen Konsequenzen des eigenen Handelns stützen, Vergleiche zwischen den eigenen Qualitäten und denen anderer und schließlich die Identifikation. Diese soll nun als ein für den Erwerb von Normen wichtiger Mechanismus erörtert werden.

Identifikation

Bis zum vierten Lebensjahr haben Kinder von einigen ihrer psychischen Eigenschaften unbewußte Kenntnis, und eine Identifikation setzt mit der Überzeugung ein, daß einige der hervorstechenden Eigenschaften einer anderen Person Teil des eigenen Selbst seien. Die andere Person kann ein Elternteil, ein Geschwister, ein Verwandter, ein Freund, ja sogar eine fiktive Persönlichkeit sein. Ein Junge begreift, daß er und sein Vater den gleichen Familiennamen tragen, daß sie beide rote Haare haben, und von Verwandten hört er, daß sie beide, er und der Vater, ein warmes herzliches Lachen haben. Nach und nach gelangt der Junge zu der Überzeugung, daß er dem Vater in einigen spezifischen Hinsichten ähnlich sei. Nun geht das Kind aber über diese Tatsachen hinaus und nimmt an, es müsse noch andere, dem Vater zukommende psychische Eigenschaften besitzen, obwohl es für diese Schlußfolgerung keine objektiven Anhaltspunkte hat. Diese Schlußfolgerung – so entscheidend für die Konsequenzen einer Identifikation – ist ein Beispiel für die universale menschliche Tendenz, anzunehmen, daß zwei Objekte, falls sie einige Eigenschaften gemeinsam haben, wahrscheinlich auch andere, nicht direkt beobachtete Eigenschaften gemeinsam haben werden.

Kommt zu dem Glauben an die psychologische Ähnlichkeit mit einem anderen das Erlebnis eines dem Vorbild offenbar angemessenen emotionalen Nachempfindens hinzu, so hat das Kind, wie man sagt, eine Identifikation hergestellt. Ein Mädchen, das sich mit einer von ihm als intelligent betrachteten Mutter identifiziert, wird den Stolz empfinden, der möglicherweise auftreten würde, wenn es objektive, auf eigenen Leistungen beruhende Anhaltspunkte für seine eigene Fähigkeit hätte. Ein Mädchen, dessen Mutter unehrlich ist, wird dagegen, wenn es glaubt, selbst diese unerwünschte Eigenschaft zu besitzen, Scham empfinden. In diesen Beispielen ist der emotionale Zustand des Kindes mehr am Elternteil ausgerichtet als am eigenen Selbst.

Eine Gruppe von präadoleszenten Jungen, die entweder ernste Lernschwierigkeiten hatten oder von den meisten ihrer Klassenkameraden abgelehnt wurden, leugneten – direkt danach gefragt – diese Eigenschaften ab, weil sie wußten, daß sie unerwünscht waren. Diesen Jungen wurde dann ein Film vorgeführt, der einen Wettbewerb zwischen einem Jungen schilderte, der als beliebt (beziehungsweise schulisch begabt), und einem anderen, der als unbeliebt (beziehungsweise schulisch unbegabt) dargestellt wurde; dabei zeigten sie dann stärkere Einfühlung und größeres emotionales Engagement für den Jungen im Film, der ihre unerwünschten Eigenschaften besaß (Kagan et al. 1982).

Identifikation und Erwerb von Normen. Als positiv empfindet das Kind in der Regel ein Vorbild, das über wünschenswerte Eigenschaften (wie Fürsorglichkeit, Freundlichkeit, Kompetenz und Macht) verfügt, und es wünscht mit dieser Person eine Identifikation herzustellen oder zu verstärken. Eine mögliche Strategie besteht darin, die Ähnlichkeit mit dem Vorbild durch Übernahme seiner Normen zu vergrößern. Am deutlichsten ist dieser Mechanismus bei solchen Normen, die normalerweise nicht mit direkten Sanktionen verbunden sind. Stellen wir uns vor, wie ein Sechsjähriger seinen bewunderten Vater nachdrücklich äußern hört: »Vor einem Großmaul darfst du nie klein beigeben«, oder: »Gib einem Fremden niemals Geld«. Wenn das Kind, was wahrscheinlich ist, beide Normen übernimmt, so nicht, weil es etwa fürchtet, wegen ihrer Übertretung bestraft zu werden, sondern weil es sich dadurch erhofft, dem Vorbild, dem es nacheifert, ähnlich zu werden. Die Attraktivität des Vorbilds verleiht der Norm Überzeugungskraft, ähnlich wie ein Werbeslogan einer bestimmten Ski-Marke Attraktivität verschafft.

Genau wie jene Normen, die durch Billigung oder Mißbilligung von Erwachsenen zustande kamen, können auch Normen, die durch Identifikation übernommen wurden, später auf abstraktere Gegenstände übertragen werden. Beispielsweise kann die Norm, freundlich zu sein, die das Kind durch Identifikation mit dem Vater übernommen hat, in der Adoleszenz zu der Norm erweitert werden, daß Höflichkeit generell etwas Schönes sei. Die Bereitschaft zu einer Übertragung hängt von der Beziehung des Kindes zum Vorbild und von seiner Bewunderung für das Vorbild ab. Im Laufe der Entwicklung verlieren alle Vorbilder etwas von ihrem Glanz, und wenn sich herausstellt, daß ein Vorbild auf tönernen Füßen steht, kann eine Norm brüchig werden. Ein junger, katholischer College-Student aus dem ländlichen Südwesten, der seit seiner frühen Kindheit tief religiös gewesen war, begann an seinem Glauben zu zweifeln, nachdem er neun Monate lang in einer Großstadt des Nordostens die Messe besucht hatte, weil die Priester nach seinem Empfinden indifferent und unengagiert waren und somit seine Normen von Religiosität verletzten.

Identifikation und Geschlechtsrollen-Normen. Wenn Kinder – teils infolge einer Identifikation – erkennen, zu welcher Alters-, Geschlechts- und ethnischen Kategorie sie gehören, denken sie, sie müßten sich in ihren Eigenschaften der entsprechenden Kategorie anpassen. Ein Objekt, das Teil einer Klasse ist, sollte alle Merkmale dieser Klasse besitzen, sonst entsteht ein Unbehagen. Das Kind glaubt: Das, was für mich als wahr gilt, ist auch richtig für mich. So denkt ein Junge: »Wenn Jungen nicht weinen und ich ein Junge bin, dann darf ich nicht weinen.« Entsprechend wird sich ein Mädchen unsicher fühlen, wenn sein Verhalten nicht mit dem, was es unter weiblich versteht, übereinstimmt.

Viele der Eigenschaften, die zusammengenommen die Normen für männliches und weibliches Verhalten ausmachen, werden dem Kind direkt mitgeteilt, doch einige wird es auch indirekt erschließen. Nach Ansicht von Carol Gilligan (1982) geben Frauen Beziehungen, in denen man sich gegenseitig hilft, den Vorzug gegenüber solchen Beziehungen, die durch Hierarchie oder Macht charakterisiert sind. In den meisten Kulturen nimmt man an, daß Aggression und Herrschaft eher bei Männern als bei Frauen anzutreffen sind, und schon mit vier Jahren stimmen Kinder dieser Charakterisierung der Geschlechter zu (Maccoby 1980). Wenn alle Kinder die Vorstellung entwickeln, daß Anteilnahme an den Gefühlen anderer und Sorge für das Wohlergehen anderer zentrale weibliche Züge seien, und wenn sie denken, daß Schlagen und Vertrauensbruch die Norm für Weiblichkeit stärker verletzen als die für Männlichkeit, dann liegt das möglicherweise daran, daß Schwangerschaft und Kinderbetreuung mit ihrem fürsorglichen und lebenserhaltenden Charakter ausschließlich Sache von Frauen sind. Mit einem ähnlichen Argument erklärte Hume die Unterschiede zwischen den Geschlechtern in bezug auf Sittsamkeit und Zähmung der Zügellosigkeit; er stellte fest, Mut sei die höchste Norm für Männer, während Frauen eher der Norm unterliegen, soziale Mißbilligung zu vermeiden.

Alle menschlichen Aktivitäten können mit der Norm verknüpft werden, die das kulturell angemessene Geschlechtsrollenverhalten beschreibt. Dazu kann auch das Schulgeschehen gehören. Da an den meisten amerikanischen Schulen die Grundschulklassen von Frauen unterrichtet werden, könnte das junge Kind zu dem Schluß kommen, daß die mit der Schule verbundenen Objekte und Handlungen eher weiblich als männlich sind. In einer Kleinstadt des Mittelwestens wurden Zweitklässler aufgefordert, offenkundig männliche Objekte mit dem Nonsenswort »dep« und offenkundig weibliche Objekte mit dem Nonsenswort »rov« zu kennzeichnen. Die Kinder lernten rasch, diese Wörter auf Abbildungen von Männer- und von Frauenkleidung, von Baseball-Schlägern und von Lippenstiften anzuwenden. Als man den Kindern dann Bilder von Objekten zeigte, die normalerweise in Klassenzimmern vorkommen, wandten sowohl unter den Jungen als auch unter den Mädchen die meisten das weibliche »rov« auf die Abbildung einer Tafel, eines Buches, ein Blatt mit Rechenaufgaben und eine Abbildung an, auf der ein Junge und ein Mädchen in einer Schulbank sitzen, während sie das männliche »dep« auf ein Boot und eine Seekarte anwandten (Kagan 1964).

Alter und Rollennormen. Schon mit drei Jahren haben Kinder eine Vorstellung davon entwickelt, welche Eigenschaften verschiedenen Altersstufen angemessen sind. Vierjährigen Kindern wurden Zeichnungen von verschiedenen Szenen vorgelegt, und sie sollten entscheiden, was die dargestellte Person wohl empfinden mochte. Ihre Antwort sollten sie dadurch kundtun, daß sie auf eines von acht schematisch gezeichneten Gesichtern deuteten, in denen gelinder beziehungsweise heftiger Zorn, Trauer, Angst oder Zufriedenheit zum Ausdruck kamen. In der einen Szene hatte eine Person einem Baby, einem Kind beziehungsweise einem Erwachsenen eine Schaufel weggenommen. Eine andere Szene zeigte ein Baby, ein Kind beziehungsweise einen Erwachsenen mitten in einer großen Pfütze. Über Dreiviertel der Kinder gaben an, ein Baby sei in diesen Situationen traurig, der Erwachsene dagegen wütend (Lusk 1978).

Vierjährige schreiben dem Kleinkind eine Tendenz zu Angst, Kummer und Hilflosigkeit zu. Erwachsene werden dagegen als energisch Handelnde gesehen, die in Reaktion auf eine Gefahr eher zornig als ängstlich werden. Einer der Gründe, warum Kinder gerne größer werden möchten, ist der, daß die Erwachsenenrolle ihnen attraktiv erscheint.

Mit drei Jahren kennen Kinder also die Altersklassen des Kleinkindes, des Kindes und des Erwachsenen, und außerdem finden sie es richtig, sich so zu verhalten, wie es der jeweils höheren Altersstufe entspricht. Das Kind wünscht daher die Normen zu übernehmen, welche die Erwachsenen ihm vermitteln möchten. Dazu eine aufschlußreiche Anekdote. Ein dreijähriges Mädchen, das noch immer einen Schnuller benutzte, wurde immer wieder aufgefordert, das zu lassen, weil sich das nicht gehöre. Einen Monat, bevor es drei wurde, sagte es zu seiner Mutter: »An meinem Geburtstag werde ich meinen Schnuller in den Abfall werfen«. Die Mutter dachte nicht mehr an das Versprechen des

Kindes. Am Morgen seines Geburtstages rief es die Mutter in sein Zimmer, und indem es auf den Papierkorb deutete, sagte es stolz: »Schau«. In dem Papierkorb lag der Schnuller.

Dreijährige erkennen die unterschiedlichen Altersrollen, bewerten die jüngere Rolle als nicht wünschenswert und sind imstande, sich bewußt vorzunehmen, das für die reifere Rolle kennzeichnende Verhalten zu übernehmen. Im übrigen ist es mit einem angenehmen Gefühlszustand verbunden, wenn man der Norm für eine Altersrolle genügt. Ein Mädchen, das noch einen Tag zuvor getadelt worden war, weil es seinen Kot im Badezimmer verschmierte, sagte tags darauf zu seiner Mutter: »Ich bin traurig und glücklich. Ich bin traurig, weil ich gesudelt habe. Ich bin glücklich, weil ich es nicht mehr tun werde.«

Das Gebieterische, das jeder Norm innewohnt, kann sich auf mehr als einen Mechanismus stützen. Die Norm, freundlich zu sein, kann sich beispielsweise auf Identifikation, auf Billigung durch die Autorität und auf Einfühlung in einen anderen stützen. Alle drei Mechanismen sind mit sieben Jahren wirksam, und es ist eine Frage der jeweiligen Kultur, in welchem Verhältnis sie zueinander stehen. Zwischen den Gründen, denen eine Norm ihre Entstehung und ihre Geltung verdankt, wird deshalb differenziert, weil anzunehmen ist, daß die Emotion, die durch die Verletzung einer Norm entsteht, ebenso wie die Abwehr gegen eine Veränderung sowohl von ihrer Entstehung wie auch von den sie jeweils stützenden Kräften abhängt. Sanktionen seitens Erwachsener und Identifikation mit den Eltern sind bis zum zehnten Lebensjahr prägend. Während der Präadoleszenz tritt die Zustimmung der Gleichaltrigen in den Vordergrund. In der späten Adoleszenz und im Erwachsenenalter, wenn die formalen Denkoperationen da sind, bekommt die logische Übereinstimmung zwischen Normen und Erfahrungstatsachen herausragende Bedeutung. In der westlichen Gesellschaft fällt es Erwachsenen leichter, eine Norm zu ignorieren, die sich lediglich auf soziale Zustimmung stützt, weil sie dem persönlichen, autonomen Gewissen einen hohen Rang einräumen. Normen, die auf Identifikation beruhen, lassen sich nicht so leicht ändern, besonders jene nicht, die der Zugehörigkeit zur Geschlechts- oder Alterskategorie, zu einer Klasse oder Rasse entspringen. Das innerhalb der letzten zehn Jahre in Amerika und Westeuropa gestiegene Selbstbewußtsein der Frauen hat jedoch auf die bestehenden Geschlechtsrollen-Normen unerhörte Auswirkungen gehabt. Alle Normen sind demnach gefährdet, keiner ist Dauerhaftigkeit garantiert.

Normen – eine Quelle von Motiven

Normen sind eine wichtige Quelle von Motiven, weil das Kind sicher sein möchte, im moralischen Sinne gut zu sein. Die konkreten Ereignisse, die einem Kind signalisieren, daß es einer Norm entsprochen hat, werden zu erstrebenswerten Zielen. Wenn das Kind glaubt, es sei gut, gehorsam zu sein, hat es ein Motiv, den Eltern zu gehorchen, wenn das Kind glaubt, es sei gut, intelligent zu sein, hat es den Wunsch, gute Noten zu erzielen. So beruht bei manchen Kindern und Heranwachsenden das Verlangen nach einem Zeichen dafür, daß sie von den Eltern geschätzt werden, auf der Überzeugung, daß sie geliebt werden müßten. Die Erfahrung, nach der sie verlangen, besteht nicht in einem bestimmten elterlichen Handeln oder einer bestimmten Sinneserfahrung, denn ein Kuß, ein Lächeln, ein Geschenk oder die Erlaubnis, ins Kino zu gehen, könnte das Motiv befriedigen. Bei den Inuit ist es beispielsweise üblich, junge Kinder zu necken, und fünfjährige Eskimo-Kinder möchten geneckt werden, weil sich für sie in dieser Form der Zuwendung der Erwachsenen ihre Bedeutung innerhalb der Familie widerspiegelt.

Jeder möchte seine positive moralische Selbsteinschätzung bestätigt wissen; deshalb sucht man bei denjenigen, die die begehrten Auszeichnungen verleihen können, es aber nicht getan haben, nach einem moralischen Makel. Hat man bei einem anderen eine moralische Schwachstelle entdeckt, so kann man die Ziele, die nur unter Schwierigkeiten zu erreichen waren, leichter abwerten. Weil man ein Motiv, das man als höchst tugendhaft betrachtet, nicht befriedigen kann, wird man das unerreichbare Ziel durch ein anderes, leichter erreichbares zu ersetzen trachten, das zugleich das verfehlte Ziel abwertet. Das Gewicht, das die alten Hebräer statt auf Reichtum und weltliche Macht auf die Werte der Moral und Weisheit legten, kann man beispielsweise als einen ideologischen Ausweg aus dem bedrückenden Vergleich zwischen der armseligen nomadischen Existenz der Hebräer mit den materiellen Vorteilen ihrer Nachbarn auf beiden Seiten, den Ägyptern und den Mesopotamiern, deuten. Manchmal geht es bei den menschlichen Motiven also um Moral, und von daher wird die sich wandelnde Hierarchie der Motive eines Menschen verständlich.

Bei der Beschäftigung mit den Gründen zielorientierten Verhaltens ist vielen westlichen Philosophen aufgegangen, daß der Hedonismus oftmals gegenüber der Moral den kürzeren zieht, und sie haben diese scheinbare Paradoxie auf unterschiedliche Weise aufzulösen versucht. John Stuart Mill nahm an, die Freuden des Geistes seien stärker als die der Sinne. Die Utilitaristen haben die Schwierigkeit dadurch umgangen, daß sie es dem einzelnen überließen zu bestimmen, was Glück ist, und dabei den unkritischen Leser stillschweigend in dem Glauben gelassen, die Sinnesfreude sei die Basis allen Glücks.

Freud löste das Problem in der Weise, daß er den Primat jenen Motiven zuschrieb, die aus dem Es stammen, von dem er annahm, es sei biologischen Ursprungs. Motive, die mit Normen zusammenhängen, waren für ihn eher eine Hemmung von als ein Anstoß zu zielorientiertem Verhalten und wurden dem Über-Ich zugewiesen. Die Kombination von Materialismus und Darwinscher Evolutionstheorie, die das Denken des ausgehenden 19. Jahrhunderts dominierte, ließ es plausibel erscheinen, die menschlichen Motive, da sie eine phylogenetische Grundlage haben, nach der Qualität und Intensität des Affekts zu unterteilen. Zwei Beispiele zielgerichteten Verhaltens, die diese Kriterien offenkundig erfüllen, sind die Sexualität und die Aggression. Was Freuds Theorie angreifbar machte, war seine Annahme, die sinnlichen Freuden, die mit der Stillung des Hungers und des sexuellen Verlangens verbunden sind, besäßen gegenüber dem Wunsch, das Ich moralisch positiv zu sehen, eine natürliche Priorität. Dabei brauchen diese beiden Ziele kein Gegensatz zu sein, und sie sind es auch nicht, wenn die sinnliche Freude Bestandteil der allgemeinen Definition von Tugend ist, wie das für viele moderne Amerikaner gilt. Das Verlangen nach sinnlicher Freude und der Wunsch, das Ich als gut wahrzunehmen, ergänzen einander, haben ihre Wurzel in der biologischen Konstitution des Menschen und treten in einem frühen Entwicklungsstadium auf.

Die Verletzung von Normen

Was ein Kind nach einem normwidrigen Verhalten empfindet, hängt von mindestens zwei Faktoren ab – einmal davon, ob das Kind glaubt, daß andere Menschen von der Normverletzung wissen oder erfahren werden, zum anderen davon, ob es sich für die Normverletzung persönlich verantwortlich fühlt, davon also, ob es nach einer unrechten Tat, die einem anderen geschadet hat, erkennt, daß es auch anders hätte handeln können. Kombiniert man diese beiden Faktoren, so erhält man vier Resultate unterschiedlicher Erlebnisqualität. Schuld empfindet es, wenn es erkennt, daß es andere Handlungsmöglichkeiten hatte, und überzeugt ist, daß niemand von der Normverletzung weiß (seine feindselige Haltung gegenüber der Mutter zum Beispiel bedrückt das Kind schwer). Wenn das Kind glaubt, daß es keine andere Wahl hatte und daß andere von der Normverletzung wissen (es hat zufällig ein anderes Kind zu Fall gebracht), wird es Scham empfinden. Wenn das Kind keine Handlungsalternative sieht und weiß, daß niemand von der Normverletzung weiß (es hat davon geträumt, die Mutter zu ermorden), wird es Angst empfinden. Wenn das Kind weiß, daß es auch anders hätte handeln können und daß andere von der Normverletzung wissen (es hat absichtlich das gemeinsame Abendessen gestört), empfindet es schließlich eine Kombination von Scham und Schuld.

Es ist fruchtlos, über die Benennung dieser emotionalen Zustände zu streiten. Psychologen verwechseln, wie Hobbes über Aristoteles gesagt hat, vielfach das Studium der Bedeutung von Wörtern mit dem Studium der Dinge, für welche diese Wörter stehen. Wir machen uns nur etwas vor, wenn wir glauben, mit der Erklärung der Wörter irgend etwas erklärt zu haben. Worauf es ankommt, ist, daß das emotionale Erlebnis nach den genannten Sachverhalten jeweils ein anderes ist. Kinder haben sich Normen, von denen sie wissen, daß andere sie vertreten, zu eigen gemacht, bevor sie erkennen, daß sie das entsprechende Handeln steuern können und dafür verantwortlich sind. Innerhalb der Entwicklung tritt daher normalerweise die Scham vor der Schuld auf. Mit vier Jahren ist jedoch allen Kindern klar, daß sie bei zahlreichen Handlungen eine gewisse Entscheidungsfreiheit haben.

Zum gleichen Zeitpunkt wie diese Einsicht tritt die Selbstbeschuldigung auf. Ein Mädchen von dreieinhalb Jahren fuhr mit der Mutter im Auto, als ihm durch das offene Fenster ein Luftballon davonflog. Die Mutter war bereit, anzuhalten und zurückzufahren, um den Ballon zu suchen. Das Kind überraschte die Mutter mit dem Eingeständnis, der Ballon sei ihm durch eigene Nachlässigkeit abhanden gekommen, und deshalb sei es nicht nötig, noch einmal zurückzufahren. Die Mutter fuhr trotzdem zurück, und das Kind war überglücklich, als sie den Ballon fanden. Eine Zweijährige hätte geschrien, bis sie den Ballon wieder fest in ihrer Faust gehalten hätte.

Es ist auch von Gesellschaft zu Gesellschaft verschieden, welche Entscheidungsfreiheit ihre Angehörigen in einer ethisch problematischen Situation zu haben glauben. In kleinen Dorfgemeinschaften, wo alle die gleichen Wertvorstellungen haben und praktisch jeder innerhalb von vierundzwanzig Stunden von den meisten Abweichungen erfahren wird, dürfte Scham häufiger sein als in großen Ballungsgebieten, wo viele Übertretungen unentdeckt bleiben. Ein erwachsener Mann aus einem Kipsigis-Dorf im Westen Kenyas erklärte einem Interviewer (der ihn nach moralischen Zwangslagen fragte): »Wenn einer hört, daß ein anderer über ihn spricht und sagt ›oh, warum hat er das getan?‹, dann ist sein Herz erschrocken. (...) Mancher begreift erst, daß er etwas Böses getan hat, wenn andere ihn gesehen haben.« (Harkness, Edwards und Super 1981, S. 602) Die meisten amerikanischen Eltern sind überzeugt, daß die Kinder zu der Ansicht kommen müssen, daß sie für ihr Handeln verantwortlich sind, so daß das größere Kind auch dann an den Normen festhält, wenn andere Familienangehörige nicht mehr als Kontrolle gegenwärtig sind. Diese Eltern geben daher ihren Kindern mehr Gelegenheit, sich frei zu entscheiden, als Eltern in Gegenden, wo nur eine Subsistenzlandwirtschaft betrieben wird.

Alle Erwachsenen sind imstande, sich insgeheim selbst zu verurteilen, und sie können auch das Gefühl empfinden, das mit der vorweggenommenen Kritik von außen verbunden ist, doch ist das Verhältnis zwischen diesen beiden unterschiedlichen Grundlagen der Befolgung von persönlichen und allgemeinverbindlichen Normen von Gesellschaft zu Gesellschaft verschieden. Dafür gibt es wahrscheinlich vielfältige und komplexe Gründe. Ein nicht zu unterschätzender Faktor ist die Unterschiedlichkeit der Wertvorstellungen. Die vorweggenommene soziale Zurückweisung aufgrund der Verletzung einer Norm ist nur dort wirksam, wo unter den Menschen, mit denen man zusammenkommt, ein Konsens über Grundwerte besteht. Da in den Vereinigten Staaten und in Europa zwischen den verschiedenen Klassen, den Religionsgemeinschaften und den ethnischen Gruppen eine außerordentliche Mannigfaltigkeit der Wertvorstellungen herrscht, kann jeder sicher sein, daß er mit seinen Wertvorstellungen immer bei irgendwelchen Leuten Mißfallen erregt. Dadurch ist jeder auf eine persönliche Ethik angewiesen. Wer sich der Versuchung zum Trotz entschließt, einen geliebten Menschen nicht zu belügen, einen Freund nicht zu bestehlen oder einen kranken Verwandten nicht allein liegen zu lassen, tut das wahrscheinlich, weil er die mit der Selbstverurteilung verbundenen Gefühle vermeiden möchte.

In anderen Gesellschaften – etwa in Japan – stützt sich ein Verhalten, daß diesen Versuchungen widersteht, wesentlich auf die Vorwegnahme der Kritik und der sozialen Zurückweisung durch jene, mit denen man über längere Zeit eine enge Beziehung aufrechterhalten möchte. Japanische Eltern fördern, wie ich angedeutet habe, bei ihren Kindern einen Zustand der psychischen Interdependenz und erklären ihnen, daß sie mit der Verletzung einer Norm ihr Verhältnis zur Familie und zu Außenstehenden gefährden. Die japanischen Kinder sollen sich darum bemühen, keinen Ärger zu erregen, denn das leitende Prinzip der sozialen Interaktion lautet, Reibungen oder Feindseligkeit zu vermeiden und harmonische Beziehungen zu unterhalten. So fand auch Cicero ein Denken, das sich gänzlich von den Meinungen anderer löst, gefährlich. »Geistige Größe«, schrieb er, »die sich von der Gesellschaft der Menschen abspaltet, wird zu einer Art von abstoßender Grausamkeit.« Für Spinoza war ein Mensch, der nach den allgemeinen Gesetzen seiner Gesellschaft lebt, freier als einer, der »allein sich selbst gehorcht« (zitiert in Wolfson 1962, S. 260). Viele amerikanische Kinder hören jedoch, daß sie allein überlegen und entscheiden müssen, was Recht und Unrecht ist. Das Kind soll sich nicht vor sozialer Zurückweisung fürchten, wenn es an einer unpopulären Norm festhält, denn jeder muß tun, was er für richtig hält. Diese Ansicht ist nicht auf die Mittelschicht beschränkt. Eine Frau, die in der zehnten Klasse von der Schule abgegangen war und mit ihren zwei Töchtern allein von Sozialfürsorge lebte, erklärte einem Interviewer, was sie sich für ihre Dreijährige wünschte: »Ich will, daß sie vor niemand Angst hat. Sie muß selbst entscheiden, was sie tut und was sie läßt, egal, was andere sagen.«

Es ist nicht erstaunlich, wenn die fortgesetzte Einwirkung eines dieser beiden Erziehungssysteme Erwachsene hervorbringt, die auf Normverletzungen in unterschiedlicher Weise mit vorweggenommenen Schuldgefühlen, Scham und Angst reagieren. Das persönliche, gegen die Meinungen der Mitwelt völlig immune Gewissen, das man heute feiert, ist offenbar eine historische Tatsache – und nicht eine tiefe Einsicht in die menschliche Natur oder ein universell hochzuhaltendes Gut.

Die bewußte Einstellung zu Normen, bei denen es um das Verlangen nach Sexualität, Macht, Aggression, Ruhm und Besitz geht, hat sich wohl innerhalb der letzten dreihundert Jahre geändert. Die Puritaner des 17. und 18. Jahrhunderts wurden von den gleichen Begierden bewegt, die auch die erwachsenen Amerikaner der Gegenwart anstacheln, doch verlangte die Norm von den Puritanern, ein übermäßiges Streben nach diesen Belohnungen zu unterdrücken. Von dem Erwachsenen wurde erwartet, daß er nicht allzu viel Reichtum erwirbt, nicht nach übertriebener Anerkennung strebt und seinem sexuellen Verlangen nicht in jedem Fall nachgibt. So konnte sich jeder durch Selbstverleugnung seines eigenen Werts und seiner Würde vergewissern. Einfacher gesagt: Zu einer bestimmten Zeit durfte sich ein Erwachsener, den es verlockte, mit einem bereitwilligen Partner ein sexuelles Verhältnis einzugehen, der aber dennoch darauf verzichtete, aufgrund dieser Selbstbeherrschung tugendhaft fühlen. Im heutigen Amerika kann sich ein Erwachsener, der sich in der gleichen Weise beherrscht, nicht mehr so leicht etwas darauf zugute halten, denn heute gilt die Maximierung der Lust als ein kultureller Wert.

Es ist für jeden Menschen ein Bedürfnis, sich als moralisch wertvoll zu empfinden. Der Puritaner konnte diese Forderung teilweise durch bloße Mäßigung – die Einschränkung exzessiver Begierde – und Besonnenheit erfüllen. Man beachte aber, daß die Unterdrückung der Begierde weder der Hilfe von anderen bedarf noch eine Glückssache ist. Jeder hat die Kraft, sich seiner moralischen Qualität zu vergewissern. Man zählt, um es mit den Worten Emersons zu sagen, auf sich selbst.

Dem westlichen Erwachsenen von heute fällt es weitaus schwerer, sich etwas darauf zugute zu halten, wenn er Versuchungen widersteht. Wahrscheinlich wird ein Amerikaner sogar von seinen Freunden wegen unnötiger Selbstverleugnung verspottet. Andererseits ist der Erwachsene von heute nicht von der Bürde befreit, sich zu beweisen, daß er ein wertvoller Mensch ist. Ein angesehener Beruf, hohes Einkommen und eine befriedigende Liebesbeziehung gehören zu den Kriterien eines erfolgreichen Lebens. Mit Wünschen allein erreicht der normale Mensch jedoch diese Ziele nicht. Für die Dinge, die er braucht, um sich zu beweisen, daß er gut ist, ist jeder Erwachsene zwangsläufig stärker als einst der typische Puritaner auf Freunde, wohlwollende Autoritäten und Glück angewiesen.

Wenn man der Versuchung, eine Norm zu verletzen – etwa bösartig über einen anderen herzuziehen –, widersteht, entsteht ein Gefühl, das durch Spannung und Konflikt gekennzeichnet ist. Anders empfindet man, wenn man unbedingt eine Eins in einem Fach oder eine Empfehlung braucht, aber unsicher ist, ob man diese Ziele erreicht. Das letztere Gefühl, das man besser als *Angst* beschreibt, tritt auf, wenn man auf die Ereignisse, die Unbehagen hervorrufen können, keinen Einfluß hat oder wenn man außerstande ist, die Befriedigung von Wünschen, die einen beruhigen würden, sicherzustellen. Ich will nicht behaupten, daß das puritanische Gefühl der Zerrissenheit besser oder reifer sei als das heutige Gefühl der Angst; ich stelle nur fest, daß historische Umstände die vorherrschenden, mit der Befolgung von Normen verbundenen Gefühlszustände beeinflussen können.

Die moderne westliche Gesellschaft ist gegenüber der Verletzung wichtiger Normen immer toleranter geworden. Das hat Jugendliche und Erwachsene zu dem Schluß veranlaßt, es gebe niemanden mehr, der diese oder jene Handlungsweisen mißbilligt, und so sinkt die Wahrscheinlichkeit, daß man sich ihrer schämt. Gleichzeitig wird aber in unserer Gesellschaft immer häufiger darauf gepocht, daß einzelne für viele ihrer Handlungen nicht verantwortlich seien. Als Ursache werden die gesellschaftlichen Verhältnisse angeführt. Mord, Vandalismus, Schulversagen, ja sogar Wissenschaftsbetrug wird hier und da den unzulänglichen Institutionen, der Armut und den gesellschaftlichen Verhältnissen angelastet – und nicht der unzureichenden Bemühung, Entschlossenheit und Hingabe des einzelnen.

Ein Ausschuß, den der Dekan der Harvard Medical School eingesetzt hatte, um den Fall eines jungen Wissenschaftlers zu untersuchen, der eingestandermaßen einige seiner Resultate gefälscht hatte, gab den folgenden Bericht:

> »Unredlichkeit in der wissenschaftlichen Forschung beruht auf Interaktionen zwischen dem einzelnen und der Umwelt. (...) Einer der Faktoren, die möglicherweise eine Anfälligkeit für unredliches Verhalten schaffen, scheint in einer starken Erfolgsorientierung zu liegen. (...) Eher als die Persönlichkeit oder selbsterzeugte Zwänge sind Faktoren, die mit der Umwelt zusammenhängen, einer Veränderung zugänglich. Daher ist der Ausschuß der Ansicht, daß eine Wirkung am ehesten von vorbeugenden Maßnahmen zu erwarten ist, deren Gegenstand jene Verhältnisse und Praktiken im Laboratorium wären, die manche zu unredlichem Verhalten verführen.« (*Harvard University Gazette*, 29. Januar 1982, S. 12)

Wenn Erklärungen eines amoralischen Verhaltens einen Teil der Bürde der Verantwortung von der Person auf nicht faßbare äußere Bedingungen verlagern, lassen die emotionalen Konsequenzen einer Überschreitung nach, und aus prinzipiellen Normen werden, wie oben festgestellt wurde, bloße Konventionen.

Zur Bewertung der kindlichen Moral

Während die Philosophen sich bemühten, die moralische Qualität einer Handlung zu definieren, haben die Psychologen in diesem Jahrhundert versucht, Kinder, Jugendliche und Erwachsene nach ihrer Moral einzustufen oder ihre moralischen Urteile mit bestimmten Entwicklungsstadien in Verbindung zu bringen, die zu immer größerer Reife fortschreiten. Der in der Psychologie des 20. Jahrhunderts vorherrschende Pragmatismus inspirierte nach dem Ersten Weltkrieg einen Versuch, die Moralität des Kindes anhand seiner Handlungen zu beurteilen. Leider zeigten die Beobachtungen an Kindern – insbesondere die berühmten Experimente von Hugh Hartshorne und Mark May (1928) – keine konsequente Bereitschaft, in unterschiedlichen Situationen einer bestimmten moralischen Norm treu zu bleiben. Da man sich über die moralische Klassifikation von Verhaltensweisen nicht einigen konnte, verschwand die Tendenz, Unterschiede im tugendhaften Verhalten zu messen, für einige Jahrzehnte von der Bildfläche, bis Lawrence Kohlberg – an Piaget anknüpfend, der die kognitiven Grundlagen des moralischen Handelns betont hatte – die Meinung vertrat, die verbal geäußerte Begründung für eine moralische Entscheidung könne und solle entsprechend ihrer Reife eingestuft werden (Kohlberg 1981). Grundlage der Einstufung bildet die Qualität der Erklärung, die für hypothetische moralische Dilemmata gegeben wird, wobei der niedrigste Rang solchen Erklärungen zugewiesen wird, die auf Furcht vor Strafe oder Erwartung einer Belohnung beruhen, während der höchste Rang solchen Erklärungen vorbehalten ist, die sich aus einem kohärenten Satz von Prämissen herleiten. Was den Inhalt angeht, so erhalten Gerechtigkeit und Achtung vor dem menschlichen Leben eine höhere Priorität als soziale Harmonie, und soziale Harmonie erhält größeres Gewicht als Angst vor Strafe, Mißbilligung oder sozialer Zurückweisung (obwohl nach Ansicht der Javaner Sozialangst eine reife Begründung dafür ist, Eltern Respekt zu erweisen). Kohlbergs Ideen erhielten mehr Zustimmung, als man herausfand, daß Heranwachsende und Erwachsene in westlichen und in Entwicklungsländern stärker als jüngere Kinder dazu neigen, eine ethische Lösung mit einer Reihe kohärenter Prämissen zu begründen, die dem Leben und der Freiheit einen hohen Wert zuschreiben. Doch war diese Art der Verwirklichung des Wunsches nach einer moralischen Rangordnung unbefriedigend für diejenigen, die wissen möchten, wie sich die Antworten auf hypothetische moralische Dilemmata zu den wirklichen Gründen für die moralischen Intentionen und Handlungen eines Kindes verhalten, und die die moralische Bewertung lieber auf die letztgenannten Qualitäten stützen. »Möchtest Du es so oder nicht?« hatte James geschrieben, »das ist die bohrendste Frage, die man uns überhaupt stellen kann. (...) Wir antworten mit Zustimmung oder Nichtzustimmung, und nicht mit Worten.« (1981b [1890], S. 1182) Fragt man einen Sechsjährigen, warum ein Mann nicht stehlen sollte, so antwortet er wahrscheinlich, daß der Mann dann erwischt und bestraft wird, während ein Siebzehnjähriger erklären wird, daß die Stabilität der Gemeinschaft zerstört würde, wenn alle Mitglieder der Gesellschaft Diebe wären. Die unterschiedliche verbale Reaktion ist sicher von Interesse, nur geht daraus weder hervor, daß bei Sechsjährigen die Furcht vor Entdeckung die wichtigste Hemmung ist, die sie vom Stehlen abhält, noch zeigt sie, daß es Siebzehnjährigen gleichgültig wäre, ob sie erwischt werden oder nicht.

Es gibt noch weitere unangenehme Probleme, wenn man den Stand der moralischen Entwicklung eines Menschen vor allem anhand von verbalen Äußerungen beurteilen will. Beispielsweise geben amerikanische Erwachsene, die nicht das College besucht haben, und indische Jugendliche aus der oberen Mittelschicht, hauptsächlich Dschaina und Hindu, im Durchschnitt weniger reife Erklärungen für moralische Entscheidungen als Amerikaner aus der Mittelschicht, die das College besucht haben. Dieses Ergebnis hat die der Intuition zuwiderlaufende Implikation, daß Amerikaner mit Collegebildung auf einem höheren Stand der moralischen Entwicklung stehen als High-School-Absolventen (Parikh 1980; Colby et al. 1983). Thomas Jefferson wäre bestimmt mit Kohlberg aneinandergeraten, schrieb er doch, daß alle Menschen ein ausgeprägtes moralisches Empfinden hätten: »Lege eine moralische Zweifelsfrage einem Landmann und einem Professor vor. Der Erstere wird sie ebenso gut und oft besser entscheiden als der Letztere, weil er nicht durch künstliche Regeln irregeführt worden ist.« (Zitiert in Boyd 1955, S. 15)

Ein ernsthafterer Einwand gegen die Einstufung der moralischen Reife eines Kindes besteht darin, daß man eine universale Abfolge einheitlicher Niveaus des moralischen Urteils annimmt, die von bestimmten Verlockungen unabhängig sind. Ich glaube nicht, daß Kinder oder Erwachsene in allen ethischen Situationen von dem gleichen moralischen Niveau aus handeln (Colby et al. 1983).

Alle Beschreibungen von Qualitäten müssen, wie ich im ersten Kapitel andeutete, durch eine Beschreibung der jeweiligen Situation ergänzt werden. Fünfjährige werden ihre Abneigung gegen das Stehlen mit Furcht vor Strafe erklären, doch wenn sie ein persönliches Vergnügen hinausschieben, um einem Freund zu helfen, werden sie das damit begründen, daß sie mit jemandem, der in Bedrängnis ist, Mitgefühl haben (Eisenberg-Berg und Hand 1979). Die Humanbiologen erklären, daß der Begriff der körperlichen Reife von geringem theoretischem Wert sei, weil das Wachstum der Zähne, Knochen, Muskeln, des Gehirns und der Genitalien nur schwach korreliert. Sie können für jedes dieser Systeme gesondert Kinder nach dem Grad der körperlichen Reife einordnen, doch die Vorstellung eines mittleren Wachstumsquotienten liegt ihnen fern.

Wenn es darum geht, Kinder nach ihrer »sittlichen Reife« zu beurteilen, würde die Intention des Kindes in einer konkreten moralischen Konfliktsituation nach Ansicht der meisten Eltern und sehr vieler Wissenschaftler eine ebenso plausible Grundlage abgeben wie die Qualität der für hypothetische Situationen gegebenen Erklärungen. Einer der Gründe, warum man die verbale Rechtfertigung einer ethischen Entscheidung als Kriterium für die Bewertung der Moralität eines Menschen gewählt hat, ist vermutlich der, daß es den Forschern so leicht fällt, verbale Erklärungen für moralische Dilemmata zu sammeln; und der Zufall wollte es, daß diese Erklärungen im Laufe der Entwicklung eine bemerkenswerte und geordnete inhaltliche Veränderung aufwiesen. Verglichen damit ist es weit schwieriger, die Intentionen und die Schuld- und Schamgefühle von Kindern abzuschätzen. Der Empirist mißt eben, was sich messen *läßt*.

Schlußfolgerung

Eine der bedeutendsten Veränderungen, die mit der Evolution unserer Spezies einhergingen, war der Übergang von Handlungen, die durch Ereignisse ausgelöst werden, zu Handlungen, die auf Vorstellungen zurückgehen – ein Wandel, der in seinen Implikationen ebenso bedeutsam ist wie der phylogenetische Fortschritt von der Kiemen- zur Lungenatmung oder von der äußeren zur inneren Befruchtung des Eis. Normen bilden die eine der beiden großen Klassen von Ideen – die andere besteht in Motiven –, welche das menschliche Verhalten zum größten Teil steuern. Sie sind stetig in ihrer Wirkung wie der Impulsstrom aus dem Stammhirn, der unseren Muskeltonus aufrechterhält, und ihr Ziel ist die Bestätigung des Ichs und seiner Tugend. Was hier über Normen gesagt wurde, berührt eines der fünf im ersten Kapitel erörterten Probleme. Die äußerlichen Tugenden, die Kinder entwickeln, werden sich nach den Anforderungen der Kultur richten, in der die Kinder aufwachsen, doch kann man sich darauf verlassen, daß bei allen Kindern bis zum dritten Geburtstag die Einfühlung und die Erkenntnis von Recht und Unrecht auftreten. Die Entwicklung der Moral ist also sowohl von biologischen als auch von kulturellen Einflüssen bestimmt.

Die Moral wird immer ein entscheidendes Anliegen der Menschen sein, weil die Menschen annehmen möchten, daß es in einer Entscheidungssituation einen mehr oder minder tugendhaften Ausgang gibt, und daher nach Kriterien für das Handeln verlangen. Die Tatsache, daß schon Zweijährige wissen möchten, ob ein bestimmtes Handeln korrekt oder unkorrekt ist, läßt darauf schließen, daß dieses Thema von höchster Bedeutung ist. Menschen haben einen inneren Drang, moralische Kriterien zu entwickeln, in dem gleichen Sinne, wie frisch geschlüpfte Schildkröten dem Wasser und Motten dem Licht zustreben. Moralische Tugend – jener Zustand, den man anstrebt, um sich selbst die Gewißheit zu geben, daß man gut ist – umfaßt in der modernen Gesellschaft Freude, Besitz, Ansehen, Macht, Selbständigkeit, Kompetenz, Fürsorglichkeit, Freundlichkeit, Liebe, Ehrlichkeit, Leistung, Aufrichtigkeit und die Überzeugung, daß man in seinem Handeln frei ist. Das alles sind im Laufe der Zeit entstandene Konstrukte, die sich jedoch auf universale Affekte zurückführen lassen. Es ist nicht im menschlichen Erbgut festgelegt, welche Bedeutung dem einen oder anderen dieser Werte jeweils zugeschrieben wird; das hängt vielmehr davon ab, wie weit der einzelne sich in die Notlage eines anderen hineinzuversetzen vermag, wie weit er fähig ist, über die Verletzung von Normen Scham und Schuld zu empfinden, und wie weit er dazu bereit ist, Handlungen, die Mißbilligung auslösen, zu unterdrücken. Zwischen diesen Ansichten besteht kein Widerspruch. Das junge Kind ist von Natur aus darauf vorbereitet, sich an seine Eltern zu binden; die westliche Kultur fordert allerdings, daß es am Ende selbständig wird, daß es von den Eltern unabhängig wird und imstande ist, auch ohne sie mit Notlagen fertig zu werden. Das alles sind nicht nur Qualitäten, die erfordern, daß die anfängliche natürliche Disposition überwunden wird, es sind auch Qualitäten, die vermutlich nicht biologisch vorgegeben sind. Das moralische Empfinden des Kindes wird weitgehend durch eine Fähigkeit zur Bewertung bestimmter Emotionen und das Erleben dieser Emotionen geprägt, doch die in einer bestimmten Gemeinschaft geltende Ethik beruht auf vielfältigen, in eine allgemeine Grundüberzeugung eingebetteten sozialen Tatsachen. Menschen scheinen nicht speziell auf bestimmte moralische Pflichten programmiert zu sein, aber sie besitzen die Bereitschaft, eine ethische Pflichtauffassung zu entwickeln und an ihr festzuhalten. Pär Lagerkvist ließ Gott auf die Frage, was er mit der Erschaffung des Menschen beabsichtigt habe, antworten: »Ich wollte nur, daß Ihr nie in die Verlegenheit kommt, grundlos zufrieden zu sein.« (1971, S. 65)

5 *Die Emotionen*

> Die Ansicht, Wörter hätten an sich eine Bedeutung, ist ein Überbleibsel von primitiver Wortmagie, und sie ist noch immer ein Bestandteil der Luft, die wir in fast jeder Diskussion einatmen.
>
> *Charles K. Ogden*
> »The Meaning of Meaning«

Als ich die Emotion zur Triebkraft einer prinzipiellen moralischen Norm erklärte, ging ich von der Annahme aus, daß über das, was Emotion bedeutet, generelle Übereinstimmung besteht, und ich habe es dem Leser einstweilen erspart, sich über die schwierigen Probleme Gedanken zu machen, die sich bei der Definition und der Messung ergeben und dafür sorgen, daß dieser Bereich menschlicher Erfahrung so umstritten ist. Im vorliegenden Kapitel sollen diese Schwierigkeiten direkt angesprochen werden. Ich bin zwar weiterhin vor allem an Fragen der Entwicklung interessiert, doch ist es wie im vorigen Kapitel nötig, zunächst generell zu erörtern, wie menschliche Emotionen begrifflich zu fassen sind.

Westliche Philosophen und Psychologen gehen, wenn sie die menschliche Emotion erörtern, zumeist von der Annahme einer begrenzten Reihe charakteristischer Empfindungen aus, die jeweils mit einer größeren, aber doch begrenzten Reihe von Ereignissen verknüpft sind und mit platonischen Begriffen wie *Furcht, Freude* oder *Zorn* bezeichnet werden, welche keinen Hinweis auf die Quelle und das Ziel der Empfindung enthalten (A. O. Rorty 1980). Die Wissenschaftler sind sich zwar nicht über alle an einer Emotion beteiligten Vorgänge einig (manche verlegen den Ursprung der Emotion in das Gehirn, andere orten sie dagegen in Veränderungen der Gesichtsmuskulatur), doch stimmen alle darin überein, daß die als *emotional* bezeichneten Phänomene notwendig mit einer Veränderung des inneren Zustands verbunden sind. Für William James ist eine Veränderung des inneren Zustands das zentrale Ereignis und die unmittelbare Ursache einer Emotion (James 1983 [1904]).

Ich habe an anderer Stelle (Kagan 1978) vorgeschlagen, daß der Ausdruck *Emotion* die Beziehungen zwischen Außenreizen, Gedanken und Veränderungen des inneren Empfindens bezeichnen sollte, so wie *Wetter* ein übergeordneter Ausdruck für die sich wandelnden Beziehungen zwischen Windgeschwindigkeit, Luftfeuchtigkeit, Temperatur, Luftdruck und verschiedenen Niederschlagsformen ist. Gelegentlich entsteht aus einer einzigartigen Kombination dieser metereologischen Größen ein Sturm, ein Tornado, ein Blizzard oder ein Hurrikan – Ereignisse, die kurzfristigen, aber heftigen Emotionen der Furcht, der Freude, der Erregung, des Ekels oder des Zorns vergleichbar sind. Doch Wind, Temperatur und Luftfeuchtigkeit verändern sich ständig, auch ohne solche extremen Kombinationen hervorzurufen. Die Meteorologen fragen daher nicht, was »Wetter« bedeutet, sondern stellen die Beziehungen zwischen den meßbaren Größen fest und benennen dann die von ihnen entdeckten Zusammenhänge. Aus ähnlichen Gründen ist es für Psychologen wahrscheinlich nicht sinnvoll, ausführlich darüber zu diskutieren, was »Emotion« bedeutet. Zunächst gilt es, die zahlreichen Zusammenhänge zwischen Anreizen, Gedanken und Gefühlen festzustellen und ihnen dann einen Namen zu geben.

Wir sollten uns beispielsweise auf einen Namen für die Kombination einigen, nach der man in einer fremden Umgebung ein gefährliches Tier entdeckt, mit einer Körperverletzung rechnet und plötzlich bemerkt, daß einem das Atmen schwerfällt. Dieser Zusammenhang müßte jedoch anders benannt werden als der, bei dem man auf dem Gesicht eines geliebten Menschen ein Stirnrunzeln entdeckt, ein Zeichen der Ablehnung erwartet und ähnliche Atembeschwerden bemerkt. Die physiologischen Reaktionen auf diese beiden Anreize unterscheiden sich nämlich in ihrem Gesamtprofil, und die verhaltensmäßigen Konsequenzen sind selten gleich.

Daß es sinnvoll ist, innerhalb einer Klasse von Emotionen zwischen verschiedenen Zuständen zu differenzieren, wird an den Ängsten junger Kinder deutlich. Diese Zustände haben mindestens drei unterschiedliche Hintergründe, und ich vermute, daß sie auch in ihrer emotionalen Qualität verschieden sind. Konditionierte Ängste sind am einfachsten zu begreifen. Ein Kind, das eine schmerzliche Erfahrung gemacht hat, wird eine spezifische Angst in Reaktion auf Ereignisse entwickeln, die der ersten Schmerzursache entsprechen (siehe die Erörterung im zweiten Kapitel). In dem klassischen Beispiel wird ein Kind von einem Hund angefallen und hat danach Angst vor Hunden. Nicht so bekannt ist die Angst, die einige Zwei- und Dreijährige davor entwickeln, auf die Toilette zu gehen, weil der Stuhlgang ungewöhnlich schmerzhaft ist.

Eine weitere Quelle kindlicher Ängste ist die Befürchtung, es könnte die liebevolle Zuwendung eines Elternteils verlieren, etwa durch die Geburt eines Geschwisters oder durch ständigen Ehestreit. Eine dritte Art von Angst wird durch das Unbekannte ausgelöst – einen Fremden, ein Clownskostüm oder ungewöhnliche beziehungsweise sehr laute Musik im Fernsehen.

Jede dieser drei kindlichen Ängste hat einen anderen Hintergrund und wird von einem anderen Verhalten begleitet, und es bedeutet eine Einbuße an Klarheit, wenn man alle drei Zustände mit einem Wort bezeichnet. Tatsächlich haben Erwachsene, die sich ständig vor einer bevorstehenden Katastrophe fürchten, eine andere Kindheitsgeschichte und eine andere Physiologie als Erwachsene, die aus heiterem Himmel von Entsetzen oder Panik überfallen werden, was den Schluß zuläßt, daß diese beiden emotionalen Zustände ganz verschieden sind (Klein, Zitrin und Woerner 1978).

In anderen Kulturen erleben die Erwachsenen andere Arten von Angst. Den Maya-Indianern Guatemalas bereitet es zum Beispiel große Sorgen, daß sie entweder bei den örtlichen Hexen oder bei den eigenen Vorfahren – beide können großes Unglück bringen – Mißfallen erregen könnten. Japaner werden stark beunruhigt, wenn sie einen anderen verärgern. Die Bauern des europäischen Mittelalters lebten ständig in der Ungewißheit, ob sie nicht durch gottlose Gedanken ihr Seelenheil gefährdeten. Diese Ursachen der Angst spielen im heutigen Amerika keine große Rolle, doch ein häufiger Anlaß für Gereiztheit ist das Unbehagen darüber, daß man den eigenen prinzipiellen Normen untreu ist. Jede dieser Ängste stellt eine andere Art von Emotion dar. Gewiß sind sich diese vier Ängste untereinander ähnlicher als etwa der Freude oder dem Zorn, doch das reicht nicht aus, um sie als identische Zustände aufzufassen. Ich finde es sinnvoll, sie als Familie von Gefühlszuständen zu betrachten, so wie wir vierbeinige Säugetiere als eine Tierfamilie betrachten.

Drei Probleme

Damit wir die Emotionen besser verstehen können, müssen drei Probleme gelöst werden: Es kommt darauf an, zwischen körperlichen Veränderungen zu unterscheiden, die bemerkt werden, und solchen, die unbemerkt bleiben; außerdem gilt es, die geeignetsten Bezeichnungen für emotionale Zustände zu bestimmen; und schließlich müssen die emotionalen Zustände gemessen werden.

Das Wahrnehmen einer inneren Veränderung

Niemand wird bestreiten, daß die bewußte Wahrnehmung einer Veränderung der Atmung, des Pulses oder der Muskelspannung Anlaß einer Emotion sein kann. Was soll man jedoch zu entsprechenden Veränderungen des Pulsschlages oder des Muskeltonus sagen, die unbemerkt bleiben und daher nicht ins Bewußtsein dringen? Wir müssen dieses Problem, das die im ersten Kapitel erörterte Frage des subjektiven oder objektiven Bezugsrahmens berührt, ansprechen, weil beim Kleinkind die bewußte Wahrnehmung innerer Veränderungen zumindest stark gedämpft ist, wenn sie nicht überhaupt fehlt.

Auf ein unerwartetes Ereignis, auf dessen Bewertung sie eingestellt sind, reagieren die meisten Erwachsenen mit einer Veränderung der elektrischen Entladung des Gehirns (*ereignisbezogenes Potential*), die etwa dreihundert Millisekunden nach dem Ereignis eintritt, und – nicht ganz so häufig – mit einem Rückgang der Pulsfrequenz, die etwa drei Sekunden nach dem Einsetzen des unerwarteten Reizes ihren Tiefpunkt erreicht. Ich habe Zweifel, ob irgend jemand sich in einer solchen Situation eines bestimmten Gefühls bewußt ist, ganz gleich, ob dreihundert Millisekunden oder drei Sekunden nach der Darbietung des Ereignisses. So geht das Bemühen, ein schwieriges Problem zu lösen, mit reflexartigem Augenzwinkern und der Erweiterung der Pupillen einher, doch wird kaum jemand sagen können, daß sich während dieser kurzen Reaktionen sein Gefühl verändert habe.

Ob innere Veränderungen bemerkt werden oder nicht, ist nach meiner Ansicht äußerst wichtig für den anschließenden emotionalen Zustand eines Menschen, ebenso wie es notwendig ist, daß er die Impulssalven aus den kleinen Schmerzfasern bemerkt, wenn er eine Verletzung wahrnehmen soll. Ich will damit nicht sagen, daß Veränderungen, die unbemerkt bleiben, unbedeutend seien, sondern nur, daß die psychologische Bewertung, die sich an die Entdeckung anschließt, in der Regel das emotionale Erlebnis verändert. Vor vielen Jahren bekam ich nach jedem Essen Kopfschmerzen, die zwischen 5 und 15 Minuten anhielten. Ich hielt den klopfenden Schmerz für ein mögliches Anzeichen einer ernsthaften organischen Erkrankung, und den Affekt, der immer mit den Kopfschmerzen auftrat, bezeichnete ich als *Angst*. Nachdem ein Arzt mir versichert hatte, daß die Schmerzen auf psychischen Ursachen beruhten, begann ich darüber nachzudenken, wie sie sich zu meiner Stimmung verhielten, und ich kam zu dem Schluß – mochte er stimmen oder auch nicht –, daß die Schmerzen am ehesten dann auftraten, wenn ich niedergeschlagen war. Von da an war das Gefühl, das ich subjektiv immer dann empfand, wenn das Symptom auftrat, oder von dem ich ahnte, daß es auftreten würde, Niedergeschlagenheit und nicht Angst. Nicht meine Kopfschmerzen hatten sich geändert, sondern mein subjektives Empfinden, und zwar einzig aufgrund der veränderten Bewertung.

Da jedes Ereignis Teil eines größeren Zusammenhangs ist, hängen seine Konsequenzen von dem Zusammenhang ab, in dem das Ereignis stattfindet. Dieses Prinzip gilt sogar für die einzelnen Zellen des motorischen Cortex. Bei einem Tier reagieren die Neuronen des motorischen Cortex auf ein und denselben Reiz – eine andressierte Beugung der Pfote – völlig unterschiedlich, je nachdem, zu welcher Handlung das Tier ansetzt. In einem Versuch wurde ein Affe darauf dressiert, beim Aufleuchten eines roten Lichts eine Zugbewegung, bei grünem Licht dagegen eine Stoßbewegung auszuführen. Wenn der Affe zu einer Zugreaktion ansetzte, weil er soeben ein rotes Licht gesehen hatte, zeigten die motorischen Neuronen ein bestimmtes Entladungsmuster für die Beugung der Pfote. Wenn das Tier zu einer Stoßbewegung ansetzte, weil es ein grünes Licht gesehen hatte, zeigten die gleichen Neuronen ein anderes Entladungsmuster für die gleiche andressierte Beugung der Pfote (Tanji und Evarts 1976). Die emotionalen Konsequenzen der bei Kopfschmerzen veränderten Öffnung der Blutgefäße des Kopfes und des Nackens hängen also von dem weiteren psychologischen Zusammenhang ab, in dem sie auftreten.

Ich möchte die unbemerkt bleibenden physiologischen Veränderungen als *inneren Tonus* und diejenigen, die bemerkt werden, als *Gefühlszustände* bezeichnen. Zu den wahrgenommenen Eigenschaften eines Gefühlszustands gehören die Entstehungszeit, der wahrgenommene Ursprung, die Intensität und der Lustcharakter. Die wahrgenommene Veränderung, die einen Gefühlszustand auszeichnet, ist – anders als bei der Veränderung des inneren Tonus – ein diskrepantes Ereignis, das nach einer Deutung seiner Ursache, einer Bezeichnung und, gelegentlich, nach einem Handlungsplan verlangt. Man könnte daher solche Veränderungen als Motive und Auslöser von Veränderungen im Denken und Handeln betrachten. Zu diesen Konsequenzen kommt es nicht, wenn körperliche Veränderungen unbemerkt bleiben.

Vielleicht ist es hilfreich, wenn man die medizinische Unterscheidung zwischen einer versteckten Erkrankung (*disease*) und einer offenen Krankheit (*illness*) als Analogie für die Unterschiede zwischen unbemerkten Veränderungen des inneren Tonus und dem bewerteten Gefühlszustand heranzieht. Humanbiologen kennen eine Reihe von gesetzmäßigen Zusammenhängen zwischen bestimmten Krankheitserregern und den von ihnen bewirkten Veränderungen im Gewebe und in den Stoffwechselfunktionen. Diese Zusammenhänge werden mit dem Namen einer inneren Krankheit wie Krebs oder Tuberkulose belegt, unabhängig davon, ob der Patient die Veränderung seiner inneren Funktionen bewußt wahrnimmt oder nicht. Medizinische Vorsorgeuntersuchungen sollen gerade diese unerkannt gebliebenen physiologischen Veränderungen aufdecken.

Dann und wann wird sich jedoch der erkrankte Mensch der durch die Krankheit hervorgerufenen biologischen Veränderungen bewußt, und wenn er sie dann als Folge eines pathogenen Prozesses beurteilt, betrachtet er sich als krank. Diese Erkenntnis hat in der Regel bedeutsame Konsequenzen, denn sie schafft einen neuen psychischen Zustand, der je nach den angewandten Bewältigungsmechanismen die Krankheitssymptome verschärfen oder abschwächen kann. Manchmal führt die Erkenntnis, daß man krank ist, sowohl zu neuen Symptomen, weil Essen und Schlafen gestört sind, als auch zu besonderen Reaktionen bei denjenigen, denen der Patient von seinem Krankheitszustand Mitteilung macht.

Auch eine drückende Verantwortung kann eine körperliche Veränderung hervorrufen, die unbemerkt bleibt. Bemerkt man schließlich die Veränderung des inneren Tonus und prüft man sich daraufhin innerlich und stellt fest, daß man sich sorgt, so entsteht ein neuer Gefühlszustand, der den ursprünglichen Zustand verändert und oft Folgen für die Interaktion mit anderen hat. Wie man die Unterschiede zwischen den Zuständen vor und nach der Selbstprüfung einordnen soll, ist eine schwierige Frage. Man kann der Ansicht sein, der bewertete Gefühlszustand sei lediglich eine Umdeutung des ursprünglichen, unbemerkt gebliebenen Zustandes, der durch die drückende Verantwortung entstand, man kann ihn aber auch als eine davon verschiedene Emotion betrachten. Humanbiologen neigen zu der erstgenannten Ansicht. Wenn eine Frau erfährt, daß sie einen bösartigen Tumor hat, danach Schlaflosigkeit entwickelt und infolgedessen an schwerer Erschöpfung und zusätzlichen Symptomen leidet, wird man ihren neuen physiologischen Zustand als eine Ausweitung und nicht als eine Ersetzung des ursprünglichen Krebszustandes deuten.

Viele Psychologen haben eine Vorliebe für das Krankheitsmodell, doch ist nicht eindeutig klar, daß es sich für die Klassifikation bewußter emotionaler Zustände eignet, zum Teil deshalb, weil viele dieser Zustände von kurzer Dauer sind. So erkennt das Immunsystem oft eingedrungene Krankheitserreger und vernichtet sie, bevor der Biologe sagen würde, der betreffende Mensch habe eine Krankheit. Beide Positionen sind vertretbar, und es hängt von den theoretischen Neigungen des Forschers ab, wofür er sich entscheidet. Wenn der Wissenschaftler das intentionale Verhalten begreifen möchte, das auf die Bewertung einer vorhergegangenen Veränderung der Gefühlstönung folgt, dann ist es sinnvoller, wenn er annimmt, daß die Bewertung einen neuen emotionalen Zustand erzeugt hat. Ist er jedoch mehr daran interessiert, den Zusammenhang zwischen dem Auslöser und den anschließenden automatischen Veränderungen der Gesichtsmuskulatur oder der Atmung zu begreifen, so ist es nicht falsch, wenn er den auf die Bewertung folgenden Zustand lediglich als einen Kommentar zu der vorangegangenen Veränderung der Gefühlstönung auffaßt.

Ein Gedankenexperiment macht deutlich, daß es sinnvoll ist, zwischen dem Gefühlszustand, der auf die Bewertung eines Stimmungswandels folgt, und jenem Zustand zu unterscheiden, der mit einem unbemerkt bleibenden Stimmungswandel verbunden ist. Stellen wir uns drei Frauen vor, die sich soeben klargemacht haben, daß ihr letztes Kind in einem Monat aus dem Haus sein wird, um auf die Universität zu gehen, und daß das Haus dann leer sein wird. In den folgenden Tagen bemerkt die erste Frau, daß sie keinen Appetit und keine Kraft mehr hat, sie denkt über diese inneren Veränderungen nach und kommt zu dem Schluß, daß sie mit dem bevorstehenden Verlust zusammenhängen: Es muß daran liegen, daß der Verlust ihres letzten Kindes ihr Kummer macht. Die zweite Frau bemerkt an sich die gleichen Veränderungen, kommt aber zu dem Schluß, daß sie zuviel gearbeitet hat und deshalb erschöpft ist. Ähnliche, aber schwerer zu fassende Veränderungen treten auch bei der dritten Mutter auf, werden aber nicht richtig bemerkt; ihr Mann hat allerdings den Eindruck, daß ihre Zuneigung nachgelassen hat und sie ein bißchen zänkischer geworden ist, und er sagt ihr das.

In allen drei Fällen hat der Gedanke an den Verlust des Kindes eine körperliche Veränderung im Gefühlston erzeugt. Die Grundelemente einer Emotion sind also bei allen drei Frauen gegeben. Zur Kennzeichnung des emotionalen Zustandes der drei Mütter benötigen wir jedoch drei verschiedene Ausdrücke. Es wäre falsch, alle drei als »traurig« zu bezeichnen, denn sowohl im Bewußtseinszustand als auch im Verhalten unterscheiden sie sich qualitativ. Zum mindesten müßten wir diese Zustände mit »Traurigkeit 1«, »Traurigkeit 2« und »Traurigkeit 3« bezeichnen. Diese drei »Traurigkeiten« existieren natürlich nur im objektiven Bezugsrahmen des Forschers. Den emotionalen Zustand, wie ihn die Mütter subjektiv erleben, könnte man als Angst, Erschöpfung und leichte Reizbarkeit bezeichnen.

Es wird, wie ich denke, sinnvoll sein, für eine gegebene Situation komplementäre Gefühlsbezeichnungen bereitzuhalten, eine im subjektiven und eine im objektiven Bezugsrahmen. Ich schlage das deshalb vor, weil die Gefühlsbezeichnung einen Zusammenhang zwischen Ereignissen und nicht die innere Stimmung erklären soll. Oft genug jedoch kommt es vor, daß die Person, um deren Empfindungen es geht, und der Theoretiker innerhalb des gleichen Gesamtphänomens unterschiedliche Ereigniszusammenhänge erklären. Nehmen wir als Beispiel einen männlichen Patienten und seine Psychiaterin. Als der Patient von seiner Kindheit und der konfliktreichen Beziehung zu seinem Vater spricht, in der nach Ansicht der Psychiaterin eine verdrängte Feindseligkeit steckt, bemerkt sie, daß der Patient unruhig wird und seinen Bart zwirbelt. Die Psychiaterin, Anhängerin der psychoanalytischen Theorie, stellt für sich fest, daß der Patient aufgrund der Aktivierung der verdrängten Feindseligkeit gegenüber dem Vater »unbewußte Angst« empfindet. Die Gefühlsbezeichnung *unbewußte Angst* soll in einem objektiven Bezugsrahmen den Zusammenhang zwischen dem von dem Patienten erörterten Inhalt und seiner plötzlichen Ruhelosigkeit erklären.

Währenddessen hat der Patient das Gefühl, daß ihm im Gesicht heiß wird, und er errötet. Er versucht diese Empfindungen zu begreifen und kommt im subjektiven Bezugsrahmen zu dem Schluß, daß es ihm zu warm sei, weil er einen Pullover und eine Jacke anhat; vielleicht kommt er auch zu dem Schluß, daß er sich schämt, weil er sich über die Therapeutin ärgert, da sie ihm nicht hilft, mit den verdrängten Gedanken fertigzuwerden. Die aus dem subjektiven und dem objektiven Bezugsrahmen stammenden Gefühlsbezeichnungen sind deshalb unterschiedlich, weil Patient und Therapeutin unterschiedliche Phänomene zu interpretieren versuchen. Der objektive Rahmen besitzt nicht unbedingt größere Gültigkeit, er darf andererseits nicht als gleichbedeutend mit dem subjektiven aufgefaßt werden.

Die Komplementarität des subjektiven und des objektiven Bezugsrahmens. Vor kurzem hörte ich mir den Mitschnitt von ausführlichen Interviews an, die im Großraum Boston mit dreißig Müttern von Dreijährigen aus den verschiedensten sozialen Schichten durchgeführt wurden. Die Interviewerin hatte allen die gleichen Fragen in einer bestimmten Reihenfolge zu stellen, aber es waren offene Fragen wie etwa »Wie ist Ihr Kind jetzt?« oder »Wie soll sie mit zehn Jahren sein?«, zu denen die Mütter ihre Gefühle, Einstellungen und Erkenntnisse äußern konnten. Mehr als dreiviertel der Mütter strebten nach meinem Eindruck an, daß ihre Kinder sich in die Notlage anderer hineinversetzen könnten und daß sie imstande wären, offene Anzeichen der Furcht oder Angst vor unbekannten Menschen zu unterdrücken. Diese beiden Anliegen brachten die Mütter jedoch in sehr unterschiedlicher Weise zum Ausdruck.

Den Wunsch nach Einfühlungsvermögen entnahm ich solchen Äußerungen wie »Ich möchte nicht, daß mein Kind gemein ist«; »Ich möchte, daß sie fürsorglich ist«; »Ich freue mich, daß er so ein Gespür für die Gefühle anderer hat«; »Ich hoffe, daß er auf andere Rücksicht nimmt«; »Ich bin froh, daß er so liebevoll ist«; »Ich möchte, daß sie darauf achtet, wie andere empfinden«; »Ich bin stolz, daß sie mit anderen so liebevoll umgeht«. Den Wunsch nach Unterdrückung der Angst äußerten die Mütter in Formulierungen, die die Hoffnung widerspiegelten, das Kind solle »mutig« sein, »sich nicht von anderen Kindern einschüchtern lassen«, »sich nicht scheuen, ihre Meinung zu sagen« und »soviel Selbstbewußtsein haben, daß sie tut, was sie für richtig hält«.

Für die jeweilige Sprecherin haben diese Äußerungen wahrscheinlich eine ganz bestimmte, persönliche Bedeutung, und so muß ich mich fragen, ob ich hinter den verschiedenen Aussagen einen bestimmten, gemeinsamen Wunsch annehmen darf, nämlich den Wunsch nach Einfühlungsvermögen und nach Beherrschung der Angst. Dies sind Wendungen aus dem objektiven Bezugsrahmen. Keine der Mütter hat diese Worte benutzt. Manche Mütter hatten ihr Kind als nicht mutig genug oder scheu gegenüber anderen geschildert, doch auf die direkte Frage, »Ist Ihr

Kind furchtsam?« antworteten sie, das Kind sei nicht furchtsam. Auch auf die abgeschwächte Frage, ob die Mutter sich vielleicht Gedanken mache, daß ihr Kind furchtsam sein könnte, verneinten einige der Mütter, weil der Ausdruck *furchtsam* für sie nicht die gleiche Bedeutung hatte wie für die Interviewerin.

Es ist höchst problematisch, aus Selbstaussagen auf den emotionalen Zustand eines Menschen beziehungsweise auf den Zustand zu schließen, der nach Ansicht einer Mutter am besten ihr Kind beschreibt. Üblicherweise hat der Forscher die Freiheit, sich einen Begriff wie *einfühlsam* oder *ängstlich* auszudenken, darüber zu entscheiden, welche der genannten Wendungen diesem Begriff entsprechen, und die Aussagen der Befragten als Beispiele für den entsprechenden Begriff zu quantifizieren. Führt dieses Verfahren zu verläßlichen Vorhersagen theoretisch plausibler Phänomene, so ist seine Validität gesichert. Anderenfalls wissen wir nichts. Auf keinen Fall darf der Forscher jedoch annehmen, er wisse etwas über den verborgenen emotionalen Zustand des Befragten. College-Studenten, deren Pulsfrequenz und Blutdruck bei diesem Versuch gemessen wurden, sollten sich einen von sechs verschiedenen emotionalen Zuständen vorstellen und diesen nichtverbal ausdrücken; die Urteile von Beobachtern über die emotionalen Zustände der Versuchspersonen zeigten eine höhere theoretische Übereinstimmung mit den physiologischen Veränderungen bei den Studenten als deren Selbstaussagen über ihre Emotionen.

»Es zeigte sich, daß die Beobachter Zusammenhänge erkannten, die von den Versuchspersonen selbst nicht erkannt wurden« (Schwartz 1982, S. 85). Der gleichen Quelle zufolge geben Patienten, die im klinischen Sinne depressiv sind, an, mehr Freude zu empfinden, als sie nach dem Urteil von Beobachtern empfinden, während schizophrene Patienten nach ihren eigenen Aussagen weniger Freude empfinden, als Beobachter annehmen. Es ist nicht so, daß der Patient recht hat und der Beobachter unrecht, vielmehr haben die beiden Beschreibungen eine unterschiedliche Funktion.

Gleichwohl fragen Forscher, die sich über dieses Problem hinwegsetzen, ihre Versuchspersonen einfach, welche Emotion sie empfinden, und messen der Antwort ein besonderes Gewicht bei.

Die Antworten mögen interessant sein und zur Stellungnahme herausfordern, doch nach meiner Ansicht haben sie kaum größere Bedeutung als ein Augenzwinkern. Als Tatsachen, die für eine objektive Aussage benutzt werden sollen, sind die Wörter, mit denen Menschen ihre Gefühlszustände benennen, kaum weniger rätselhaft als ein Stirnrunzeln. Es kommt häufig vor, daß eine Dreijährige, die gerade etwas angestellt hat, zu ihrer Mutter läuft und sagt: »Mama, ich habe dich lieb«. Daraus ist nicht zu entnehmen, daß das Kind die Emotion empfindet, die vermutlich gemeint ist, wenn ein Erwachsener von *Liebe* spricht. Im übrigen würden wohl die meisten Psychologen annehmen, daß dieses Kind nicht Liebe, sondern Furcht vor Strafe oder Schuld empfindet. Psychologen sollen durchaus Selbstaussagen über Gefühlszustände verwenden, aber sie müssen sie behandeln wie jedes sonstige Erhebungsmaterial: Sie bedürfen stets der Interpretation (Polivy 1981). Diese Frage leitet über zu dem zweiten Problem, wie nämlich emotionale Zustände am besten zu benennen sind.

Die Benennung von Gefühlszuständen

Die phänomenologischen Unterschiede zwischen Handeln, Denken und Fühlen sind derart zwingend, daß die meisten Wissenschaftler angenommen haben, darin müßten sich fundamental verschiedene psychische Funktionen äußern. Aber intuitive Unterscheidungen sind oft irreführend. Denn unsere Intuition sagt uns zum Beispiel auch, daß Eis, Schnee, Nebel und Wasser verschiedene Substanzen seien und daß die Sonne um die Erde kreise. Die Menschen haben Gefühlsbezeichnungen ersonnen, um die Tatsache zu beschreiben, daß eine Handlung, ein äußeres Ereignis oder ein Gedanke gelegentlich eine wahrnehmbare Veränderung des inneren Gefühlszustands hervorruft. Zwar ist es innerhalb der jeweiligen Kultur für Kinder und Erwachsene klar, was bestimmte Gefühlsbezeichnungen bedeuten, doch darf man nicht meinen, die Namen bezögen sich auf feststehende materielle Entitäten, die aus sich heraus definiert werden können, wie es etwa für Bäume oder für Rotkehlchen gilt. Was diese Namen in den meisten Fällen bezeichnen, ist vielmehr die durchaus nicht zwingende Kovariation, die zwischen den mannigfachen Klassen äußerer Anreize und Gedanken und den wahrgenommenen Veränderungen des Gefühlszustands besteht. Demnach ist die Vielfalt der potentiellen emotionalen Zustände enorm. So meinte James, die Anzahl der Emotionen sei unbegrenzt.

Bei den meisten Wissenschaftlern hat diese Auffassung keinen Anklang gefunden, vielmehr haben sie es vorgezogen, aus der Gesamtheit aller möglichen inneren Zustände nur einen Bruchteil zu erforschen, dem sie eine grundlegendere biologische Bedeutung zugemessen haben als dem Rest. Auf der Liste der Emotionen, die von westlichen Psychologen als grundlegend betrachtet und untersucht wurden – zumeist ging es um Furcht, Zorn, Verachtung, Freude, Traurigkeit, Ekel, Erregung, Überraschung, Schuld und Scham –, stehen viele Emotionen nicht, die in anderen Kulturen als ebenso fundamental für die menschliche Natur gelten. Für japanische Buddhisten des 13. Jahrhunderts war der Zustand der Erleuchtung die bedeutsamste affektive Stimmung, die man erlangen kann; für moderne Japaner ist die als *amae* bezeichnete Emotion (ein Gefühl der wechselseitigen Abhängigkeit) grundlegend (Doi 1973). Die Utku-Eskimos von der Hudson-Bay halten *naklik* (das Gefühl, das mit dem Bedürfnis verbunden ist, einen anderen zu umhegen und zu beschützen) für eine grundlegende Emotion (Briggs 1970); die Bewohner von Ifaluk in Mikronesien sehen in *song* (dem Gefühl, das mit der Erkenntnis einhergeht, daß ein anderer eine Gemeinschaftsnorm verletzt hat) ein grundlegendes menschliches Gefühl (Lutz 1982).

Die meisten der von westlichen Psychologen als grundlegend angesehenen Emotionen haben beträchtliche praktische Konsequenzen. Es sind Ereignisse, die sich der Wahrnehmung aufdrängen, die das gründliche Nachdenken beeinträchtigen, die mit der erfolgreichen Bewältigung einer Herausforderung einhergehen, die anderen eine Information übermitteln oder die zu Symptomen führen, welche die Liebes- und Arbeitsfähigkeit beeinträchtigen. Das mögen überzeugende Gründe sein, um diese Zustände zu untersuchen, nicht aber, um ihnen eine fundamentalere Bedeutung zuzumessen als anderen. Das Gefühl, das sich bei einem blutroten Sonnenuntergang einstellt, oder die Stimmung, die man nach körperlichen Anstrengungen empfindet, heben sich zwar in der Wahrnehmung ab und sind von gewisser Dauer, werden aber selten als grundlegende Emotionen genannt – vielleicht deshalb, weil sie für erfolgreiches Problemlösen, für die Kommunikation oder die geistige Gesundheit keine größeren Folgen zu haben scheinen.

Untersuchungen an Kleinkindern, bei denen man kaum eine Selbstbeurteilung unterstellen kann, zeigen, daß bei ihnen oft der Pulsschlag ansteigt und sich stabilisiert, wenn sie versuchen, eine diskrepante Information zu verarbeiten. Man kann diesen Zusammenhang so deuten, daß Kleinkinder physiologisch erregt werden, wenn sie sich bemühen, eine nicht unmittelbar verständliche Information zu verstehen. Psychologen benennen diesen Zustand mit Ausdrücken wie *anhaltende geistige Anstrengung, kognitiv erregt, verwirrt, ratlos* oder *unsicher*. Gleichgültig, wie man ihn nennt, es gibt keinen Grund für die Annahme, daß dieser Zustand eine weniger fundamentale Emotion sei als *Interesse* oder *Überraschung*. Daß man diese Emotion nicht als grundlegend betrachtet, liegt nur daran, daß die einschlägigen Experimente noch nicht durchgeführt wurden. Ich vermute, daß es noch weit mehr Zusammenhänge zu entdecken gibt. Ich verlange nicht, daß man die gebräuchlichen Gefühlsbezeichnungen völlig aufgibt, aber es sollte eine größere Bereitschaft da sein, neue Zusammenhänge zuzulassen und den Impuls zu unterdrücken, sie mit den bisher gebräuchlichen Begriffen gleichzusetzen. Mit Newton bin ich der Überzeugung, daß die Wissenschaftler dann und wann von den Erscheinungen und nicht von vorgefaßten Annahmen ausgehen sollten.

Die Kontroversen über die Frage, welches die grundlegendsten emotionalen Zustände seien, erinnern an frühere Auseinandersetzungen unter den Naturforschern um die grundlegende Einteilung der Tierarten. Ein kurzer Blick auf diese Debatten könnte deshalb unter Umständen dazu beitragen, ähnliche Probleme in der Erforschung der Emotionen zu klären. Zum einen ist es dermaßen einfach, eine Eigenschaft zu finden, die unterschiedliche Sachverhalte miteinander gemein haben, daß die Einordnung eines bestimmten Sachverhalts in zahlreiche verschiedene Kategorien überhaupt keine Schwierigkeiten macht. Der erste Biologe, der das Schnabeltier untersuchte, muß sich gefragt haben,

ben, ob man es als Vogel ansehen soll, weil es einen Schnabel hat, als ein Reptil, weil es Eier legt, oder als Säugetier, weil es seine Jungen säugt. Vor ähnlichen Problemen stand der erste Psychologe, der bemerkte, daß die Pulsfrequenz steigt, wenn jemand eine schwierige Rechenaufgabe zu lösen versucht: Der Anstieg der Pulsfrequenz könnte Bestandteil des emotionalen Zustandes der Angst, der Erregung, des konzentrierten Denkens oder auch der Frustration sein.

Bei der Entscheidung über die angemessenste Gefühlsbezeichnung kommt es darauf an, ein Kriterium zu wählen, das angibt, welchen Elementen einer bestimmten Emotion besondere Bedeutung zuzumessen ist. Die Evolutionsbiologen haben sich darauf verständigt, daß die phylogenetische Abstammung das zentrale Kriterium für die Einteilung der Tiere ist; bei der konsequenten Anwendung dieses Kriteriums fallen zahlreiche Merkmale von Tieren wie ihr wirtschaftlicher Wert, ihr Lebensraum oder ihr soziales Verhältnis zum Menschen unter den Tisch. Die Psychologen haben bisher leider noch keinen entsprechenden Konsens über das brauchbarste Kriterium zur Einteilung der Emotionen erreicht, wenngleich die meisten zu einem funktionalen Kriterium neigen, das der Emotion eine bestimmte Aufgabe zuerkennt. Manche sehen zum Beispiel die zentrale Funktion der Emotion in ihrer kommunikativen Leistung, und entsprechend befassen sie sich vornehmlich mit Gefühlszuständen, die von wahrnehmbaren Gesten, Gesichtsausdrücken oder Stimmqualitäten begleitet sind. Wenn daher das Gesicht eines weinenden Kleinkindes die gleiche Form annimmt wie das eines Mannes, der seine Ehefrau anbrüllt (verzerrter Mund, zusammengekniffene Augen und zusammengezogene Augenbrauen), nimmt man an, daß das Kleinkind und der Ehemann Wut empfinden. Andere machen das subjektive Lust- oder Unlustempfinden zur vorrangigen Einteilungsgrundlage und sind daher geneigt, das Gefühl gerechter Rache zusammen mit dem Lächeln nach einem Sieg in dieselbe Kategorie einzuordnen, da beide Zustände bewirken, daß man »sich besser fühlt«. Wieder andere sehen die Einteilungsgrundlage in Ähnlichkeiten der physiologischen Reaktion und nehmen an, daß bei steigender Pulsfrequenz und sinkendem Hautwiderstand ein gemeinsamer emotionaler Zustand (oft als *Erregung* bezeichnet) vorliegt (Mandler 1975). Eine letzte Gruppe, die an dem Zusammenhang zwischen Emotionen und Motiven interessiert ist, stellt die Intensität des subjektiven Empfindens in den Vordergrund, weil zu erwarten ist, daß starke Gefühle Motivhierarchien verändern können beziehungsweise solche Wünsche, die mit intensiven Gefühlen verbunden sind, in einer vorrangigen Position erhalten. Wenn man das jeweilige Kriterium berücksichtigt, ist keines dieser Schemata falsch oder wirr, so wie es auch nicht unkorrekt ist, wenn man Hirsch, Rebhuhn, Austern und Frösche unter die gemeinsame Kategorie kostspieliger Genüsse faßt.

Einen großen Fortschritt machte die biologische Taxonomie im frühen 19. Jahrhundert, als man darauf verzichtete, abstrakte Klasseneinteilungen wie Fische, Vögel und Säugetiere zu postulieren. Statt dessen untersuchte man zunächst die tatsächlichen Ähnlichkeiten zwischen verschiedenen Tierarten, und erst nachdem man mehrere gemeinsame Merkmale festgestellt hatte, ging man daran, abstraktere Klassen zu bilden. So kamen der Wal und der Tümmler in eine Klasse, der Seehund und das Walroß in eine andere, weil die beiden erstgenannten Tiere viele wichtige biologische Merkmale miteinander gemein haben. Ich denke, ein solches induktives Vorgehen wird bei der Untersuchung der Emotionen von Nutzen sein.

Kulturelle Unterschiede. Da jede Gefühlsbezeichnung ein klassifikatorischer Begriff ist, kann man erwarten, daß Gefühlszustände den sehr unterschiedlichen Voraussetzungen und Wertsystemen der einzelnen Kulturen entsprechend unterschiedlich klassifiziert werden (wie sie subjektiv erlebt werden, können wir nicht wissen). Es ist daher zu erwarten, daß über die Zusammenhänge, auf die bestimmte Gefühlsbezeichnungen angewandt werden, zwischen verschiedenen Gesellschaften nicht immer Einigkeit herrscht. Die Unterschiede, die von einer Gesellschaft zur anderen in der Klassifikation der Emotionen bestehen, könnten sogar größer sein als die Unterschiede der zur Benennung von Pflanzen und Tieren benutzten Begriffe. (B. Berlin, D. E. Breedlove und P. H. Raven berichten, daß bei einigen Stämmen in Neuguinea die Namen für Pflanzen und Tiere der Linnéschen Klassifikation ähneln [1973].) Der Einfluß der Kultur auf die Wahl von Gefühlsbezeichnungen wird deutlich in der Untersuchung von C.

Lutz über die Wörter, mit denen die etwa 500 Bewohner des kleinen, abgelegenen Atolls Ifaluk, einer Insel in den westlichen Karolinen Mikronesiens, die Emotionen bezeichnen (Lutz 1982).

Für *fago*, eine der am häufigsten benutzten Gefühlsbezeichnungen auf Ifaluk, gibt es kein eindeutiges englisches Synonym. *Fago* bezeichnet jenes Gefühl, das von Menschen ausgelöst wird, die Hilfe benötigen, die von einer Krankheit, einem Todesfall oder einem Mißgeschick heimgesucht wurden, von Menschen mit untergeordnetem Status und, überraschenderweise, von solchen, die Eigenschaften besitzen, welche dem Ich-Ideal der Gesellschaft entsprechen, wozu unter anderem Gelassenheit und Großmut gehören. »Anteilnahme« oder »Mitgefühl« entspricht in etwa der Bedeutung von *fago* in den ersten drei Fällen, doch würde kein englischsprachiger Erwachsener das Wort *Anteilnahme* benutzen, um das Gefühl zu bezeichnen, das eine geachtete und bewunderte Persönlichkeit in ihm erweckt. Daß die Bewohner von Ifaluk das tun, läßt den Schluß zu, daß sie Emotionen symbolisch anders definieren als wir. Die Bewohner von Ifaluk glauben, daß ein Kind unter sieben Jahren kognitiv nicht reif genug sei, um *fago* zu empfinden. Wahrscheinlich ist damit die Fähigkeit gemeint, unter den verschiedensten Umständen zu erkennen, daß ein anderer sich in einer unglücklichen Lage befindet. Ein Anhänger Piagets würde erfreut sein, das zu hören, nimmt er doch an, daß das Kind unter sieben Jahren zu egozentrisch ist, um nicht offenkundige Notlagen bei anderen zu erkennen.

Song, ein anderer häufig benutzter Ausdruck, ist am ehesten mit »gerechter Zorn« zu übersetzen. Der Hauptanlaß des Erlebens von *song* ist das ungebührliche Verhalten eines anderen, und oft geht es darum, daß die Gemeinschaftsnorm – was die üble Nachrede oder das Teilen von Gütern mit anderen angeht – verletzt wurde. *Song* wird aber auch gebraucht, wenn eine Person, der gegenüber man *fago* empfindet, ein Mißgeschick ereilt. Das Englische hat kein entsprechendes Wort für beide Sachverhalte. Für Frustrationen oder Verärgerungen, die weniger gerechtfertigt sind, verwenden die Bewohner von Ifaluk einen anderen Ausdruck, *nguch*. Die Bewohner von Ifaluk machen also einen sprachlichen Unterschied zwischen zwei Formen von Zorn, der im Englischen nicht so klar ist, denn wir benutzen unabhängig vom

Anlaß die Wörter *zornig (angry)*, *verärgert (irritated)* oder *sauer, wütend (mad)*.

Wie wichtig bei den Bewohnern Ifaluks der Kontext ist, wird in der Verwendung der Gefühlsbezeichnungen *rus* und *metagu* deutlich. Als *rus* wird das Gefühl bezeichnet, das auftritt, wenn jemand sich in einer Gefahrensituation befindet – sei es ein Wirbelsturm oder ein heftiger Kampf – und eine starke innere Reaktion erlebt. *Rus* scheint in seiner Bedeutung unserer »Furcht« zu entsprechen, aber nicht ganz, denn der plötzliche Tod eines Menschen ruft ebenfalls *rus* hervor. Eine Mutter, deren Kind gestorben ist, wird also sagen, sie empfinde *rus*, während man bei uns aus diesem Anlaß kaum erklären wird, man empfinde Furcht. *Metagu* bezieht sich auf Situationen, die die Möglichkeit enthalten, daß *rus* entsteht: eine künftige Interaktion mit einem Fremden, eine mögliche Begegnung mit einem Geist oder die Vorahnung des Zorns oder der Zurückweisung durch eine andere Person. *Metagu* kommt dem nahe, was wir vielleicht »Sozialangst« nennen würden, ist aber damit nicht einwandfrei zu übersetzen.

Die Bewohner von Ifaluk haben die Tendenz, Emotionen auf der Grundlage ähnlicher Anlässe zusammenzufassen. So werden *song* (»gerechter Zorn«), *tang* (»Kummer«) und *fago* (»Mitgefühl«) zusammengefaßt, weil sie in der Regel von den Eigenschaften oder Handlungen anderer Menschen hervorgerufen werden. Die auslösenden Bedingungen der Empfindungen *metagu* (»Angst«), *kamayaya* (»Unentschlossenheit«) und *fileng* (»Unvermögen«), die zu einem Komplex zusammengefaßt werden, der mit dem ersteren nichts zu tun hat, setzen dagegen öfter eine gewisse Besinnung voraus.

Eine ähnliche Untersuchung, bei der englische Gefühlsbezeichnungen von Amerikanern einander zugeordnet wurden, zeigt, daß die Ähnlichkeit der Intensität und der Bewertung von Gefühlszuständen bedeutsamer ist als die Ähnlichkeit des Anlasses. Bei den englischen Ausdrücken steht zumeist die Qualität des persönlichen Erlebnisses im Vordergrund, und im Unterschied zur Sprache der Bewohner Ifaluks enthalten sie keine deutliche Unterscheidung im Hinblick auf den psychologischen Ursprung des Gefühls. Angst und Zorn – heftige, unangenehme Empfindungen – sind daher für Amerikaner einander ähnlicher als *song* und *metagu* für die Bewohner Ifaluks. Das bestätigte sich, als man amerikanische College-Studenten 717 Bezeichnungen für ihre Emotionalität klassifizieren ließ; die anschließende Faktorenanalyse ergab, daß die Bewertung der erste und der Grad der Erregung der zweite Faktor war. Keiner der Faktoren ließ auf eine Klassifikation anhand des Kontexts oder der Situation schließen; bei allen ging es um die Qualität der Empfindungen, um Bewertungen und eine gewisse Gefühlskontrolle (Averill 1980; siehe auch Daly, Lancee und Polivy 1983).*

Die Affektbezeichnungen der Utku-Eskimos (Briggs 1970) werden ebenfalls nach dem Kontext differenziert. So verwendet man unterschiedliche Bezeichnungen für den Wunsch, miteinander zu sein, einander zu küssen oder zu berühren oder miteinander ins Bett zu gehen. Die Gururumba, ein Stamm in Neuguinea, wenden eine Gefühlsbezeichnung, die wörtlich »wildes Schwein« bedeutet, nur auf Männer zwischen etwa fünfundzwanzig und fünfunddreißig Jahren an, die aus der Rolle fallen, weil Männer in diesem Alter eheliche und soziale Pflichten übernehmen, die Angst erregen. Auf einen Fünfzehnjährigen oder einen Sechzigjährigen, der sich in der gleichen Weise verhielte, würde man diese Gefühlsbezeichnung nicht anwenden (Newman 1960).

Für die Bewohner Ifaluks, die Utku und die Gururumba sind andere Menschen ein bedeutsamer Anlaß für emotionale Zustände, und Motive und Emotionen, die mit Menschen zusammenhängen, haben einen Sonderstatus, den sie im Englischen nicht haben. Man könnte darüber spekulieren, ob individuelle Leistungen in der westlichen Gesellschaft die gleiche Bedeutung haben wie Beziehungen zu anderen Menschen in nicht-westlichen Kul-

* Die Nichtbeachtung des Kontexts wird auch deutlich in der feststehenden Wortfolge englischer Sätze, die normalerweise Subjekt-Prädikat-Objekt ist, unabhängig von der Situation. Angenommen, ein Mann ist auf der vereisten Straße ausgerutscht und hat sich ein paar Prellungen geholt; gleichgültig, ob seine Frau ihn fragt: »Wie ist das passiert?« oder »Wo ist das passiert?« – im Englischen lautet die Antwort stets: »I slipped on the ice« (Ich bin auf dem Eis ausgerutscht). In manchen Sprachen könnte der Mann entweder sagen: »Ich bin auf dem Eis ausgerutscht« oder »Auf dem Eis bin ich ausgerutscht« und so das wichtigste Element an den Satzanfang stellen. Interessant ist, daß sich bei den frühen Elamiten, die im 4. Jahrhundert v. Chr. im Gebiet des heutigen Iran lebten, das Zahlensystem je nach dem Kontext änderte. So benutzten sie, um Menschen zu zählen, das eine Zahlensystem, für die Zählung von Tieren ein anderes (Friberg 1984).

turen. So wie die kognitiven Kompetenzen, die wir als *Gedächtnis, Wahrnehmung* oder *logisches Denken* bezeichnen, sind auch unsere platonischen Begriffe für emotionale Zustände kaum durch die spezifische Situation eingeschränkt, von denen die entsprechenden Emotionen ausgelöst werden. Diese Sicht ist nicht erst neueren Datums. Als David Hume (1969 [1739–40]) Stolz und Demut zu den grundlegenden Emotionen erklärte, ließ er den Kontext, in dem diese Gemütsregungen auftreten, außer acht.

Nun entsprechen die englischen Gefühlsbezeichnungen nicht exakt den Ausdrücken anderer Kulturen, doch könnte der eine oder andere Psychologe einwenden, daß es für das Verständnis der Emotion auf diese sprachliche Relativität nicht ankomme. Das zentrale Faktum, so könnte er argumentieren, sei, daß es unterhalb der Sprache universale Zusammenhänge zwischen bestimmten Anlässen, physiologischen Reaktionen und daraus resultierenden Empfindungen gebe – eine Auffassung, die bislang empirisch noch nicht widerlegt wurde.

Es gibt natürlich einen Ausweg aus der unserer Intuition zuwiderlaufenden Vorstellung, daß meine emotionale Reaktion auf eine zusammengerollte Klapperschlange sich von der des Bewohners der Insel Ifaluk unterscheidet. Identität des subjektiven Erlebnisses ist wahrscheinlich ein zu strenges Kriterium. Wir können aber – wiederum in Anlehnung an die biologische Unterscheidung zwischen Spezies und Varietät – sagen, daß es Klassen von Emotionen gibt, die definiert sind durch die Qualität der Empfindung in Verbindung mit der Bewertung eines Gedankens oder eines auslösenden Ereignisses. Einige fundamentale Klassen bilden die Gefühle, die entstehen, wenn man ein angestrebtes Ziel erreicht, wenn man die Hoffnung verliert, ein Ziel zu erreichen, wenn man eine Bindung wiederherstellt, wenn man eine Gefahr für den eigenen Körper befürchtet, wenn man Ansehen oder Besitz verliert, wenn man eine prinzipielle Norm verletzt oder einer konventionellen Norm nicht zu entsprechen vermag, wenn man in einer Handlung unterbrochen wird, wenn einem Besitztum weggenommen wird oder wenn ein anderer einen bedroht. Innerhalb dieser Klassen werden jedoch die Menschen je nach Alter und nach kultureller Herkunft aufgrund von Unterschieden in der Bewertung des Zusammenhangs von auslösenden Bedingungen, Gefühlen und Gedanken unterschiedliche emotionale Erlebnisse haben.

Das Argument, das ich im Hinblick auf die Norm benutzt habe, läßt sich also auch auf die Emotionen anwenden. Im vierten Kapitel habe ich gesagt, daß die spezifischen ethischen Normen einer Kultur sich nach den lokalen Bedingungen richten, daß sie aber in allen Kulturen auf einem gemeinsamen Bestand von Emotionen beruhen. Hier möchte ich nun die Ansicht vertreten, daß kulturell bedingte Variationen im Hinblick auf körperliche Veränderungen, Anlässe und Bewertungen zu einer Familie von Gefühlszuständen führen, von denen jeder einen prototypischen Kern besitzt. Zu diesen Prototypen gehören die Emotionen, die wir als Furcht, Sorge, Zorn, Traurigkeit, Freude, Schuld, Scham, Einfühlung, Zufriedenheit und Interesse bezeichnen. Ich weiß allerdings nicht genau, wie viele Prototypen nötig sind, um alle grundlegenden menschlichen Empfindungen zu berücksichtigen.

Die Messung von Emotionen

Die Frage, wie man bestimmte innere Stimmungen und Gefühlszustände mißt, ist ein weiterer Fall des alten Problems, wie ein einzelner Bestandteil einer größeren Einheit sich zu dieser Einheit verhält. Die Wörter der Umgangssprache beziehen sich auf zusammenhängende Objekte, wie eine Tasse, auf zusammenhängende Ereignisse, wie eine Oper, oder auf einen zusammenhängenden Teil einer größeren Einheit, wie den Henkel einer Tasse oder den ersten Akt einer Oper. Der einzelne Bestandteil darf nicht mit der größeren Einheit gleichgesetzt werden. In den Biowissenschaften ist man denn auch überwiegend der Ansicht, daß eine bestimmte Kombination von Ereignissen ein synthetisches Phänomen erzeugt, das von seinen einzelnen Bestandteilen verschieden und nicht aus ihnen vorhersagbar ist. Ein passendes Beispiel – es gibt auch andere – liefern das Wachstum und die Differenzierung des befruchteten Eies, die durch die Vereinigung von

Samenzelle und Ei ermöglicht werden. Vielleicht ist das der Grund, warum Wissenschaftler, die sich mit der Emotion befassen, gesagt haben: »Es gibt keinen emotionalen Zustand, der an einer einzigen, unzweideutigen Verhaltensweise zu erkennen wäre« (Campos et al. 1983). Das heißt, daß man aus einem einzelnen Element nicht auf einen emotionalen Zustand schließen kann. Zum einen können sich in einer Reaktion unterschiedliche emotionale Zustände äußern: Eine Beschleunigung des Pulsschlages kann sowohl von einem Lächeln wie von einem Schrei begleitet sein (Emde et al. 1978). Zum anderen kann sich ein emotionaler Zustand – sagen wir, Furcht vor Strafe – in unterschiedlichen Reaktionen äußern. Auf die Androhung von Schlägen reagiert das eine Kind vielleicht mit einer steigenden Pulsfrequenz, ein anderes mit Magenkrämpfen, wieder ein anderes mit Kopfschmerzen. In allen diesen Fällen mögen jedoch sowohl das Kind als auch ein Beobachter den Gefühlszustand als Furcht vor dem Vater interpretieren.

Auch hier kann uns die Geschichte der taxonomischen Wissenschaft etwas lehren. Fortschritte wurden durch zwei bedeutende Einsichten möglich: daß erstens die zahlreichen morphologischen Merkmale, die eine Spezies charakterisieren, von unterschiedlicher Bedeutung sind, und daß zweitens die Bedeutung eines bestimmten Merkmals von Spezies zu Spezies verschieden ist. Diese Einsichten gelten auch für die Klassifikation der Emotionen. Wenn in einem Laboratorium ein Einjähriger sieht, daß seine Mutter den Raum verläßt, wird sich wahrscheinlich sein Puls beschleunigen, er wird argwöhnisch-besorgt dreinschauen und einen markerschütternden Schrei ausstoßen. Der Puls kann auch steigen, wenn man das Kind plötzlich kitzelt oder ihm einen Keks anbietet, doch werden in diesen Fällen der mißtrauische Gesichtsausdruck und das Schreien in der Regel nicht auftreten. Obwohl der beschleunigte Pulsschlag nach der Trennung von der Mutter nicht übersehen werden sollte, so wird der Beobachter ihm doch weniger Bedeutung beimessen als dem Schreien oder dem argwöhnischen Gesichtsausdruck.

Technische Fortschritte haben es neuerdings möglich gemacht, ganz geringfügige Veränderungen des Gesichtsausdrucks (Ekman 1980; Izard 1977) und in Tonhöhe und Eigenart der Stimme

(Scherer 1981) zu messen. Da viele dieser Veränderungen einen gesetzmäßigen Zusammenhang mit bestimmten emotionalen Zuständen aufweisen, hofft man, in den nächsten zehn Jahren die Anlässe verschiedener innerer Stimmungen und Gefühlszustände besser zu verstehen. Einige Forscher wollen jedoch mit der Analyse der Stimm- und Gesichtsreaktionen mehr erreichen. Sie möchten von dem einzelnen Anhaltspunkt aus auf den gesamten emotionalen Zustand schließen. So möchten diejenigen, die den Gesichtsausdruck messen, beispielsweise zu der Feststellung gelangen, daß die Veränderungen der Muskeln, die eine bestimmte Art des Lächelns charakterisieren, stets eine bestimmte Emotion hervorrufen oder begleiten (Ekman 1980). (Sie unterscheiden nicht so deutlich wie ich zwischen innerer Stimmung und Gefühlszustand.) Über diese Annahme ist zwar noch nicht entschieden, doch leidet sie an dem Fehler, von nur einem Element aus auf ein zusammenhängendes Ganzes zu schließen. Pneumonie diagnostizieren die Ärzte bei Patienten, bei denen die Kombination von Pneumokokken, Fieber und Lungenentzündung vorliegt. Kein Arzt würde, wenn nur eines dieser drei Elemente vorliegt, Pneumonie diagnostizieren. Manche sagen, ein Zweijähriges sei *glücklich*, wenn es beim Anblick eines ungewöhnlichen Schmetterlings lächelt. Das Lächeln in Reaktion auf den Schmetterling läßt sich jedoch auch als *begreifend* oder *verstehend* beschreiben (Reznick 1982). Es ist unwahrscheinlich, daß das Lächeln, mit dem das Kind auf eine Nascherei oder ein neues Spielzeug reagiert, den gleichen Zustand ausdrückt wie jenes Lächeln, das es zeigt, wenn es einen Schmetterling erkannt hat. Der Fehler, einen Teil für das Ganze zu nehmen, wird bei Kindern häufiger gemacht als bei Erwachsenen, denn wenn ein Erwachsener lächelt, wollen wir gewöhnlich Genaueres wissen, bevor wir bereit sind, ihm die Emotion der Freude oder des Glücks zuzuschreiben. Bei Kleinkindern und Kindern müssen wir genauso sorgfältig sein. Man darf nicht jedesmal, wenn es in der Nähe einer Scheune nach Heu riecht, auf ein Pferd schließen.

Die Entwicklung der Emotionen

Die ersten fünf Jahre

Die verbreitete Ansicht, daß die Emotionen des Kindes sich nicht mit dem Wachstum verändern, setzt die unwahrscheinliche Annahme voraus, daß die reifungsbedingten Veränderungen im Gehirn, die zu neuen kognitiven Bewertungen und bestimmten Gefühlstönungen führen, auf das emotionale Erleben des heranwachsenden Menschen keinen Einfluß haben. Allerdings wird man durch die Verwendung derselben Ausdrücke für die Emotionen von Zweijährigen wie von Zweiundzwanzigjährigen leicht zu der Ansicht verführt, daß das emotionale Erleben das selbe sei. Amerikanische Mütter nehmen, wie ich glaube, zu Unrecht, an, daß Kinder von 3 Monaten die Emotionen des Interesses, des Zorns, der Freude oder der Furcht, wie sie Erwachsenen zugeschrieben werden, empfinden können (Johnson et al. 1982).

Der Säugling zeigt in den ersten 3 bis 4 Monaten viele Reaktionen, die auf emotionale Zustände hinzudeuten scheinen, doch handelt es sich wohl zumeist um nicht wahrgenommene Veränderungen des inneren Tonus. Es ist, wie ich schon sagte, sinnvoll, diese Emotionen nach ihrem Anlaß und den begleitenden Reaktionen zu benennen. Wenn auf ein auffälliges physikalisches Ereignis mit Aufmerksamkeit und der Einstellung der motorischen Aktivitäten sowie der Lautäußerungen reagiert wird, könnte man von »Interesse am Auffälligen« sprechen. Reagiert ein Kind mit geweiteten Augen, offenem Mund und starker Beschleunigung des Pulses auf ein unerwartetes Ereignis, könnte man von »Überraschung durch Neues« reden. Verstärkte motorische Aktivität, Schließen der Augen, Pulsbeschleunigung und Schreien in Reaktion auf Schmerz, Kälte und Hunger könnte als »Leiden durch körperliche Entbehrung« bezeichnet werden, während man die ersten drei Reaktionen – ohne das Schreien – als Reaktion auf einen Donnerschlag, als »Erschrecken durch Unerwartetes« bezeichnen könnte. Nachlassende Muskelspannung und Schließen der Augen nach dem Füttern könnte bezeichnet werden als »Entspannung nach Befriedigung«, während man verstärkte motorische Spannung, Lächeln und Lallen in Reaktion auf ein vertrautes Ereignis »Erregung durch Begreifen des Unerwarteten« nennen könnte. Ich könnte noch viele weitere Beispiele anführen, doch wird der Name des jeweiligen emotionalen Zustands in allen Fällen einen Hinweis auf seinen mutmaßlichen Ursprung enthalten.

Neue emotionale Reaktionen treten zwischen dem vierten und dem zwölften Lebensmonat auf, weil bestimmte kognitive Funktionen reifen, insbesondere das Reproduktionsgedächtnis und die Bewertung der Beziehung zwischen einem Ereignis und dem vorhandenen Wissen. So reagieren Kinder von 8 Monaten auf einige unerwartete Ereignisse mit einem besonderen Gesichtsausdruck der ängstlichen Besorgtheit, mit Einstellen des Spiels und gelegentlich mit Weinen. Da dieses Verhalten gegenüber dem Unbekannten nicht früher auftritt, dürften wir von einer neuen Emotion sprechen: »Furcht vor dem Unbekannten«. Man braucht nicht anzunehmen, daß diese Furcht auf das frühere Leiden durch Entbehrung zurückgeht oder daß das frühere Leiden eine notwendige Voraussetzung dieser Furcht ist. Ich erinnere an die Feststellung im dritten Kapitel, daß das Fütterungsverhalten einer Ratte von 3 Monaten nicht auf das Saugen der neugeborenen Ratte zurückgeht.

Zu den Reaktionen, die im weiteren Verlauf des ersten Lebensjahres auftreten, gehören Widerstand, Protest und gelegentlich Schreien, wenn eine anhaltende Reaktion unterbrochen wird oder ein interessantes Objekt abhanden kommt, und wir könnten diese Reaktionen als »Ärger nach Frustration« zusammenfassen. George Mandler (1975) schreibt der Unterbrechung einer Reaktion zentrale Bedeutung zu, weil dadurch das Niveau der inneren Erregung steige. Der Hauptunterschied zwischen dieser Emotion und jenen, die in den ersten Lebensmonaten auftreten, ist der, daß man, um »Ärger« zu empfinden, Ereignisse bewerten muß. Um nach dem Verlust eines Spielzeugs ärgerlich zu werden, muß ein Kind sowohl seine Abwesenheit bemerken als auch den Verlust dem Handeln einer anderen Person zuschreiben. Der einen Monat alte Säugling, dem ein Erwachsener ein Spielzeug fortnimmt, regt sich gewöhnlich nicht auf, weil er noch nicht reif genug ist, um den Verlust mit dem Handeln eines anderen in Beziehung zu setzen.

Es ist nicht möglich, all die neuen Zusammenhänge anzuführen, die während des zweiten Lebensjahres auftreten. Zwei herausragende Verhaltensweisen sind ein anfänglicher Protest, gefolgt von Hemmung und Teilnahmslosigkeit in Reaktion auf die Abwesenheit einer primären Betreuungsperson – Emotionen, die man gewöhnlich als *Bedrücktheit* oder *Niedergeschlagenheit* bezeichnet und die voraussetzen, daß das Kind sich an frühere Schemata erinnern kann. Das Zweijährige muß imstande sein, sich an die vorherige Anwesenheit der Betreuungsperson zu erinnern, diesen Gedanken mit seiner gegenwärtigen Situation in Beziehung bringen und außerdem diese Information in seinem Bewußtsein bewahren, damit sie nicht nach wenigen Sekunden verlorengeht. Diese Phänomene sind ohne reifungsbedingte Fortschritte der kognitiven Funktionen und ohne eine Bindung an eine Betreuungsperson nicht denkbar.

Im zweiten Lebensjahr zeigen Kinder außerdem emotionale Reaktionen, die man als »Angst vor möglichem Versagen« bezeichnen könnte. Im vierten Kapitel war von den Kindern die Rede, die unglücklich waren, als eine Frau ihnen einige schwer nachzuahmende Handlungen vorführte. Die Kinder wurden wütend, weinten, liefen zu ihrer Mutter, hörten auf zu spielen, protestierten oder wollten unbedingt nach Hause gehen. Auf diese Weise reagieren Kinder in Cambridge, Massachusetts, Kinder, die in Hütten auf den Fidschi-Inseln aufwachsen, und Kinder aus Vietnam, die kurz zuvor in Nordkalifornien eingetroffen sind (Kagan 1981).

Zweijährige zeigen ebenfalls emotionale Betroffenheit beim Anblick einer zerbrochenen Tasse oder einer beschmutzten Bluse und Mitgefühl mit dem Leid eines anderen. Beide Emotionen setzen bei dem Kind eine Schlußfolgerung voraus. Im ersten Fall muß das Kind folgern, daß jemand die Tasse zerbrochen hat, im zweiten muß es die Gefühle des Betroffenen erschließen. Das Lächeln nach erfolgreicher Bewältigung einer Aufgabe, in die man Anstrengungen investiert hat, das ebenfalls im zweiten Lebensjahr auftritt, setzt die Erkenntnis voraus, daß ein selbstgesetztes Ziel erreicht worden ist. Im zweiten und dritten Lebensjahr schließen die Ursachen von Emotionen demnach kognitive Bewertungen ein, die früher nicht möglich sind. Die schmerzhafte Injektion, die bei einem Kind von 6 Monaten die Empfindung von Leid hervorruft, erzeugt bei einem Sechsjährigen eine andere Emotion, obwohl in beiden Fällen Schmerz empfunden wird. Das ältere Kind empfindet vielleicht Stolz, weil es den Vorsatz, sich nichts anmerken zu lassen, verwirklicht hat, oder es empfindet jenen Zorn, der in einem aufsteigt, wenn man von einem anderen bedroht wird.

Die Emotionen der ersten zwei bis drei Jahre scheinen universal zu sein, und deshalb sollte man sich fragen, worin ihre psychologischen Vorteile bestehen. Die Reaktion auf diskrepante Ereignisse könnte die Funktion haben, das Kind vor körperlichem Schaden zu bewahren. Zurückhaltung gegenüber dem Unbekannten hält das Kind davon ab, sich weniger vertrauten Objekten zu nähern, und sein Weinen könnte einen Erwachsenen herbeirufen, der es in Sicherheit bringt.

Zorn auf eine andere Person wird unter anderem hervorgerufen durch die Unterbrechung einer zielgerichteten Aktivität, durch die Frustration eines Antriebs oder durch das Wegnehmen eines Objekts, welches das Kind als sein eigenes betrachtet. Es ist nicht erkennbar, daß Zorn das Kind vor Schaden bewahrt, und es ist daher die Frage, warum es auf die Unterbrechung einer zielgerichteten Handlung oder auf den Verlust von Besitz mit dem ganzen Einsatz seiner Stimme und seines Körpers reagiert. Denkbar ist, daß diese Reaktion und die sie begleitenden Handlungen dazu dienen, eine abwehrende anstelle einer fügsam-willfährigen Haltung gegenüber dem Eindringen anderer aufzubauen. Ein zorniger Auftritt, der einen Eindringling zum Rückzug bewegt, wird zum Bestandteil des kindlichen Verhaltensrepertoires. Auf Störungen und die Fortnahme von Objekten wird das Kind dann rechtzeitig mit zornigem Protest reagieren. Man stelle sich einen Zweijährigen vor, der nie mit Zorn auf einen Eindringling reagiert. Er wird das Objekt, das ihm gehört, verlieren und zielgerichtete Handlungen bei jeder Unterbrechung einstellen. Wenn die Übergriffe sich häufen, wird das Kind am Ende passiv gegenüber Anmaßung und Einmischung.

Die Erregung, welche die Interaktion mit einem Erwachsenen (Überraschung, Körperkontakt und Reden) auslöst, verlängert den Kontakt mit dem Erwachsenen. Dieser Affekt könnte die Funktion haben, die Interaktionen und die Bindung zwischen Kind und Erwachsenem zu erleichtern.

Weniger offensichtlich ist, welche Funktion die Traurigkeit nach dem Verlust einer Betreuungsperson haben könnte. Warum sollte ein zweijähriges Kind auf die längere Abwesenheit eines Bindungsobjekts mit Anzeichen der Niedergeschlagenheit oder Teilnahmslosigkeit reagieren? Ein Zweck könnte sein, das Kind in der Nähe vertrauter Menschen zu halten. Mit drei bis vier Jahren ist es physisch und psychisch in der Lage, zumindest vorübergehend die Familiengruppe zu verlassen. Es kann sich vom Haus entfernen, wenn auch noch nicht ohne eine gewisse Gefahr. Die extreme Furcht vor dem Ungewohnten, die das Einjährige in der Nähe seiner Eltern hält, hat nachgelassen, und die Traurigkeit, die jetzt bei Verlust eintritt, könnte eine ähnliche Funktion erfüllen und das größer gewordene Kind veranlassen, zu den Familienangehörigen zurückzukehren. Das Kind bleibt lieber in ihrer Nähe, um das unangenehme Gefühl zu vermeiden, das, wie es jetzt weiß, auftritt, wenn es länger von ihnen fort ist.

Welche Funktion eine emotionale Reaktion auf die Verletzung einer von den Erwachsenen gesetzten Norm erfüllt, scheint keiner Erklärung zu bedürfen. Wenn das Kind weiterhin von der sozialen Gruppe akzeptiert werden will, muß es Verhaltensweisen unterdrücken, die von der Gruppe mißbilligt werden – in der Regel Zerstörung, Aggression und mangelnde Reinlichkeit. Die Affekte der Angst, der Scham und der Schuld sind unangenehm (teilweise deshalb, weil die damit verbundenen Vorstellungen die Bewertung einschließen, daß das Kind böse ist), und daher wird das Kind vermeiden, diese verbotenen Handlungen zu begehen. Wie ich im vierten Kapitel festgestellt habe, könnte es im Verlauf der menschlichen Evolution notwendig gewesen sein, daß die Aggressionshemmung zu einem frühen Entwicklungszeitpunkt auftritt, damit ein Verhalten, das für andere gefährlich ist, gezügelt wird. Wie wichtig die Aggressionshemmung ist, wird an einem außergewöhnlichen Vorfall deutlich, bei dem ein 30 Monate altes Kind seinen regelmäßigen Spielkameraden, ein Kind von 22 Monaten, tötete, indem es den Kopf des Opfers gegen den Fußboden stieß und ihm mit einer schweren gläsernen Vase den Schädel einschlug. Daß dies ein außergewöhnliches Ereignis ist, läßt den

Schluß zu: Die meisten Kinder haben bis zu ihrem dritten Geburtstag erkannt, daß eine solche Gewalttätigkeit unterdrückt werden muß.

Das Schuldgefühl tritt erst später auf, weil seine kognitive Grundlage nur langsam reift. Die fragliche kognitive Fähigkeit besteht in der Erkenntnis, daß man eine Wahl hat. Mit zwei Jahren vermag ein Kind nicht zu erkennen, daß es anders hätte handeln können, als es tatsächlich gehandelt hat. Mit vier Jahren jedoch besitzt es diese Fähigkeit, und entsprechend empfindet es die Emotion, die wir *Schuldgefühl* nennen.

Die Emotionen des ersten Lebensjahres und die des zweiten und dritten Lebensjahres scheinen sich zu ergänzen. Die zunächst auftretenden emotionalen Zustände und das mit ihnen verbundene Verhalten kompensieren die Hilflosigkeit des Kindes und bewahren es vor Schaden und Belästigung. Die Emotionen der beiden nächsten Jahre, besonders diejenigen, die sich nach der Verletzung von Normen einstellen, halten das Kind im Zaum. Anstelle des Protests gegen Einmischung, der das erste Lebensjahr kennzeichnete, tritt im zweiten das Schamgefühl, das es dem Kind ermöglicht, die Scylla der Hilflosigkeit und die Charybdis der destruktiven Arroganz zu vermeiden. Die Natur hat gewollt, daß das Kind weder zu bescheiden noch zu aggressiv ist, sondern einfach wohlerzogen.

Die mittleren Jahre: Der andere als Bezugspunkt

Die Emotionen, die im fünften und sechsten Lebensjahr auftreten, beruhen unmittelbar auf einer Beurteilung der eigenen Eigenschaften im Vergleich mit anderen – ein Prozeß, der in den ersten drei Lebensjahren weniger bedeutsam ist. Die Ergebnisse dieser Beurteilung führen zu emotionalen Reaktionen, die wir mit Worten wie *Unsicherheit, Minderwertigkeitsgefühl, Bescheidenheit, Stolz* und *Selbstbewußtsein* bezeichnen.

Wir sind so an den Gedanken gewöhnt, alle Reaktionen müßten das Ergebnis einer von außen einwirkenden Kraft sein, daß wir nur zögernd die psychische Wirkung in Erwägung ziehen, die von der bloßen Tatsache ausgeht, daß ein anderer in unserem

Bewußtsein gegenwärtig ist, ohne in irgendeiner Weise direkt auf uns einzuwirken. In Tiergesellschaften mit Rangordnung beeinflußt die Gegenwart eines ranghöheren Tieres das Verhalten des rangniederen, auch wenn die beiden nie eine Auseinandersetzung haben.

Um ihre eigenen Vorzüge beurteilen zu können, wählen Menschen sich andere zum Bezugspunkt, in der Regel Geschwister oder Peers, Kinder in gleichem oder ähnlichem Alter, vom gleichen Geschlecht und von ähnlicher Herkunft. Das Vergleichen der eigenen Qualitäten mit denen eines anderen, das möglicherweise nur beim Menschen vorkommt, ist für die Stimmungslage und das Verhalten von großer Bedeutung. Tiere reagieren auf physische Signale eines anderen, Menschen dagegen reagieren auch auf bloß gedachte Qualitäten, und daraus entstehen Anstöße sowohl für die Emotionen wie für das Handeln.

Der sechs- oder siebenjährige amerikanische Junge besitzt Normen für verschiedene Fähigkeiten, für Attraktivität, Ehrlichkeit, Tapferkeit, Dominanz, Beliebtheit und eine Unmenge anderer Qualitäten, und er ist imstande, sich und seine Freunde mit einer bemerkenswerten Übereinstimmung nach diesen Qualitäten einzustufen. Das Selbstkonzept des Kindes wird demnach von der persönlichen Bewertung des Ausmaßes beeinflußt, in dem das Kind diese Merkmale im Vergleich zu anderen aufweist. Die entscheidende neue kognitive Kompetenz besteht in der Fähigkeit, diese Bewertung zu treffen. Auslöser ist nicht ein bestimmtes eigenes Handeln, das von einer inneren Norm abweicht, sondern vielmehr ein eigenes Merkmal, das von demselben Merkmal bei einer anderen Person abweicht.

Aber wovon hängt es ab, welche Vergleichsperson gewählt wird? Kinder entdecken automatisch Ähnlichkeiten zwischen Objekten und zwischen Menschen, und so vergleicht das Kind, wenn sein Selbstkonzept deutlicher wird, ganz spontan seine eigenen Qualitäten mit denen anderer Menschen, die es kennt. Dabei geht es sowohl um körperliche und funktionale Qualitäten als auch um die Zugehörigkeit zu einer gemeinsamen Kategorie wie Geschlecht, ethnische Gruppe oder Familie. Das Vorliegen von ausgeprägten Eigenschaften, die das Kind mit anderen, aber nicht mit allen gemeinsam hat, bestimmt bei diesem geistigen

Vergleich in hohem Maße, wer als Bezugsgröße gewählt wird. Das Kind hat eine ausgesprochene Tendenz, sich mit denjenigen zu vergleichen, die ungewöhnliche oder seltene Eigenschaften mit ihm gemeinsam haben. Wenn man Menschen bittet, sich selbst zu beschreiben, nennen sie gewöhnlich an erster Stelle ganz charakteristische Dimensionen (McGuire und Padawer-Singer 1976). Als man zum Beispiel Sechstkläßler bat, etwas über sich zu erzählen, nannten nur wenige ihr Geschlecht, während viele die Aktivitäten und Besitztümer aufzählten, die sie von Angehörigen ihrer Familie (in diesem Fall werden Freizeitbetätigungen und Alltagsaktivitäten genannt) und von den Gleichaltrigen (hier werden Geschwister oder Haustiere genannt) unterscheiden. Wichtiger noch: Von den Kindern, die in den Vereinigten Staaten geboren waren, nannten nur 7 Prozent spontan ihren Geburtsort als charakteristisches Attribut, während von den im Ausland geborenen Kindern 44 Prozent ihren Geburtsort anführten.

Da das Kind dazu neigt, solche Eigenschaften auszuwählen, die selten vorkommen, und Menschen, die diese Eigenschaften aufweisen, einer gemeinsamen Kategorie zuzuordnen, werden körperliche Merkmale wie rotes Haar, Hautfarbe, Sommersprossen oder eine Behinderung relativ häufig genannt. Das Geschlecht ist durchweg eine herausragende Dimension, und schon mit zwei Jahren kennen Kinder einige der psychologischen Dimensionen, welche die Geschlechter kennzeichnen, darunter typische Handlungsweisen, Unterdrückung der Furcht und berufliche Tätigkeiten der Erwachsenen (Kuhn, Nash und Brucken 1978).

Häufig ist die Familie eine bedeutsame Dimension, denn das Kind lernt, daß es mit seinen Familienangehörigen biologische Merkmale gemein hat, daß der Nachname der Familie in der Regel selten ist und bestimmte Verhaltensweisen in der Regel nur zu Hause vorkommen. Weinen, Heftigkeit, Brüllen, Aggressivität und extreme Ausgelassenheit kommen in der Familie, aber nicht so oft außerhalb vor. Das Kind erkennt, daß es selbst sich ebenfalls in dieser Weise verhält, und es kommt so zu dem Schluß, daß es seinen Familienangehörigen ähnlicher ist als den meisten Menschen außerhalb der Familie. Dadurch gewinnt es schließlich die Überzeugung, daß alle Familienangehörigen einer gemeinsamen Kategorie angehören, und es beginnt, ihre Emotionalität nachzuempfinden (siehe Kapitel 4).

Abgesehen von der Familie kann der Besuch der gleichen Schule oder das Wohnen im gleichen Viertel eine Grundlage der Ähnlichkeit sein. Ein Siebenjähriger wird sich eher mit den Jungen aus seiner Klasse vergleichen als mit anderen Jungen, die er kennt oder von denen er gehört hat. Daraus ergibt sich unter anderem, daß ein Kind sich im Hinblick auf eine bestimmte psychische Eigenschaft um so eher positiv bewerten wird, je kleiner die für den Vergleich zur Verfügung stehende Peer-group ist, einfach weil weniger Kinder mit herausragenden Eigenschaften da sind. Bei einer größeren Peer-group vergleicht sich das Kind mit sehr viel mehr Kindern, die herausragende Eigenschaften besitzen, wodurch es zu der Erkenntnis kommt, daß es von einer wünschenswerten Norm weiter entfernt ist, und das unangenehme Gefühl einer gewissen »Minderwertigkeit« empfinden wird.

Es ist nicht ohne weiteres erkennbar, worin die Vorteile einiger der Emotionen bestehen, die für das ältere Kind typisch sind, denn es hängt von der Peer-group ab, mit der es sich vergleicht, ob es Selbstvertrauen (oder mangelndes Selbstvertrauen) entwickeln wird. Vielleicht sind diese Emotionen – wie im physiologischen Bereich das menschliche Kinn, das eine Folge der Entwicklung des Kiefers und der Zähne war – unbeabsichtigte Konsequenzen der kognitiven Fähigkeit, sich mit anderen zu vergleichen. Man kann sich aber auch vorstellen, daß es früher, als alle Menschen noch in sehr kleinen Verbänden lebten, kaum mehr als ein halbes Dutzend Peers von vergleichbarem Alter gegeben hat. In seiner Sammler-und-Jäger-Horde hat es für einen Siebenjährigen wahrscheinlich nur drei oder vier andere Kinder zwischen fünf und neun Jahren gegeben, mit denen er sich vergleichen konnte. Unter diesen Bedingungen kam bei der Selbstbewertung wohl heraus, daß das Kind in etwa die Norm der wünschenswerten Eigenschaften erfüllte und daß es sich selbst eher positiv empfand. Der Zivilisationsmensch hat in den Großstädten Bedingungen geschaffen, unter denen viele Kinder mit Hunderten von anderen Kindern gleichen Geschlechts und ähnlichen Alters konfrontiert sind, so daß viele zu dem Schluß gelangen, von einer wünschenswerten Norm weit abzuweichen. Das so entstehende Gefühl der Unzulänglichkeit scheint nicht sehr adaptiv zu sein.

Adoleszenz

Mit der herannahenden Adoleszenz ergeben sich in kognitiver und physiologischer Hinsicht neue Bedingungen. Während die mit der Pubertät eintretenden körperlichen Veränderungen als Anzeichen eines Rollenwechsels interpretiert werden, vollzieht sich, teilweise durch hormonale Sekretion bedingt, in den sexuellen Empfindungen ein Wandel, der für die Emotion, die wir *sexuelle Erregung* nennen, von großer Bedeutung ist. Die Entdekkung einer Abweichung von Normen spielt auch bei diesem Gefühlszustand eine Rolle. Der Jugendliche ist sich bewußt, in welchem Maße er die gegebenen Normen sexueller Attraktivität und erfolgreicher Liebschaften erfüllt. Bei den meisten Tierarten besteht unter den männlichen Tieren eine Rangordnung, die auf ihrer Fähigkeit beruht, andere zu dominieren; die rangniederen Männchen beugen sich, was den Zugang zu den Weibchen betrifft, den Ansprüchen der ranghöheren. Beim Menschen findet sich insofern ein Analogon, als die Jugendlichen von heute ihre Fähigkeit, einen Partner zu fesseln und eine romantische Beziehung aufrechtzuerhalten, bewerten, und zwar bei beiden Geschlechtern. Jungen wie Mädchen bewerten ihre eigene sexuelle Kompetenz und gehen eine Partnerschaft ein oder nicht, je nachdem, wie sie selbst das Ausmaß beurteilen, in dem sie von der Norm der angemessenen sexuellen Merkmale abweichen.

Ein letztes Paar von Affekten, die gewöhnlich in der Adoleszenz auftreten, ist von kognitiven Fortschritten abhängig. Nach der Darstellung, die Piaget (1950) vom Stadium der formalen Operationen gibt, wird der Jugendliche fähig, das System seiner Anschauungen auf logische Widerspruchsfreiheit zu prüfen. Entdeckt er einen Widerspruch, so versucht er automatisch, seine Ansichten so zu verändern, daß im System seiner Ansichten und zwischen seinen Ansichten und seinem Verhalten Widerspruchsfreiheit entsteht. Gelingt ihm das nicht, so entsteht ein bestimmter Gefühlszustand, den wir als *kognitive Dissonanz* bezeichnen könnten – ein Zustand, nicht identisch mit dem Schuldgefühl (das sich mit der Erkenntnis einstellt, daß man absichtlich von der Norm abgewichen ist).

Die Fähigkeit des Zwölfjährigen, seine Ansichten auf Folgerichtigkeit und Widerspruchsfreiheit hin zu überprüfen – eine Fähigkeit, die möglicherweise von biologischen Veränderungen im Zentralnervensystem abhängt –, kommt dann zum Tragen, wenn der Jugendliche Phänomenen und Einstellungen begegnet, die mit seiner Ideologie nicht ohne weiteres zu deuten sind. Das gibt ihm den Anstoß, sein Wissen einer analytischen Überprüfung zu unterziehen und nach Widersprüchen innerhalb seines Wissens und zwischen seinen Anschauungen und den entsprechenden Handlungen zu suchen.

Ein Vierzehnjähriger sinniert beispielsweise über den Widerspruch zwischen den drei folgenden Behauptungen:

1. Gott liebt den Menschen.
2. Es gibt auf der Welt viele unglückliche Menschen.
3. Wenn Gott den Menschen lieben würde, würde er nicht so viele Menschen unglücklich machen.

Den Jugendlichen quält die Unvereinbarkeit, die er sofort erkennt, wenn er diese Aussagen miteinander überprüft. Er bemerkt den Widerspruch und hat mindestens vier Wahlmöglichkeiten. Er kann die zweite Prämisse leugnen und behaupten, der Mensch sei nicht unglücklich; das ist allerdings unwahrscheinlich, denn die Tatsachen, die *für* diese Prämisse sprechen, sind überwältigend. Er kann leugnen, daß Gott den Menschen liebt; indessen ist Liebe zum Menschen eine der Eigenschaften, die Gott per definitionem zukommen. Der Jugendliche kann annehmen, das Unglück diene einem höherem Zweck, den Gott mit dem Menschen verfolgt; diese Möglichkeit wird gelegentlich gewählt. Schließlich kann er die Hypothese leugnen, daß es einen Gott gebe.

Die letzte Lösung, die von vielen Menschen in der westlichen Gesellschaft gewählt wurde, hat weitreichende Konsequenzen. Wenn das Kind einen Glauben leugnet, der seit vielen Jahren als wahr gegolten hat, kommt es leicht zu dem Schluß, daß, falls es keinen Gott gibt, auch alle übrigen, nicht minder entschiedenen

Überzeugungen, an die man gegenwärtig glaubt, fragwürdig sind. Auf einmal ist das, was man stets als eine unvergängliche Wahrheit betrachtet hat, nicht mehr sicher. Auf die Frage nach dem Unterschied zwischen ihren gegenwärtigen Ansichten und denen, an die sie vor mehreren Jahren geglaubt hatte, antwortete eine Vierzehnjährige:

> »Ich hatte eine richtige Theorie darüber, wie die Welt funktioniert. Ich war sehr religiös, ich glaubte an Einheit und Harmonie und daß alles seine richtige Ordnung hat. In meiner Vorstellung standen die Felsen am Ufer genau da, wo sie hingehörten. Es war alles sehr übersichtlich, und Gott hatte es alles gefügt, und ich hatte mir meine eigene Religion zurechtgelegt, aber nun kommt mir das absolut lächerlich vor.«

Ein weiterer Widerspruch, den viele Jugendliche entdecken und aufzulösen versuchen, ist folgender:

1. Eltern sind allmächtig und allwissend.
2. Mein Vater hat seine Stelle verloren, oder er versteht mich nicht, oder er hat sich irrational verhalten (oder sonst irgendein Versagen, das der Leser sich aussuchen mag).
3. Wenn meine Eltern allwissend wären, dann wären sie nicht fehlerhaft und angreifbar.

Bei der gemeinsamen Überprüfung dieser Aussagen wird der Widerspruch bemerkt. Wie im ersten Beispiel kann der Jugendliche die Wahrheit der zweiten Prämisse leugnen, aber damit würde ihm eine Objektivität abverlangt, die er gewöhnlich nicht besitzt, und so geschieht das nicht. Der Jugendliche kann eine Vermutung über die Motivation der Eltern anstellen und sich die erwiesene Unzulänglichkeit nicht mit mangelnden Fähigkeiten, sondern mit mangelndem Willen erklären. Diese Alternative wird selten gewählt, weil sie eine andere beunruhigende Erkenntnis nach sich zieht: daß nämlich die emotionalen Beziehungen innerhalb der Familie dem betreffenden Elternteil gleichgültig sind. So kommt das Kind dazu, die erste Hypothese, die der elterlichen Allwissenheit, zu leugnen. Wie bei der Leugnung Gottes werden, wenn diese Überzeugung fällt, auch alle anderen in Mitleidenschaft gezogen.

In einem dritten Beispiel der genauesten analytischen Überprüfung geht es um die Sexualität:

1. Sexuelle Betätigung, ob man sie nun an sich selbst vornimmt oder interpersonell erlebt, ist schlecht.
2. Sexualität verschafft Lust.
3. Wenn Sex lustvoll ist, kann er eigentlich nicht schlecht sein.

Ich erspare mir den voraussehbaren Gang der Überprüfung dieser Behauptung und stelle lediglich fest, daß die wahrscheinlichste Schlußfolgerung wiederum die ist, die erste Annahme sei unhaltbar. Die in der Pubertät zunehmende Masturbation zwingt das Kind, sich mit der Tatsache auseinanderzusetzen, daß es insgeheim ein strenges gesellschaftliches Verbot verletzt. Die sinnliche Lust, die es immer wieder erlebt, läßt sich jedoch nicht leugnen, und so muß diese stillschweigende Übertretung rationalisiert werden. Wenn es diese Rationalisierung geschafft hat, besteht für das Kind die große Versuchung, eine ganze Reihe weiterer Normen in Frage zu stellen, und so beginnt es, alle Verbote mit der gleichen Skepsis zu überprüfen.

Jede Kultur legt ihren Kindern andere Überzeugungen zur Überprüfung vor. In unserer Gesellschaft sind Normen, die Familie, Religion, Sexualität, Drogen und Schule betreffen, die wichtigsten ideologischen Drachen, die es zu bezwingen gilt. Meine Erkenntnisse gehen teilweise auf Interviews zurück, die ich mit amerikanischen Jugendlichen durchgeführt habe und aus denen hervorgeht, daß Vierzehn- bis Fünfzehnjährige sich zum erstenmal die Frage nach der Legitimität ihrer Anschauungssysteme stellen. Manche Jugendliche glauben nach dieser Überprüfung eine Zeitlang an gar nichts mehr. Ich fragte einen Fünfzehnjährigen, ob es Ansichten gebe, von denen er fest überzeugt sei: »Eigentlich nicht. Ich sehe mir bloß an, was Sache ist, und prüfe es. Manchmal ändere ich dann meine Meinung, manchmal auch nicht, kommt ganz darauf an. Eigentlich glaube ich aber an nichts.«

In Kulturen, die sich im Übergang befinden – einerseits abgelegene Dörfer mit traditionellen Wertvorstellungen, andererseits Ballungszentren mit westlichen Wertvorstellungen, wie es in vielen Entwicklungsländern der Fall ist –, wachsen zahlreiche Jugendliche heran, die nicht mehr an den traditionellen Normen festhalten. Diese Dissonanz fordert jedoch ihren Preis. Die Übernahme von Normen, die sich nicht vereinbaren lassen, mit jenen, an denen man viele Jahre lang festgehalten hat, erzeugt emotionale Unsicherheit; denn von den Freunden und der Familie geht immer noch ein Druck aus, den überlieferten Vorstellungen treu zu bleiben. Jugendliche in Japan und Indien zum Beispiel, die zu Loyalität, Gehorsam und Anhänglichkeit an die Familie erzogen wurden, finden Gefallen an dem westlichen Wert der Autonomie, weil er sie von der Spannung befreit, die mit der Angst verbunden ist, den elterlichen Wünschen zuwiderzuhandeln. Bei diesen jungen Erwachsenen sind psychiatrische Symptome häufiger als bei vergleichbaren Heranwachsenden früherer Generationen, denen dieser Zwiespalt erspart blieb.

Eine weitere, für die Adoleszenz typische Emotion setzt eine zweite kognitive Kompetenz voraus, die Bestandteil des formalen Denkens ist. Es geht um die Fähigkeit zu erkennen, daß man alle Möglichkeiten, ein Problem zu lösen, ausgeschöpft hat. Wenn eine Sechzehnjährige vor einem Problem steht – sei es, daß ihr Schwarm sie zurückweist, sei es, daß sie in der Schule versagt –, überschlägt sie die Möglichkeiten, die sie hat, um das Problem zu lösen, und sie glaubt zu wissen, wann alle vernünftigen Lösungen ausgeschöpft sind. Dieser Zustand ist mit einem Affekt verbunden, den einige Psychologen als *Hilflosigkeit* bezeichnen (Seligman 1975); andere nennen ihn *Depression.* Dieser Zustand läßt sich auch bei Tieren erzeugen: Läßt man einem Hund zunächst die Möglichkeit, einem Elektroschock auszuweichen, und nimmt man ihm dann diese Möglichkeit, so kämpft er zunächst, bis er schließlich den Kampf aufgibt und passiv wird. Gibt man ihm später die Möglichkeit zur Flucht, so macht das Tier davon keinen Gebrauch, sondern bleibt reglos liegen.

Erwachsene, die überzeugt sind, nichts tun zu können, um einer bevorstehenden Tragödie (Tod durch Krebs oder Hexerei) zu entgehen, tun oft nichts mehr und hören auf zu essen; manche sterben in Hoffnungslosigkeit. Dieser emotionale Zustand setzt die Erkenntnis voraus, daß alle denkbaren Lösungsmöglichkeiten erwogen wurden, und die Überzeugung, daß keine effektive Handlungsmöglichkeit besteht. Fünfjährige haben diesen Gefühlszustand noch nicht, weil sie kognitiv noch nicht reif sind, alle Lösungen zu erwägen und den Schluß zu ziehen, daß sie nichts tun können. Welchem Anpassungszweck diese Emotion dienen könnte, ist schwer zu sehen, doch könnte man argumentieren, daß es im Falle einer unheilbaren Erkrankung eines älteren Menschen für die Familie adaptiv wäre, wenn der Betreffende rasch sterben würde, statt die Verwandtschaft mit der notwendigen Pflege zu belasten. Die Pflege würde die Kräfte der jüngeren Gruppenmitglieder binden, die noch im fortpflanzungsfähigen Alter sind und Kinder zu versorgen haben.

Schlußfolgerung

In diesem kurzen Überblick über die vom Kleinkindalter bis zur Adoleszenz auftretenden Affekte habe ich vier Ansichten vertreten. Die wichtigste besagt, daß bestimmte Emotionen – Gefühlszustände – eine Folge von wahrgenommenen und bewerteten Veränderungen des inneren Tonus sind, daß also die Wahrnehmung von körperlichen Empfindungen, die sich in bestimmten Kontexten verändern, kognitiv verarbeitet wird. Wenn diese Gefühlszustände sich im Laufe der Entwicklung verändern, so ist das teilweise auf die Reifung neuer kognitiver Funktionen und auf neues Wissen zurückzuführen. (Die Phänomene, die den inneren Tonus ausmachen und nicht bewertet werden, sind möglicherweise in geringerem Maße von diesen kognitiven Entwicklungen abhängig und erfordern vielleicht eine andere Bezeichnung.) Der psychische Zustand, der sich nach der Bewertung sowohl der Situation als auch der Gefühlslage einstellt, bildet eine Einheit, die nicht zergliedert werden kann, ohne daß das Phänomen verlorenginge. Wenn man aus einem Insulinmolekül auch nur ein einziges wichtiges Atom entfernt, verliert das ganze Molekül seine biologische Wirksamkeit. Man kann über die kognitiven und die biologischen Elemente gesondert sprechen oder schreiben, doch das Phänomen als solches besteht im Zusammenhang dieser Elemente.

Zum zweiten ist es, auch wenn manche Emotionen und ihre Äußerung psychologisch vorteilhaft sind, nicht einsichtig, warum mit der stammesgeschichtlichen Entwicklung der kognitiven Funktionen notwendigerweise auch Veränderungen des Gefühlszustandes verbunden sein sollten. Man kann sich eine Evolution unserer Spezies vorstellen, in der die Reifung der konkreten und formalen Operationen nicht mit Veränderungen des Gefühlszustands und die Äußerung von Furcht, Zorn und Traurigkeit im Gesichtsausdruck nicht mit bestimmten Gefühlen verbunden wäre. Daß sich die Affekte dennoch entwickelt haben, läßt den Schluß zu – beweist aber nicht –, daß sie sinnvoll waren. Aus der Tatsache, daß Gefühle sehr viel stärker als Gedanken das Bewußtsein zu beherrschen vermögen, könnte man ableiten, daß die dominierende Stellung des Gefühls in der Wahrnehmung die Aufgabe hat, die Aufmerksamkeit des Menschen auf die Wünsche und Ereignisse des Augenblicks zu konzentrieren und ihn zu veranlassen, nach Möglichkeiten zu suchen, angenehme Gefühle aufrechtzuerhalten und unangenehme zu eliminieren. Von größter Bedeutung ist, wie im vierten Kapitel angedeutet, daß Emotionen die Grundlage einer prinzipiellen Moral bilden.

Drittens habe ich die Ansicht vertreten, daß emotionale Zustände durch Informationen beeinflußt werden können. Wenn ein Kleinkind, das mit ängstlichem Gesichtsausdruck die tiefe Seite der »visuellen Klippe«* meidet, sieht, daß seine Mutter lächelt, verändert sich sein Gesichtsausdruck, und es überquert die tiefe Seite (Klinnert et al., im Druck). Wenn ein Kind wegen einer Kränkung auf ein anderes böse ist, dann aber erfährt, daß das andere Kind es nicht kränken wollte, legt sich die Verärgerung zumeist. Hat ein Jugendlicher wegen einer vermeintlichen Krankheit Angst, erfährt dann aber, daß er gesund ist, gibt sich die Angst.

Es gibt jedoch Emotionen, die schwer zu beeinflussen sind, weil keine Information sie zu lindern vermag. So beispielsweise, wenn jemand ein Schuldgefühl empfindet, weil er glaubt, er habe den Tod eines Elternteils verursacht. Es gibt also, was die Veränderbarkeit durch neue Informationen betrifft, Unterschiede zwischen den Affekten. Furcht und Angst lassen sich leichter beeinflussen, wenn das Kind größer wird, da es nun leichter an Informationen herankommt; ein Schuldgefühl zu lindern ist schwieriger, weil das Kind nichts mehr daran ändern kann, daß es in einer bestimmten Weise gehandelt hat.

Die Tatsache, daß Emotionen durch Wissen beeinflußt werden

* Das Kind muß über eine Glasplatte einen »Abgrund« überqueren.

können, stimmt mit dem Argument überein, daß viele Emotionen auf Denkvorgängen beruhen. In den ersten Lebensjahren werden Emotionen zumeist durch äußere Ereignisse hervorgerufen; mit sieben Jahren bekommen Vorstellungen entscheidendes Gewicht. Deshalb sind jüngere Kinder in ihren emotionalen Zuständen leichter zu beeinflussen als ältere Kinder. Die Emotionen jüngerer Kinder sind labil, weil sie leicht auf Veränderungen der äußeren Situation ansprechen, nicht etwa, weil junge Kinder eine labile Physiologie hätten. Wir unterscheiden deshalb zwischen akuten Emotionen, die durch bestimmte Ereignisse ausgelöst werden, und chronischen Stimmungen, die auf dauerhaften Überzeugungen basieren. Den Erwachsenen zeichnen seltenere Veränderungen der akuten Emotion und stabilere Stimmungen aus, weil seine Gefühlszustände mehr von langfristig bestehenden Überzeugungssystemen abhängen und weniger leicht auf geringfügige Störungen der Umwelt ansprechen.

Schließlich habe ich die Psychologen aufgefordert, die theoretische Brauchbarkeit der gebräuchlichen, von Dichtern und Eltern benutzten Gefühlsbezeichnungen anzuzweifeln und ihr Augenmerk auf die Zusammenhänge zu richten, die zwischen ähnlichen Ereignissen bestehen. Mit einer ähnlichen Forderung hat sich Cuvier am Ende des 18. Jahrhunderts an seine Kollegen Taxonomen gewandt und sie gebeten, bei der Definition einer Spezies nach den Zusammenhängen zwischen beobachtbaren Merkmalen zu suchen.

> »Kurz gesagt, ich habe diesen Essay über die Aufteilung nicht zu dem Zweck vorgelegt, daß es als Ausgangspunkt für die Bestimmung des Namens von Arten dient; dafür wäre ein künstliches System leichter, und dieses ist ebenfalls richtig. Mein Ziel war es, die Natur und die wahren Verwandtschaftsbeziehungen der *animaux à sang blanc* (Wirbellose) besser bekannt zu machen, indem ich das, was über ihre Struktur und allgemeine Eigenschaften bekannt ist, auf allgemeine Prinzipien reduziere.« (Zitiert in Mayr 1984, S. 148)

6 *Die Entstehung des Denkens*

In meiner Abteilung möchte ich keinen dabei erwischen, wie er über das Universum redet.
Ernest Rutherford
in einer Rundfunksendung

Ein vierjähriges Mädchen zeigt auf eine große dunkle Wolke und fragt seinen Vater: »Warum ist der Himmel böse?« Wäre diese Frage selten, könnten wir sie als eine eigenwillige Gedankenverknüpfung abtun. Da solche Fragen jedoch bei allen jungen Kindern vorkommen, müssen wir erklären, warum die meisten Vierjährigen annehmen, daß die dunkle Farbe des Himmels von einer Kraft bewirkt worden sein müsse, und warum dunkle Farben auf Ärger und nicht auf Freude, Scham oder Erregung hindeuten. Wenn wir diesen winzigen Gedankensplitter interpretieren wollen, tun sich vor uns die zentralen Probleme der kognitiven Entwicklung auf.

Zwei Probleme der kognitiven Entwicklung

Bevor ich beginne, die Entstehung des Denkens zu erörtern, ist der Hinweis angebracht, daß man sich in diesem Forschungsbereich über zwei bedeutungsschwere Probleme streitet, die beide im ersten Kapitel behandelt worden sind: In welchem Maße sind Veränderungen in den geistigen Funktionen auf die Reifung des Gehirns beziehungsweise auf Erfahrung zurückzuführen? Und: Welches sind beim gegenwärtigen Kenntnisstand die geeignetsten deskriptiven Begriffe für kognitive Funktionen?

Die Fähigkeiten, sich an Vergangenes zu erinnern, Objekten eine symbolische Bedeutung zu verleihen und sich des eigenen Handelns bewußt zu sein, treten bei allen Kindern mit einer bemerkenswerten altersmäßigen Übereinstimmung auf. Beruht diese Übereinstimmung darauf, daß alle Kinder ähnliche Erfahrungen machen, oder ist sie zum Teil eine Konsequenz des Wachstums bestimmter Teile des Zentralnervensystems? Bis in die jüngste Zeit haben die meisten amerikanischen Psychologen der Erfahrung den größeren Einfluß zugeschrieben und sich gegen die scheinbare Festlegung durch ein genetisches Programm gewehrt. So hat die Mehrheit der Psychologen angenommen, daß vorhergegangene Konditionierung der Grund sei, warum hochgradig erregte Ratten sich mit den Vorderpfoten über den Schnurrbart streichen. Aber auch nach der operativen Entfernung der Vorderpfoten beim Rattenjungen bewegt das ausgewachsene Tier, wenn es erregt ist, die verbliebenen Stümpfe in einer Weise, die den Muskelaktionen entspricht, welche bei einer normalen Ratte dazu führen würden, daß sie sich über den Schnurrbart streicht. Entsprechend wird ein Dachsammerfink, der vom Ausschlüpfen an völlig isoliert aufwächst, ohne andere Vögel singen zu hören, dennoch einen Gesang darbieten. Zwar ist es nicht genau derselbe wie bei normal aufgewachsenen Dachsammerfinken, doch ist es eine Spielart des normalen Gesangs der ausgewachsenen Vögel (Marler 1970). Diese erstaunlichen Tatsachen lassen den Schluß zu, daß sowohl das Schnurrbartstreichen der Ratten als auch der Gesang der Finken ihren Ursprung in Strukturen des Zentralnervensystems haben, deren Auftreten weder ein vorhergehendes Üben noch die Unterstützung durch sinnliche Wahrnehmungen erfordert.

In der Zeit zwischen den beiden Weltkriegen waren viele Entwicklungspsychologen der Meinung, das Kind erlerne die Sprache seiner Umgebung in der Weise, daß es zunächst nachahmt, was es hört, um dann durch Versuch und Irrtum nach und nach eine korrekte Grammatik und die geeignete Wortwahl zu entwikkeln. So umständlich sieht man das heute nicht mehr, sondern glaubt, daß jedes Kind mit den potentiellen Kompetenzen, eine

Sprache zu verstehen und zu sprechen, geboren wird und daß diese Kompetenzen aktualisiert werden, wenn das Gehirn eine gewisse Reife erlangt, sofern das Kind andere hat sprechen hören (Brown 1973).

Der Zeitpunkt, zu dem die grundlegenden menschlichen Kompetenzen auftreten, kann durch Erfahrung sowohl beschleunigt als auch verzögert werden: Kinder in sehr abgelegenen Gegenden, die kaum Abwechslung und kognitive Herausforderungen bieten, können in der Entwicklung einiger grundlegender Denkoperationen um vier, fünf oder gar sechs Jahre hinter amerikanischen Kindern zurücksein. Die Fähigkeiten werden jedoch schließlich in jeder Umgebung, die eine gewisse Zahl von Menschen und Objekten aufweist, zum Vorschein kommen, selbst dann, wenn die Menschen kaum wissen, was ein Kind braucht, und weder Bücher, Bleistifte, Radios und Fernsehgeräte noch mechanische Spielsachen vorhanden sind. Die grundlegenden kognitiven Kompetenzen stellt man sich am besten als Prozesse vor, die bereitstehen und darauf warten, durch die entsprechende Erfahrung aktualisiert zu werden, so wie ein Fink bereit ist, den Gesang seiner Spezies zu erlernen, wenn er mit etwa zehn Tagen ein bestimmtes Wachstumsstadium erreicht hat und man ihm in den folgenden 40 Tagen diesen Gesang darbietet. Einige wichtige Mitglieder der Klasse der vorbereiteten Kompetenzen seien im folgenden kurz erörtert.

Es liegt nahe, zu dieser Klasse die Überzeugung zu rechnen, daß die Welt diskrete, zeitlich fortdauernde Objekte enthält. Ein Kind von 5 Monaten wird sichtlich erregt, wenn es fortgesetzt nach etwas greift, was ihm aufgrund einer bestimmten Anordnung von Spiegeln wie ein Objekt erscheint, und nichts zu fassen bekommt.* Das Kind wäre nicht überrascht und anschließend bekümmert, wenn es nicht erwarten würde, ein Objekt zu berühren. Wenn ein Kind von 18 Monaten beobachtet, wie ein Gegenstand unter einem Tuch versteckt wird, und anschließend das Tuch hochhebt, aber keinen Gegenstand findet, wird es anhaltend danach suchen, weil es weiß, daß dieser Gegenstand irgendwo sein muß.

* D. Starkey, persönliche Mitteilung, 1983.

Zweitens wissen Kinder mit vier Jahren, daß das Erscheinungsbild eines Objekts nicht unbedingt dessen wahre Identität verrät. Sie wissen, daß ein Objekt aus einer gewissen Entfernung zumeist an einigen herausragenden, häufig vorkommenden Eigenschaften erkannt werden, daß ein herausragendes Merkmal aber gelegentlich auch irreführend sein kann. Beim Anblick eines glatt polierten weißen Steins, der einem Ei ähnelt, wird ein Vierjähriger sagen, es sei ein Ei. Erlaubt man ihm aber, das Objekt anzufassen und damit auf einen Tisch zu schlagen, wird er anerkennen, daß das Objekt in Wirklichkeit ein Stein ist (Flavell, Flavell und Green 1983).

Der Gedanke, eine Veränderung in der Lage oder im Erscheinungsbild eines Objektes müsse durch ein Ereignis hervorgerufen worden sein, ist eine weitere, dritte Vorstellung, die zu entwickeln der menschliche Geist eine Bereitschaft besitzt. Zweijährige fragen beim Anblick einer zerbrochenen Tasse oder einer entstellten Gesichtsmaske: »Wer hat die kaputt gemacht?« beziehungsweise »Wer hat ihn geschlagen?« Dies werden sie nur dann fragen, wenn sie annehmen, daß die Entstellung durch ein vorhergegangenes Ereignis hervorgerufen wurde. Kinder lernen rasch, welches der zahlreichen Ereignisse, die einem Ergebnis vorhergegangen sind, als Ursache in Frage kommt. Bei einem Experiment zeigte man Vierjährigen einen Kasten, der zwei schiefe Ebenen enthielt. Über die eine rollte ein Ball hinunter, über die andere »rollte« ein Licht; nachdem die Kugel und das Licht die Ebenen herabgerollt waren, verschwanden sie gleichzeitig aus dem Blickfeld. Eine oder zwei Sekunden später sprang aus einer Schachtel, die rechts neben dem Kasten mit den schiefen Ebenen stand, ein Schachtelteufel hervor, und die Kinder sollten sagen, woran es liegen könnte, daß er auftauchte. Die Antworten der Kinder deuteten darauf hin, daß für sie der Ball und nicht das Licht die Ursache für das Auftauchen des Schachtelteufels bildete (Bullock, Gelman und Baillargeon 1982).

Viertens fällt es dem Kind leicht, ein Ereignis als stellvertretend für ein anderes aufzufassen – mit anderen Worten, Ereignisse als Symbole aufzufassen. Ein dreijähriges Kind nimmt an, daß der schematische Umriß eines Hauses für das reale Objekt stehen und eine vokale Äußerung sich auf ein reales Ereignis in der Welt beziehen kann. Wenn der Vater beim Füttern des Kindes »Milch« sagt, nimmt das Einjährige an, daß das Klangmuster sich auf die Tasse und/oder ihren flüssigen Inhalt bezieht und nicht ein zufälliges Ereignis ist, das mit der realen Welt nichts zu tun hat. Es könnte sein, daß diese Fähigkeit beim Menschen besonders ausgeprägt ist, denn trotz großer Geduld konnten David und Ann Premack einem Schimpansen nur schwer beibringen, das Bild eines Apfels als Äquivalent eines realen Apfels aufzufassen oder ein Auge als Teil eines Gesichts zu erkennen (Premack und Premack 1983).

Fünftens ist das Kind darauf vorbereitet, Sammelbegriffe zu bilden. Mit drei Jahren ist es gewöhnt, alle Objekte, die gewisse Dimensionen miteinander gemein haben, als zusammenhängend aufzufassen. Aus einer Vielzahl von Objekten unterschiedlicher Form und Farbe greift es spontan vier kleine rote Klötze heraus und lächelt zufrieden, wenn es sie gesondert aufgestellt hat. Bei zwei schlichten viereckigen Holzstücken meinen Kinder, das größere stelle einen Erwachsenen, das kleinere ein Kind dar, einfach weil sie die Dimension der relativen Größe gemein haben. Ungeachtet dessen, daß nur sehr wenige Eltern auf die Formähnlichkeit zwischen einer Mondsichel und einer Zitronenscheibe hinweisen, besteht eine Mehrheit von Kindern darauf, die letztere als Mond zu bezeichnen. Kinder lernen rasch, zwischen den Grundkategorien physikalischer Objekte (wie Menschen und Bälle) und dynamischer Vorgänge (wie Laufen und Essen) und innerhalb der physikalischen Objekte zwischen Tieren, Pflanzen und unbelebten Objekten zu unterscheiden. Kinder bilden ebenfalls Begriffe für Eigenschaften, Merkmale oder Dimensionen sowohl von Objekten als auch von Vorgängen. Sie erkennen, daß Schmutzigkeit wahrscheinlich eine Eigenschaft einer Bluse, Größe eine Eigenschaft von Autos und Süße eine Eigenschaft von Eßwaren ist. Fünfjährige wissen daher, daß die Eigenschaften *schwer, glänzend* und *umgestürzt* nur für Objekte wie Stühle oder Autos, nicht aber für Vorgänge in Frage kommen, und einem Erwachsenen werden sie erklären, daß er »blöd« sei, wenn er mit diesen Worten ein Fest, ein Spiel oder einen Autoausflug beschreibt (Keil 1983; Clark 1983). Die Tatsache, daß die Wörter für Objekte (in der Regel Substantive), Vorgänge (gewöhnlich Verben) und Dimensionen (in der Regel Adjektive und Adverbien) im zweiten und dritten Lebensjahr in der Sprache des Kindes auftauchen, faßt man als einen Beleg dafür auf, daß sie für die begriffliche Erfassung der kindlichen Erfahrung von großer Bedeutung sind (Clark 1983).

Wenn das Kind Begriffe bildet, ist es auch bereit, deren Komplement zu denken. Bald nachdem es die Bedeutung von *oben* gelernt hat, lernt das Kind die Bedeutung von *unten*; nachdem es die Bedeutung von *hoch* gelernt hat, lernt es die Bedeutung von *tief*; nach *gut* entwickelt es die Bedeutung von *schlecht*. Das Erkennen von Gegensätzen wird zu früh und zu leicht begriffen, um das Ergebnis eines umständlichen Lernvorgangs zu sein.

Schließlich scheint die Vorstellung, daß ein gegebener Sachverhalt in Gedanken oder in Wirklichkeit umgekehrt und ein früherer Zustand wiederhergestellt werden kann, eine angeborene Qualität der menschlichen Psyche zu sein. Ein Vierjähriger fragte seine Mutter, ob ein Mensch, der stirbt, die Knochen eines anderen bekommen und wieder lebendig werden kann. Wie wir unten sehen werden, bezeichnete Piaget in seiner Theorie der kognitiven Entwicklung diese Kompetenz als die wichtigste.

Unsere Intuition sagt uns zwar, daß eine Dreijährige, die drei Jahre lang in einem leeren dunklen Raum eingesperrt war, nach nur wenigen Monaten der Erholung in einer natürlichen Umwelt kaum diese Kompetenzen zeigen wird, doch sollte man beachten, daß Affen, die seit ihrem ersten Lebensmonat unter solch deprivierten Bedingungen aufwuchsen, sehr rasch, nachdem ihre anfängliche Furchtsamkeit sich gelegt hatte, viele der Fähigkeiten zeigten, die normal aufgewachsene Affen an den Tag legen (Sakkett 1972; Kenney, Mason und Hill 1979).

Die Funktion der Erfahrung besteht darin, die Bedingungen bereitzustellen, unter denen sich die universalen Kompetenzen verwirklichen, und Informationen für neue Strukturen zu liefern. Viele kognitive Prozesse sind wie die lebenswichtigen Funktionen angeboren und werden nicht einfach erlernt. Indem sie dem Kind Ziele bietet, auf die es einwirken kann, schafft die Erfahrung Gelegenheiten zur Ausbildung neuer Strukturen, ebenso wie der Samen Boden, Wasser und Sonnenschein braucht, um mit der Photosynthese zu beginnen, aus der die Blumen entstehen.

Die Paradoxie Piagets. Man sollte meinen, daß ein Theoretiker, der in der Entwicklung der kognitiven Prozesse eine universale Abfolge sieht, der Reifung eine größere Bedeutung zuschreibt als der aktiven Erfahrung des Kindes. Doch Piaget, der in Fragen der kognitiven Entwicklung noch immer eine Autorität ist, hat ein halbes Jahrhundert lang aus der Tatsache, daß alle Kinder in ähnlicher Weise in der Welt handeln und auf die Welt einwirken, den Schluß gezogen, es seien die Erfahrungen, die bei allen Kindern die gleichen kognitiven Erwerbungen in einer bestimmten Abfolge hervorrufen (Piaget 1953 und 1970; Piaget und Inhelder 1969).

Um Piaget richtig zu verstehen, muß man wissen, daß er sich nicht als Kinderpsychologen, sondern als Philosophen verstand, denn ihm ging es mehr um die Gründe, um derentwillen man etwas glaubt, als um den Glauben selbst. Kinder und Erwachsene halten viele ihrer Ansichten für wahr, doch ist ihnen gewöhnlich nicht klar, *warum* sie eine bestimmte Ansicht für richtig halten. Die Ansichten der Menschen beruhen auf vier verschiedenen Grundlagen: auf eigener direkter Erfahrung (ein hochgeworfener Stein fällt zur Erde zurück), autoritativen Feststellungen (die Erde ist rund und einer von mehreren Planeten), dem anschaulichen Denken, in dem sich Erfahrung, Emotion und autoritative Aussagen zu Prämissen verdichten (Kinder sind von Natur aus gut und werden durch die Erfahrung verdorben), und der Logik (eine Aussage kann nicht gleichzeitig wahr und falsch sein).

Piaget war der Ansicht, ein bedeutender Schritt in der kognitiven Entwicklung vollziehe sich nach dem sechsten oder siebten Lebensjahr, wenn das Kind anfängt, sich in seinen Ansichten über die physikalische Welt mehr auf das logische und weniger auf das anschauliche Denken zu stützen. So mag die Anschauung einem Achtjährigen wie einem Fünfjährigen sagen, daß in einem hohen schmalen Zylinder mehr Wasser ist als in einer flachen Schale, in der sich das Wasser kurz zuvor noch befand. Das ältere Kind überwindet jedoch die Anschauung mit Hilfe einer neuerworbenen Regel, die ihm sagt, daß die Wassermenge in einem Gefäß gleichgeblieben sein muß, wenn sich lediglich die Form des Behälters geändert hat.

Außerdem war Piaget Pragmatiker. Nach seiner Ansicht dient

Intelligenz einem Zweck, und zwar dem, die Anpassung an die Probleme, auf die wir in der Welt stoßen, zu fördern. Denken soll dem Handeln dienen. Daher befaßte sich Piaget vornehmlich mit den kognitiven Prozessen, die in Gang kommen, wenn das Kind Probleme löst, während Wahrnehmung, Phantasieren und Träumen ihm relativ gleichgültig waren, weil diese Funktionen mit dem Problemlösen wenig zu tun zu haben scheinen.

Drittens nahm Piaget an, das Kind sei kognitiv aktiv und erfinderisch, es erwerbe Wissen, indem es zunächst Objekte und später Ideen manipuliert. Das Kind ist ständig bemüht, zu einem schlüssigeren Verständnis der Ereignisse zu gelangen. Zwar wird das Kind durch Menschen und Objekte zu geistiger Arbeit veranlaßt, doch ist es auch ohne diese äußeren Anstöße ständig damit beschäftigt, seine bisherigen Kenntnisse zu integrieren und diskrepanten Erfahrungen einen Sinn zu verleihen. Kinder kommen deshalb auch ohne Anleitung von Erwachsenen zu Erkenntnissen. Der Siebenjährige erkennt, daß mehrere Stäbchen von unterschiedlicher Länge entsprechend ihrer Länge in einer Reihe angeordnet werden können, auch wenn er die entsprechende Anordnung nie gesehen und niemand ihm davon erzählt hat. Die Erkenntnis, daß Objekte entsprechend ihrer Größe in einer physikalischen Dimension zu einer Reihe geordnet werden können, ist eine der zahlreichen persönlichen Entdeckungen, die das Kind im Zuge seiner geistigen Entwicklung macht.

Die beiden folgenden Annahmen hängen miteinander zusammen. Die kognitive Entwicklung soll sich sowohl graduell als auch kontinuierlich vollziehen. Neue Strukturen entstehen allmählich im Laufe mehrerer Jahre, und die strukturellen Ergebnisse der früheren Stufen sind in denen der späteren enthalten. So ist die Fähigkeit des 14 Monate alten Kindes, seine Hände zu öffnen und zu schließen, wie es ihm ein Erwachsener vorgemacht hat, Teil einer stetigen Entwicklungsfolge, die mit dem Greifreflex des Neugeborenen beginnt.

Der in Piagets Theorie zentrale kognitive Prozeß ist die *Operation*, deren wesentliches Merkmal die Umkehrbarkeit ist. Eine aus Handlungen an Objekten bestehende Operation erlaubt dem Kind, einen Zustand handelnd oder denkend rückgängig zu machen. Wenn man im Geiste sechs Steine in unterschiedlich große

Teilgruppen aufteilt (3 und 3, 4 und 2, 5 und 1) und wieder zu einer einzigen Menge von sechs Steinen zusammenfaßt, so ist das eine Operation, ebenso wie der im Geist aufgestellte Plan einer Abfolge von Handlungen, durch die man von zu Hause zur Schule und wieder zurück an den Anfang der Abfolge gelangt.

Ein hübsches Beispiel für die Fähigkeit, eine Handlung im Geist rückgängig zu machen, liefert Margaret Donaldson (1982). Nehmen wir an, jemand ist achtlos und läßt eine kostbare Ming-Vase fallen, und die Vase zerbricht in tausend Stücke. Was geschehen ist, ist unumkehrbar, denn die Vase wird nie mehr dieselbe sein. Es ist jedoch möglich, im Geist die Abfolge von Ereignissen umzukehren, zu dem Moment zurückzukehren, bevor die Vase herunterfiel, und sie in ihren unversehrten Zustand zurückzuversetzen.

Im Unterschied zu vielen amerikanischen Forschern, die sich mit der Anhäufung von statischem Wissen befassen, das in Begriffen und Regeln enthalten ist, ging es Piaget um den *Prozeß*, also um den Erwerb von Möglichkeiten, Wissen zu transformieren. Dies ist ein bißchen überspitzt, läßt aber den Kontrast deutlicher werden. Viele amerikanische Theoretiker haben die kognitive Entwicklung als Erwerb und Entfaltung von Schemata, Wörtern, Konzepten und Regeln aufgefaßt. Diese Wissenselemente, nach und nach in das Repertoire eingefügt, lassen ein immer genaueres und effizienteres geistiges Arbeiten zu. Piaget wählte dagegen das andere Extrem, indem er Prozessen die zentrale Bedeutung zuschrieb und zu verstehen gab, daß das grundlegende Wissen durch die Anwendung dieser Prozesse entsteht. Würde sich ein Evolutionsbiologe an Piaget orientieren, so spräche er hauptsächlich von den Veränderungen in der Atmung, der Nahrungsaufnahme und der Fortpflanzung und nicht von den Veränderungen der anatomischen Teile, die an diesen Funktionen beteiligt sind.

Die Nutzung der kognitiven Strukturen wird von zwei sich gegenseitig ergänzenden Prozessen gesteuert, die Piaget als *Assimilation* und *Akkomodation* bezeichnet. Das Kind, das diese beiden zum Ausgleich bringt und zu einer Problemlösung gelangt, befindet sich in einem Gleichgewichtszustand. Der Prozeß, durch den es das Gleichgewicht erreicht, heißt *Äquilibration*. Die jedem Problem innewohnende Spannung besteht darin, daß man zunächst – entgegen der Einsicht, daß alte Gewohnheiten nicht ausreichen und verändert werden müssen – doch dazu neigt, bisher bewährte Erkenntnisse und Fähigkeiten zu nutzen. Man stelle sich einen erfahrenen Surfer vor, der sich an einem ungewöhnlich windigen Tag plötzlich auf einer Woge befindet, die wuchtiger und schneller ist als alle, die er bislang kennengelernt hat. Er behält zwar die gewohnte Haltung bei, verändert aber geringfügig und auf eine bisher ungeübte Weise das Spiel seiner Muskeln, um die Balance zu halten. Wenn ihm der Ausgleich zwischen der gewohnten und der neuen Haltung erlaubt, sich auf der Woge zu halten, ist unser Surfer in einem Gleichgewichtszustand. Piaget betont, daß Äquilibration nicht ein bloß deskriptiver Begriff ist, sondern eine Idee – notwendig, um kognitive Veränderungen zu erklären, denn dieser Prozeß schließt eine Strukturveränderung ein.

Gewiß haben die Schriften Piagets unser Bild des Kindes stark beeinflußt und die kognitiven Prozesse in den Mittelpunkt der psychologischen Forschung gerückt, doch weist sein System einige Schwachstellen auf. Zunächst hat Piaget keine überzeugenden Gründe genannt, die den Übergang von einer Entwicklungsstufe zur nächsten erklären würden. Die Stufen, die er als Stadium der *sensomotorischen Intelligenz*, als Stadium der *konkreten Operationen* und als Stadium der *formalen Operationen* bezeichnete, sind im Grunde deskriptiv – so als würde man sagen, daß aus Kaulquappen Frösche werden –, können aber nicht die Prozesse benennen, dank derer sich die Metamorphose vollzieht. Die Mechanismen der Assimilation, Akkomodation und Äquilibration sind einfach zu allgemein, um zu erklären, warum ein Siebenjähriger, aber nicht ein Fünfjähriger begreift, daß sich mit einer Veränderung der Form eines Lehmklumpens nicht die Menge verändert.

Zweitens haben die Auffassungen Piagets zu vielen wichtigen Fragen des kognitiven Funktionierens nichts beizutragen. Die Sprache liefert ein Beispiel. Manche Kinder benutzen und verstehen mit zwei Jahren solche Wörter wie *du, ist, wie* und *warum* – Wörter, die mit beobachtbarem Verhalten wenig zu tun haben. Piaget behauptete jedoch, die Grundlage des Wissens eines zweijährigen Kindes, das gerade die Entwicklungsstufe der sensomotorischen Intelligenz hinter sich hat, seien Handlungsschemata, woraus ja folgen würde, daß ein normal begabtes Kind, das nicht seine Arme oder Beine bewegen kann, in seiner geistigen Entwicklung zurückbleiben müßte. Tatsache ist jedoch, daß Kinder, die ohne Gliedmaßen oder mit gelähmten Armen und Beinen geboren werden, eine in fast jeder Hinsicht normale kognitive Entwicklung nehmen.

Drittens besitzen viele Kinder einige Kompetenzen lange vor dem Zeitpunkt, den Piaget dafür vorsah. Piaget meinte zum Beispiel, Vorschulkinder könnten Probleme, bei denen es um relative Dimensionen wie *größer* oder *dunkler* geht, nicht lösen. Zweijährige sind jedoch durchaus imstande, im Hinblick auf die relative Dimension der Größe relational zu denken, wenn es um einen ihnen vertrauten Vergleich wie den zwischen Erwachsenen und Kindern geht. Bei einem Versuch zeigte man Kindern zwischen 18 und 23 Monaten ein kleines und ein großes Stück Holz und fragte sie dann: »Ich habe ein Baby und einen Papi. Welches ist das Baby (beziehungsweise der Papi)?« Über die Hälfte der Kinder deutete richtig auf das kleinere Stück Holz, um das Baby zu bezeichnen, und auf das größere für den Papi. Daraufhin zeigte man den Kindern ein anderes Paar hölzerner Formen von unterschiedlicher Größe. Das kleinere Stück Holz war jetzt größer als das große Stück im ersten Versuch, das dem Erwachsenen zugeordnet worden war. Wieder faßte über die Hälfte der zweijährigen Kinder das größere der beiden Holzstücke, ungeachtet seiner absoluten Größe, als den Erwachsenen und das kleinere von beiden als das Kind auf (Kagan 1981).

Einer der vielleicht entscheidendsten Einwände gegen die Auffassungen Piagets bezieht sich auf seine Annahme, die normale Welterfahrung der Menschen setze viele der Prinzipien der westlichen Logik und Mathematik voraus. Diese Annahme setzt wiederum eine universale Logik voraus, die aber nicht durchgängig anzutreffen ist. In der westlichen Logik ist die positive Aussage »der Himmel ist blau« gleichbedeutend mit der doppelten Negation: »Es ist nicht wahr, daß der Himmel nicht blau ist«. In einem logischen System, das in einer bestimmten Form der indischen Philosophie benutzt wird, haben diese beiden Aussagen jedoch nicht die gleiche Bedeutung.

Piaget war wie Immanuel Kant der Überzeugung, die grundlegenden Operationen ergäben sich aus der Struktur des menschlichen Geistes in ihrer Anwendung auf die Erfahrung. Anhänger dieser Auffassung weisen als Beispiel gern auf die Entdeckung der Zahl hin, wozu sie bemerken, das Kind könne leicht entdecken, daß man, wenn man zu einem Stein einen weiteren Stein hinzufügt, zwei Steine hat, und die Zahl sei unabhängig von der Beschaffenheit der verwendeten Steine sowie auch davon, ob man sie von links nach rechts oder von rechts nach links zählt. Ein Kind kann jedoch auch nicht selten beobachten, wie ein Tropfen Wasser auf einen anderen Tropfen fällt und wiederum einen Tropfen und nicht zwei ergibt. Die Addition von Objekten ergibt in diesem Fall keine Vergrößerung ihrer Anzahl. Danach ist es nicht mehr so selbstverständlich, daß die Grundprinzipien der Arithmetik aus der Erfahrung stammen. Das logische Prinzip der Transitivität besagt, daß, wenn A größer ist als B und B größer als C, A größer sein muß als C. Die Erfahrung lehrt jedoch, daß, wenn Schule A im Fußball Schule B schlägt und B anschließend C schlägt, immer noch die Möglichkeit besteht, daß C A schlägt. Wiederum wäre man schlecht beraten, wenn man aus der bisherigen Erfahrung eine logische Regel ableiten wollte. Piaget behauptete, alle Siebenjährigen müßten aufgrund ihrer bisherigen Erfahrungen zu dem Schluß kommen, ein Lehmklumpen, den man plattdrückt, müsse immer noch die gleiche Menge Lehm enthalten. Die Erfahrung lehrt indessen, daß von dem Material, das die Versuchsleiterin in seiner Form verändert, immer ein wenig an ihrer Hand hängenbleibt, und einige Kinder bestehen zu Recht darauf, daß das neue Stück Lehm wegen dieser geringfügigen Verluste weniger Substanz aufweisen müsse. Es ist demnach nicht einzusehen, daß die Logik, die wir auf Informationen anzuwenden lernen, ihren Ursprung im aktiven Umgang mit der Welt haben und völlig von ihm abhängen soll.

Im übrigen waren nicht alle Gelehrten der Auffassung Piagets, daß der Zweck der Erkenntnis das Handeln sei. John Locke nannte in seiner berühmten Abhandlung (1690) das Verstehen und ein Gefühl des Erkennens als die wichtigsten Zwecke der Erkenntnis. Entsprechend erklärte er, Erkenntnis werde durch Wahrnehmung und logisches Denken und nicht durch Handeln gewonnen. Gerade jene Erkenntnis, die für Locke die größte Gewißheit besaß, betrachtete Piaget seinerseits als nicht verläßlich und unausgegoren.*

Schließlich bleibt es rätselhaft, warum Piaget der Reifung zu Beginn der geistigen Entwicklung eine so geringe Bedeutung beigemessen hat. Er räumte zwar ein, daß wichtige sensomotorische Verhaltensweisen und Prozesse angeboren sind, so daß es nicht möglich ist, die geistige Entwicklung ausschließlich als umweltbedingt zu interpretieren, doch wollte er den erblichen Anlagen so wenig Einfluß wie möglich zugestehen. »Die Vererbung«, schrieb er gegen Ende seines Lebens, »scheint in der Entwicklung der kognitiven Funktionen nur eine begrenzte Rolle zu spielen« (1972, S. 58). Eine ähnliche Auffassung hatte der zwanzigjährige Piaget bereits in einer Auseinandersetzung mit einem polnischen Taxonomen vertreten, als es um die Gründe der Unterschiede zwischen verschiedenen Arten von Süßwasserschnecken ging. Seinem älteren Kollegen entschieden widersprechend, schrieb Piaget der Mutation eine minimale, dem Einfluß der Umwelt dagegen eine maximale Bedeutung zu, indem er behauptete, die Strukturen der Schnecke würden nach und nach durch ihre Interaktionen mit der Umwelt verändert (Piaget 1913). Es ist denkbar, daß diese theoretische Position einer idealistischen Wunschvorstellung über den Verlauf der Evolution folgte, denn als Einundzwanzigjähriger schrieb Piaget an Romain Rolland, die Moral solle auf die Naturwissenschaft gegründet werden (Vidal 1981). In diesem Sinne teilt Piaget mit manchen Sozialwissenschaftlern von heute, die eine egalitäre Auffassung vertreten, den Wunsch, statt biologischer Vorgänge, die kaum zu beeinflussen sind, die Auseinandersetzung mit der Umwelt zur prägenden Kraft der Entwicklung zu machen.

* Das Wiederaufleben der Hermeneutik in Philosophie, Psychiatrie und Soziologie bedeutet, daß man sich wieder dem Verstehen zuwendet und die vorrangige Rolle des Handelns, die für das westliche Denken seit etwas mehr als einem Jahrhundert bestimmend war, teilweise ablehnt.

Die Wahl der Begriffe

Eine der wichtigsten Aufgaben jeder Wissenschaft ist, wie ich im ersten Kapitel festgestellt habe, die Wahl der von ihr zu behandelnden Konstrukte. Große Fortschritte machte zum Beispiel die Physiologie, nachdem man Anfang des 19. Jahrhunderts erkannt hatte, daß die Zelle und nicht das Organ die fundamentalere biologische Einheit ist. Welches sind nun die fundamentalen Einheiten der kognitiven Vorgänge? Auf welcher Ebene sind die Konstrukte anzusiedeln, mit deren Hilfe Gleichförmigkeiten und Unterschiede in den kognitiven Funktionen theoretisch am besten beschrieben werden können? Sollte man eher generelle Konstrukte wie *Intelligenz* verwenden, etwas weniger allgemeine wie *Fähigkeit zu räumlichem Denken* oder hochgradig spezifische wie die *Fähigkeit, sich an Gesichter zu erinnern*?

Nach der Auffassung, die von den meisten westlichen Psychologen und Philosophen seit langem vertreten wird, ist die Fähigkeit eines Menschen, Erfahrungen zu verarbeiten, sich früherer Erkenntnisse zu erinnern und Probleme, gleichgültig, wo und wie sie sich stellen, rasch und genau zu lösen, am besten in einem oder einigen wenigen Begriffen zusammenzufassen. Zwischen älteren und jüngeren Kindern bestehen ebenso wie zwischen gleichaltrigen Kindern offenkundige Unterschiede, was ihr Wissen und die Schnelligkeit sowie die Qualität der Problemlösungen betrifft. Wegen dieser eindrucksvollen Unterschiede, die sich teilweise über Jahre hinweg erhalten, neigen westliche Theoretiker dazu, die Eigenart der kognitiven Leistung in einem einzigen Begriff zusammenzufassen. Das gebräuchlichste englische Wort für diese Eigenschaft ist *Intelligenz (intelligence)*. In der täglichen Verständigung ist dieser Ausdruck offensichtlich hilfreich, scheint es doch, als ersparte er uns, all die Prozesse und Strukturen anzuführen, die an einem korrekten, wirksamen Handeln in einem bestimmten Kontext beteiligt sind. Für die Wissenschaft ist *Intelligenz* jedoch ein ungeeigneter Ausdruck, und zwar aus zwei Gründen. Der eine Grund ist, daß der Ausdruck weniger durch die ihn konstituierenden Prozesse oder durch die Entwicklungsgeschichte des Individuums definiert wird, sondern in der Regel als das Endprodukt einer Unmenge voneinander unabhängiger

Prozesse. Daß das falsch ist, wird durch eine Analogie aus der Evolutionsbiologie deutlich.

Weil die Muschel länger überlebt hat als der Dinosaurier, könnte man meinen, sie sei biologisch tauglicher, obwohl der letztere ein komplexeres Zentralnervensystem aufweist. Das Verschwinden des Dinosauriers liegt jedoch nicht an einem inhärenten Mangel seiner Konstitution, sondern an einem äußeren Zufall, der ökologische Veränderungen hervorrief, denen die Muschel glücklicherweise entging. Die Behauptung, Muscheln seien tauglicher als Dinosaurier, ist also lediglich eine andere Formulierung der Tatsache, daß unterschiedliche Überlebenschancen von zufälligen Ereignissen abhängen; die Eigenschaften der Muschel selbst werden damit kaum erklärt. Ebensowenig erklärt die Feststellung, unterschiedliche Leistungen im Schultest beruhten auf einem unterschiedlichen Intelligenzniveau, worauf diese Unterschiede zurückzuführen sind.

Es gibt noch einen zwingenderen Grund, die Zweckmäßigkeit des Intelligenzbegriffs anzuzweifeln: Kinder und Erwachsene zeigen bei unterschiedlichen Problemstellungen verschiedene Denkleistungen. Die kognitiven Funktionen sind dermaßen spezifisch, daß es eine schwerwiegende Verzerrung darstellt, wenn die ungleichen Leistungen, die bei verschiedenen Problemstellungen erbracht werden, zu einem Mittelwert zusammengefaßt werden und dieser Mittelwert als theoretisch brauchbar betrachtet wird. Vor einigen Jahren habe ich mit meinen Mitarbeitern eine Gruppe von zwölfjährigen Jungen untersucht, deren Lesefähigkeit dem Niveau der dritten Klasse entsprach, und daneben eine zweite Gruppe von gleichaltrigen Jungen, deren Lesefähigkeit dem Stand der sechsten oder siebten Klasse entsprach. Die Gruppe, die gut lesen konnte, hatte etwas höhere IQ-Werte als die andere, die so schlecht las. Als jedoch die lesebehinderte Gruppe so rasch wie möglich entscheiden sollte, ob eine bestimmte mündliche Äußerung (z. B. »Klempner drucken Karten«) wahr oder falsch sei, reagierten viele ebenso rasch wie die Jungen mit guten Leseleistungen. Wäre *Intelligenz* ein brauchbarer Ausdruck, dann hätten die besseren Leser bei der Mehrzahl der Fragen schneller antworten müssen als die schlechten Leser.

Es besteht auch keinerlei Zusammenhang zwischen den Gedächtnisleistungen, die einerseits bei der Vorlage von zusammenhanglosen Fotos von Objekten, andererseits bei der Darbietung von mündlichen Äußerungen erbracht werden. Für das Wiedererkennungsgedächtnis kann man nicht einmal ein Prinzip angeben, das für Kinder von unterschiedlicher kultureller Herkunft gültig wäre (Newcombe, Rogoff und Kagan 1977). Bei einem Versuch wurde Kindern zunächst ein Schwarz-Weiß-Foto einer realistischen Szene vorgelegt und anschließend leicht abgewandelt, indem die Szene um ein Element erweitert, die Anordnung der Elemente verändert oder eine andere Perspektive gewählt wurde. Amerikanische Kinder entdeckten sehr leicht die Veränderungen, bei denen es um die Hinzufügung eines Elements oder die Veränderung der Perspektive ging, während sie viele Fehler machten, wenn die Objekte in der Szene anders angeordnet waren. Im Gegensatz dazu zeigten Kinder der in abgelegenen Dörfern im Nordwesten Guatemalas lebenden Maya-Indianer gleichgute Leistungen im Entdecken aller drei Arten von Veränderungen auf dem Foto und erkannten die Szenen, in denen entweder ein Element hinzugekommen oder die Perspektive verändert worden war, genauso gut wie die amerikanischen Kinder.

Diese Beispiele – man könnte noch viele weitere anführen – belegen, daß der generelle Intelligenzbegriff den außerordentlichen Unterschieden, die zwischen Kindern, ja sogar bei demselben Kind über mehrere Monate hinweg zu beobachten sind, nicht gerecht wird. Diesem Argument wird gewöhnlich entgegengehalten, daß die Faktorenanalyse (ein spezielles mathematisches Verfahren, bei dem die Ergebnisse verschiedener Tests zueinander in Beziehung gesetzt werden) der Leistungen, die bei unterschiedlichen geistigen Aufgaben erzielt werden, in der Regel einen Hauptfaktor ergibt, bei dem es um sprachliche Kompetenz geht. Bei den meisten Aufgaben, die Kindern in Kliniken, Laboratorien oder Schulen gestellt werden, spielt die Sprache eine große Rolle, und deshalb berufen sich Wissenschaftler, die zu der Annahme einer einheitlichen Fähigkeit neigen, gern auf diese Tatsache, die nach ihrer Ansicht die theoretische Brauchbarkeit des Begriffs einer »allgemeinen Intelligenz« bestätigt.

Nun stelle man sich aber einen Besucher vom Mars vor, der

das wichtigste über die Gegenstände, die die Amerikaner in ihren Häusern benutzen, erfahren möchte und als einziges Meßinstrument einen Zollstock mitbringt. Unser Besucher mißt in einer Stichprobe von tausend Häusern jedes Objekt, das er finden kann, und unterzieht die Ergebnisse einer Faktorenanalyse, stellt fest, daß der Hauptfaktor Gegenstände umfaßt, die in der Fläche weniger als dreißig Quadratzentimeter und im Volumen weniger als sechzig Kubikzentimeter messen, und er nennt diesen Faktor »kleine Objekte«. Dieser Faktor schließt Gabeln, Bücher, Orangen, Seifenstücke, Schuhe, Armbanduhren, Schreibstifte, Kämme, Aschenbecher, Zigaretten und Streichhölzer ein. Diese Objekte haben keine wichtige Funktion miteinander gemein, weder die mögliche Schädlichkeit noch die Entstehung, die Zerbrechlichkeit oder den Preis – was ja alles theoretisch wichtige Eigenschaften der Objekte sind. Das einzige, worin sie übereinstimmen, ist der Umfang, doch für eine Theorie der Objektverwendung ist ein allgemeiner Umfang von äußerst geringem Nutzen. Die Tatsache, daß bei der Analyse der Leistungen, die Kinder bei gebräuchlichen Intelligenztests erbringen, die sprachliche Fähigkeit als erster Faktor erscheint, sagt mehr über die übliche Auswahl der Testfragen aus als über die grundlegende Natur der menschlichen Fähigkeiten.

Es muß berücksichtigt werden, daß die einzelnen Varianten kognitiver Fähigkeiten eine lange Entwicklungsgeschichte haben. Jede von ihnen tritt zu einem frühen Zeitpunkt der Entwicklung in einem eng umschriebenen Kontext auf, um mit zunehmendem Alter auf eine immer größere Zahl von Kontexten angewandt zu werden, bis sie schließlich in den meisten, aber kaum in allen relevanten Problemsituationen zuverlässig aktiviert wird. Man könnte sagen, die Entwicklung der kognitiven Funktionen bestehe in einer Reihe von – den jeweiligen Kompetenzen entsprechenden – Wachstumsfunktionen, wobei die Zahl der relevanten Kontexte, in denen eine Kompetenz aktiviert wird, mit dem Alter zunimmt.

Die Wendung »Kontexte, in denen eine Kompetenz aktiviert wird« verbirgt eine bedeutsame Unterscheidung, die ich bisher übergangen habe – die Unterscheidung zwischen der kognitiven Kompetenz und der sichtbaren Performanz. So einleuchtend diese Ideen erscheinen, zeigt sich doch bei näherer Untersuchung, daß dem Begriff der Kompetenz eine Verschwommenheit anhaftet, die aufgeklärt zu werden verdient. Zunächst gilt es zu unterscheiden zwischen der Fähigkeit, bereits vorhandenes Wissen oder eine vorhandene Fertigkeit zu nutzen, und der Fähigkeit, eine neue Fertigkeit oder neues Wissen zu erwerben. Möglicherweise besteht zwischen diesen beiden Bedeutungen von Kompetenz kein Zusammenhang. Die erste bezeichne ich als *aktuelle Kompetenz*, die zweite als *potentielle Kompetenz*. Ein einfaches Beispiel für die aktuelle Kompetenz ist die Fähigkeit, sich an den Namen eines engen Freundes zu erinnern. Die Kompetenz ist in diesem Fall spezifisch – »Kenntnis des Namens einer Person«. Diese Kompetenz schließt nicht die Fähigkeit ein, sich allgemein an die Namen von Menschen zu erinnern, und sie ist mit Sicherheit nicht so umfassend wie die Kompetenz, sich aller möglichen Arten von verbaler Information zu erinnern.

Ein weiteres Beispiel liefert das dreijährige Kind, das nicht imstande ist, sechs Objekte zu zählen – also laut »eins, zwei, drei, vier, fünf, sechs« zu sagen –, das aber dennoch darauf hinweist, daß ein Fehler gemacht wurde, wenn der Versuchsleiter eine Marionette beim Abzählen der sechs Objekte eine Zahl überspringen oder eine Zahl wiederholen läßt (Gelman und Meck 1983). Ein Dreijähriger besitzt die Kompetenz, die Zahlenfolge von eins bis sechs zu erkennen, aber offenbar nicht die Kompetenz, sie hintereinander aufzusagen. Manche Psychologen würden wohl sagen, das Kind besitze die aktuelle Kompetenz, bis sechs zu zählen, zeige sie aber nicht, während andere vom Ausbleiben der Performanz her auf eine unvollständige oder fehlende Kompetenz schließen würden. Es ist jedoch nicht immer klar, welcher aktuellen oder potentiellen Kompetenz das Ausbleiben einer Performanz anzulasten ist. Wenn ein Kind oder ein Erwachsener bei einer Aufgabe versagt – nehmen wir an, ein Kind kann sich nicht an eine Aufzählung von sechs unzusammenhängenden Wörtern erinnern –, wissen wir nicht, ob die ungenügende Performanz daran liegt, daß es eine aktuelle Kompetenz nicht benutzt (das Kind kennt die Wörter und merkt sie sich, hat aber keine Lust, sie wiederzugeben), oder ob die Ursache in einem Mangel der potentiellen Kompetenz liegt, sich Aufzählungen von unzusammenhängenden Wörtern zu merken. Im letzten Fall könnte die mangelhafte Performanz daran liegen, daß es die Bedeutung einiger der Wörter nicht kennt, daß es sie nicht wiederzugeben vermag, daß es sich nicht konzentrieren kann, oder auch an zahllosen sonstigen kognitiven Defiziten.

Nehmen wir jedoch an, wir könnten durch ein sorgfältiges Experiment exakt bestimmen, worin die unzureichende Kompetenz besteht. Wie allgemein soll die Bezeichnung sein, die wir ihr geben? Nehmen wir an, wir hätten herausgefunden, daß die unzureichende Performanz auf einer Unvollkommenheit der potentiellen Kompetenz beruht, sich beim Vorlesen der Wörter auf diese zu konzentrieren. Es ist unwahrscheinlich, daß die Konzentrationsunfähigkeit der betreffenden Person sich auf alle Situationen und alle Arten von verbaler Information erstreckt, und ebenso unwahrscheinlich, daß die beeinträchtigte Kompetenz sich ausschließlich auf die in diesem Fall benutzten Wörter beschränkt. Wenn wir diese beiden zugegebenermaßen extremen Alternativen ausschließen, bleiben noch immer sehr viele Möglichkeiten, unter denen wir die beste Bezeichnung für den »Mangel an Kompetenz« wählen können.

In diesem hypothetischen Beispiel ist der Kern der Kontroverse um das Wort *Kompetenz* enthalten. Manche Psychologen möchten den Bedeutungsumfang von »Kompetenz« lieber erweitern, andere ihn eher einengen. Da die Daten nicht eindeutig sind, ist es Geschmackssache, welchen Allgemeinheitsgrad man bevorzugt. Ich selbst neige zu einer restriktiven Auffassung, weil die Natur, wie ich oben bemerkt habe, in der Regel sehr spezifisch ist. Achtjährigen Maya-Kindern im nordwestlichen Hochland Guatemalas fällt es sehr schwer, sich eine Reihe von Wörtern oder Bildern zu merken. Trotz großer Geduld des Versuchsleiters und zahlreicher Versuche können sich die Kinder an nicht mehr als drei oder vier Wörter erinnern, wenn der Reihe, die sie sich soeben gemerkt haben, ein weiteres Wort angefügt wird. Beim gleichen Testverfahren können gleichaltrige amerikanische Kinder sich an eine Reihe von zwölf Wörtern erinnern. Den Maya-Kindern scheint demnach die potentielle Kompetenz zu fehlen, sich bei einem halben Dutzend verschiedener Merkaufgaben verbale Informationen einzuprägen und sie wiederzugeben. Die meisten Psychologen würden eine derart einheitliche Performanz auf das Fehlen einer generellen Kompetenz zurückführen. Als die gleichen Kinder jedoch aufgefordert wurden, sich die Zuordnung verschiedener geometrischer Muster zu verschiedenen sinnvollen Wörtern zu merken, bewältigten sie die Aufgabe rasch und erfolgreich. Offenbar hatte diese Aufgabe etwas an sich, das ihren Fähigkeiten entgegenkam (Kagan et al. 1979).

Wie wichtig der Kontext ist, wird bei Untersuchungen des Unterscheidungsvermögens von Tieren deutlich. Bei diesen Untersuchungen wird das Tier gewöhnlich in eine ökologisch unnatürliche Umgebung gebracht. Das in einem kleinen Käfig gefangene Tier sitzt vor zwei geometrischen Formen, von denen eine mit Futter ausgestattet ist; wenn das Tier das richtige Objekt entdeckt, kommt es an das Futter heran. Affen können unter diesen Bedingungen lernen, die Form, hinter der sich das Futter verbirgt, von der anderen zu unterscheiden, aber erst nach vielen, vielen Versuchen, was bedeutet, daß ihnen die Unterscheidung schwerfällt. Wird die Versuchssituation jedoch so verändert, daß sie stärker der natürlichen Umgebung, in der das Tier lebt, ähnelt, so kann die Unterscheidung mit einem einzigen Versuch erlernt werden. So lernten Krallenaffen in einer Testsituation, in der sie unbehindert waren, mit einem einzigen Versuch, das Objekt, welches das Futter enthielt, von anderen Objekten, die kein Futter enthielten, zu unterscheiden (Menzel und Juno 1982).

In der Natur hat jede strukturelle Einheit ganz bestimmte potentielle Kompetenzen. Der Eierstock erzeugt Östrogen und nicht verschiedene Steroide; Finken haben eine potentielle Kompetenz, den Gesang ihrer Spezies zu erlernen, nicht den Gesang des Kuckucks. Kinder unterscheiden sich tatsächlich in ihrer potentiellen Kompetenz, sich viele spezifische Fertigkeiten und Wissensbereiche anzueignen. Doch angesichts des dürftigen Tatsachenmaterials ist es beim gegenwärtigen Stand der psychologischen Erkenntnis vermutlich weise, wenn man annimmt, daß diese Kompetenz sich weniger auf breite, als vielmehr auf begrenzte Bereiche bezieht, ob es nun darum geht, durch Anhängen einer Endung an ein Verb die Vergangenheitsform auszudrücken, oder darum, Zahlen zu addieren.

Der wissenschaftliche Fortschritt besteht oftmals in der Entdeckung der Grenzen eines zuvor allzu weit gefaßten Prozesses.

Pasteur und Jenner fanden heraus, daß bestimmte Lebewesen den Wein verderben lassen und beim Menschen Krankheit verursachen, Wirkungen, die man zuvor allgemeinen Kräften zugeschrieben hatte. Bis vor kurzem führte man die Abstoßung eines verpflanzten Organs auf Eigenschaften zurück, die dem gesamten Organ innewohnen. Jetzt zeigt sich, daß die Abstoßung des Organs spezifisch den weißen Blutkörperchen und nicht dem gesamten Organ zugeschrieben werden muß.

Wahrscheinlich sind die potentiellen Kompetenzen, die man gegenwärtig annimmt – dazu zählen die Intelligenz, aber auch das räumliche Vorstellungsvermögen, die sprachliche, die musikalische und die mathematische Begabung (Gardner 1983) –, viel zu allgemein gefaßt, und vermutlich wird die weitere Forschung zeigen, in welchem begrenzten Raum sie wirksam sind.

Ein ernstes und bislang ungelöstes Problem, das es uns schwer macht, aus der Performanz eines Kindes auf seine aktuelle oder potentielle Kompetenz zu schließen, besteht darin, daß das Kind die Aufgabe, die ein Erwachsener ihm stellt, bisweilen mißversteht. Das meiste, was wir über die kognitive Entwicklung wissen, beruht auf den Antworten, die von Kindern auf die von einem erwachsenen Versuchsleiter gestellten Aufgaben gegeben wurden. Oft versteht das Kind eine Frage anders, als der Fragesteller sie gemeint hat, und die Antwort, die aus der subjektiven Sicht des Kindes richtig ist, wird vom Versuchsleiter als unrichtig eingestuft. Betrachten wir das folgende Beispiel.

Man zeigt einem vierjährigen Kind eine Anordnung, die aus vier Spielzeuggaragen und drei Spielzeugautos besteht. Jedes der Autos befindet sich in einer Garage, so daß eine Garage leer bleibt. Auf die Frage: »Sind alle Autos in einer Garage?« wird das Kind in der Regel mit »Nein« antworten, und der Versuchsleiter wird daraus folgern, daß das Kind die Bedeutung von *alle* nicht kennt. Wenn der Versuchsleiter jedoch zunächst systematisch nur nach drei Autos fragt und dann die Testfrage wiederholt, antwortet das Kind korrekt. Im ersten Fall hat das Kind angenommen, daß, wenn vier Garagen da sind, auch vier Autos da sein müßten. Warum sollte jemand für ein nicht vorhandenes Auto eine Garage bauen? Das Kind nimmt an, daß das fehlende Auto irgendwo sein muß und daß es daher nicht richtig sein kann, daß alle Autos in den Garagen sind. Das Kind versteht die Bedeutung von *alle* sehr wohl, bringt aber eine vom Versuchsleiter nicht erwartete Annahme in das Problem hinein.

In jeder Frage, ja sogar in jeder Mitteilung von Person zu Person stecken, wenn Sprecher und Hörer der gleichen Kultur entstammen, stille Vereinbarungen. Da Kinder die Annahmen, die Erwachsene beim Fragestellen machen, erst erlernen müssen, liegt die mit dem Alter zunehmende kognitive Performanz teilweise daran, daß eine spezielle Kompetenz sich verändert, daß nämlich das Kind die verborgenen Intentionen des Erwachsenen erkennt. Psychologen ziehen aber leider oft zu Unrecht den Schluß, daß das Kind nicht das Wissen oder die Fähigkeit besitzt, um die gestellte Aufgabe zu lösen.

Es empfiehlt sich also, die beobachtbare Lösung zu unterscheiden von einer aktuellen Kompetenz, die unter Umständen nicht realisiert wird, beziehungsweise einer potentiellen Kompetenz, die für eine Aufgabe erforderliche Fertigkeit zu erwerben. Wie sollen wir jedoch die Kompetenzen benennen, die sich im Lauf der Entwicklung verändern, wenn wir allgemeine Begriffe wie *Intelligenz* oder *räumliches Vorstellungsvermögen* ablehnen? Da wir die geistigen Prozesse noch kaum verstehen, ist es vielleicht hilfreich, wenn wir den Geist mit einem vertrauteren Objekt und das Denken mit einem besser verstandenen Prozeß vergleichen. Bevor William Harvey den Zusammenhang zwischen Herz und Kreislaufsystem entdeckte, verglich man das Herz mit einem Ofen und die Atmung mit dem vertrauten Zusammenhang zwischen dem Gebläse und den Flammen einer Feuerstelle. Naturforscher des 17. Jahrhunderts glaubten sogar, der Hauptzweck der Atmung sei es, das Herz vor Überhitzung zu bewahren. In der modernen Psychologie gibt es zwei verschiedene Konzeptionen des Denkens: Die eine geht vom Modell des Computers aus, die andere macht sich eine Vielzahl der jüngsten Ergebnisse von Neurochemie und Neurophysiologie zunutze. Beide Konzeptionen bieten einige nützliche Erkenntnisse, beide sind begrenzt.

Das Computermodell nimmt gegenwärtig an, daß symbolische Aussagen zu den grundlegendsten Einheiten des Denkens gehören, weil es relativ einfach ist, Computer so zu programmieren, daß sie Aussagen akzeptieren und bearbeiten.* In den Computer werden Sätze eingegeben und dazu Regeln für die Manipulation dieser Sätze und für die Beurteilung der Annehmbarkeit neuer Aussagen. Der Computer ist im Umgang mit Aussagen so exakt, daß er einen Schachmeister schlagen und mit einem Erwachsenen eine sinnvolle Unterhaltung führen kann. Seine Brauchbarkeit für die modellhafte Darstellung und letztendliche Erhellung der kognitiven Prozesse des Menschen unterliegt jedoch zwei wichtigen Einschränkungen: Erstens macht er bestimmte Fehler, die die meisten Erwachsenen machen, nicht, und zweitens kann er mit nichtsymbolischen Informationen, die sich nicht als räumliches Bild darstellen lassen, nicht besonders gut umgehen. Dieser letztere Mangel ist schwerwiegend, denn das gesamte Wissen des Kleinkinds ist nichtsymbolischer Art, und ein großer Teil des Wissens der Erwachsenen besteht aus Überresten von Szenen, Melodien, Geschmackseindrücken, Gerüchen und Gefühlen.

Es ist noch nicht möglich, einen Computer so zu programmieren, daß er sich an das unangenehme Gefühl erinnert, das einen Menschen dazu veranlaßt, der Beantwortung einer schwierigen Frage wegen einer gestern erlittenen Demütigung aus dem Wege zu gehen.

Das biologische Modell geht auf die kleinen Verbindungen zwischen den Neuronen, die Synapsen, zurück. Die moderne Neurophysiologie lehrt uns, daß alle Informationen, die als Wissen gespeichert werden sollen, millionenfach durch den schmalen, feuchten, synaptischen Spalt hindurchmüssen, der zwischen den einzelnen Neuronen liegt. Es ist schwer vorstellbar, daß in dieser Welt der winzigsten Dimensionen Einheiten, die so sperrig sind wie die Aussagen, von Nervenzelle zu Nervenzelle übertragen werden. Die Synapse zwingt den Theoretiker, in sehr viel kleineren Einheiten zu denken, besonders in solchen Dimensionen wie der Frequenz von Hell-Dunkel-Kontrasten oder der Veränderungen von Schallenergie und Tonfrequenz, welche das Ende des letzten Wortes eines Satzes von der ersten Silbe des nächsten abheben. Die Psychologie hat also zu wählen zwischen einem

* John Anderson (1983), der zu einem Computermodell neigt, meint, daß Aussagen, räumliche Vorstellungsbilder und ihre zeitliche Abfolge die drei grundlegenden Einheiten des Denkens sind.

Ungetüm, das Aussagen verschlingt, und einer winzigen Hydra, die kleinste Energiemengen verdaut. Da keines dieser Bilder der eigenen Alltagserfahrung zu entsprechen scheint, in der wir eine Stimme hören und sofort erkennen, daß sie einem Freund gehört, fehlt es uns an einem attraktiven anschaulichen Modell, das als heuristische Anleitung für eine Beschreibung des menschlichen Denkens dienen könnte. Im Unterschied zu den oben behandelten Fragen der Kontinuität, der Moral und der Emotionen, zu denen es nur wenig solides Faktenmaterial gibt, erlauben jedoch die reichlicher vorhandenen Erkenntnisse über die Entwicklung des Denkens, ausführlicher auf den gegenwärtigen Wissensstand einzugehen. Ich habe mich entschlossen, als einen ersten Rahmen die gebräuchliche und sinnvolle Unterscheidung zwischen Strukturen und ihren Funktionen zu wählen, und ich werde beschreiben, wie die verschiedenen kognitiven Prozesse auf relevante Einheiten des Wissens einwirken, so wie die Prozesse der Mutation, der Fortpflanzungsisolation und der natürlichen Auslese auf Generationen individueller Organismen einwirken und neue Arten entstehen lassen.

Es ist noch immer ungeklärt, welches die Grundeinheiten der Kognition sind.* Gegenwärtiger Konsens ist, daß sie in Schemata, Vorstellungsbildern, Konzepten und Propositionen bestehen. Die Analogie zu verschiedenen Zellarten der Biologie und zu den Elektronen, Protonen und Neutronen der Physik liegt auf der Hand. Ein anderer Ansatz sieht die Grundeinheiten in Verknüpfungsmustern, wobei die Schemata, Bilder, Konzepte und Propositionen mit unterschiedlicher Verknüpfungswahrscheinlichkeit miteinander verbunden werden, je nach dem auslösenden Ereignis, welches das Muster hervorgerufen hat. Als Metapher können hier die vielfältigen Formen dienen, zu denen sich ein Haufen geladener Eisenfeilspäne ausrichtet, je nach dem, wo man einen eisernen Magneten anbringt. Für diese Konzeption ist das Muster das Fundamentale. Die kleineren Einheiten existieren nicht für sich, sondern sind stets Teil eines größeren Musters.

Bedeutung wird durch das Muster definiert, das von einem

* Kognitive Einheiten sind nicht gleichbedeutend mit den Klassen von Problemlösungsfertigkeiten, die Howard Gardner in seinem überzeugenden Werk »Frames of Mind« (1983) beschrieben hat.

auslösenden Ereignis hervorgerufen wird. Die Bedeutung des »Geruchs von Kaffee« ist demnach in einem Muster von Schemata, Begriffen und Propositionen enthalten, das durch den Duft hervorgerufen wird. Der Anblick von Kaffee ruft ein anderes Muster hervor, und wenn man in einem Buch das Wort *Kaffee* liest, so ruft das ein drittes Muster hervor. Diese Vorstellung erhellt die Definition der Bedeutung, läßt die grundlegenden kognitiven Einheiten dynamisch werden, betont die Zusammenhänge zwischen Schemata, Konzepten und Propositionen und macht schließlich einen Unterschied zwischen objektiven und subjektiven Bedeutungen.

Da in allen vorliegenden Untersuchungen die kleineren Einheiten als grundlegend betrachtet werden, werde ich dieser historischen Tatsache Rechnung tragen und sie in den folgenden Erörterungen als primäre Gegebenheiten betrachten. Bei der Bewertung des Faktenmaterials sollte der Leser jedoch den im ersten Kapitel erwähnten Umstand bedenken, daß die Bedeutung eines Konstrukts davon abhängt, woher die Fakten stammen, auf die es sich stützt. Für die gesamte Kognitionsforschung ist es besonders wichtig, zwischen dem, was man glaubt, und der Grundlage des Glaubens klar zu unterscheiden. Die meisten wissenschaftlichen Untersuchungen über die Wahrnehmung, das Gedächtnis und das logische Denken von Erwachsenen sind an amerikanischen College-Studenten durchgeführt worden.

Achtzehnjährige Amerikaner sind jedoch für die Menschen allgemein ebenso repräsentativ, wie im Labor aufgewachsene weiße Ratten für die Wirbeltiere oder die Säugetiere repräsentativ sind. So kam es denn auch zu einem bedeutenden theoretischen Fortschritt, als die Psychologen erkannten, daß viele der Prinzipien, die sich auf Untersuchungen an weißen Ratten stützten, für andere Tierarten nicht gelten.

Von nicht minderer Bedeutung ist die Tatsache, daß bei Untersuchungen der Kognition von Kindern oder College-Studenten zumeist relativ ungewöhnliche Bedingungen gegeben sind, die außerhalb des Laboratoriums nicht vorkommen. So konfrontiert der Psychologe bei vielen Untersuchungen zum Wortgedächtnis die Versuchsperson mit einer Reihe von etwa zwanzig bis dreißig unzusammenhängenden Wörtern, die gleichermaßen gebräuchlich sind, und er findet dann in der Regel, daß die Versuchspersonen sich häufiger an die ersten und letzten Wörter als an die Wörter in der Mitte der Aufzählung erinnern. In der Wirklichkeit hat man es aber nur selten, wenn überhaupt, mit einer Aufzählung von völlig unzusammenhängenden, aber gleichermaßen gebräuchlichen Aussagen zu tun. Zumeist besteht ein gewisser symbolischer Zusammenhang zwischen Erfahrungen und Vorstellungen, und es sind darunter immer einige, die gebräuchlicher oder emotional auffälliger sind als andere. Unter diesen natürlicheren Bedingungen erinnert man sich zumeist an die auffälligeren Informationen, selbst wenn sie in der Mitte einer längeren, aber eintönigen Folge von Ereignissen vorkommen. Vor kurzem bat ich eine größere Gruppe von Müttern, sich einen vierhundert Worte langen Vortrag über die Vorteile und Nachteile eines restriktiven beziehungsweise permissiven Erziehungsstils anzuhören. Der erste Satz sagte aus, daß die Fachleute sich nicht einig darüber sind, wie man Kinder am besten erziehen sollte, der letzte Satz besagte, daß die Eltern versuchen sollten, entspannt und konsequent zu sein. An diese Aussagen erinnerte sich nur eine Minderheit der Mütter. Ein Satz in der Mitte des Vortrags besagte jedoch, daß, wenn Eltern Ungehorsam nicht bestrafen, ihre Kinder als Heranwachsende Schwierigkeiten bekommen könnten. An diesen Satz erinnerten sich mehr als Dreiviertel der Mütter, vermutlich, weil er für sie emotional bedeutsam war.

Die Warnung, daß man die Quelle einer vermeintlichen Tatsache bedenken möge, ist wohl am ehesten angebracht bei Untersuchungen, die ihre Schlußfolgerungen auf das stützen, was Kinder verbal auf Fragen antworten. Bei der verbalen Beantwortung von Fragen wird ein bestimmter Bereich der kindlichen Kognition angesprochen. Es mag sein, daß eine Fünfjährige dem Versuchsleiter nicht erklären kann, was es bedeutet, wenn »zwei Zahlen einander gleich« sind; dasselbe Kind ist jedoch fähig, neben fünf aneinandergereihten Knöpfen eine gleiche Anzahl von Knöpfen aneinanderzureihen, so daß man in gewisser Hinsicht sagen kann, daß sie weiß, was Gleichheit bedeutet. Dies ist weder eine Binsenweisheit noch Wortklauberei. Würde jemand beobachten, wie ich mit dem Auto zur Arbeit fahre, so würde er mit Recht folgern, daß ich mich so verhalte, als glaubte ich, die Erde sei flach. Würde mich aber jemand fragen, warum im Herbst die Tage kürzer werden, so würde er aus meiner verbalen Antwort mit Recht folgern, ich glaubte, daß die Erde rund ist. Zwischen den beiden Folgerungen besteht kein Widerspruch. Wenn ich im folgenden einen Überblick über das gebe, was man über die Entwicklung des menschlichen Denkens weiß, sollte der Leser also den Bedingungen Rechnung tragen, unter denen die wissenschaftliche Erkenntnis zustande kam.

Kognitive Prozesse

Wahrnehmung und Schemata

Ein Kind schaut aus dem Fenster und sieht Bäume von unterschiedlicher Gestalt, Häuser von unterschiedlicher Farbe, Menschen von unterschiedlicher Größe und Autos, die verschieden schnell fahren, und aus diesem Mosaik zieht es Informationen in Gestalt von Schemata heraus. Ob das Kind, nachdem es sich von der Szene abgewendet hat, weiß, was draußen war und was nicht, ist eine Frage seiner Schemata für diese Szene.

Das Schema ist, wie ich im zweiten Kapitel (S. 62 ff.) angedeutet habe, die erste kognitive Einheit des Kleinkinds und trägt zu den kognitiven Einheiten, die sich später entwickeln, bei. Das Schema ist eine abstrakte Repräsentation der charakteristischen Merkmale oder Dimensionen* eines Ereignisses. Wie eine Karikatur bewahrt es in einem einzigartigen Muster jene Aspekte des Ereignisses, die es definieren und von anderen unterscheiden.

Schemata gibt es in allen Sinnesmodalitäten – für den Hör- und Geruchssinn, den Tast- und Geschmackssinn und das Sehen. Die Fähigkeit, eine Melodie, den Duft einer Rose, die Berührung von Samt oder den Geschmack eines Apfels wiederzuerkennen,

* Genaugenommen ist ein Merkmal eine diskrete Eigenschaft wie der Schnabel eines Vogels und eine Dimension eine graduelle Eigenschaft wie die Größe. Ich verwende die Ausdrücke *Merkmal* und *Eigenschaft* für beides.

wird dadurch ermöglicht, daß man für jede dieser Erfahrungen ein Schema entwickelt hat. In all diesen Beispielen repräsentiert das Schema jedoch das Muster der physikalischen Eigenschaften des Originalereignisses; das Schema ist keine symbolische oder sprachliche Repräsentation. Ferner ist das Schema zu unterscheiden von der Vorstellung, die eine auf der Grundlage des Schemas bewußt entwickelte Repräsentation ist. Da es bewußter geistiger Anstrengung bedarf, um aus den abstrakteren Schemata eine Vorstellung zu erzeugen, hat das Kleinkind wahrscheinlich keine Vorstellungen, sondern nur Schemata. Obwohl schon die subjektive Erfahrung eine eindrucksvolle Bestätigung für die Existenz von Vorstellungen liefert, sprechen auch die Ergebnisse empirischer Forschung dafür. Wenn jemand gefragt wird, ob »eine Katze Krallen hat«, und sich eine geistige Vorstellung von der Katze zu machen versucht, wird die Entscheidung länger dauern, als wenn er die Frage aufgrund seines begrifflichen Wissens beantworten würde (Kosslyn 1980).

Die Tatsache, daß Schemata aufgrund von Ereignissen entwikkelt werden, ist noch keine Bestätigung für die Auffassung Lokkes, daß alle Erkenntnis aus der sinnlichen Erfahrung stamme (1690). Der Geist erfindet nämlich auch Schemata, die nie erlebt worden sind, wie etwa den Ort, an den sich die Sonne abends begibt. Viele kognitive Erfindungen gehen zwar auf irgendein Ereignis zurück, was den Schluß zuläßt, daß die schematische Repräsentation eine elementare Einheit ist, doch enthält der Geist auch Strukturen wie Unendlichkeit, Quarks oder »Geister«, die kaum einen Bezug zu erlebten Ereignissen haben.

Einen größeren Streitpunkt im Zusammenhang mit dem Schema bildet die Frage, ob der Geist aus allen früheren Begegnungen mit einer bestimmten Art von Ereignissen einen idealisierten »Durchschnitt« bildet, einen sogenannten *schematischen Prototyp*, oder ob er alle jemals erlebten Fälle in gesonderten Schemata festhält, auch wenn er dabei die ihnen gemeinsamen Merkmale zusammenfaßt. Der erstere Prozeß ist aus mehreren Gründen der wahrscheinlichere. Erstens wird ein Dreijähriger, der einen Fisch, aber nie ein Bild eines Fisches gesehen hat, eine schematische Darstellung korrekt als Fisch bezeichnen, obwohl er den knappen Linien, die einen Fisch andeuten, nie zuvor begegnet ist.

Einen überzeugenderen Beleg für die Existenz von Prototypen findet man zweitens in der Fähigkeit von Fünfjährigen, ihren eigenen Stil beim Zeichnen zu erkennen. Bei einem Versuch ließ man fünfjährige Kinder auf einem jeweils gesonderten Blatt vier Objekte zeichnen – einen Menschen, eine Blume, einen Baum und einen Vogel. Daraufhin prüfte ein Künstler die vier Zeichnungen, die jedes Kind angefertigt hatte, auf vier stilistische Eigenarten hin, die jedes Kind konsequent in allen Zeichnungen beibehält: den Raum, den die Zeichnung auf dem Blatt einnimmt, den Druck, mit dem der Zeichenstift geführt wird, die Verwendung von geraden oder gekrümmten Linien und die Detailgenauigkeit. Der Künstler zeichnete dann im Stil des jeweiligen Kindes zwei Objekte, die das Kind vorher nicht gezeichnet hatte, einen Hund und ein Haus. Anschließend zeigte man jedem Kind vier Zeichnungen, drei davon im Zeichenstil von anderen Kindern und eines in seinem eigenen Stil. Ein bemerkenswert hoher Anteil der Fünfjährigen war imstande, die im eigenen Stil angefertigte Zeichnung herauszufinden. Da es unwahrscheinlich ist, daß diese Kinder jemals genau den Hund oder genau das Haus gezeichnet hatten, das sie als ihr eigenes Werk identifizierten, müssen sie wohl aus all ihren früheren künstlerischen Erzeugnissen unbewußt ein prototypisches Schema abstrahiert haben, das ihren persönlichen Stil repräsentierte (Nolan und Kagan 1980).

Entstehung des Schemas. Welche Merkmale Bestandteil eines Schemas werden, hängt teilweise von ihrer physikalischen Auffälligkeit ab, von der Häufigkeit, mit der sie als Element eines bestimmten Ereignisses vorkommen, und in jedem Fall von ihrer Ungewöhnlichkeit im Verhältnis zu ähnlichen Ereignissen. Beispielsweise können Kinder und Erwachsene aus unterschiedlichen Kulturen, selbst solche, die kein Wort für die Farbe Rot haben, sich am besten an das Karmesin-Rot erinnern, das man auf amerikanischen Weihnachtskarten aufgedruckt findet, und sie empfinden diesen Farbton als die beste Repräsentation des Begriffes Rot. Als Elemente einer Person kommen immer Augen, Mund und Nase vor, Hut und Jacke dagegen weit seltener, und entsprechend erscheinen die erstgenannten Merkmale weit häufiger als Elemente des Schemas eines Menschen als die letztgenannten. Doch obwohl sie gleichhäufig vorkommen, sind Augen, Nase und Mund nicht von gleicher Bedeutsamkeit. Für das Schema, das ein Kleinkind von einem Menschen hat, sind die Augen wesentlicher – zum Teil wegen des physikalischen Kontrasts zwischen der dunkleren Iris und der weißen Lederhaut des Auges (man beachte, daß Zeitungen, die das Gesicht eines Menschen unkenntlich machen wollen, die Augen und nicht den Mund abdecken).

Jedes prototypische Schema hat gewisse Eigenschaften mit einigen anderen Schemata gemein. Zwei Schemata, die viele Merkmale miteinander gemein haben, unterscheiden sich am ehesten durch auffällige Eigenschaften. Vögel haben sowohl Augen als auch Schnäbel, doch der Schnabel ist das ausgeprägtere Merkmal, weil er die Vögel von anderen Tieren, die ebenfalls Augen haben, unterscheidet, und nicht, weil der Schnabel physisch auffälliger wäre als die Augen. Der Geist erfaßt gleichzeitig (1) die Häufigkeit von zusammen auftretenden Merkmalen, (2) deren physische Auffälligkeit und (3) die relative Ungewöhnlichkeit in bezug auf »verwandte« Eigenschaften anderer Ereignisse. Jene Merkmale, die alle drei Kriterien erfüllen, gehen am ehesten als die charakteristischsten in den Prototyp ein. So ist die wahrnehmbare Eigenschaft der »Härte« nur deshalb charakteristisch für Steine, weil es so viele Objekte in der Welt gibt, die weich sind. Wären alle Objekte von gleicher Härte, so würde diese Eigenschaft nicht wahrgenommen und nicht in die schematische Repräsentation von Steinen eingehen. Härte ist kein inhärentes Merkmal von Steinen, sondern ihre Besonderheit rührt daher, daß der Geist stillschweigend den Tasteindruck von der Oberfläche von Steinen mit dem Tasteindruck von anderen Oberflächen vergleicht.

Was an den Merkmalen eines Ereignisses das Auffällige ist, hängt auch von den jeweiligen Intentionen ab, besonders davon, ob man ein Ereignis identifizieren oder es von einem anderen unterscheiden möchte. Wenn es darum geht, eine Blaubeere von einer amerikanischen Heidelbeere zu unterscheiden, richten wir uns nach der Größe – wenn es darum geht, die Frucht zu identifizieren, nach der Farbe und der Form. Ein Junge, der sich in einem Wald befindet und herausbekommen möchte, ob ein sich bewegendes Objekt ein Bär oder ein Mensch ist, sucht nach einem Unterscheidungsmerkmal wie etwa Kleidung oder Pelz. In einer dunklen Großstadtstraße würde derselbe Junge, wenn er Schritte hinter sich hört, jedoch wissen wollen, ob die Schallquelle ein Mann, eine Frau oder ein Kind ist – ein Bär wäre unwahrscheinlich. Das Vorhandensein von Kleidern wäre nun für die Identifizierung der Gestalt nicht entscheidend, und wahrscheinlich würde das Kind auf Merkmale des Schrittes achten. Um ein freundlicheres Beispiel zu nennen: Wenn ein Mädchen sich fragt, ob ein Fremder es umarmen oder küssen wird, wird es darauf achten, wie der Fremde seine Hände und Arme hält. Wenn es sich fragt, ob der Fremde es mag, wird es auf sein Gesicht und seine Stimme achten. Man bezieht sich also oft auf unterschiedliche Eigenschaften, je nachdem, ob man ein Ereignis identifizieren oder ob man ein Ereignis von einem anderen unterscheiden möchte. Um die Frage »Was ist das?« zu beantworten, bedarf es anderer Anhaltspunkte als für die Frage »Ist es X oder Y?«.

Diese beiden Fragestellungen gelten auch für das persönliche Erleben. Wenn ich spüre, daß mein Herz schnell schlägt, und frage: »Habe ich Angst?«, dann ist der erhöhte Puls für mich das charakteristische Merkmal, anhand dessen ich meinen Zustand identifiziere. Wenn ich jedoch frage: »Habe ich Angst, oder bin ich wütend?«, so reicht der beschleunigte Herzschlag nicht aus, und ich muß andere Eigenschaften heranziehen. Der beschleunigte Herzschlag ist ein charakteristisches Identifikationsmerkmal des Schemas der Angst, aber er sagt mir nichts, wenn ich entscheiden muß, ob ich mich im Zustand der Angst oder der Wut befinde. Seltener richten wir an die Erfahrung eine Frage, die zwei Merkmale zugleich betrifft. Wenn ich ein Objekt auf der Erde liegen sehe und frage: »Ist es ein toter Vogel?«, dann suche ich nach Merkmalen, die sowohl für das Vogelsein als auch für die Leblosigkeit charakteristisch sind. Schließlich stellen Menschen sich gelegentlich die Frage nach anderen Eigenschaften wie etwa den Konsequenzen eines Ereignisses. Sie fragen in bezug auf ein Objekt: »Wird es sich gleich entfernen oder angreifen?« Die Anzeichen für ein künftiges Geschehen verlangen, daß man auf wiederum andere Merkmale achtet. Jede der Fragen, die man sich stellt – Identität, Disjunktion, Konjunktion und »wenn...

dann« –, verlangt also, daß man auf jeweils andere Merkmale eines Ereignisses achtet. In den schematischen Prototypen sind vielfältige Merkmale enthalten, die man bei spezifischen Fragen konsultieren kann.

Das jeweilige Problem, um dessen Lösung sich ein Kind bemüht, läßt eine innere Einstellung entstehen, von der es abhängt, welche Merkmale beachtet werden. Einen deutlichen Beleg dafür, wie die innere Einstellung die Wahrnehmung beeinflußt, liefert ein oft von Neurologen benutztes Verfahren, der sogenannte *face-hands-Test*. Das Kind, dessen Augen geschlossen sind, wird gleichzeitig etwa an der rechten Wange und an der linken Hand berührt, und es soll angeben, wo es berührt worden ist. Kinder unter sechs Jahren sagen in der Regel, sie seien am Gesicht berührt worden, geben aber nicht an, daß auch ihre Hand berührt wurde. Manche Neurologen führen den Umstand, daß die zweite Berührung nicht gemeldet wird, auf den unreifen Zustand des Zentralnervensystems zurück. Daß das jüngere Kind die Hand nicht erwähnt, liegt jedoch einfach an einer inneren Einstellung, die es die Berührung nur an einer Stelle erwarten läßt. Wenn der Untersuchende vor der Testfrage erklärt: »Mal werde ich dich nur an der Wange berühren, mal werde ich dich nur an der Hand berühren, und mal werde ich dich zu täuschen versuchen und dich an zwei Stellen berühren«, so gibt das Kind zutreffend an, sowohl an der Hand als auch an der Wange berührt worden zu sein. Man braucht also das junge Kind nur auf die Möglichkeit einer Stimulation an zwei Stellen vorzubereiten, um ein völlig anderes Performanzmuster zu erhalten (Nolan und Kagan 1978).

Die Beständigkeit der Schemata. Verschwinden Schemata? Diese Frage ist Bestandteil eines umfassenderen Problems, bei dem es um die materiellen Grundlagen der Schemata und die Beständigkeit von Wissen geht. Die Biologie erklärt uns zwar, daß gewisse materielle Merkmale des sich entwickelnden Embryos verschwinden, nachdem sie ihre Funktion erfüllt haben, und daß Proteine ständig ersetzt werden, doch die Psychologen sträuben sich bislang gegen die Einsicht, daß Schemata unter Umständen verschwinden könnten (Anderson 1983): Sie glauben lieber, daß jede Information, wenn sie einmal im Gehirn registriert ist – selbst dann, wenn es nicht möglich ist, sie abzurufen oder wiederzuerkennen –, auf Dauer gespeichert ist, und dies trotz der kürzlichen Entdeckung, daß Synapsen, die wahrscheinlich das strukturelle Gitter bilden, das einer bestimmten Erfahrung seine Form gibt, beständig eliminiert oder ersetzt werden.

Bei einer Untersuchung zeigte man zweieinhalbjährigen Kindern eine Serie von Dias, von denen einige ungewöhnliche Szenen zeigten (eine Frau ohne Kopf, ein Mann mit vier Armen). Als diese Kinder zehn Jahre alt waren, zeigte man ihnen jeweils paarweise einige Bilder, wobei eines davon die Szene darstellte, die sie siebeneinhalb Jahre zuvor gesehen hatten, während das andere etwas Neues zeigte; die Kinder sollten raten, welches Bild sie wohl gesehen haben mochten, als sie kleiner waren. Die Treffer gingen über das, was man dem Zufall entsprechend hätte erwarten müssen, nicht hinaus. Manche Psychologen könnten zwar behaupten, die ursprünglichen Schemata seien noch vorhanden, in dieser Situation aber nicht aktiviert worden (eine plausible Erwiderung), doch lassen die Ergebnisse auch die Möglichkeit zu, daß die ursprünglichen Schemata verschwunden sind, weil sie nicht erneuert wurden (Kagan, Lapidus und Moore 1978).

Daß man so gern an die unbegrenzte Lebensdauer von Schemata glaubt, mag mit Voraussetzungen zu erklären sein, wie sie ähnlich im dritten Kapitel erörtert wurden und wie sie in Platons Argument enthalten sind, es gebe verborgene, unzerstörbare Strukturen, welche die Grundlage der Erfahrung bilden und es dem einzelnen ermöglichen, das Gute zu erkennen und danach zu handeln. Wissen ist in der westlichen Welt ein ethisches Gut und bildet die Grundlage von Moral und wissenschaftlichem Fortschritt. Man will wohl nicht gern wahrhaben, daß etwas so Heiliges durch den bloßen Zeitablauf sang- und klanglos verschwinden könnte.

Schlußfolgern und Begriffe

Wenn das Kind in das zweite Lebensjahr eintritt, entnimmt das *Schlußfolgern*, der Verstärker der Erkenntnis, den Erfahrungen gewisse Informationen und »vergrößert« sie zu Konzepten und

Prinzipien, die es dem Kind und dem Erwachsenen erlauben, die Gegenwart in Begriffe zu fassen, die Zukunft zu antizipieren und die Vergangenheit zu interpretieren. Mit dem Schlußfolgern vollzieht der Geist einen Sprung, und indem er ein Ereignis einem bestimmten Begriff oder einer zusammenhängenden Folge von Ereignissen zuordnet, fügt er zu der ursprünglichen Erfahrung neue Informationen hinzu. Ein dreijähriges Kind fragt seine Mutter: »Wohin geht die Sonne, wenn sie abends unter die Erde geht?« Die Erfahrung hat das Kind gelehrt, daß alle sich bewegenden Objekte einen ständigen oder vorübergehenden Ruheplatz haben. Weil die Sonne ein sich bewegendes Objekt zu sein scheint, folgert das Kind, daß auch sie einen Ruheplatz haben muß. Zwei Einheiten, um die es beim Schlußfolgern vielfach geht, sind die Begriffe und Propositionen; ich werde zuerst die Begriffe erörtern.

Begriffe. Die Repräsentationen, die Kinder von Ereignissen haben, enthalten nicht jede Einzelheit einer ursprünglichen Erfahrung. Somit entsteht ein schwieriges theoretisches Problem, wenn die zweite Begegnung mit einem Ereignis eine vom Original verschiedene Transformation ist. Was macht der Geist mit der ähnlichen, aber anderen Erfahrung? Es ist denkbar, daß er von dem zweiten Ereignis eine Repräsentation entwickelt, die den gleichen Status hat wie die erste, auch wenn der Geist zwischen beiden einen Zusammenhang entdeckt. Diese Auffassung mag der Intuition zuwiderlaufen, doch können Erwachsene viele unvertraute Gesichter, Szenen oder Wörter, die sie nur einmal gesehen haben, wiedererkennen (Nickelson 1968, Shepard 1967; Standing, Conezi und Haber 1970). Auch wenn zwischen Ereignissen eine hohe Ähnlichkeit besteht, vermag der Geist die Repräsentationen hinreichend auseinanderzuhalten, so daß ein bemerkenswert genaues Wiedererkennen möglich ist.

Es könnte auch sein, daß der Geist eine zusätzliche Repräsentation erzeugt, in der Bestandteile der vielfältigen Erfahrungen zu einer neu entstehenden kognitiven Struktur zusammengefaßt werden, in welcher sich die gemeinsamen Merkmale mehrerer ähnlicher Ereignisse widerspiegeln. Dieses Produkt, von vielen Psychologen und vielen Philosophen als *Konzept* oder *Begriff* bezeichnet, ist eine Repräsentation sowohl der Merkmale als auch der Beziehungen zwischen den Merkmalen, die eine Reihe von unterscheidbar verschiedenen Ereignissen miteinander gemein haben. Mein Kollege Sheldon White zieht den Ausdruck *Idee* vor.

Das spontane Sortierungsverhalten von Zweijährigen zwingt uns, dem jungen Kind die Fähigkeit zuzuschreiben, eine Repräsentation der Eigenschaften zu bilden, die eine Reihe von unterschiedlichen Objekten miteinander gemein haben. Wenn ein Kind, das zwanzig äußerlich verschiedene Spielsachen vor sich hat, ohne zu überlegen, eine längliche gelbe Banane und eine kugelförmige blaurote Traube herauszieht, müssen wir erklären, warum diese beiden Objekte aus dem größeren Angebot gleichermaßen attraktiver Spielsachen ausgewählt wurden. Eine einleuchtende Hypothese ist, daß das Kind weiß, daß die beiden Objekte jene Eigenschaften gemeinsam haben, welche den Begriff »Eßbares« definieren. Da die Bedeutung eines Begriffs oft von den Verfahren abhängt, welche die zur Begriffsbildung anregenden Daten geliefert haben, ist es beruhigend, daß ein zweites Verfahren Erkenntnisse liefert, aus denen ebenfalls hervorgeht, daß das Kind Repräsentationen von gemeinsamen Eigenschaften speichert. Das Kind zeigt nämlich verstärkte Aufmerksamkeit, heftigeres Saugen an einem Nuckel oder einen langsameren Puls, wenn ihm ein Objekt dargeboten wird, das einer anderen Begriffskategorie angehört als dasjenige, dessen Erfahrung es einige Minuten zuvor gemacht hat (Milewski 1979).

Zu den gemeinsamen Merkmalen, die einen Begriff konstituieren, gehören:

1. Wahrnehmbare Eigenschaften wie Form, Farbe, Muster, Bewegung, Tonhöhe, Lautstärke und Geschmack. Wahrscheinlich sind Merkmale, die auf Wahrnehmung beruhen, für die Begriffe von Kleinkindern bestimmend.

2. Funktionale Eigenschaften, darunter die potentiellen Handlungen von Objekten, die Handlungen, welche andere an ihnen vornehmen, und ihre mögliche Verwendung durch Menschen oder Tiere. Die wesentliche Eigenschaft von Stühlen ist es, daß »Menschen auf ihnen sitzen können«.

3. Mentale Zustände, die durch Ereignisse hervorgerufen werden. Die Merkmale eines Begriffes müssen nicht sichtbar sein, sondern können sich auch auf innere Gefühlszustände oder Vor-

stellungen beziehen. Die Beispiele, die zu dem Begriff *Hobby* oder *Spiel* gehören, haben keine äußerlichen Eigenschaften miteinander gemein. Briefmarkensammeln und Tennis spielen haben zwar kein erkennbares gemeinsames Merkmal, auf das man »hindeuten« könnte, doch was sie miteinander gemein haben, ist eine persönliche Haltung gegenüber der entsprechenden Aktivität (Wittgenstein hat in dem berühmten Absatz, in dem er behauptet, Spiele stellten keinen Begriff dar, weil sie keine Eigenschaft miteinander gemein haben, alle Merkmale ignoriert, die nicht offen wahrnehmbar sind, insbesondere die Tatsache, daß Spielen eine bestimmte Haltung oder emotionale Stimmung gemeinsam ist [Wittgenstein 1953]).

4. Namen, die verschiedenen Ereignissen gemeinsam sind. Die Tatsache, daß Fliegen und Rosen als »Lebewesen« und daß Zeus und Athene als »Götter« bezeichnet werden, kann für ein Kind eine hinreichende Grundlage sein, um die beiden Wortpaare als Mitglieder getrennter Begriffskategorien aufzufassen, auch wenn es die biologischen Eigenschaften von Lebewesen oder die Funktionen von Göttern nicht kennt.

5. Beziehungen zwischen Schemata, Wörtern oder Vorstellungen – wie etwa Komplementarität, Gegensatz, Inklusion und relative Größe oder räumliche Lage – können die Grundlage von Begriffen sein, die ihrerseits Bestandteile von Gleichnissen und Metaphern sind. Eine Vierjährige, die zu ihrer Mutter sagte, Hustenmedizin und Plätzchen seien wie Nacht und Tag, benutzte die Relation der Gegensätzlichkeit, um Tag und süßen Geschmack einerseits und Nacht und bitteren Geschmack andererseits zusammenzufassen.

Begriffe und Sprache. Viele Konzepte verbinden sich mit einem Wort, das einige, aber niemals alle gemeinsamen Merkmale benennt, und einige Konzepte basieren einzig auf einem gemeinsamen Namen, doch muß ein Konzept nicht unbedingt mit einem Wort verknüpft sein. Einjährige haben das Konzept *Haushaltseinrichtung*, obwohl es höchst unwahrscheinlich ist, daß so kleine Kinder ein Wort kennen, das diese Vorstellung ausdrücken würde (Ross 1980). Erwachsene andererseits haben Konzepte für die Stille des Waldes, die Spannung einer Stadt oder das spezielle Gefühl der Erschöpfung, das nach einer Stunde anstrengender

Gymnastik eintritt, wobei der jeweilige Begriff auf den Eigenschaften basiert, die mehrere ähnliche Erfahrungen miteinander teilen. Eve Clark (1983) hat die kluge Bemerkung gemacht, daß Wörter Konzepte evozieren und nicht sie repräsentieren. Karl Gauß sagte über komplexe Zahlen, er wisse ganz genau, was der wahre Sinn der Quadratwurzel von -1 sei, aber er könne ihn kaum in Worte fassen.

Viele Konzepte, die nichtsprachliche Symbole sind, müssen nicht mit einem Wort verknüpft sein. Für das Kind von sechs oder sieben Jahren haben dunkle Farben die gemeinsame Eigenschaft, unangenehm zu sein, und helle Farben die gemeinsame Eigenschaft einer angenehmen Gefühlstönung (Demos 1974). Im ähnlichen Sinne fassen Sechsjährige Strichzeichnungen zusammen, die relativ geradlinig und statisch sind,

und stellen ihnen Zeichnungen gegenüber, die krummlinig und bewegter sind.

Die ersteren sind für sie eher Symbole für unangenehme Empfindungen, die letzteren für angenehme Gefühle (Demos 1974). Dabei verfügt kaum ein Sechsjähriger über einen einzigen sprachlichen Ausdruck, der diese symbolischen Begriffe zusammenfassen würde.

Es gibt also gewisse Arten von Bedeutung, die nicht nur in der Sprache zu finden sind, sondern die immer gegenwärtig sind, wenn zwischen zwei psychischen Einheiten ein Zusammenhang besteht, seien es Schemata, Gefühlszustände, Begriffe oder Wörter. Wenn ein Kleinkind von einem großen langhaarigen Hund erschreckt wird und eine konditionierte Angstreaktion auf alle großen vierbeinigen Tiere entwickelt, so hat die schematische Repräsentation dieser Klasse von Ereignissen für das Kind eine

Bedeutung, wenngleich diese Bedeutung keine sprachliche Form aufweist.

Man weiß noch immer nicht, welche Beziehung zwischen einer Repräsentation eines Begriffs und einem sprachlichen Ausdruck besteht, der den Begriff zu fassen versucht. Wie ich oben angedeutet habe, gibt es gute Gründe, daran zu zweifeln, daß ein Wort oder eine Wendung genau der schematischen Repräsentation entspricht, die durch das Wort zusammengefaßt werden soll. Die meisten Psychologen räumen inzwischen ein, daß das junge Kind in der Regel einen schematischen Begriff von einer Klasse von Ereignissen hat, bevor es lernt, diese Klasse mit Ausdrücken wie *Ball, Milch* oder *Gehen* zu benennen. Man kann jedoch gleichfalls annehmen, daß das Kind ein neues Wort für ein spezifisches Ereignis lernt und anschließend einen Begriff bildet. Ich erinnere an das 18 Monate alte Kind aus dem zweiten Kapitel, das auf Anhieb lernte, eine bisher unbekannte Styroporform als »Piff« zu bezeichnen. Ein anderes Kind, das einen Monat später wieder im Laboratorium war, fragte den Versuchsleiter, wo das »Piff« sei, und wandte dieses neue Wort auf ein anderes unvertrautes Objekt an. Es fällt einem Kind allerdings leichter, ein neues Wort zu lernen, wenn es bereits eine gewisse Vorstellung davon hat, um was es geht, in diesem Fall also um die Einsicht, daß bestimmte Ereignisse Namen haben. Zweijährige, die ein bis zwei Farbbezeichnungen kennen und daher wissen, daß Farbe ein benennbarer Begriff ist, lernen leichter eine völlig neue Farbbezeichnung als Kinder, die überhaupt keine Farbwörter kennen (Carey 1982). Ein nicht mit der Physik vertrauter Erwachsener lernt einen neuen Begriff, wenn ihm die Bedeutung von »Schwarzen Löchern« erklärt wird. Wörter haben jedoch drei Eigenschaften, die den meisten Schemata abgehen. Erstens können Wörter, die für Begriffe stehen, hierarchisch geordnet werden. Die Begriffe *Kätzchen, Säugetier, Tier* und *Lebewesen* bilden eine solche Hierarchie und können logischen Manipulationen unterworfen werden, die bei schematischen Begriffen nicht möglich sind. Zweitens sind Wörter Mittel der Verständigung und gewinnen innerhalb einer Sprachgemeinschaft eine auf Übereinkunft beruhende Bedeutung, anders als die nicht mitteilbaren Schemata. Schließlich kann ein sprachlicher Begriff mehr vorhersagbare Assoziationen zu anderen sprachlichen Ausdrücken hervorrufen als nichtsprachliche Begriffe.

Dan Slobin (1982) benutzt die fruchtbare Metapher des »Wartezimmers«, um damit auszudrücken, daß zunächst ein Schema oder Begriff erworben wird und dann so lange wartet, bis das Kind herausbekommt, welche Merkmale dieser neuen Erkenntnis in seiner Sprache ausdrückbar sind und wie sie ausgedrückt werden. Ist diese Detektivarbeit getan, verläßt die Idee das Wartezimmer und mischt sich draußen unter das plaudernde Publikum. Das Zimmer ist aber ständig voll von ungeduldigen Ideen, die eifrig bestrebt sind, auf einem sprachlichen Vehikel mitgenommen zu werden.

Ein weiterer Grund, skeptisch zu sein gegenüber einer engen Beziehung zwischen Denken und Sprache, wird im Englischen deutlich, wo die bevorzugte Wortfolge in einem Satz »Subjekt-Prädikat-Objekt« ist, unabhängig davon, was an dem auszudrükkenden Gedanken das hervorstechende Element ist. Gleichgültig, ob ein großer Felsblock auf ein schlafendes Hündchen herabstürzt oder ob ein kleiner Kieselstein einen wütenden Hund trifft, in einem englischen Satz würde die Beschreibung gleichermaßen lauten: »Der Stein traf den Hund«, obwohl im ersten Fall der Felsblock und im zweiten der Hund das stärker hervorstechende Element ist. In manchen Sprachen wie etwa im Türkischen kann der Sprecher die Wortfolge verändern und das hervorstechende Element in die Nähe des Satzanfangs oder gar an den Anfang stellen.

Nach Ansicht mancher Wissenschaftler können sprachliche Begriffe die Denkmöglichkeiten des Erwachsenen beeinflussen. Im Chinesischen ist es beispielsweise nicht einfach, den Gedanken der Negation eines hypothetischen Ereignisses auszudrücken, das, was die Logiker als *kontrafaktischen Konditionalis* bezeichnen. Im Chinesischen kann man einen Satz wie »Wäre Hans nicht rechtzeitig gekommen, hätte er Marie nie kennengelernt« nur schwer ausdrücken. Chinesischen Studenten fällt es sehr viel schwerer als Amerikanern, aus Texten, die solche Propositionen enthalten, Schlußfolgerungen zu ziehen (Bloom 1981). Auch läßt sich in der chinesischen Sprache ein Adjektiv oder ein Verb nicht leicht zu einem abstrakten Substantiv machen, während es im

Englischen einfach ist, Sätze wie »Blässe ist eine reizende Eigenschaft« oder »Hetzen schadet der Gesundheit« zu bilden und zu verstehen. Erwachsene Chinesen erklären solche Gedanken für »unchinesisch« und bekräftigen damit das von manchen Kommentatoren vertretene Stereotyp, die Chinesen hielten wenig vom Hypothetischen und Abstrakten.

Aber ist es für Englischsprachige wirklich leicht, kontrafaktisch oder abstrakt zu denken, weil das Englische syntaktische Strategien enthält, um neue abstrakte Substantive und kontrafaktische Bedingungssätze zu bilden? Oder sind nicht vielmehr alle Menschen fähig, beides zu tun, nur wird diese Fähigkeit von der jeweiligen Sprache gefördert beziehungsweise unterdrückt? Ich denke, daß das letztere zutrifft und daß wahrscheinlich alle Kinder fähig sind, mit einer Vielzahl von hypothetischen und abstrakten Fragen umzugehen, wenn auch begrenzt. Kinder aus vielen verschiedenen Kulturen sind schon früh imstande, eine Als-ob-Haltung einzunehmen und auf Fragen zu antworten wie »Angenommen, du wärest ein Bär, was würdest du tun?« oder »Was würde geschehen, wenn das ganze Wasser im Meer verdampfte?« Die Leichtigkeit, mit der Heranwachsende diese Fragen beantworten, läßt den Schluß zu, daß sie imstande sind, eine hypothetische Haltung einzunehmen, auch wenn die Fähigkeit, dieses Talent zu zeigen, unter Umständen durch die jeweilige Sprache beeinträchtigt wird.

Warum bildet man Begriffe? Zwei weitere ungeklärte Aspekte der Begriffsbildung lösen immer wieder Diskussionen aus. Warum haben Kleinkinder und Kinder eine gewohnheitsmäßige Tendenz, Begriffe zu bilden? Welches sind bei bestimmten Klassen von Ereignissen die hervorstechenden Merkmale? Auf die erste Frage wird man nicht so leicht eine Antwort finden wie etwa auf die Frage »Warum atmen Kinder?«, die zur Antwort führt: »Um den Körper mit Sauerstoff zu versorgen«. Zunächst wissen wir nicht, ob das Bilden von Begriffen beim Menschen übersteigert ist oder ob es bei Tieren ebenso häufig vorkommt wie bei jungen Kindern, denn zum Beispiel Tauben scheinen eine bemerkenswerte Fähigkeit der Begriffsbildung zu besitzen (Herrnstein 1979; Herrnstein und DeVilliers 1980).

Junge Kinder besitzen eine Bereitschaft, gemeinsame physikalische und funktionale Eigenschaften von Ereignissen zu entdekken, aber es ist nicht erkennbar, warum das Kind Objekte, nachdem es Ähnlichkeiten zwischen ihnen bemerkt hat, zu einer Gruppe zusammenfaßt. Selbst wenn wir eine angeborene Tendenz postulieren, Ähnlichkeit zwischen Ereignissen zu erkennen, ist nicht klar, warum das Kind für sich diesen kognitiven Prozeß vollzieht. In der Regel ist es nicht daran interessiert, anderen irgendwelche Informationen mitzuteilen. Die Begriffsbildung kostet Kraft, hat jedoch keinen erkennbaren instrumentellen Wert, wird nicht von außen belohnt und geht nicht mit einer erkennbaren sinnlichen Lust einher. Im 18. Jahrhundert nahm man an, in ihr äußere sich überschüssige Energie, die nicht für das Überleben benötigt wird. Ein Jahrhundert später glaubten die meisten, solche Formen des Spiels seien eine Übung für die Zukunft und notwendig für die Anpassung. G. Stanley Hall (1906) nahm an, ein solches Verhalten sei eine unschädliche Sublimierung von phylogenetisch einfacheren Instinkten. All diese Erklärungen des »spielerischen Verhaltens« beruhen jedoch auf der Prämisse, daß ein von selbst in Gang kommendes Handeln, das Kraft kostet und mit dem Denken zu tun hat, irgendeinen Zweck in der Zukunft und eine unmittelbare Ursache im Energiehaushalt des Kindes haben müsse.

Es ist zwar möglich, daß die Entdeckung von Ähnlichkeiten mit der Erzeugung eines speziellen Erregungszustands einhergeht, der wiederum das Kind veranlaßt, etwas Entsprechendes zu tun, doch für diese Annahme spricht einzig der Umstand, daß sie das Bedürfnis befriedigt, irgendeine Ursache für das Verhalten zu postulieren. Man kann ebensogut annehmen, daß die Zusammenfassung von ähnlichen Objekten einfach deshalb geschieht, weil sie ausgeführt werden kann, ähnlich wie eine wohlgenährte Möwe auf eine Sandbank herabstößt, einfach weil die Sandbank da ist und Möwen herabstoßen können.

Die Gewichtung von Merkmalen. Das unterschiedliche Gewicht der Eigenschaften, die einen Begriff bestimmen, ist noch immer eine offene Frage. Die Forschung kann sich an einigen heuristischen, aber nur an wenigen empirisch begründeten Leitlinien orientieren. Was Kleinkinder als ähnlich auffassen, scheint im Bereich der visuellen Wahrnehmung auf einer Ähnlichkeit der relativen Bewegung, der Größe, der Form und der räumlichen Verteilung zu beruhen, im akustischen Bereich auf einer Ähnlichkeit der Lautstärke, der Stetigkeit und der Frequenz, im Bereich der inneren Empfindungen auf Lust und Schmerz. Diese Eigenschaften sorgen dafür, daß alle Kinder eine geringe Anzahl universaler Schlußfolgerungen ziehen. Wenn die Kinder jedoch größer werden, sorgen die jeweiligen Umweltbedingungen dafür, daß sie solchen Eigenschaften Gewicht beimessen, die Kinder, die in einer anderen Umgebung aufwachsen, gar nicht sehen.

Eine Möglichkeit, das unterschiedliche Gewicht von Ereignissen zu bestimmen, besteht darin, daß man prüft, ob die einzelnen Sprachen der Welt durchgängig bestimmte Eigenschaften beachten und andere ignorieren. In manchen Sprachen wird der Umstand, ob ein Objekt Singular oder Plural ist, ob es nah oder weit entfernt ist, oder ob es Aktivität entfalten kann, dadurch angezeigt, daß an den entsprechenden Ausdruck ein bestimmtes Element, eine sogenannte Flexionsendung (etwa ein Plural-*s*) angehängt wird, aber in kaum einer Sprache gibt es eine Flexionsendung, die die Farbe eines Objekts oder seine Brauchbarkeit anzeigt. In vielen Sprachen zeigen Flexionsendungen des Verbs an, ob eine Handlung in der Gegenwart oder in der Vergangenheit stattfindet, ob eine oder mehrere Personen handeln oder ob es um eine kausale Handlung geht. Selten sind dagegen Flexionsendungen, denen man die Tageszeit oder die emotionale Bedeutung einer Handlung entnehmen kann (Maratsos 1983). Diese interessanten Tatsachen lassen den Schluß zu, daß die Farbe oder die Brauchbarkeit von Objekten nicht so gewichtig ist wie ihre Lage oder ihre Fähigkeit, sich zu bewegen, und daß die Anzahl der handelnden Personen gewichtiger ist als die Tageszeit, zu der die Handlung erfolgt.

In jeder Kultur werden jedoch andere Eigenschaften betont, und wenn die Kinder heranwachsen, sorgen die jeweiligen Umweltbedingungen dafür, daß sie solchen Eigenschaften Gewicht beimessen, die von Kindern, die in einer anderen Umgebung aufwachsen, nicht zur Kenntnis genommen werden. Für Kinder, die unter Bedingungen der Subsistenzwirtschaft aufwachsen, wobei die Haustiere im Dorf gehalten werden, während sich außerhalb des Dorfes Raubtiere befinden, ist beispielsweise die Eigenschaft, »Haustier« zu sein, ein wichtigeres Merkmal der Ähnlichkeit zwischen Tieren als für Kinder, die im gleichen Land in einer städtischen Umgebung aufwachsen; für die letzteren besteht zwischen Hunden, Kühen, Füchsen und Wölfen eine größere Ähnlichkeit als für Kinder vom Land.

Gewicht wird in der Regel jenen Merkmalen eines Begriffs beigemessen, die am häufigsten vorkommen. Doch selbst unter den Merkmalen, die immer vorkommen, erhält eines in der Regel größeres Gewicht als die anderen. Der Begriff *Tier* zum Beispiel umfaßt in der Regel Kopf, Gliedmaßen und Rumpf, doch Zweijährige verhalten sich so, als besäßen die Gliedmaßen und der Kopf ein größeres Gewicht als der Rumpf.

Ein Begriff ist demnach kein statisches, sondern ein dynamisches und sich ständig wandelndes Wissenselement. Der Geist ist dauernd damit beschäftigt, sein Wissen zu bearbeiten und gemeinsame Merkmale von Ereignissen oder Ideen zu entdecken, die zuvor getrennt waren und nichts miteinander zu tun hatten. Eine Bestätigung für diese aktive Auffassung des Geistes findet man im falschen Gebrauch von Wörtern, die ein Kind bereits richtig zu benutzen wußte. Man kann die Fehler mit der Annahme erklären, daß das Kind plötzlich eine gemeinsame Eigenschaft von Wörtern entdeckt hat, die ihm vorher unzusammenhängend erschienen waren. Eine Psychologin hat aufgezeichnet, wie sich die Sprache ihrer beiden Töchter entwickelte. Mit zwei Jahren gebrauchte eines der Mädchen die Wörter *put* und *give* in ihren Äußerungen richtig.* Sie sagte zum Beispiel: »Chris macht sich das Kleid zu«, oder »Papa hat mir meinen Marienkäfer gegeben«; ein Jahr später begann sie jedoch, dann und wann *geben* und *machen* miteinander zu vertauschen. Sie sagte: »Du machst mir einen Apfel«, statt: »Du gibst mir einen Apfel« oder »Gib hier einen Strich hin« statt: »Mach hier einen Strich hin«. Man kann diese Fehler mit der Annahme erklären, daß das Mädchen, nachdem es zunächst die Bedeutungen von *put (machen)* und *give (geben)* gelernt hatte, mit einemmal erkannte, daß es bei bei-

* Anmerkung des Übersetzers: Wegen der vielen Bedeutungsvarianten von *put* werden die Originalaussagen im folgenden nicht übersetzt, sondern durch Sätze mit *machen* ersetzt.

den Wörtern um Handlungen geht, die ein unbelebtes Objekt betreffen. Nachdem es diese gemeinsame Eigenschaft erkannt hatte, näherten sich die beiden Wörter in ihrer Bedeutung, und so kam es zu den Vertauschungsfehlern. Da es unwahrscheinlich ist, daß das Kind auf die gemeinsame Eigenschaft aufmerksam gemacht wurde, darf man vermuten, daß die Entdeckung unbewußt geschah. Der Geist ist fortlaufend dabei, sein Wissen zu bearbeiten (Bowerman 1978).

Selbst bei gebräuchlichen sprachlichen Begriffen wie *Tier* verändert sich im Laufe der kindlichen Entwicklung die Definition, das Maß der Übereinstimmung, die Verfügbarkeit für das Denken und für die verbale Wiedergabe. Erstklässler beziehen das Wort *Tier* in erster Linie auf Säugetiere, für Zehnjährige sind Vögel und Insekten Bestandteil des Begriffs geworden (Livingston 1977).

Seltenheit oder Einzigartigkeit ist für das relative Gewicht einer Eigenschaft ebenfalls von Bedeutung. Merkmale, die bei bestimmten Objekten häufig sind, bei ähnlichen Objekten dagegen fehlen, finden eher Beachtung. Spitze Ohren zum Beispiel sind für den Begriff *Hund* charakteristischer als Augen, denn sowohl Menschen als auch Hunde besitzen Augen, Menschen dagegen keine spitzen Ohren. In den meisten Lehrbüchern werden trotz der Tatsache, daß die meisten Bienenarten solitär und nicht sozial sind, Bienen als soziale Tiere dargestellt, weil die Zusammenarbeit in einem Bienenstock innerhalb der Tierwelt etwas Einmaliges ist. Besonderes Gewicht bekommen oft Eigenschaften, die Klassen von Ereignissen mit vielen gemeinsamen Merkmalen differenzieren – ein Prinzip, das mit der Arbeit von E. Rosch über Prototypen (Rosch 1973, 1978) und der Arbeit von A. Tversky über Ähnlichkeit (Tversky 1977; Tversky und Gati 1978) übereinstimmt. Das Denken hat gleichzeitig zwei Aufgaben: die gemeinsamen Eigenschaften von Ereignissen zu entdecken und zugleich ähnliche Ereignisse in Klassen aufzugliedern, die sich in einer kleinen Anzahl von Eigenschaften unterscheiden. Manche Psycholinguisten sind denn auch der Ansicht, daß der Erwerb neuer Wörter am besten als ein Versuch zu verstehen ist, einen Kontrast, den das Kind entdeckt hat und nicht ignorieren kann, korrekt zu benennen. Ein Kind, das bisher alle Tiere als *Hunde* bezeichnet hat, fühlt sich gedrängt, das Wort *Pferd* zu lernen und zu gebrauchen, wenn es erkennt, daß Pferde sich von Hunden in der Größe, der Form und dem typischen Lebensraum unterscheiden.

Propositionen. Durch die Verknüpfung von zwei oder mehr sprachlichen Begriffen entsteht die Einheit, die wir als Proposition bezeichnen. Die Propositionen »Der Herbst ist wehmütig« gibt eine Verknüpfung zwischen zwei sprachlichen Begriffen wieder. Propositionen können einen Begriff definieren (»Eine Oper ist ein Musikdrama«), eine Funktion oder eine Relation zwischen Begriffen ausdrücken (»Im Sommer steigt die Temperatur«), ein Merkmal eines Begriffs benennen (»Hunde haben Beine«) oder eine Verfahrensregel angeben, die auf Begriffe angewandt wird (»Die Geschwindigkeit eines Autos ermittelt man, indem man die zurückgelegte Strecke durch die Zeit teilt«).

Ein Kind, das – besonders im schulischen Rahmen – vor eine Frage gestellt wird, entwickelt in der Regel Lösungshypothesen in Gestalt von Propositionen. Für diese Propositionen sind zwei wichtige entwicklungsbedingte Veränderungen bedeutsam: Zum einen werden Kinder fähig, an Propositionen komplexe kognitive Manipulationen vorzunehmen, zum anderen werden sie fähig, bei der Lösung einer Aufgabe zwei oder mehr Propositionen zueinander in Beziehung zu setzen (Siegler 1983).

Die Fähigkeit, zwei oder mehr Vorstellungen zueinander in Beziehung zu setzen, ist ein Beispiel für ein Grundprinzip, das die Beherrschung ähnlicher sprachlicher Begriffe in den ersten sechs Lebensjahren erklärt. Nach diesem intuitiv einleuchtenden Prinzip werden von einer Reihe ähnlicher sprachlicher Begriffe diejenigen, die mehr Dimensionen aufweisen, später beherrscht als solche mit weniger Dimensionen (Brown 1973). Dreijährige kennen zum Beispiel die Bedeutung von *auf*, bevor sie die Bedeutung von *unten* beherrschen. Warum ist das so? In beiden Fällen geht es lediglich um eine Relation zwischen zwei Objekten. *Auf* bezeichnet die Relation eines Objektes zur Oberfläche eines anderen; wenn ein Schuh jedoch »unter« einem Tisch ist, dann ist er außerdem »auf« einem Teppich. Um das Wort *unter* zu verstehen, muß das Kind sich also mit zwei Vorstellungen befassen, von denen es die eine ausscheidet und die andere vorzieht. In diesem Sinne lernen Kinder die Bedeutung *groß* vor der Bedeutung von *lang*, weil das erste sich auf die Größe in jeglicher Dimension bezieht, sei es nun die Höhe, die Breite, die Tiefe oder das Volumen, während *lang* nur eine Dimension wiedergibt, nämlich die Höhe. Dazu muß das Kind die Informationen über die anderen räumlichen Dimensionen unterdrücken. Schließlich lernen Kinder, die die englische Sprache erlernen, im allgemeinen zuerst, zur Bezeichnung von mehr als einem Objekt ein *s* anzufügen, während sie die korrekte Benutzung der Formen des Verbs *to be* erst später erlernen (Brown 1973). Was den Plural betrifft, braucht das Kind lediglich zwischen einem oder mehreren Objekten unterscheiden zu können, doch um zu wissen, ob *bin, seid, ist, war* oder *waren* die korrekte Form ist, muß das Kind zumindest drei weitere Faktoren kennen – die Anzahl der Menschen, die Zeit der Handlung und den Umstand, ob es selbst oder jemand anders der Handelnde ist. Die kognitive Schwierigkeit wächst mit der Anzahl der Schemata, Begriffe oder Dimensionen, die der Geist wahrzunehmen, auf die er sich einzustellen und die er zueinander in Beziehung zu setzen hat. Diese Fähigkeit scheint sich in den Jahren vor der Pubertät sehr rasch zu entfalten und – wenn man nach der verbreiteten Ansicht geht, daß Mathematiker mit zwanzig bis dreißig Jahren am kreativsten sind – nach dem dritten Lebensjahrzehnt allmählich nachzulassen.

Kinder wie Erwachsene neigen zu zwei Gewohnheiten, die der Entwicklung von effektiven propositionalen Lösungen im Wege stehen. Zum einen geht es um die Abneigung, Hypothesen, die sich in der Vergangenheit bewährt haben, zurückzuziehen. Der Dreijährige ist überzeugt, daß alle Metallgegenstände im Wasser versinken, und vermutlich gibt er diese Überzeugung nur ungern zugunsten der zutreffenderen Regel auf, daß es von der relativen Dichte eines Gegenstandes, verglichen mit der Dichte des Wassers, abhängt, ob er untergeht oder schwimmt. Wenn es um persönliche Probleme geht, die eine starke emotionale Komponente enthalten, wehrt man sich recht häufig dagegen, vorgefaßte Meinungen über andere und über einen selbst, die einer einsichtigen Lösung im Wege stehen, aufzugeben. Viele junge Kinder glauben, alle Übertretungen müßten ohne Rücksicht auf die Umstände bestraft werden. Wenn ein Fünfjähriger eine Norm verletzt hat (er hat etwa Geld gestohlen oder gelogen) und nicht erwischt wird, wird er Unsicherheit empfinden. Das Kind hat ein Problem, weil es eine Regel verletzt hat und nicht bestraft worden ist. Die Regel scheint dadurch hinfällig geworden zu sein. Da das Kind die Regel aber nicht aufgeben möchte, kann es geschehen, daß es eine andere, offenkundigere Missetat begeht, die dann die Aufmerksamkeit der Eltern auf sich zieht und so Bestrafung provoziert. Diese Abfolge erlaubt dem Kind, an seiner ursprünglichen Regel festzuhalten. Einige der schmerzlichsten Erlebnisse der Adoleszenz hängen damit zusammen, daß jahrelang gültige Ansichten über die Weisheit der Eltern, die Loyalität von Freunden oder die Vertrauenswürdigkeit von Lehrern zunichte werden. Der Jugendliche ist gezwungen, eine Proposition, die lange sein Handeln geleitet hat, unter großem Bedauern aufzugeben.

Das Finden einer richtigen Lösung wird weiterhin dadurch erschwert, daß man die weniger auffälligen Eigenschaften von vertrauten Ereignissen nicht zu erkennen vermag (Tversky und Kahneman 1981). Kindern wurde das folgende Problem gestellt: In einer kalten windigen Nacht sitzt ein Mann in einer Blockhütte, deren Fenster unverglast sind. In der Hütte befinden sich lediglich einige Flaschen, ein Topf und ein Stapel alter Zeitungen. Was könnte er tun, um sich vor der Kälte zu schützen?

Der Schlüssel zur Lösung liegt in der Wahrnehmung des Zusammenhangs zwischen der Haupteigenschaft eines Fensters, daß es nämlich eine offene Fläche ist, und einer der unwesentlichen Eigenschaften einer Zeitung, daß sie nämlich dazu benutzt werden kann, eine offene Fläche zu bedecken. Obwohl vermutlich alle Kinder wissen, daß Zeitungen diese atypische Eigenschaft haben, werden die meisten Kinder dieses Wissen in diesem Zusammenhang nicht mobilisieren und nutzen. Dieses einfache Beispiel enthält ein wichtiges Merkmal der Erzeugung fruchtbarer Hypothesen. Tagtäglich lösen Kinder und Erwachsene Routineprobleme; die Problemsituation verlangt nach einer Idee, die in dieser Situation normalerweise benutzt wird. Eine Tür zum Beispiel öffnet sich nicht, und so zieht man stärker. Das Zimmer ist kalt, und so dreht man die Heizung auf. In diesen und vielen anderen Situationen werden bewährte Regeln aktiviert, die in der Vergangenheit funktioniert haben und daher ohne weiteres verfügbar sind. Man braucht fast nicht zu denken, und die Reaktion ist beinahe automatisch.

Wo die Lösung eines Problems jedoch nicht unmittelbar erkennbar ist und Nachdenken erfordert, kommt man zumeist auf solche Ideen, die sehr einleuchtend sind oder die einem rasch einfallen. Hat man sich beispielsweise in den Finger geschnitten und ist kein Heftpflaster zur Hand, so sucht man nach einem kleinen Stück Stoff oder Tesaband. Eine hervorstechende Eigenschaft sowohl von Stoff als auch von Heftpflaster ist die Fähigkeit, »zu beschützen und aufzusaugen«, und sowohl Tesaband als auch der Klebstoff, der sich normalerweise auf einem Heftpflaster befindet, haben die hervorstechende Eigenschaft, an der Haut zu haften.

Bei vielen Problemen gilt es, Eigenschaften zu entdecken, die für den Sachverhalt, um dessen Lösung es geht, nicht besonders repräsentativ sind. Kinder suchen sehr viel seltener als Erwachsene nach diesen uncharakteristischen Merkmalen. Bei einem Versuch zeigte man Kindern unterschiedlichen Alters einen hohen Zylinder, der nur wenig Wasser enthielt, auf dem oben eine kleine Perle schwamm. Dann zeigte man ihnen ein Tablett, auf dem sich eine Schere, Bindfaden, Klebstoff, eine Zange, ein Klötzchen und ein Glas Wasser befanden, und die Kinder sollten herausbekommen, wie sie die Perle aus dem Zylinder herausholen könnten, ohne ihn umzukippen. Der Bindfaden und die Zange waren extra so gewählt, daß sie nicht bis zu der Perle reichten, weil die meisten Kinder automatisch daran denken würden, das Problem auf diese Weise zu lösen. Die einzige Lösungsmöglichkeit bestand darin, das Wasser aus dem Glas in den Zylinder zu füllen, damit die Perle nach oben getragen würde. Alle Kinder müssen im Laufe ihrer bisherigen Erfahrung viele Male gesehen haben, wie ein Objekt, das auf einer Flüssigkeit schwimmt, beim Auffüllen in dem Behälter nach oben steigt, doch in der gegebenen Situation kamen nur sehr wenige Erstkläßler auf diese Lösung, weil andere Ideen näher lagen, etwa die, den Bindfaden und den Klebstoff oder die Zange zu benutzen. Darauf, das Glas Wasser in den Behälter zu füllen, kamen sie nicht, weil ein Glas Wasser normalerweise zum Trinken benutzt wird. An einen steigenden Wasserspiegel denkt man eher im Zusammenhang mit einem zugestöpselten Waschbecken oder mit anschwellenden Flüssen. Kinder, die regelmäßig auf untypische Eigenschaften von Ereignissen aufmerksam werden und zu originellen und lehrreichen Lösungen gelangen, pflegt man als *kreativ* zu bezeichnen.

Nun sind zwar die meisten intelligenten Kinder nicht unbedingt kreativ, doch die meisten kreativen Kinder sind intelligent. Ihre Kreativität beruht allerdings auf drei anderen Eigenschaften: Sie haben eine innere Einstellung, nach dem Ungewöhnlichen Ausschau zu halten, es macht ihnen Spaß, neue Ideen zu entwickeln, und sie fürchten sich nicht übermäßig davor, Fehler zu machen. Was den kreativen Menschen in besonderem Maß auszeichnet, ist eine gewisse Gleichgültigkeit gegenüber der Demütigung, die man manchmal nach einem Fehler erleben kann. Diese Haltung gibt dem Kind die Freiheit, geistige Experimente zu machen, die unter Umständen fruchtlos bleiben, und sehr gewagte Lösungen in Erwägung zu ziehen, ohne sich von ihrem eventuellen Mißlingen sonderlich beunruhigen zu lassen.

Wissenschaftler haben herauszufinden versucht, welches die Persönlichkeitsmerkmale von kreativen Erwachsenen sind. Ein Forscher bat Architekturfachleute, ihm die kreativsten Architekten des Landes zu benennen (Mackinnon 1965). Vierzig dieser kreativen Architekten wurden mit anderen verglichen, die als sehr erfolgreich, aber nicht außergewöhnlich kreativ galten. Die drei wichtigsten Unterschiede zwischen den beiden Gruppen bestanden darin, daß die kreativen Architekten großen Wert auf Einfallsreichtum und Originalität legten, daß es ihnen Spaß machte, allein zu sein und allein zu arbeiten, und daß sie weniger danach fragten, was andere von ihrer Arbeit hielten. Kreative Menschen suchen nach originellen Lösungen, mögen diese auch unpopulär oder unkonventionell sein.

Der Rang eines Kindes in der Geburtenfolge seiner Geschwister wird mit seiner Empfänglichkeit für originelle Ideen in Zusammenhang gebracht. So hat der Historiker Frank Sulloway (1972) in einer Untersuchung über bedeutende Wissenschaftler festgestellt, daß männliche Zweit- und Spätergeborene eher ideologisch unangepaßt sind, während Erstgeborene leichter zögern, der herrschenden theoretischen Auffassung zu widersprechen. Um die Evolutionstheorie zu entwickeln, mußte man bereit sein, dem im 19. Jahrhundert vorherrschenden Glauben an die biblische Schöpfungsgeschichte zu widersprechen. Weder Darwin noch Alfred Russell Wallace, sein Mitbegründer der Evolutionstheorie, waren Erstgeborene; und von den achtundneunzig Wissenschaftlern, die Darwin beziehungsweise den Vor-Darwinisten in der Zeit von 1750 bis 1870 öffentlich widersprachen, waren nur fünfunddreißig Nicht-Erstgeborene. Unter dreißig Gelehrten, die sich vor Darwin für die Evolution aussprachen, waren dagegen nur zwei Erstgeborene. Sulloway hat sich auch mit den revolutionären Ideen von Kopernikus, Bacon und Freud befaßt. Von zwanzig Gegnern der einen oder anderen dieser Ideen waren sechzehn entweder Erstgeborene oder älteste Söhne, nur vier waren Spätergeborene; und unter dreiundvierzig Männern, die sich früh für eine der Theorien einsetzten, waren sechsunddreißig jüngere Söhne und nur sieben Erstgeborene oder älteste Söhne. Erstgeborene erreichen zwar höhere IQ-Werte als zweite, dritte etc. Kinder (Zajonc 1976), doch ist bei ihnen seltener damit zu rechnen, daß sie eine umstrittene Theorie, die sie in Gegensatz zu den Ansichten der respektierten Mehrheit bringen könnte, erfinden oder vertreten.

Gedächtnis

Wenn Psychologen davon sprechen, daß man sich an das in Schemata, Begriffen und Propositionen gespeicherte Wissen erinnert, dann verwenden sie den Ausdruck *Gedächtnis* in einem weiten Sinne, der eine Vielzahl von gesonderten Prozessen umfaßt. Ein Kind von drei Monaten beobachtet, wie sich vor einem schwarzen Hintergrund ein roter Ball auf und ab bewegt, und bildet ein Schema von dieser komplexen Erfahrung. Beobachtet dieses Kind tags darauf das gleiche Ereignis, so langweilt es sich schneller als ein anderes, das dieses Ereignis zum ersten Mal beobachtet, weil das erste Kind das ursprüngliche Ereignis wiedererkennt (Super 1972). Einer Zehnjährigen werden zwölf Bilder von vertrauten Objekten in einer bestimmten Reihenfolge gezeigt. Diese Bilder werden umgedreht, und das Mädchen soll einen zweiten Stoß derselben Bilder in der ursprünglichen Reihenfolge anordnen. Nachdem das Kind diese Aufgabe gelöst hat, nimmt der Versuchsleiter die Bilder, die das Kind geordnet hat, fort und läßt die ersten zwölf Bilder, immer noch umgedreht, liegen, tauscht dann die Position von Bild 2 und 7 aus, gibt dem Kind erneut den zweiten Pack Bilder und bittet es, die neue Reihenfolge nachzulegen. Um die Aufgabe zu bewältigen, muß das Kind sich an eine Information, die teilweise in Form von Begriffen gespeichert war, erinnern (Kagan et al. 1979).

Beim *Wiedererkennen* braucht das Kind lediglich zu entscheiden, ob es ein Ereignis im Wahrnehmungsbereich früher schon erlebt hat. Beim *Erinnern* muß das Kind die gesamte erforderliche Information ohne Erinnerungshilfe aus dem Gedächtnis abrufen. In der Regel ist das Wiedererkennungsgedächtnis besser als das Erinnerungsgedächtnis, wobei der Unterschied zwischen Erinnern und Wiedererkennen bei jüngeren Kindern größer ist als bei älteren. Die Zehnjährige, der man eine Reihe von zwölf Bildern gezeigt hat, kann sich in der Regel spontan an acht von ihnen erinnern, doch ist sie imstande, alle zwölf wiederzuerkennen, wenn diese unter eine sehr viel größere Anzahl von Bildern gemischt sind. Ein Vierjähriger wird ebenfalls alle zwölf wiedererkennen, kann sich jedoch nur an zwei oder drei der Bilder erinnern.

Die Entwicklung der Gedächtnisfähigkeiten hat drei wichtige Aspekte. Der erste betrifft die Leistung des Behaltens. Da Bekanntes leichter behalten wird und Erwachsenen mehr Dinge bekannt sind als Kindern, können Erwachsene im allgemeinen mehr Informationen behalten. Bekanntheit kann in etwa gleichgesetzt werden mit der Fülle der Assoziationen, besonders der symbolischen, die ein Ereignis auslöst. Es gibt Anhaltspunkte für den bemerkenswerten Sachverhalt, daß nach dem dritten Geburtstag, wenn die Sprachentwicklung sich beschleunigt, die Behaltensleistung wächst. Als man Erwachsene fragte, ob sie sich erinnerten, wo sie waren und was sie taten, als sie zum ersten Mal von der Ermordung John F. Kennedys hörten, konnten sich diejenigen, die zum Zeitpunkt des tragischen Geschehens zwischen vier und sieben Jahren alt waren, sehr gut an diesen Augenblick erinnern, während diejenigen, die jünger waren als drei Jahre, sich nicht erinnerten (Winograd und Killinger 1983).

Das Behalten wird auch dadurch erleichtert, daß das Kind eine Information aktiv wiederholt, durchdenkt oder umkodiert. Sehen Kinder und Erwachsene für kurze Zeit (etwa eine Zehntelsekunde) acht kreisförmig angeordnete Muster und sollen anschließend die Position irgendeines der Muster angeben, dann schneiden Kinder und Erwachsene gleich gut ab, wenn zwischen der Darbietung der Muster und der geforderten Antwort ein sehr kurzer Zeitraum (weniger als eine halbe Sekunde) liegt. Daraus kann man folgern, daß Kinder und Erwachsene eine ähnliche Fähigkeit haben, ein gleichermaßen vertrautes Ereignis zu behalten. Wenn dagegen zwischen der Darbietung der kreisförmigen Anordnung und der verlangten Antwort eine Frist von zwei Sekunden verstreicht, schneiden Erwachsene besser ab als Kinder; es könnte also sein, daß die Erwachsenen mit der Information in der Zwischenzeit etwas tun, was ihnen anschließend das Erinnern erleichtert. Es ist denkbar, daß sie die erhaltenen Informationen wiederholen, durchdenken oder umkodieren (Haith 1971). Diese das Behalten fördernden kognitiven Prozesse werden von jungen Kindern nicht automatisch genutzt.

So fragte man Kinder: »Angenommen, du willst deinen Freund anrufen und jemand sagt dir die Telefonnummer; würde es etwas ausmachen, ob du direkt, nachdem du die Nummer gehört hast, anrufst oder ob du dir zuerst ein Glas Wasser holst?« Aus der Tatsache, daß Kindergartenkinder ebenso häufig sagten, sie würden zuerst anrufen, als auch, sie würden sich ein Glas Wasser holen, können wir folgern, daß ihnen nicht bewußt war, die Telefonnummer könnte ihnen entfallen, wenn sie sie nicht wiederholten. Fünftkläßler sagten dagegen überwiegend, sie würden sofort anrufen (Kreutzer, Leonard und Flavell 1975).

Kurz vor der Adoleszenz scheinen sich beim amerikanischen Durchschnittskind viele der wesentlichen Fähigkeiten gefestigt zu haben, die das Erinnern einer unmittelbar zuvor dargebotenen neuen Information erleichtern. Man zeigte Kindern von sechs bis dreizehn Jahren zwei Bilder und bat sie, sich an die Reihenfolge zu erinnern. Dann wurde zusätzlich zu den zwei ersten Bildern ein drittes gezeigt, zu diesen dreien ein viertes und so weiter, bis die Kinder sich die Reihenfolge von zwölf Bildern merken mußten. Mit zehn Jahren konnten sich amerikanische Kinder an alle zwölf Bilder erinnern, und einige bewältigten diese Aufgabe schon mit sechs Jahren. Von den Indianer-Kindern, die in einer kleinen Stadt in einem ländlichen Gebiet Guatemalas aufwachsen, konnten sich sich dagegen die meisten erst mit vierzehn Jahren an alle zwölf Bilder erinnern, weil sie im Unterschied zu den amerikanischen Kindern keine Strategien, sich die Information zu wiederholen und zu organisieren, benutzen (Kagan et al. 1979).

Eine starke Motivation, etwas zu behalten, kann dazu führen, daß diese Strategien genutzt werden. Bei einer Untersuchung testete man zunächst Neunjährige aus ländlichen Gebieten in Costa Rica an sechs verschiedenen Gedächtnisaufgaben, um ihr Erinnerungsgedächtnis einschätzen zu können; Dreiergruppen von Kindern mit ähnlichen Gedächtnisleistungen wurden anschließend je einer von drei Experimentalgruppen zugewiesen, einer Motivationsgruppe, einer Strategiegruppe und einer Gruppe ohne spezielle Erfahrung. Den Kindern in der Motivationsgruppe stellte man fünf verschiedene Gedächtnisaufgaben, und jedesmal wurden sie ermuntert, sich anzustrengen, um einen Preis zu gewinnen. Den Kindern in der Strategiegruppe brachte man verschiedene Strategien bei, wie man das Erinnerungsvermögen steigern kann: durch Wiederholen der Information, durch die Herstellung von Assoziationen, durch das Feststellen von Organisationsstrukturen in der Information, durch Zählen und durch die Zusammenfassung von Informationen, die zur gleichen Kategorie gehören. Den Kindern, die weder motiviert noch in einer Strategie unterwiesen wurden, gab man die gleichen Gedächtnisaufgaben wie den anderen Kindern. Ein Jahr nach dem ersten Test wurden die Kinder an den gleichen sechs Gedächtnisaufgaben wie im Jahr zuvor erneut getestet. Diejenigen Kinder, denen man die Strategien beigebracht hatte, zeigten bei allen Aufgaben eine signifikante Gedächtnissteigerung. Erstaunlicherweise verbesserten sich jedoch auch die Kinder, die man motiviert hatte, bei fünf der sechs Aufgaben, weil sie von selbst auf einige der wirksamen Strategien gekommen waren. Den größten Vorteil brachte die Unterweisung in den Strategien bei einer sehr schwierigen Aufgabe, bei der das Kind sich an die Veränderungen der räumlichen Anordnung einiger Bilder erinnern mußte.

Diejenigen Kinder, die weder motiviert noch in Strategien unterwiesen wurden, zeigten die geringste Verbesserung im Laufe des Jahres (Sellers 1979).

Auch persönliche Vorlieben haben einen Einfluß darauf, was behalten wird; Kinder mit unterschiedlicher Motivation werden daher trotz ähnlicher Fähigkeiten und gleichen Alters verschiedene Informationen bevorzugt behalten und erinnern. So erinnerten sich hochgradig aggressive Vorschulmädchen besser an Bilder, die aggressive Szenen darstellten, als nur geringfügig aggressive Mädchen (Gouze, Gordon und Rayias 1983).

Ein weiterer Aspekt der Gedächtnisentwicklung betrifft die Prozesse, die aktiviert werden, wenn das Kind versucht, sich an früher aufgenommene Informationen zu erinnern. Das ältere Kind wendet auf systematischere Weise Regeln an, indem es etwa nach einem begrifflichen, zeitlichen oder örtlichen Merkzeichen sucht, das es als Anhaltspunkt benutzt, um die entsprechende Information aufzufinden. Ältere Kinder scheinen eine Vorstellung davon zu haben, wie ihr Wissen abgespeichert ist, und kommen dadurch leichter an das Wissen heran (Brown 1983).

Ein dritter Aspekt betrifft die Messung dessen, was behalten wurde, durch den Psychologen. Fortschritte in der Erforschung des menschlichen Gedächtnisses scheitern daran, daß Erfahrungen in unterschiedlichen Strukturen gespeichert werden können, etwa in Schemata, Begriffen und Propositionen, daß der Psychologe jedoch in der Regel die Erinnerung an ein Ereignis auf nur eine Weise untersucht. So bat man Erwachsene, sich an ein bestimmtes persönliches Erlebnis zu erinnern, das jeweils durch einen bestimmten Geruchsreiz (den Geruch von Kaffee, von Baby-Puder und von Mottenkugeln) wachgerufen wurde; anschließend legte man ihnen das Wort gedruckt vor, das für diese einzelnen Gerüche steht; sie erinnerten sich jeweils an andere Erlebnisse. Über die durch den Geruch geweckten Erinnerungen sprach man weniger häufig mit anderen, und sie waren von angenehmeren Assoziationen begleitet (Rubin, Groth und Goldsmith 1983). Es ist denkbar, daß das Kind, dem man ein Bild von drei Menschen zeigt, die an einem Strand spielen, deren Bekleidung in Schemata, ihre Handlungen dagegen in einem sprachlichen Begriff repräsentiert. Wird es gebeten, verbal wiederzugeben, was auf dem

Bild ist, so kann es sein, daß das Kind nicht sagt, was die Menschen anhaben, obwohl diese Information in Schemata repräsentiert ist.

Vor Jahren führte ich Kindern im schulpflichtigen Alter eine Reihe von Szenen auf Bildern vor, wobei die Darbietungszeit anfangs kürzer als eine Sekunde war. Die einzelnen Szenen wurden ihnen sechsmal mit immer längerer Darbietungszeit vorgeführt, bis sie schließlich für über eine Sekunde zu sehen waren. Bei jeder Darbietung beschrieben die Kinder, was sie sahen, und bei der letzten Darbietung, als das Bild deutlich war, wurden sie gebeten, es ausführlich zu beschreiben. Unmittelbar nach dieser verbalen Beschreibung wurde das Licht angemacht, und die Kinder wurden gebeten, das soeben von ihnen beschriebene Bild zu zeichnen. Einige Kinder ließen wichtige Elemente, die sie kurz zuvor bei ihrer verbalen Beschreibung erwähnt hatten, in der Zeichnung fort. Würde ich anhand der Zeichnung entscheiden, was das Kind gesehen hatte, so käme ich zu dem Schluß, daß es ein bestimmtes Merkmal der Szene nicht bemerkt hatte. Zöge ich die verbale Erinnerung heran, so würde ich zu dem Schluß kommen, es habe dieses Merkmal bemerkt.

Darüber hinaus besitzt jede Methode, mit deren Hilfe erkundet wird, was ein Kind sich gemerkt hat, ihre eigene innere Logik. Eine verbale Beschreibung wird von dem Wunsch gesteuert, sich grammatisch korrekt zu äußern und zwischen den Sätzen einen logischen Zusammenhang zu wahren. Eine Zeichnung ist durch die motorische Fähigkeit eingeschränkt, die Objekte und ihre Relation zueinander richtig darzustellen. Das Wiedererkennen scheint zwar im Unterschied zum Erinnern das empfindlichere Meßinstrument für die Beurteilung des Gedächtnisinhaltes zu sein, doch kann diese Methode bestimmte Gedächtnisinhalte überbetonen, denn es kann geschehen, daß das Kind nur einen Teil der Erinnerung wiedergibt, während ihm das gesamte Ereignis gegenwärtig ist. Der Wahrheitswert einer Aussage über das Gedächtnis eines Kindes wird daher, wie ich oftmals betont habe, eingeschränkt durch die Methode, mit deren Hilfe das Gespeicherte beurteilt wird.

Mit zunehmendem Alter unterzieht das Kind die Genauigkeit seiner Wahrnehmungen, die Qualität seiner Lösungshypothesen, die Angemessenheit eines Begriffs und die Korrektheit einer Lösung immer häufiger einer Beurteilung. *Nachdenklichkeit* ist eine passende Bezeichnung für diesen Zug, und Kinder unterscheiden sich in dieser Hinsicht. Manche Kinder akzeptieren und äußern den ersten Gedanken, auf den sie kommen, und handeln nach allerkürzester Überlegung entsprechend: Diese Kinder nennen wir *impulsiv*. Andere Kinder, die in ihren Fähigkeiten der ersten Gruppe gleichen, verwenden sehr viel mehr Zeit darauf, die Richtigkeit ihrer Ideen zu beurteilen, so daß sie unzutreffende Schlußfolgerungen verwerfen und schon beim ersten Mal eine richtige Antwort liefern; solche Kinder nennen wir *reflexiv*.

Diese Eigenschaft der *Reflexivität-Impulsivität* kann nur in solchen Problemsituationen angewandt werden, wo das Kind glaubt, daß irgendein Aspekt seiner intellektuellen Kompetenz beurteilt wird; es besitzt eine Qualitätsnorm für die Bewältigung der Aufgabe, versteht das Problem und glaubt zu wissen, wie es zu einer Lösung kommt. Es müssen mehrere gleichermaßen attraktive Antwortmöglichkeiten zur Verfügung stehen, aber die richtige Antwort darf nicht unmittelbar auf der Hand liegen. Unter diesen Bedingungen muß ein Kind, das keinen Fehler machen möchte, jede Lösungshypothese einer Beurteilung unterziehen. Kinder, denen daran liegt, möglichst keinen Fehler zu machen, verwenden viel Zeit darauf, nach der besten Lösung zu suchen. Diejenigen, denen ein Fehler weniger ausmacht, verwenden zu wenig Zeit auf die Beurteilung ihrer Ideen (Kagan et al. 1964).

Ein Testverfahren, mit dem man diese Eigenschaft mißt, ist der *Matching Familiar Figures Test*. Man zeigt dem Kind eine Umrißzeichnung von einem Objekt (etwa einem Flugzeug) und sechs weitere Zeichnungen von Flugzeugen. Eine davon stimmt mit dem Original überein, die anderen fünf sind ähnlich, weisen aber kleine Abwandlungen auf. Das Kind wird aufgefordert, die sechs Variationen zu betrachten und die herauszusuchen, die genau dem Original gleichen. Reflexive Kinder studieren sorgfältig alle

Bilder und brauchen etwa 10 bis 20 Sekunden, bevor sie das richtige auswählen. Impulsive Kinder treffen ihre Wahl, bevor sie alle Bilder sorgfältig geprüft haben, antworten gewöhnlich in weniger als 10 Sekunden und machen daher mehr Fehler.

Bei manchen Intelligenztests erzeugt die Form, in der die Frage gestellt wird, große Reaktionsunsicherheit, während bei anderen Tests die Frageform nur geringe Unsicherheit erzeugt. Wenn beispielsweise (wie beim *Peabody Picture Vocabulary Test*) das Kind unter sechs Bildern dasjenige bestimmen soll, das dem vom Versuchsleiter ausgesprochenen Wort entspricht, kommt das impulsive Kind auf einen niedrigeren Score. Wenn jedoch der Wortschatztest vom Kind lediglich verlangt, verbal eine Frage wie »Was ist eine Kartoffel?« zu beantworten, zeigen reflexive und impulsive Kinder nur einen geringen Unterschied im Wortschatzscore (Margolis et al. 1980).

Sozialisationserfahrungen in den Vorschuljahren bestimmen in hohem Maße, ob ein Kind reflexiv oder impulsiv wird. Japanische Kinder zeigen früher eine reflexive Haltung als amerikanische oder israelische Kinder (Salkind, Kojima und Zelniker 1978), und japanische Eltern vermitteln ihren Kindern früher und konsequenter als amerikanische oder israelische Eltern, daß sie auf ein ordentliches Verhalten Wert legen. Es könnte allerdings sein, daß Temperamentsfaktoren einen gewissen Einfluß auf diesen Verhaltensstil haben. Japanische Kinder neigen stärker zu Gehemmtheit und Furchtsamkeit als weiße Kinder (Kagan, Kearsley und Zelazo 1978), und weiße Kleinkinder, die in unvertrauten Situationen zur Gehemmtheit neigen, werden, wenn sie größer sind, eher reflexiv sein als ungehemmte Kleinkinder. Als die im zweiten Kapitel beschriebenen Kinder, die mit 21 Monaten extrem gehemmt waren, mit vier oder fünf Jahren erneut getestet wurden, waren sie in der Beantwortung verschiedener Aufgaben sehr viel zögerlicher als die ungehemmten Kinder, vermutlich, weil sie sich ihrer Antwort nicht sicher waren und keinen Fehler machen wollten.

Da die Mehrzahl der Gesellschaften ihre Kinder dazu erziehen, Fehler zu vermeiden, werden die meisten Kinder mit zunehmendem Alter reflexiver. Unterschichtkinder neigen jedoch bei intellektuellen Aufgaben ein wenig stärker zu Impulsivität als

Mittelschichtkinder, was teilweise daran liegt, daß ein Fehler bei diesen Aufgaben ihnen weniger ausmacht. Wie zu erwarten ist, neigen Kinder mit Lernschwierigkeiten in der Schule etwas stärker zu Impulsivität als eine Vergleichsgruppe ohne Lernschwierigkeiten. Die ersten schätzen ihre Fähigkeit, verschiedene Probleme zu lösen, pessimistisch ein und werden dadurch leichtsinnig. Da sie nicht glauben, ein Problem korrekt lösen zu können, oder da ihnen daran nichts liegt, finden sie es unnötig, sich die Zeit zu nehmen und jede Möglichkeit sorgfältig abzuwägen. Kinder mit größerem schulischem Erfolg haben höhere Maßstäbe für die Vermeidung von Fehlern bei kognitiven Problemen und glauben, daß es sich lohnt, jede Lösungsmöglichkeit auf ihre eventuelle Richtigkeit hin zu überprüfen.

Die Überwachungsfunktionen

Zwischen dem zweiten und dem zwölften Lebensjahr nimmt die Zahl der Problemsituationen, in denen eine aktuelle Kompetenz zum Tragen kommt, dramatisch zu. Nehmen wir zum Beispiel die aktuelle Kompetenz der reflexiven Bewertung alternativer Lösungen. Bei der Aufgabe, sich zu erinnern, unter welcher von fünf Tassen ein Spielzeug versteckt ist, werden Zweijährige eine möglicherweise unrichtige Reaktion unterdrücken; in einem Suchbild-Test, bei dem die Abbildung eines Tieres unter verwirrenden Linien versteckt ist, werden Dreijährige sich überlegen, welches die richtige Antwort ist; doch beim *Matching Familiar Figures Test* werden Vierjährige sich nicht reflexiv verhalten. Woran liegt das?

Einer der Gründe besteht darin, daß Vierjährige noch nicht verstehen, daß die richtige Antwort, auf die sie zunächst gekommen sind, größere Wahrscheinlichkeit erhält, wenn sie die einzelnen Bilder 10 Sekunden länger aufmerksam studieren. Die Anwendung einer aktuellen Kompetenz auf eine Vielzahl von Problemen geht einher – und erklärt sich möglicherweise – mit der Entwicklung einer Reihe von Überwachungsfunktionen. Wenn ich diese Prozesse als Überwachungsfunktionen bezeichne, so will ich damit sagen, daß sie den Prozessen der Wahrnehmung von Merkmalsverteilungen, der Ableitung von Begriffen, der Erzeugung von Lösungshypothesen und des Erinnerns von Informationen übergeordnet sind. John Flavell würde einige dieser Prozesse wohl als *metakognitive Funktionen* bezeichnen (1977). Einige dieser Funktionen seien nun erörtert.

1. *Artikulation eines Problems und seiner Lösung.* Bei jedem Problem besteht der erste Schritt darin, eine Vorstellung von der Lösung zu entwickeln. 6 Monate alte Kinder greifen nach einem nahegelegenen Spielzeug, und frisch ausgeschlüpfte Schildkröten kriechen zum Meer, doch werden die meisten Wissenschaftler zögern, dem Kleinkind oder der Schildkröte ein Bewußtsein des Endzustandes, auf den sie sich hinbewegen, zuzuschreiben. Eine Zweijährige wird jedoch die Mutter fragen, wo das Puppenkleid ist, oder mit der systematischen Suche nach dem Kleid beginnen, auch wenn sie noch nicht reif genug ist, um eine Vorstellung davon zu entwickeln, welche Handlungen ein anderes Kind von ihr eventuell erwarten würde, wenn sie zusammen spielten. Die Siebenjährige andererseits versucht automatisch herauszufinden, was eine Freundin mit einer ungewöhnlichen Geste meinen könnte. Mit zunehmendem Alter wird das Kind immer vertrauter mit einem breiteren Spektrum von Problemen und wird dadurch fähig, in einer Vielzahl von Situationen die Lösung einzukreisen.

2. *Erkennen der zur Lösung eines Problems erforderlichen kognitiven Prozesse.* Ein zweiter Überwachungsprozeß ist das Erkennen der für die Lösung eines Problems erforderlichen Tatsachenkenntnisse und Fähigkeiten sowie die Fähigkeit, sich in seinen kognitiven Bemühungen an der Schwierigkeit des Problems auszurichten. Sechsjährige Mittelschichtkinder wissen zwar, daß es leichter ist, ein früheres Ereignis wiederzuerkennen, als sich daran zu erinnern (Speer und Flavell 1979), doch kennen junge Kinder all die Prozesse nicht, die das Erinnerungsgedächtnis möglicherweise unterstützen könnten (Wellman 1978; Flavell und Wellman 1977). Kinder im Kindergarten sowie Dritt- und Sechstkläßler wurden aufgefordert, sich speziell solche Wörter auszusuchen, von denen sie glaubten, sie seien leicht zu behalten. Die älteren, nicht aber die jüngeren Kinder schlugen Wörter vor, die leicht zu

erinnern sind – wie Reime, Gegensätze oder Wörter, die zur gleichen Begriffskategorie gehören (Kreutzer, Leonard und Flavell 1975).

Junge Kinder wissen ebenfalls nicht, daß es die Erinnerung fördert, wenn man Aufmerksamkeit investiert. Vierjährige, denen man sagte, sie sollten sich eine Reihe von Fotos eine Woche lang merken, steigerten die Betrachtungszeit nicht, Achtjährige dagegen wohl, weil sie begriffen, daß man die Bilder länger anschauen muß, um die Information über eine so lange Zeit wie eine Woche im Gedächtnis zu behalten (Rogoff, Newcombe und Kagan 1974).

3. *Aktivierung kognitiver Regeln und Strategien.* Der dritte Überwachungsprozeß folgt ganz natürlich aus den beiden vorigen. Wenn das Kind weiß, welche kognitiven Einheiten und Prozesse für die Lösung eines Problems erforderlich sind, wird es sie aktivieren. Tatsächlich entwickeln ältere Kinder spontan Strategien und Regeln, die die Lösung fördern. Erwachsene können zum Beispiel nicht mehr als sieben unzusammenhängende Informationseinheiten (beispielsweise Zahlen) im Arbeitsgedächtnis behalten, wenn sie nicht Gelegenheit haben, diese Information zu wiederholen oder zu organisieren. Betrachten wir die folgende Zahlenreihe:

1 2 4 8 1 6 3 2 6 4 1 2 8 2 5 6

Wenn man bemerkt, daß die Reihe so organisiert ist, daß jede Zahl nach der ersten das Zweifache der vorhergehenden Zahl ist, kann man sich eine unendliche Reihe merken, weil man sich bloß an die erste Zahl und an die Verdoppelungsregel zu erinnern braucht. Sechsjährige kennen einige Regeln, wenden sie aber oft nicht an, wenn sie bei einem Problem behilflich wären. Viele Sechsjährige kennen zum Beispiel die Regel der Alternation – rechts, links, rechts, links oder auf, ab, auf, ab –, aktivieren dieses Wissen jedoch nicht bei einer Gedächtnisaufgabe, wo dieses Wissen ihnen helfen würde. Bei einem Experiment sollten Kinder sich erinnern, ob eine Reihe von identischen Puppen, die nebeneinander aufgereiht waren, richtig herum oder mit dem Kopf nach unten lagen. War die Lage der Puppen zufällig, so erinnerten sich Sechsjährige an die Lage von fünf oder sechs und Achtjährige an sechs oder sieben Puppen. Wies die Lage der Puppen jedoch ein organisiertes Muster auf (beispielsweise abwechselnd richtig herum und umgekehrt), entdeckten ältere Kinder dieses Muster und erinnerten sich an eine längere Reihe. Die meisten der Sechsjährigen kannten die Regel »Abwechseln« zwar, wandten sie jedoch in dieser speziellen Situation zumeist nicht an (Kagan et al. 1979).

4. *Wachsende Flexibilität.* Die Fähigkeit, unbrauchbare Lösungen fallenzulassen und systematisch nach besseren Alternativen zu suchen, nimmt ebenfalls mit dem Alter zu. Das kann man vielfach beobachten, wenn Kinder vor einem Puzzle sitzen. Eine Dreijährige, die es nicht schafft, zwei nicht zusammengehörende Teile zusammenzufügen, wird erst verbissen weitermachen und schließlich vor der Aufgabe resignieren. Die Achtjährige ist imstande, die falsche Hypothese rascher zu erkennen, und wird mit der Suche nach einer besseren Lösung beginnen.

5. *Unterdrückung von Ablenkung und Angst.* Eine fünfte Aufgabe der Überwachungsfunktion besteht darin, die Aufmerksamkeit fortgesetzt auf ein Problem zu lenken, der Ablenkung durch nicht zur Sache gehörende äußere Reize (Außengeräusche, das Verhalten anderer) zu widerstehen und die Angst zu unterdrücken, die angesichts eines schwierigen Problems aufsteigt. Ältere Kinder scheinen besser verhindern zu können, daß die Furcht sich ihres ganzen Systems bemächtigt und das produktive Denken behindert.

6. *Überwachung des Lösungsprozesses.* Wenn das Kind größer wird, setzt es immer öfter sein jeweiliges Lösungsverhalten zu seiner Vorstellung, wie die richtige Lösung aussehen könnte, in Beziehung, und wenn es zu dem Schluß kommt, daß sein Lösungsverhalten nicht ergiebig genug ist oder wahrscheinlich nicht zu einer erfolgreichen Lösung führt, nimmt es entsprechende Veränderungen vor. Diese Funktion ähnelt dem kognitiven Prozeß, den wir als Beurteilung bezeichnet haben.

7. *Vertrauen auf das Denken.* Eine siebte Eigenart der Überwachungsfunktion ist die Überzeugung, in dem Fall, daß man mit der Lösung eines Problems Schwierigkeiten hat, durch Nachdenken die richtige Lösung finden zu können. Junge Kinder machen nicht mehr weiter, wenn eine erste Lösung nicht funktioniert – zum Teil deshalb, weil sie nicht wissen, daß geistige Arbeit hilfreich sein kann. Ich erinnere mich an einen ungewöhnlichen fünfjährigen Jungen, der von zwei identischen Haufen Ton, die man

ihm zeigte, meinte, sie enthielten die gleiche Menge. Daraufhin rollte ich einen Haufen zu einer dicken Wurst aus und fragte ihn, ob in einem der beiden Teile mehr Ton enthalten sei oder ob die beiden Teile gleich seien. Das Kind betrachtete die beiden Teile, legte den Kopf auf den Tisch und blieb fast 2 Minuten lang stumm. Als ich die Frage ein wenig ungeduldig wiederholte, blickte der Junge auf und sagte: »Ich denke nach.«

8. *Wunsch nach der besten Lösung.* Das junge Kind scheint keine generalisierte Norm für die beste Lösung unterschiedlicher Probleme zu besitzen. Ein Zweijähriger wird gelegentlich die Mutter genau nachzuahmen wünschen und sich ärgern, wenn er es nicht schafft, doch für gewöhnlich interessiert es ihn nicht, ob er für die Mehrzahl der Probleme die eleganteste, fehlerfreie Lösung findet. Dies ist in der Tat einer der Gründe, warum das junge Kind bei Tests wie dem Matching Familiar Figures Test impulsiv ist. Der Fünfjährige platzt rasch mit einer Hypothese heraus, weil ein Fehler für ihn keine schwere Verletzung einer Leistungsnorm bedeutet. Zehnjährige haben dagen den generellen Wunsch, viele Aufgaben möglichst elegant zu lösen.

Viele dieser Überwachungsfunktionen entwickeln sich im Endeffekt bei allen Kindern, doch hängt es stark von den Umweltbedingungen ab, wie schnell das geschieht. Bei Kindern, die in einer modernen Gesellschaft mit guten Schulen aufwachsen und ständig mit Ereignissen konfrontiert sind, welche bestehende Ansichten in Frage stellen, entwickeln sich diese Überwachungsprozesse im allgemeinen schneller. Einen Anhaltspunkt für das Vorhandensein einiger dieser Prozesse bildet die Leistung bei Gedächtnistests. In einer Untersuchung, bei der es darum ging, sich an zehn bis zwölf Bilder, Wörter und die Lage von Puppen zu erinnern, schnitten amerikanische Kinder besser ab als Indianer-Kinder aus ländlicher Umgebung. Die amerikanischen Kinder erreichten die Höchstleistung mit etwa neun bis zehn Jahren, wobei die größte Steigerung zwischen sieben und neun Jahren erfolgte. Diejenigen Kinder, die in einem abgelegenen Dorf lebten, unzureichende Schulen, wenig Abwechslung im Alltagsleben und Eltern hatten, die an ihrem Leben nichts ändern zu können glaubten, kamen erst in der späten Adoleszenz annähernd auf ihre Höchstleistung. Indianer-Kinder, die einige Kilometer weiter in einem etwas moderneren Dorf aufwuchsen, erreichten die Höchstleistung bei diesem Test mit dreizehn Jahren (Kagan et al. 1979).

Piagets Theorie und die Überwachungsprozesse

Die Überwachungsprozesse sind zwar wichtige Begleiterscheinungen der Veränderungen, die sich in den sechs Jahren vor der Pubertät in der kognitiven Leistung vollziehen, doch scheinen sie, äußerlich betrachtet, mit den Operationen, die nach Piaget die Steigerung der Denkleistungen in diesem Zeitraum erklären sollen, nichts zu tun zu haben. Nehmen wir zum Beispiel die Operation der Erhaltung der Quantität – die Erkenntnis, daß die Menge Ton in einem Klumpen auch bei einer Formveränderung gleich bleibt. Wie ich oben bei der Erörterung der Theorien Piagets bemerkt habe, werden Kinder, die die Frage des Versuchsleiters genau nehmen, Antworten geben, die als »nicht-erhaltend« aufgefaßt werden, weil winzige Bruchstücke des Tons an den Händen des Versuchsleiters hängenbleiben. Das ist es jedoch nicht, was Piaget meinte. Die Frage, die dem Kind in Wirklichkeit gestellt wird, lautet: »Abgesehen von winzigen Tonteilchen, stimmt es oder stimmt es nicht, daß im allgemeinen eine Formveränderung des Tons theoretisch seine Masse nicht verändert?«

Es ist möglich, daß eine Achtjährige korrekt antwortet, weil sie gelernt hat, die Intention, die hinter der Frage des Versuchsleiters steht, abzuschätzen. Einer der Überwachungsprozesse besteht darin, das Problem zu erkennen. Das Kind interpretiert die Frage eines Versuchsleiters stets in einem bestimmten sozialen Kontext und versucht das, wonach der Versuchsleiter fragt, im Lichte dessen zu verstehen, was unmittelbar zuvor geschehen ist. Bei den Erhaltungsexperimenten zeigt der Versuchsleiter dem Kind zwei Klumpen Ton, zwei Flüssigkeitsbehälter oder zwei lineare Aufreihungen von Perlen, fragt danach, ob sie gleich sind, und erhält eine Antwort. Daraufhin nimmt der Versuchsleiter an einem der beiden Merkmale der Versuchsanordnung eine Veränderung vor und stellt die Frage erneut. Das Kind ist bestrebt, den gesamten Kontext und nicht bloß die Wörter zu verstehen, und möglicherweise entnimmt es dem Umstand, daß der Versuchsleiter den Ton, die Flüssigkeit oder die Perlen verändert hat, daß es eine andere Antwort geben soll. Für sich genommen mögen die Wörter, aus denen die Frage besteht, eine gleichbleibende Bedeutung haben, doch gilt das für einen Satz, der Bestandteil einer fortlaufenden Unterhaltung ist, nicht.

Ähnliche Probleme ergeben sich mit Piagets Behauptung, der Fünfjährige könne nicht gleichzeitig zwei komplementäre Begriffe erfassen. Wenn man Kindern vier auf der Seite liegende Kühe zeigt, darunter drei schwarze und nur eine weiße, und sie fragt: »Sind es mehr schwarze Kühe oder mehr Kühe?«, so werden die meisten Sechsjährigen, aber kein Zehnjähriger sagen, es seien mehr schwarze Kühe. Nach Piaget kann das Kind im Geiste nicht die Gleichung vollziehen: »Alle Kühe sind gleich drei schwarze Kühe plus eine weiße«. Verändert man jedoch die Frage in: »Sind es mehr schwarze Kühe oder mehr schlafende Kühe?«, so geben von den Sechsjährigen sehr viel mehr die richtige Antwort: »Mehr schlafende Kühe« (Donaldson 1978). Diese einfache Veränderung der Fragestellung macht deshalb einen so dramatischen Unterschied, weil der Sechsjährige wahrscheinlich denkt, die ursprüngliche Frage habe gelautet: »Sind es mehr schwarze oder mehr weiße Kühe?« Das Kind erwartet vom Versuchsleiter nicht die Aufforderung, einen Teil (die schwarzen Kühe) mit dem Ganzen zu vergleichen. Indem der Versuchsleiter das Adjektiv »schlafend« hinzufügt, lenkt er die Aufmerksamkeit des Kindes auf die Eigenschaft, die allen Kühen zukommt, und daher antwortet das Kind korrekt.

Diese Ansicht erhält Bestätigung durch einen anderen Versuch, bei dem man Kindern zehn blaue und fünf rote Bausteine zeigte und sie fragte: »Wer hätte mehr Sachen zum Spielen, einer, dem die blauen Bausteine gehören, oder einer, dem die Bausteine gehören?« Viele Sechsjährige nannten das Kind, dem die blauen Steine gehören. Als man die Frage jedoch abänderte in: »Wer hätte mehr Sachen zum Spielen, einer, dem die blauen Bausteine gehören, oder einer, dem der Haufen gehört?«, antworteten sehr vielmehr Kinder korrekt und sagten: »der Haufen«. Durch das Wort »Haufen« wurde die Aufmerksamkeit der Kinder auf den gesamten Vorrat an Bausteinen gelenkt (Markman und Siebert

1976). Die Bereitschaft, bei einer Aussage oder einem Problem mehr als eine Dimension in Betracht zu ziehen, ist ein wichtiges Entwicklungsmerkmal (ich erinnere an den *face-hands-Test*, bei dem junge Kinder auf die Möglichkeit hingewiesen werden mußten, daß man sie an zwei Stellen berühren könnte).

Piaget beging den Fehler, den subjektiven Bezugsrahmen, der das Verständnis des jungen Kindes bestimmt, nicht zu berücksichtigen. Er meinte, der Fünfjährige verstehe eine Frage nach der Quantität genauso wie ein älteres Kind, und er nahm an, daß der Unterschied in den Antworten der jüngeren beziehungsweise älteren Kinder darauf beruht, daß das gleiche Verständnis der Frage von ihnen jeweils auf unterschiedliche Weise manipuliert wird, daß also unterschiedliche Operationen daran stattfinden. Der Bezugsrahmen des jungen Kindes ist so eingeengt, daß es oftmals Propositionen zustimmen wird, von denen es weiß, daß sie nicht möglich sind. Kindern im Alter von drei bis fünf Jahren las man zum Beispiel eine Geschichte vor, aus der hier ein Auszug folgt:

> »Sie würde gern in dem großen Postamt arbeiten, aber sie arbeitet in einer Zweigstelle. (...) Beim Fahren sahen sie einen Hasen über ein Feld laufen. (...) Dann stiegen sie wieder ins Auto und fuhren an die Küste. Dort angekommen, spazierten sie an dem Kai entlang. (...) ›Schau dir dieses Schloß an‹, sagte Janes Papa. ›Der älteste Flügel ist über fünfhundert Jahre alt.‹ (...) Sie wurden aufgehalten, weil viele Autos vor ihnen waren, die alle sehr langsam fuhren. ›Ich hoffe, wir kommen schnell wieder aus diesem Stau heraus‹, sagte Janes Papa.«

Als man die Kinder aufforderte, Gegenstände, die in der Geschichte vorgekommen waren, zu zeichnen, zeichneten viele anstelle der Zweigstelle (englisch *branch*) den Zweig eines Baumes (ebenfalls *branch*), anstelle des Hasen (englisch *hare*) einen Haarschopf (*hair*, gleichlautend), anstelle des Kais (*quay*) einen Schlüssel (*key*, gleichlautend) und anstelle des Schloßflügels (*wing*) den Flügel eines Vogels (ebenfalls *wing*). Auf die Frage: »Wie sieht ein Hase aus?« faßte sich ein Kind ans Haar. »Glaubst du, es würde über ein Feld laufen?« »Ja.« Auf die Frage: »Was ist ein Kai?« oder »wozu dient ein Kai?« antwortete ein Kind: »Zum Türöffnen.« Doch auf die Frage: »Glaubst du, sie konnten auf einem

Schlüssel entlangspazieren?« nickte ein Kind bejahend. Etwa ein Drittel der Antworten hatte diese merkwürdige Eigenschaft. »Wir haben wiederholt beobachtet, daß die Sprachinterpretationen junger Kinder sehr stark vom Kontext abhängig sein können, so daß sie die Wörter selbst nicht mehr gebührend respektieren.« (Donaldson 1978, S. 70)

Dreijährige können zwar gewisse mentale Zustände von Erwachsenen – etwa Trauer, Zorn oder Freude – erkennen, doch erst in den Jahren vor der Adoleszenz sind Kinder imstande, die genaue Absicht, die hinter den Fragen der Erwachsenen steht, zu begreifen und angemessen zu antworten. Berücksichtigt man die subjektive Sicht des Befragten, so sind die Antworten, die Kinder auf die Fragen eines Intelligenztests geben, oder die Antworten, die ein Schizophrener einem Psychiater gibt, selten falsch oder irrational, auch wenn sie vom Fragesteller so aufgefaßt werden, weil dieser nicht weiß, wie eine Frage interpretiert wird. Ein wichtiges Merkmal der kognitiven Entwicklung besteht in den wachsenden Fähigkeiten, zu erkennen, was der andere meint, und dadurch die stillschweigenden Annahmen, die in einer Frage stecken, sogleich zu erfassen.

Schlußfolgerung

Um zu verstehen, wie Kinder und Erwachsene auf Probleme reagieren, haben Psychologen Einheiten wie *Schema* und *Konzept* und Prozesse wie *Wiederaufsuchen, Schlußfolgern* und *Beurteilen* erfunden. Diese theoretischen Erfindungen erscheinen einleuchtend, denn nach Auffassung der Psychologen besteht der menschliche Geist aus Einheiten, die für Erfahrungen stehen, und aus Funktionen, die diese Einheiten manipulieren. Eine Analogie aus der Physik des frühen 20. Jahrhunderts macht deutlich, welche Macht vorgefaßte Konzeptionen haben können. So wurde von Ernest Rutherford die Idee eines Atomkerns postuliert, um die Tatsache zu erklären, daß eine Zinksulfidscheibe nach dem Auftreffen einer Energie, die aus einem Stück Radium stammte und eine dünne Goldfolie durchwandert hatte, kurze Lichtblitze emittierte, die gelegentlich um mehr als 90 Grad abgelenkt waren, während der Ablenkungswinkel der meisten Lichtblitze in der Regel viel kleiner war. Rutherford nahm an, daß Teilchen, die aus dem Radium stammten, zunächst in der Goldfolie auf etwas gestoßen sein mußten, das eine ebenso schwere Masse besaß wie sie selbst, und dann – wie ein Auto, das mit einem Lastwagen zusammenstößt – von dem Teil, das sie getroffen hatten, abgeprallt waren. Diese Masse hielt Rutherford für den Kern des Goldatoms. Geht man lediglich von den beobachteten Tatsachen aus – ein Stück Radium, Goldfolie und kurze Lichtblitze auf einer Zinksulfidscheibe –, so hat die Schlußfolgerung, Atomkerne in der Folie seien der Grund für die Ablenkung der Lichtblitze, nur dann etwas für sich, wenn man von dem Konzept eines Atomkerns zutiefst überzeugt ist.

Bei einem typischen psychologischen Experiment zur kognitiven Entwicklung bietet der Forscher einem Kind eine Information dar, und das Kind zeigt eine beobachtbare Reaktion. Man zeigt beispielsweise einem Einjährigen achtzehn verschiedene Bilder mit jeweils zwei Hunden von unterschiedlicher Form, Größe und Farbe, und der Blick des Kindes verweilt gleich lang auf jedem der Hunde. Beim neunzehnten Versuch zeigt man dem Kind wieder einen Hund, diesmal aber zusammen mit einem Vogel, und nun betrachtet das Kind den Vogel viel länger als den Hund. Das Blickverhalten des Kleinkinds wird rätselhaft erscheinen, es sei denn, der Wissenschaftler nimmt an, daß das Kind ein Konzept »Hund« besitzt, zu dem es jedes der achtzehn Paare unterschiedlicher Hunde in Beziehung setzt, und daß es darauf gespannt ist, ein Mitglied eines neuen Konzepts zu betrachten. Die Idee eines aus der Erfahrung abgeleiteten *Konzepts* ist für Psychologen ebenso einleuchtend, wie es die Idee eines Atoms mit einem dichten Kern für Rutherford war.

Ideen wie Schema, Konzept und Proposition sind Prämissen, von denen Psychologen zutiefst überzeugt sind und mit deren Hilfe sie erklären, wie Menschen auf Informationen reagieren. Hoffen wir, daß diese Ideen sich für die Psychologie als ebenso gültig herausstellen, wie es der Begriff des Atomkerns in den physikalischen Wissenschaften getan hat.

Die in diesem Kapitel vorgetragenen Ideen und Tatsachen sind für alle, die mit der intellektuellen Entwicklung von Kindern zu tun haben, von Bedeutung. Lehrer, Eltern und Psychologen sollten davon ausgehen, daß die kognitiven Kompetenzen des Kindes stark an engere statt an breitere Problemstellungen gebunden sind. Ein Fünfjähriger weiß, daß eine Mücke klein bleibt, auch wenn sie unter dem Vergrößerungsglas groß erscheint, doch er erkennt nicht, daß die Wassermenge in einer breiten flachen Schale unverändert bleibt, nachdem sie in einen hohen schmalen Zylinder umgefüllt wurde. Der Psychologe kann dem Fünfjährigen die generelle Kompetenz zuerkennen, die Piaget als *Erhaltung der Quantität* bezeichnet, und das Versagen des Kindes bei den Wasserbehältern mit einer Unfähigkeit erklären, das Prinzip auf dieses spezifische Problem anzuwenden. Der Psychologe kann aber genausogut die generelle Kompetenz verneinen und die Erhaltung von Größe oder Quantität als hochgradig spezifische Kompetenzen betrachten, die an hochgradig spezifische Situationen gebunden sind.

Beim gegenwärtigen Entwicklungsstand der Psychologie halte ich es für sinnvoller, die engere Auffassung zu bevorzugen. Für die alten Griechen bestand die Welt nur aus Feuer, Wasser, Luft und Erde, und die außerordentliche Mannigfaltigkeit der Objekte in der Welt war für sie aus diesen vier abstrakten Substanzen abgeleitet. Öl war einfach eine Ableitung von Wasser, Kieselsteine eine Ableitung von Erde. Mögen die Physiker letztendlich auch jegliche Materie aus einigen Fundamentalteilchen ableiten – die Chemiker finden es immer noch sinnvoll, die Existenz von über hundert verschiedenen chemischen Elementen anzunehmen, deren Eigenschaften und Funktionen sich bei Veränderungen der Temperatur, des Drucks, des elektromagnetischen Feldes und in der Gegenwart anderer Elemente ändern können. Das menschliche Denken kann nicht weniger komplex sein, und ich habe die Belege zusammengefaßt, aus denen hervorgeht, wie spezifisch die Kompetenzen eines Kindes augenscheinlich sind.

Es ging in diesem Kapitel um die im Laufe der Entwicklung eintretenden gesetzmäßigen Veränderungen der zahlreichen kognitiven Fähigkeiten – und nicht darum, wie ein Kind eine schulische Aufgabe wie Lesen oder Rechnen im Vergleich zu anderen

Kindern einer Alterskohorte meistert (siehe Kapitel 3). Dies sind zwei ganz verschiedene Bedeutungen von kognitiver Kompetenz, wobei die gewichtigeren praktischen Konsequenzen der zweiten Bedeutung zukommen. In technisch hochentwickelten Gesellschaften muß weniger als ein Drittel der Jugendlichen später Berufsrollen übernehmen, welche die Beherrschung schwieriger Fachkenntnisse und eine Leistungsnorm voraussetzen, die einen beständigen Einsatz für die Sicherheit, die Gesundheit, den Besitz und den Schutz der Rechte anderer verlangt. Da diese Berufe großzügig mit Ansehen und wirtschaftlicher Sicherheit ausgestattet werden, gibt es sehr viel mehr Jugendliche als zu besetzende Stellen. Amerika möchte eine Leistungsgesellschaft sein und versucht, die Anwärter auf diese Positionen unter jenen Jugendlichen auszuwählen, die durch ihr schulisches Leistungsprofil in ihrer Alterskohorte im oberen Drittel liegen. Es kommt weniger auf die absoluten intellektuellen Fähigkeiten des Jugendlichen an als vielmehr auf seine relative Stellung im Vergleich zu den Gleichaltrigen. Siebzehnjährige Mittelschichtkinder sind im Jahre 1983 in Rechtschreibung, Aufsatz und Mathematik nicht so gut wie vergleichbare Siebzehnjährige im Jahre 1963. Aber trotzdem werden immer noch berufliche Positionen mit eifrigen Kandidaten besetzt, und nichts deutet darauf hin, daß die Qualität von Technik und medizinischer Versorgung, von Rechtsschutz und architektonischem Entwurf sinkt. Wenn man ausschließlich darum besorgt ist, die fachlich anspruchsvollen Positionen mit den begabtesten jungen Leuten zu besetzen, und sich zuwenig um die gesamten, in einer Generation vorhandenen Begabungen kümmert, hat das für die Gesamtgesellschaft unangenehme Folgen. Wie ich im vierten Kapitel andeutete, geht es bei ethischen Entscheidungen darum, eine Rangfolge der Nutznießer aufzustellen. Amerikaner geben bei der Entscheidung über die Verteilung der Bildungsmittel eher dem vom Risiko bedrohten einzelnen als dem Wohlergehen der größeren Gemeinschaft den Vorzug – abgesehen von seltenen Ausnahmen wie einem Krieg, wenn es offensichtlich ist, daß die Gesellschaft ernstlich bedroht ist. Die Bildungskluft zwischen wirtschaftlich benachteiligten und wirtschaftlich begünstigten Kindern ist nach meiner Überzeugung so groß geworden, daß dadurch Gefahren für die gesamte Gesellschaft entstehen. Denn wenn der Abstand im Können zu groß ist, werden Jugendliche im unteren Drittel der Verteilung hinsichtlich der Möglichkeit, einen fachlich anspruchsvollen Beruf zu erlernen, allzusehr entmutigt. Eine solche Stimmung kann sich zu einer Epidemie der Apathie und des asozialen Verhaltens auswachsen, die der Gesellschaft schadet und sowohl das ästhetische Vergnügen als auch die pragmatischen Vorteile zerstört, deren sich das obere Drittel erfreut. Es ist daher dringend erforderlich, daß die amerikanischen Lehrer sich um die Schließung der Ausbildungskluft ebensosehr bemühen, wie sie sich dafür einsetzen, die Begabungen jener glücklichen Kinder zu fördern, denen schon bei der Einschulung der schriftliche Umgang mit Wörtern und Zahlen leicht fällt und die schon von vornherein höhere Normen und eine nachhaltige Motivation für schulische Leistungen mitbringen.

Schließlich könnten die Lehrer damit beginnen, einige der von mir beschriebenen Überwachungsprozesse zu fördern, und den Kindern insbesondere beibringen, wie man ein Problem einkreist, wie man Versagensangst in den Griff bekommt, wie man nach geeigneten Regeln und Strategien für die Lösung von Problemen sucht und sie anwendet, wie man über alternative Lösungen nachdenkt und wie man erkennt, warum die gewählte Lösung die beste war. Wir möchten, daß das Kind nicht nur Wissen erwirbt, das korrekt der Erfahrung entspricht, es soll auch wissen, warum es von dem, was es tut, überzeugt ist.

7 *Die Rolle der Familie*

Wissenschaft ist das große Gegengift gegen das Gift der Schwärmerei und des Aberglaubens.
Adam Smith
»Wealth of Nations«

Darüber, wie Erfahrungen sich auf das Kind auswirken und welche Folgen insbesondere das elterliche Verhalten hat, habe ich kaum etwas gesagt. Der Hauptgrund dieser Unterlassung ist, daß die Auswirkungen der meisten Erfahrungen nicht feststehen, sondern von der Interpretation des Kindes abhängen. Die Interpretation hängt wiederum von der kognitiven Reife, den Erwartungen, den Ansichten und dem momentanen Gefühlszustand des Kindes ab. Bei einem kleinen, isolierten Stamm im Hochland von Neuguinea nehmen Jungen vom siebten Lebensjahr an rund sechs Jahre lang an älteren Jugendlichen in regelmäßigen Abständen eine Fellatio vor; dieses Verhalten wird jedoch interpretiert als Bestandteil eines geheimen, sakralen Rituals, das für die Übernahme der Rolle des erwachsenen Mannes und die Schwängerung einer Frau notwendig ist (Herdt 1981). Würde ein amerikanischer Junge sechs Jahre hindurch an mehreren älteren Jungen die Fellatio vornehmen, so würde er sich als Homosexueller fühlen, und sein Männlichkeitsgefühl würde eher darunter leiden, als daß es dadurch gestärkt würde.

Kinder, die in der Tempelstadt Bhubaneswar in Indien in Brahmanenfamilien aufwachsen, hören ihre Mutter jeden Monat ausrufen: »Berühr mich nicht, berühr mich nicht, ich bin unrein.« Diese Kinder fühlen sich nicht zurückgewiesen oder ungeliebt, weil sie wissen, daß dieser Befehl sich während der Periode der Mutter regelmäßig wiederholt (Shweder, im Druck). Unter den amerikanischen Kindern, die von ihren wohlhabenden Eltern mit Zuneigung und Geschenken überschüttet werden, weil die Eltern in ihnen ein Gefühl des Selbstbewußtseins und des Eigenwerts wecken möchten, werden einige zu apathischen, deprimierten Jugendlichen, weil sie nicht glauben, ein solches Dauerprivileg zu verdienen.

Wie aus diesen Beispielen deutlich wird, ist die Interpretation, die das Kind selbst den Erfahrungen gibt, und nicht das von der Kamera oder einem Beobachter festgehaltene Ereignis die eigentliche Grundlage für die Ausbildung und Veränderung von Überzeugungen, Wünschen und Handlungen. Der Psychologe kann über diese Interpretation jedoch nur Vermutungen anstellen, die wesentlich von den Vorlieben und Wertvorstellungen seiner eigenen Kultur beeinflußt werden. Erasmus von Rotterdam (1530) zum Beispiel war überzeugt, daß sich in der äußeren Erscheinung des Kindes sein Charakter widerspiegele, und er empfahl den Eltern, ihr Kind dazu anzuhalten, sich beherrscht zu geben: nicht die Stirn zu runzeln, nicht mit offenem Mund herumzulaufen, sich nicht auf die Lippen zu beißen und insbesondere nicht grundlos zu lachen.

Anfang des 16. Jahrhunderts machten gebildete Londoner, die an der hohen Kriminalität, der Bettelei und dem Herumvagabundieren unter den Kindern der Armen Anstoß nahmen, verschiedene Ursachen für diese Mißstände verantwortlich: den Verlust eines Elternteils, das Zusammenleben mit faulen Eltern, die Tatsache, aus einer kinderreichen Familie zu kommen, oder eine geistige beziehungsweise körperliche Behinderung. Diese Diagnosen zogen den möglichen Einfluß von Erbanlagen, der elterlichen Liebe oder der sozialen Verhältnisse außerhalb der Familie gar nicht in Betracht. Zwei Jahrhunderte später legte eine vergleichbare Gruppe englischer Bürger, die sich über dieselben sozialen Probleme Gedanken machte, aber noch immer ohne solide Tatsachenkenntnisse war, das Gewicht auf den Einfluß der Liebesbeziehung zwischen Mutter und Kind (Pinchbeck und Hewitt 1969 und 1973).

Zahlreiche Abhandlungen aus der damaligen Zeit, die sich mit dem Einfluß der familiären Erfahrung befaßten, stützten sich ebenfalls auf Vermutungen, die nur selten eindeutig durch Tatsachen belegt waren. Das ist nicht erstaunlich; die erste, in einer amerikanischen Zeitschrift erschienene empirische Studie, in der es um einen Zusammenhang zwischen familiären Faktoren und einem kindlichen Merkmal ging, wurde vor weniger als sechzig

Jahren in *The Pedagogical Seminary* (Sutherland 1930) veröffentlicht. Daß eine Vermutung über die Rolle der Familie sich auf volkstümliche Ansichten über die Natur des Menschen stützt, besagt noch nicht, daß sie falsch ist. So waren im 18. Jahrhundert französische Ärzte der Ansicht, eine stillende Mutter solle das Baby regelmäßig baden und nicht zuviel Wein trinken – Auffassungen, die durch die moderne Medizin bestätigt wurden. Die nämlichen Ärzte glaubten jedoch auch – irrtümlich, wie ich annehme –, kalte Bäder würden dafür sorgen, daß das Kind später einen festen Charakter bekommt. Der Mangel an schlüssigem Beweismaterial bedeutet für den Theoretiker, daß er sich ständig vor der Gefahr hüten muß, allzusehr seinen Vermutungen zu vertrauen, denn in den letzten Jahrhunderten der europäischen und amerikanischen Geschichte hat man das Kind bald so, bald so gesehen: Einmal war es von Natur aus böse, dann war es ein unbeschriebenes Blatt ohne besondere Prädispositionen, während es heute als Behälter von genetisch determinierten psychischen Eigenschaften gilt. Die moderne westliche Gesellschaft folgt Rousseau in der Annahme, daß das Kleinkind bereit sei, sich an seine Betreuungsperson zu binden, und daß es eher Liebe als Haß, eher eigenes Können als Kooperation, eher Selbständigkeit als Abhängigkeit, eher persönliche Freiheit als Pflicht und eher Vertrauen als Argwohn anstrebe. Wenn das Kind dennoch die Eigenschaften entwickelt, die in den nicht wünschenswerten Gliedern dieser Paare zum Ausdruck kommen, so macht man die Praktiken der Familie in den ersten Jahren – insbesondere Vernachlässigung durch die Eltern, Gleichgültigkeit, Strenge und das Fehlen einer fröhlichen, spielerischen Interaktion – dafür verantwortlich.

Ich kann mich diesen Überzeugungen, die mit der Kultur, in der ich aufwuchs und erzogen wurde, aufs innigste verwoben sind, nicht völlig entziehen. Doch nach dieser persönlichen Erklärung möchte ich auch sagen, daß ich es für sinnvoll halte, auf einige ausgewählte Elemente der volkstümlichen Ansichten, auf die wenigen verläßlichen Tatsachen und auf die eigene Intuition zu bauen, wenn es darum geht, die familiären Erfahrungen zu erörtern, die unterschiedliche Typen von Kindern hervorbringen – mit der Einschränkung, daß meine Ansichten eher für amerikanische Kinder gültig sind und weniger für Kinder aus anderen Kulturen.

Das Kind in der Familie

Für die nomadischen Israeliten, die vor dreitausend Jahren in der Wüste Sinai Schafe hüteten, und für viele afrikanische und lateinamerikanische Gemeinschaften von heute bestand und besteht die grundlegende soziale Einheit aus genetisch verwandten Erwachsenen und Kindern, die zusammen in einer Gruppe leben, der gegenüber man fraglos loyal ist und von der man seine Identität ableitet. Das Schicksal jedes einzelnen hängt von der Lebenskraft, dem Ansehen und dem Erfolg der Verwandtschaftsgruppe ab. Daher beruht das Selbstkonzept auf dem Besitz, dem Status und den gesellschaftlich wahrgenommenen Vorzügen der Familiengruppe. Die Kernfamilie, die es schon früher in einigen Gesellschaften gegeben hat, hat die umfassendere Verwandtschaftsgruppe vielerorts verdrängt und ist gegenwärtig in den meisten Gesellschaften der Welt die häufigste soziale Einheit. In diesen Gesellschaften wird die Zukunft des Kindes fast ausschließlich vom Status der Familie und von ihrem Besitz, ihren Hilfsmitteln und Praktiken determiniert.

In den modernen Gesellschaften des Westens wird jedoch anstelle der Familie nach und nach der einzelne zur grundlegenden gesellschaftlichen Einheit. Die hohe Scheidungsrate, die große Zahl von unvollständigen Familien und die allgemeine Bereitschaft, im Sinne von größerer gesellschaftlicher Gleichheit den Einfluß der Familie durch staatliche Interventionen zu brechen, lassen die Einzelperson vor dem Gesetz, in der Schule und in den Augen des einzelnen selbst zur zentralen Einheit werden. Außerdem kommen aufgrund bestimmter Praktiken der frühkindlichen Erziehung, die die Selbständigkeit fördern und statt der gemeinsamen Anstrengung und der gemeinsamen Verantwortung die individuelle Anstrengung und Verantwortung betonen, viele Heranwachsende zu dem Schluß, daß ihre künftige innere Verfassung und ihr materieller Erfolg von ihren persönlichen Fähigkeiten und ihrer Motivation abhängen. Eine geschiedene Frau, die lediglich einen High-School-Abschluß hatte und mit ihrer dreijährigen Tochter allein lebte, sagte: »Ich muß mich weiterentwikkeln, ich kann mich auf niemanden sonst stützen.« Diese Haltung ist vermutlich ohne historisches Vorbild. Die Frühformen der Familie und der Zeitpunkt, zu dem die Kernfamilie auftrat, sind zwar unter Historikern umstritten, doch hat man noch von keinem Anthropologen oder Historiker gehört, daß in den früheren Gesellschaften die Mehrheit der Erwachsenen nicht der Ansicht gewesen wäre, ihr Überleben, ihr persönlicher Ruf und ihr materieller Erfolg hingen in erster Linie von ihrer Herkunftsfamilie ab. Der amerikanische Erwachsene von heute muß sich also spezielle Einstellungen zu eigen machen, auf die hin in den meisten Familien bewußt und unbewußt von den ersten Lebensmonaten an erzogen wird. Einwohner des alten Athen, Babylons oder Jerusalems und Bürger des modernen Tokyo, Djakarta oder Beijing (Peking) würden diese Haltung kaum verstehen. Manches an den Charakterzügen der modernen westlichen Familie ist demnach spezifisch für unsere historische Epoche.

Ein weiteres hervorstechendes Kennzeichen der westlichen Gesellschaft von heute ist die den Frauen zuerkannte Würde und Achtung. Zwar hatten Frauen bei einigen polynesischen Stämmen und in Gesellschaften mit Polyandrie einen hohen Status, doch in den meisten Kulturen, von denen wir Kenntnis haben, hatten Frauen sehr viel weniger Macht als Männer, erreichten einen hohen Status weniger durch eigene Anstrengungen als vielmehr durch Heirat, und für unerlaubten Geschlechtsverkehr wurden Frauen strenger bestraft als Männer. Bei einigen Indianergemeinschaften im Nordwesten Guatemalas gilt es beispielsweise als die größte Beleidigung, die ein Mann einem anderen zufügen kann, wenn er ihn als Frau bezeichnet.

Die Tatsache, daß in den letzten vierhundert Jahren in Europa und Nordamerika das Ansehen der Frau gestiegen ist, hat man mit einer immer positiveren Bewertung der romantischen Liebe in Verbindung gebracht. Carl Degler schreibt: »Die wachsende Akzeptanz der Zuneigung als Hauptmotiv für die Familiengründung war eine wichtige Etappe in der Evolution der Stellung der Frau innerhalb der Familie, und sie läßt uns besser verstehen, wie sich die Familie im Laufe der Zeit gewandelt hat.« (1980, S. 18) In keiner Kultur ist Sexualität jemals etwas Unwichtiges gewesen, und für die romantische Literatur des Nahen Ostens ist sie von zentraler Bedeutung, doch heute gilt die romantische Liebe nicht bloß als eine Quelle der Lust, sondern als eine Erfahrung von erhabener Schönheit und als wichtige Grundlage für ein Gefühl der Vitalität und der Selbststeigerung.

In einer Welt, die als unpersönlich und amoralisch empfunden wird, ist die Liebe eine intime, spirituelle Erfahrung. Der tiefe Zorn, den viele Amerikaner gegenüber der Pornographie empfinden, beruht teilweise darauf, daß sie die Vorstellung von der treuen romantischen Liebe – im Unterschied zur sexuellen Befriedigung – bedroht. Eine Liebesbeziehung gilt als ein dermaßen wichtiger Bestandteil des Erwachsenenlebens, daß die Familien ihre Kinder auf diese Funktion in einer Weise vorzubereiten suchen, die in manchen Kulturen nicht verstanden würde. Eltern arrangieren Kinderpartys, an denen Jungen und Mädchen teilnehmen, bemerken, wenn sie ihren Kindern die Fortpflanzung erklären, einleitend, wie sehr Mutter und Vater einander lieben, und akzeptieren romantische Zuneigung als vernünftigste Grundlage der Ehegattenwahl, ungeachtet bestehender Differenzen im Hinblick auf gesellschaftlichen Status, ethnische Herkunft, Besitzstand und Religion.

Eine dritte Eigenart, durch die unsere Gesellschaft sich von anderen Gesellschaften unterscheidet, besteht darin, daß sie die Freiheit und Individualität der Kinder betont – eine Haltung, die zwar schon im Europa des 17. Jahrhunderts gefördert wurde, sich jedoch erst anschließend immer mehr durchsetzte. Kinder wurden in allen Gesellschaften des Altertums und der Neuzeit geliebt und geschätzt, wenngleich europäische Väter im 11. Jahrhundert keine schwere Rüge zu gewärtigen hatten, wenn sie ihr neugeborenes Kind töteten, falls es die Probe der Furchtlosigkeit nicht bestand und zu schreien begann, wenn man es auf einen hohen Ast eines Baumes legte (Queen, Haberstein und Adams 1961). In den meisten Gesellschaften ist das Verhältnis des Kindes zu den Eltern ein Verhältnis der Ergebenheit und Pflicht. Kennzeichen der primären Bindung ist in chinesischen Familien die Kindesliebe. Was die amerikanische Form der Kindzentriertheit auszeichnet, ist ihre Einseitigkeit. Eltern sollen für ihre Kinder Opfer bringen, während von den Kindern erwartet wird, daß sie von ihren Eltern immer unabhängiger werden. Für viele Mittelschichtfamilien ist das Kind ein schöner junger Vogel, den man umhegt, bis er flügge ist.

Schließlich legen Amerikaner, wie ich im vierten Kapitel bemerkt habe, im Gegensatz zu vielen, aber nicht zu allen Gesellschaften von heute größeren Wert auf Aufrichtigkeit und persönliche Redlichkeit als auf soziale Harmonie. In vielen Kulturen – etwa auf Java, in Japan und China – ist die Aufrechterhaltung harmonischer sozialer Beziehungen und eine respektvolle Haltung gegenüber den Gefühlen von älteren und von Autoritätspersonen so wichtig, daß man von jedem erwartet, daß er nicht nur seinen Ärger unterdrückt, sondern darüber hinaus bereit ist, sich vollkommene Offenheit bezüglich seiner eigenen Empfindungen zu versagen, um einen anderen nicht zu verletzen. Diese pragmatisch verstandene Ehrlichkeit gilt als charakteristischer Zug des durch und durch reif gewordenen Erwachsenen und wird nicht abschätzig als Unaufrichtigkeit oder Heuchelei bezeichnet. Wer nicht sagt, was er denkt, wer nicht »das Kind beim Namen nennt«, wird im Westen verhöhnt. Wer gegenüber einem anderen, den er nicht mag, höflich ist, wer einem geschwätzigen Nachbarn oder einer Nachbarin Tee und Kuchen anbietet oder zu einem unfähigen Vorgesetzten sagt, wie tüchtig er sei, wird weniger bewundert als derjenige, der »seine Meinung sagt«. Man glaubt, in solchen »Notlügen« äußerten sich Furcht, Schüchternheit und Unterwürfigkeit. Doch was für amerikanische Eltern Unterwürfigkeit ist, betrachten Einwohner von Java und von Japan als gebührenden Respekt.

Abgesehen von der Verherrlichung der romantischen Liebe, messen die erwähnten Grundzüge der amerikanischen Lebenswirklichkeit von heute dem Individuum einen übersteigerten Wert bei, während die sozialen Gruppen, innerhalb derer der einzelne handelt, weniger wichtig erscheinen.

In amerikanischen Familien gilt die erste Loyalität der eigenen Person, ihren Wertvorstellungen, ihrer Autonomie, ihrem Vergnügen, ihrer Tugend und ihrer Selbstverwirklichung. Die meisten Eltern akzeptieren dieses Reifekriterium und versuchen, ihren Kindern solche Erfahrungen zu bieten, die es ihnen erleichtern, dieses Ideal zu erreichen. Andere Gesellschaften neigen zum Gegenteil. Etwa zwanzig Jahre, bevor China zur Volksrepublik wurde, zählte der Psychologe Heqin Chen in einem populär geschriebenen Buch für Eltern die sieben angeborenen Eigenschaften von Kindern auf, die die Eltern fördern sollten: aktives Spiel, Nachahmung anderer, Wißbegierde, Könnerschaft, wechselseitig bindende soziale Beziehungen, Freude am Aufenthalt im Freien und das Bestreben, von anderen gelobt zu werden (1925). Drei dieser Ideale betonen die sozialen und nicht die individualistischen Antriebe von Kindern. Ich vermute, Professor Chen hätte einige Schwierigkeiten gehabt, John Dewey zu verstehen, der etwa zur gleichen Zeit schrieb, das, was Menschen hochgeschätzt und wofür sie gekämpft hätten, sei die »Fähigkeit, ihre eigenen Absichten auszuführen, frei von Hindernissen, die sie beengen und ihre Pläne durchkreuzen, (...) Sklave ist, wer die Wünsche anderer ausführt« (1922, S. 304).

Theorien amerikanischer Eltern

In jeder Phase der kindlichen Entwicklung sind es andere Probleme, denen die Sorge und das Handeln der Eltern gilt. Im ersten Lebensjahr sind es vor allem Reizbarkeit, Krankheit, Schlaflosigkeit und übermäßige Angst vor dem Fremden, was amerikanische Eltern beschäftigt und sie zu entsprechenden Maßnahmen veranlaßt. Diese Sorgen werden im zweiten Lebensjahr, wenn das Kind beweglich und selbstbewußt geworden ist, verdrängt durch die Möglichkeit, daß das Kind sich oder andere verletzen könnte, daß es Sachwerte zerstören oder gegenüber Gleichaltrigen schüchtern sein könnte. Im dritten Jahr nehmen Ungehorsam, Aggressivität, nicht beendete Reinlichkeitserziehung, die Unfähigkeit, kooperativ mit anderen zu spielen, und eine verzögerte Entwicklung der verbalen Fähigkeiten den beherrschenden Platz in der Hierarchie der Sorgen ein. Da jeder dieser Anlässe von Verunsicherung andere Gegenmaßnahmen auslöst, wird das Verhalten der Eltern in hohem Maße von den unausweichlichen Produkten der kindlichen Entwicklung bestimmt.

Sobald das Kind Verhaltensweisen zeigt, die von den Wunschvorstellungen der Eltern abweichen, suchen amerikanische Eltern den Grund dafür in der einen oder anderen von vier möglichen Erklärungen. Manche Eltern führen das Verhalten des Kindes auf angeborene Temperamentseigenschaften zurück, so daß es weder von dem Kind noch von ihnen beeinflußt werden kann; allerdings sollte es dann im Laufe der Zeit verschwinden. Die Mutter eines extrem schüchternen, gehemmten Mädchens von drei Jahren erklärte einem Interviewer: »Sie war von Anfang an ein schwieriges, ungeheuer nervöses Kind und hat schrecklich geschrien. Sie war von Geburt an unzufrieden. Jetzt probiert sie aus, was sie mit mir machen kann, und oft bringt sie mich dazu, daß ich böse werde. Sie ist so trotzig und eigensinnig, daß ich nicht glaube, irgend etwas bei ihr ausrichten zu können.« Andere Mütter deuten die vorübergehend vorherrschende Stimmung ihres Kindes als eine Phase in einem universalen Entwicklungsablauf. Die Mutter eines Dreijährigen schildert die ersten drei Jahre ihres Sohnes folgendermaßen:

> »Ein so liebes Baby hat man noch nie gesehen ... Er war ausgeglichen, gar nicht aufgeregt, immer fröhlich, munter und wohlgelaunt, einfach fantastisch ... Mit etwa eineinhalb Jahren fing er dann an, eigensinnig zu werden, zu trotzen. Ich weiß noch, daß er mit 15 bis 18 Monaten einfach nicht mehr anzusprechen war. Nachdem er vorher so gutmütig gewesen war, wurde er jetzt manchmal richtig ekelhaft ... Seit er drei ist, habe ich manchmal Lust, ihn umzubringen – so ekelhaft ist er geworden.«

Andere Eltern – es sind sehr viel weniger – glauben, das Verhalten des Kindes liege allein an ihnen selbst; sie hätten irgend etwas getan, was das problematische Verhalten hervorrief. Bisweilen kann, wenn sich das Verhalten des Kindes nicht bessert, ihr anfängliches Schuldgefühl in Zorn umschlagen. Wieder andere Eltern schreiben das Verhalten des Kindes überwiegend dem Einfluß von Umweltkräften zu, auf die sie wenig oder keinen Einfluß haben: die Geburt eines Geschwisters, eine zu kleine Wohnung ohne einen Garten hinter dem Haus, Ehestreitigkeiten, andere Kinder in der Nachbarschaft oder im Kindergarten, und immer wieder finanzielle Belastungen. Die wenigsten Eltern unterstellen dem Kind böswillige Absicht, ein Motiv, das das Kind noch gar nicht haben kann. Zumeist ist diese Unterstellung mit einer ablehnenden Haltung gegenüber dem Kind verbunden. Gebildete Mütter neigen zwar weniger dazu, ihrem Kind Bösartigkeit und schlechte Absichten zuzuschreiben, doch ist niemand gegen diese Versuchung gefeit. Eltern, die sich ihrer eigenen Vorzüge sicher sind, neigen im allgemeinen dazu, Abweichungen bei ihrem Kind zu akzeptieren. Eltern, die sich unsicher fühlen, weil sie wissen, daß sie selbst Fehler haben, neigen, wenn das Kind überhaupt nicht gehorchen will, zu der Ansicht, darin äußere sich eine vorsätzliche Böswilligkeit.

Was Eltern unternehmen, um das Kind auf den richtigen Weg zu bringen, hängt davon ab, wie sie sich die Abweichung erklären und welche Eigenschaften sie bei ihrem Kind als besonders wünschenswert betrachten. Alle Eltern haben eine schablonenhafte Idealvorstellung von bestimmten Entwicklungsmerkmalen, von dem Zeitpunkt, zu dem sie sich einstellen sollten, und davon, was zu tun ist, wenn sie sich verzögern. Die Mutter eines schüchternen Dreijährigen, die sich Sorgen darüber machte, daß ihr Sohn von Gleichaltrigen schikaniert wurde, erklärte einem Interviewer:

> »Ich sage ihm, er soll nicht als erster schlagen, aber wenn ihn jemand schlägt, dann soll er zurückschlagen. Sie hänseln ihn so gerne. Oft schlagen sie ihn, und dann weiß er nicht, was er tun soll, und fängt an zu weinen. Ich versuche ihm Mut zu machen, und meist nehme ich ihn hoch und drücke ihn. Aber jetzt sage ich ihm, wenn sie ihn schlagen, soll er zurückschlagen. Nur so wird er es lernen. Es tut mir weh, daß ich nicht mehr soviel mit ihm schmusen soll, aber man kann nicht zulassen, daß das Kind ständig von anderen schikaniert wird, besonders, wenn es in die Schule kommt.«

Diese Mutter begann, manches, was sie aus einem unmittelbaren Gefühl heraus getan hatte, zu unterdrücken und sich ein Verhalten zuzulegen, von dem sie glaubte, es würde ihrem Kind bei der späteren Anpassung helfen.

Eine Mutter, die der Ansicht war, ihre Dreijährige reagiere allzu empfindlich auf Tadel und sei zu gehorsam, erklärte ihrer Tochter, sie würde sie nicht mehr bestrafen, in der Hoffnung, das

Kind würde, wenn sie ihm die Furcht vor Mißbilligung nähme, ein wenig aufsässiger werden.

Die Erziehungspraktiken von Eltern unterliegen zwei komplementären Einflüssen. Den einen bildet das sich wandelnde äußerliche Verhalten des Kindes, das teils von Reifungsvorgängen, teils vom Temperament des Kindes und teils von früheren Erfahrungen mit der Familie und mit Gleichaltrigen abhängt. Der andere Einfluß geht von dem Spannungsverhältnis aus, das zwischen der Idealvorstellung, die die Eltern vom gegenwärtigen Entwicklungsstadium des Kindes haben, und ihrem oft verschwommenen Zukunftsideal besteht. Für eine Mutter, die im Jahre 400 v. Chr. zur athenischen Elite gehörte, bestand das Ideal für ihren Sohn in Loyalität gegenüber der Familie und der Polis und in der Vervollkommnung bestimmter Talente, besonders der musikalischen, sportlichen und rednerischen Fähigkeiten. Die puritanische Mutter des 17. Jahrhunderts förderte Triebkontrolle und Frömmigkeit. Für die meisten amerikanischen Mütter von heute besteht das ferne Ideal in fünf abstrakten Eigenschaften: Selbständigkeit, Intelligenz, Menschlichkeit, Umgänglichkeit und Furchtlosigkeit. Das Kind muß lernen, unabhängig von der Familie zu operieren, Schulaufgaben zu meistern, freundlich zu anderen Kindern zu sein und von ihnen geschätzt zu werden und sich nicht vor einer Herausforderung oder einem Angriff zu fürchten. Verletzt das Verhalten des Kindes eines dieser Ideale, beginnen die Eltern zu handeln. Ist beispielsweise ein Zweijähriges zu schüchtern gegenüber anderen Kindern, so wird die Mutter vielleicht eine Spielgruppe ins Leben rufen, das Kind für drei Vormittage pro Woche im Kindergarten anmelden oder nicht darauf bestehen, daß das Kind seine Aggression unterdrückt, wenn es zu Unrecht angegriffen wird. Ist das Kind allzu abhängig davon, daß die Mutter ihm Aufmerksamkeit, Zuwendung oder Sicherheit gibt, so wird die Mutter es ermuntern, allein zu spielen. Scheint es mit dem Sprechenlernen im Rückstand, so wird sie etwas tun, um seine sprachlichen Fortschritte zu fördern.

Aggressivität, Zerstörungswut, Stehlen und unprovozierte Machtdemonstrationen erscheinen den meisten Müttern als bedrohlich, nicht nur, weil solches Verhalten bei Gleichaltrigen auf Ablehnung stößt, sondern auch – und das ist ebenso bedeutsam, weil es sich mit der Rücksichtnahme auf andere nicht verträgt. Beim Abhören von Interviews, die mit Müttern und Vätern von Dreijährigen geführt wurden, fiel mir auf, daß die Mütter Anzeichen von Bösartigkeit bei ihren Kindern bedrohlicher finden als die Väter. Die meisten Mütter legen Wert auf eine fürsorgliche Haltung des Kindes. Sie möchten, daß ihre Söhne und Töchter mit anderen mitfühlen und daß sie dem Verlangen widerstehen, andere Kinder einzuschüchtern, zu erschrecken oder ihnen wehzutun. Dieses Anliegen und der Wunsch, das Kind zur Selbständigkeit zu erziehen, veranlassen viele Mütter, sich selbst Zügel anzulegen, um nicht aus einer unbesonnenen, impulsiven Aufwallung heraus das Kind streng zu bestrafen oder so zu ängstigen, daß es den elterlichen Normen sklavisch gehorcht.

Die meisten amerikanischen Eltern bemühen sich daher, ihr Kind so zu erziehen, daß es selbständig wird und auch ohne andere auskommen kann, und zugleich fördern sie bei ihm den Wunsch, mit anderen Menschen zusammenzusein, und ein Gefühl der Verpflichtung, zum Wohlergehen anderer beizutragen. Man empfindet keinen Widerspruch, sondern sieht vielmehr ein komplementäres Verhältnis zwischen der Ansicht, daß Menschen im Grunde soziale Wesen sind, und der Betonung der Selbständigkeit, ungeachtet dessen, daß jede Interaktion implizite Regeln enthält, die den einzelnen in seinem Handeln beschränken. Diese Beschränkungen sind jedoch, zumindest in Amerika, so schwach, daß die Menschen glauben, sie könnten ohne weiteres psychische Bindungen eingehen und sie wieder lösen, stets bereit, eine Beziehung abzubrechen, wenn sie die persönliche Entscheidungsfreiheit allzusehr beeinträchtigt.

Carol Gilligan (1982) meint, die beiden idealen Eigenschaften seien als innere Stimmen in jedem einzelnen vorhanden. In der amerikanischen Gesellschaft spricht die erste stärker die Männer, die letztere stärker die Frauen an. Wenn man einem Menschen begegnet, setzt sich eine von zwei möglichen Verhaltensweisen durch: Soll ich bei der ersten Begegnung versuchen, herauszubekommen, wer der Überlegene und wer der Unterlegene ist? Oder soll ich versuchen, eine Gefühlsbindung herzustellen, um Feindseligkeit und Furcht bei dem anderen auf einem möglichst geringen Pegel zu halten? Amerikanische Männer stellen sich eher die erste Frage, amerikanische Frauen, ebenso wie japanische Männer und Frauen, die zweite. Wenn sich der Kontakt vertieft, können beide Verhaltensweisen Bestandteil der Beziehung werden, aber selten sind sie in einer Beziehung gleich stark vertreten.

Der Einfluß der Schichtzugehörigkeit. Über das Ich-Ideal und darüber, wie ein Kind »funktioniert«, bestehen unter den Eltern sehr unterschiedliche Vorstellungen, die weitgehend von der sozialen Schichtzugehörigkeit der Familie abhängen (Kaye 1982; Kohn 1977). Eltern, die nicht das College besucht haben, die sich und ihre Kinder als zur Arbeiterklasse gehörig sehen und in ständiger finanzieller Unsicherheit leben, schreiben ihre persönliche *Angst* (so im Original) oft den wirtschaftlichen Belastungen zu, die nach ihrer Ansicht nicht ganz ihrer Kontrolle unterliegen. Diese Familien legen großen Wert auf einen sicheren Arbeitsplatz, und ein zentrales Ziel der Erziehung besteht darin, sicherzustellen, daß ihr Kind die Qualitäten entwickelt, die einen sicheren Arbeitsplatz garantieren. Von Gleichrangigen akzeptiert zu werden und sich dagegen wehren zu können, von Mächtigeren ausgebeutet zu werden, sind zwei hervorstechende Eigenschaften.

Eltern mit College-Bildung, besonders solche mit akademischen Berufen, bewerten, was die Arbeit betrifft, Entscheidungsfreiheit, intellektuelle Herausforderung und Status höher als Arbeitsplatzsicherheit. Angst vor Zurückweisung oder Mißbilligung durch Gleichrangige und Gleichaltrige behindert nach ihrer Ansicht das Erreichen dieser Ziele, und so versuchen sie, ihre Kinder gegen die Angst zu impfen, die mit der Zurückweisung verbunden ist, und betonen demgegenüber die autonome Entscheidung und den Wettbewerb.

Es gibt zwar zwischen einzelnen modernen Gesellschaften kulturbedingte Unterschiede, doch allgemein sind Mittelschichteltern entschiedener der Ansicht, jedes Kind müsse innere Kontrollen entwickeln, um Versuchungen zu widerstehen, während Eltern aus der Arbeiterschaft eher zu der Ansicht neigen, daß die Kontrolle zum Teil bei äußeren Instanzen liegt (Kohn 1977). Außerdem glauben Eltern aus der Mittelschicht stärker als Eltern aus der Arbeiterschaft an ihre eigene Fähigkeit, den Gang des Lebens zu bestimmen, ungünstigen Umständen entgegenzutreten und das Kind durch ihre Vermittlung zu dem von ihnen vertretenen Ideal hinzuführen. Dieser Glaube erhält gelegentlich Bestätigung, wenn eine Mutter durch einen Anruf beim Schulleiter erreicht, daß ein Lehrer sein Verhalten ändert oder ihr Kind einer anderen Klasse zugewiesen wird. Melvin Kohn sieht ein wesentliches Merkmal des Mittelschichtstatus in »der Erwartung, daß die eigenen Entscheidungen und Handlungen etwas bewirken können«; wirtschaftlich schlechter gestellte Eltern glauben, »daß man Kräften und Menschen ausgeliefert ist, auf die man keinen Einfluß hat« (Kohn 1977, S. 189). Die Schichtzugehörigkeit eines Kindes bestimmt – anders als der vorübergehende Verlust eines Elternteils oder eine kurze Zeit familiärer Spannungen – nachhaltig seine Erfahrungen. Deshalb hat sie so großen Einfluß auf das Kind.

Die Rolle der Familie in der frühen und der späteren Kindheit

In dem Bemühen, den Einfluß der Familie auf das Kind abzuschätzen, haben Psychologen aus der großen Vielfalt möglicher Merkmale einige wenige kindliche Eigenschaften ausgewählt. Es ist nicht verwunderlich, daß sie solche Attribute ausgewählt haben, die etwas mit der Anpassung an die amerikanische Welt zu tun haben. Dazu gehören: intellektuelle Fähigkeiten, wie sie in IQ-Werten zum Ausdruck kommen, Schulnoten und verbale Fähigkeiten; eine sichere Bindung an die Eltern; Umgänglichkeit im Verhältnis zu Gleichaltrigen; ein vertretbares Maß der Anpassung an Autoritäten; und die Fähigkeit, selbständig Entscheidungen zu treffen. Die Auswahl der familiären Eigenschaften beruht auf der komplexen Annahme, daß körperliche Zärtlichkeit, interaktives Spiel und ein ausgewogenes Verhältnis zwischen Strenge und Gewährenlassen die Entstehung der erwünschten kindlichen Eigenschaften am stärksten beeinflussen.

Ich habe mich entschlossen, die Diskussion an diesen Vorstellungen auszurichten, weil ich mich so auf das vorliegende Datenmaterial beziehen kann. Am besten ist der Einfluß der Mutter untersucht worden. Über die Rolle des Vaters oder die von Geschwistern liegen nur ungenügende Erkenntnisse vor, und ich werde daher wenig über ihren Einfluß sagen, obwohl ich überzeugt bin, daß er groß ist (siehe Dunn 1983). Man sollte schließlich bedenken, daß es 1543, als Kopernikus seine Untersuchung »Über die Umläufe der Himmelskörper« veröffentlichte, keinen einzigen Anhaltspunkt gab, der eindeutig als Bestätigung seiner Behauptung, die Sonne drehe sich nicht und die Erde bewege sich um die Sonne, interpretiert werden konnte. Diese Hypothese fand bei einigen Gelehrten nur deshalb Anklang, weil sie nicht zu unübersehende Tatsachen, die man bis dahin nicht recht verstand, verständlicher erscheinen ließ. In diesem Sinne werden meine nachfolgenden Feststellungen manches von dem, was wir wissen, verständlicher machen und damit dem umfassenderen Thema der menschlichen Entwicklung einen logischen Zusammenhang verleihen, doch kann man von keiner dieser Feststellungen sagen, daß die Tatsachen sie erzwingen würden.

Das Kleinkind in der Familie

Die meisten Beobachter haben sich für zwei Prozesse des Kleinkindalters interessiert, die intellektuelle Entwicklung, insbesondere die Sprache, und die emotionalen Bindungen des Kleinkindes an die Eltern. Zu den kognitiven Kompetenzen des Kleinkindes zählen, wie ich im zweiten Kapitel bemerkt habe, sensomotorische Koordinationen, Schemata und Steigerungen der Gedächtnisleistung. Die Erwartung, daß diese Prozesse sich optimal entfalten, wenn man dem Kleinkind eine verständliche Vielfalt bietet, wird durch die Tatsache bestätigt, daß Kinder, die in Anstalten aufwachsen, in denen es an Abwechslung fehlt, diese Eigenschaften in der Regel später erreichen als Kinder, die in der Familie aufwachsen, wo die Mutter oft mit ihnen spielt und spricht (Clarke-Stewart, Vander Stoep und Killian 1979; Ramey, Farran und Campbell 1979; Bradley, Caldwell und Elardo 1979). Der Zusammenhang zwischen Abwechslung und kognitiver Entwicklung ist nicht durchweg sehr stark, und gelegentlich läßt er sich nicht beobachten, doch für einen umgekehrten Zusammenhang gibt es kaum einen Anhaltspunkt. Die Schlußfolgerung, daß

Vielfalt der Erfahrung die kognitive Entwicklung fördert, ist vielleicht das am wenigsten anfechtbare Prinzip der Entwicklungspsychologie.

Wenn das Kind Gelegenheit hat, neu auftretende Kompetenzen zu nutzen und zu üben, entwickeln sich die sensomotorischen Koordinationen schneller. Wenn das Kind auf sein Bettchen beschränkt oder fest gewickelt ist, fängt es später an zu greifen, zu stehen und zu laufen als ein anderes, das mit Objekten spielen und ungehindert die Umwelt erkunden kann. Gelegenheit zum Spielen und zur Erkundung fördert zwar die motorische Entwicklung, doch könnte es sein, daß diese Erfahrungen nicht absolut notwendig sind. Kinder, die zu motorischer Aktivität oder Erkundungen keine Gelegenheit hatten, weil sie im ersten Lebensjahr ständig gewickelt waren, werden, wenn man ihnen nach ihrem ersten Geburtstag Bewegungsfreiheit und Erkundungsmöglicheiten gibt, ebenso geschickt gehen, laufen und Objekte manipulieren wie Kinder, die nie eingeschränkt gewesen sind. Ein Junge, der sich nicht in seiner Umgebung umherbewegen konnte, weil er sich seit seiner Geburt (wegen einer Infektionsanfälligkeit) in einer Plastik-Schutzhülle befand, schien geistig kompetent zu sein, als er mit zwölf Jahren starb.

Im zweiten Kapitel bin ich auf Geschichte und Bedeutung des Konzepts der Bindung und auf die Auseinandersetzung um ihre Messung eingegangen, habe aber dort nicht im einzelnen erörtert, wie sich unterschiedliche Bindungsbeziehungen, die auf Erfahrungen in der Familie zurückgehen, auswirken. Die überwältigende Mehrheit aller Kinder auf der Welt wird von leidlich berechenbaren und einigermaßen fürsorglichen Erwachsenen aufgezogen, doch gibt es, was die Dauer, die Stetigkeit und die affektive Qualität der Interaktion zwischen Eltern und Kleinkind betrifft, erhebliche Unterschiede. Die meisten amerikanischen Eltern und Psychologen sind der Ansicht, daß diese Unterschiede für die spätere Anpassung des Kindes von erheblicher Bedeutung sind.

Stellen wir uns eine Umwelt vor, in der das Kleinkind eine freundliche und zuverlässige Pflege erfährt. Das Kind wird gefüttert, bevor es zu hungrig wird, es wird frisch gewickelt, bevor es ihm zu unbehaglich wird, und es wird vor Verletzung und unvorherschbaren Ereignissen, die es nicht verstehen kann, behütet. Dieses Kind erlebt jedoch selten die erregten emotionalen Zustände, die mit der Interaktion mit einem Erwachsenen verbunden sind. Im Nordwesten Guatemalas wachsen Maya-Kinder in dieser Weise auf.

Vergleichen wir dieses Kind mit einem anderen, das nicht nur fürsorgliche Pflege erfährt, sondern außerdem häufige, angenehme, spielerische Interaktionen mit einer Betreuungsperson. Man sollte erwarten, daß ein solches Kind zu einem emotional erregbaren Baby wird, das in Gegenwart der Betreuungsperson vokalisiert und sie anlächelt. Amerikanische Kleinkinder wachsen auf diese Weise auf und wie erwartet sind amerikanische Einjährige gesprächiger und erregbarer als einjährige Maya-Kinder, die nicht sehr viel spielerische Interaktionen mit Erwachsenen erleben.

In einer Gesellschaft, die auf emotionale Spontaneität Wert legt und sich über ruhige Kinder Sorgen macht, sind solche Kinder im Jugend- und Erwachsenenalter gefährdet. Es ist möglich, daß ein solches Kind von Gleichaltrigen links liegen gelassen oder abgelehnt und dadurch ängstlich wird. In einer Kultur wie der der Maya-Indianer, die sich nichts aus emotionaler Spontaneität macht, braucht es jedoch keine schädlichen Folgen zu haben, wenn das Kleinkind auf spielerische Interaktionen verzichten muß.

Ein weiteres Element einer sicheren Bindung besteht darin, daß die Betreuungsperson immer verfügbar ist, wenn dem Kind etwas fehlt. Schmerzen und unangenehme Gefühle erlebt jedes Kind, und wer dann kommt, es zu trösten, wird mit den angenehmen Gefühlen assoziiert, die mit der Beseitigung des Kummers einhergehen. Das Kind lernt, von diesen Erwachsenen zu erwarten, daß sie künftig seinen Kummer lindern werden, und es wird sich an sie wenden, wenn es hungrig oder müde ist, wenn es Schmerzen hat oder verängstigt ist. Nun stelle man sich aber ein Kind in einer Gruppe vor, wo die Betreuungspersonen unregelmäßig kommen und lange auf sich warten lassen. Dieses Kind ist gezwungen, ein anderes Verhalten zu entwickeln, wenn ihm etwas fehlt. Vielleicht dreht es die Haare um den Finger, vergräbt den Kopf in einer Decke oder schläft ein. Es lernt nicht, mit der Fürsorge von Erwachsenen zu rechnen oder sich an sie zu wenden, wenn es sich unsicher fühlt. Ein solches Kind ist unsicher gebunden. Diese Eigenschaft hat eine ausgesprochen wichtige Konsequenz.

Wesentliche Ziele der Entwicklung sind die Beherrschung von Aggressivität und Zerstörungslust sowie die Übernahme der Normen, die in der jeweiligen Kultur ein reifes Verhalten kennzeichnen. Die Bindung an eine Betreuungsperson schafft bei dem Kind eine spezielle Bereitschaft, sich von dieser Betreuungsperson erziehen zu lassen. Da das Kind sich dagegen sträubt, gewisse sozial erwünschte Verhaltensweisen und die ihnen zugrundeliegenden Normen zu übernehmen, muß es einen psychologisch zwingenden Grund haben, Lügen, Sachbeschädigung, Diebstahl und Ungehorsam zu meiden und motiviert zu sein, andere, von der Gesellschaft gewünschte Eigenschaften zu erwerben. Das Kind, das eine sichere Bindung an Betreuungspersonen hat, ist bereit, asoziales Verhalten zu zügeln, weil es diese Beziehung nicht gefährden möchte. Es wird sich daher die Normen der Familie zu eigen machen und wahrscheinlich harmonische Beziehungen mit anderen Menschen eingehen.

Das unsicher gebundene Kind ist stärker gefährdet, weil es weniger bereit ist, die von seinen Eltern vertretenen Normen zu übernehmen. Es wird eher ein abweichendes Verhaltensprofil entwickeln, deshalb von anderen abgelehnt und infolgedessen verunsichert. Die Vorhersage, daß aus einem unsicher gebundenen Kleinkind ein ängstlicher Jugendlicher wird, trifft wahrscheinlich zu. Umstritten ist jedoch, ob die Angst des Jugendlichen in erster Linie darauf zurückzuführen ist, daß er als Kleinkind unregelmäßig versorgt wurde, mit der Folge, daß die affektive Stimmung des Kleinkindes auf Dauer verändert wurde; oder ob diese Angst damit zu erklären ist, daß die Persönlichkeitsmerkmale eines Kindes, das sich nicht an Erziehungszwänge angepaßt hat, sich schlecht mit den Erwartungen von Gleichaltrigen und Erwachsenen vertragen, nach denen jeder sich den gesellschaftlichen Normen entsprechend zu verhalten hat.

Eltern und Sozialwissenschaftler glauben gern, daß die im Kleinkindalter wiederholt erlebten Emotionen sich erhalten. Das ist jedoch nicht zwangsläufig der Fall. Kinder, die in den ersten zwei oder drei Lebensjahren sehr viel Unsicherheit erlebt haben, werden nicht unbedingt zu bedrückten Jugendlichen, besonders dann nicht, wenn sie nach dem Kleinkindalter in eine freundliche Umgebung kommen. Eine Frau von siebenundzwanzig Jahren, die als Kleinkind ständig mißhandelt worden war und vor ihrem dritten Geburtstag drei Pflegestellen durchlaufen hatte, kam als Jugendliche zu der Erkenntnis, daß sie doch nicht von Grund auf schlecht sei. Sie wurde zu einer liebevollen, zufriedenen Mutter, die sich stark mit ihrem einzigen Sohn identifizierte. Im Gegensatz dazu sind Maya-Männer, die im Nordwesten Guatemalas in kleinen Dörfern leben, ihren Frauen gegenüber feindselig, argwöhnisch und aggressiv, trotz einer sicheren Bindung an die Mutter, die sie auf Verlangen stillte und tagsüber meist in ihrer Nähe blieb.

Ich sage nicht, daß es gleichgültig ist, in welcher Weise Erwachsene sich um Kleinkinder kümmern. Das ist sehr wohl von Belang. Eine unsichere Bindung im ersten Lebensjahr führt jedoch nicht in allen Fällen zu einem pathologischen Erwachsenen, und eine sichere Bindung ist keine Garantie dafür, daß man künftig gegen Leiden gefeit ist. Wenn ein Kind durch eine sichere Bindung dazu gebracht wird, Eigenschaften anzunehmen, die in der Gesellschaft fehlangepaßt sind – wie es in Übergangsperioden vorkommen kann, wenn die alten Werte sich wandeln –, dann kann man sagen, daß die Bindung für das Kind nicht vorteilhaft ist. In Bombay wachsen Kinder mit einer sicheren Bindung an die Mutter auf, und die Mütter sind im allgemeinen fürsorglich, liebevoll und spielen mit den Kleinen. Dennoch gibt es im Indien von heute viele ängstliche Jugendliche, weil die Werte, die sie aufgrund ihrer engen Bindung an die Mutter übernommen haben, mit den neuen kulturellen Anforderungen nicht zu vereinbaren sind. Ein kleines Mädchen, das in Boston heranwächst und eng an eine Mutter gebunden ist, die ihm Passivität, Abhängigkeit, Unterdrückung intellektueller Neugier und übertriebene sexuelle Zurückhaltung nahebringt, wird Eigenschaften besitzen, die für Frauen im Amerika von heute nicht adaptiv sind.

Für einen optimalen Verlauf der kognitiven Entwicklung brauchen Kleinkinder vielfältige Erfahrungen und Gelegenheiten, ihre Umwelt zu erkunden und zu manipulieren. Um eine sichere Bindung zu entwickeln, brauchen sie einen Erwachsenen, der beständig für sie sorgt und immer, wenn ihnen etwas fehlt, Abhilfe schafft. Wie sich diese positiven Erfahrungen später auswirken, hängt jedoch von den Ansprüchen ab, die dann von der sozialen Umwelt an das Kind gestellt werden. Man kann das Kleinkind nicht dagegen impfen, daß es ihm, wenn es erwachsen ist, schlecht geht, wenngleich denkbar wäre, daß die Eltern ein wenig dazu beitragen können, daß es nicht dazu kommt.

Das zweite und dritte Lebensjahr

Sprache. Die Fähigkeit, Wörter und Sätze zu sprechen, bildet sich bei den meisten Kindern während des zweiten Lebensjahres heraus. Kaum ein Kind kann vor dem ersten Geburtstag sinnvolle Wörter äußern, doch einige können bis zum zweiten Geburtstag komplizierte Sätze aussprechen. Heute nimmt man mit guten Gründen an, daß das menschliche Gehirn bereit ist, die subtilen Differenzen der gesprochenen Phoneme – etwa zwischen »ba« und »pa« oder zwischen »go« oder »ko« – zu erkennen, so wie es auch fähig ist, subtile Veränderungen der Farbe, der Konturendichte und der Bewegung zu erkennen. Das Kind ist biologisch nicht nur vorbereitet, ein Objekt als eine Einheit wahrzunehmen, sondern auch darauf, die für das Sprechen charakteristischen Tonimpulse als diskrete Einheiten zu hören und die Folgerung zu ziehen, daß diese Tonimpulse etwas mit den Objekten und Handlungen zu tun haben, die es in der realen Welt wahrnimmt. Diese Fähigkeit entwickelt sich zwar bei allen Kindern, setzt aber voraus, daß es mit Sprache in Berührung kommt. Es ist daher eine der zentralen Erfahrungen des zweiten Lebensjahres, daß das Kind Menschen reden hört, und besonders, daß es direkt von anderen angesprochen wird. Zwischen der Menge der aufgenommenen Äußerungen und dem Stand der Sprachentwicklung besteht jedoch kein einfacher Zusammenhang (Maratsos 1983). Australische Kinder, die eine Tagesstätte besuchen, hören seltener Erwachsene sprechen und sprechen weniger häufig als Kinder der gleichen sozialen Schicht, die den ganzen Tag zu Hause sind, doch zeigen beide Gruppen einen ganz ähnlichen Stand der Sprachentwicklung. Der Verfasser einer Studie kam zu dem

Schluß, daß »die absolute Menge des von Erwachsenen Aufgenommenen kein Faktor ist, der den Stand (oder Verlauf) der Sprachentwicklung bestimmt«.*

Das Erlernen von Verboten. Wie ich im vierten Kapitel andeutete, beginnen alle Kinder im zweiten Lebensjahr einen Sinn für Normen korrekten Verhaltens zu entwickeln, aber ihre Eltern müssen ihnen sagen, was richtig ist und was falsch. Wenn Eltern dem Kind erklären, daß Brüllen bei einer Gelegenheit falsch ist, aber stillschweigend zu verstehen geben, daß es bei einer anderen Gelegenheit erlaubt ist, wird das Kind sich weniger leicht eine Norm gegen Brüllen zu eigen machen.

Ich stelle nun zwei schwierige Fragen. Gibt es Handlungen, die Eltern unter allen Umständen mißbilligen sollten? Ist es gleichgültig, mit welchen Methoden Eltern zur Übernahme ihrer Normen ermuntern? Eltern drücken diese Fragen einfacher aus: Was soll ich bestrafen? Wie soll ich bestrafen? Eine erschöpfende Antwort auf die erste Frage muß die Kultur berücksichtigen, in der das Kind aufwächst. Abgesehen von ständigem Ungehorsam gegenüber Erwachsenen, körperlicher Aggression gegen Familienangehörige, Zerstörung von Sachgütern, offener Zurschaustellung der Geschlechtsteile und Nichtbeachtung aller Normen der persönlichen Reinlichkeit gibt es zwischen den Kulturen beträchtliche Unterschiede bezüglich der Verhaltensweisen, die der Erziehung unterworfen werden. In Dörfern, wo es kein fließendes Wasser gibt, verlangen Eltern nicht, daß Kinder sich vor dem Essen die Hände waschen; in Häusern, in denen es keine wertvollen Objekte gibt, werden Kinder nicht ständig aufgefordert, achtsam zu sein. Dies sind Normen, die die Eltern unbewußt weitergeben und die später, wenn das Kind größer ist, wahrscheinlich adaptiv sind. Im heutigen Amerika ist es für Erwachsene nicht adaptiv, rassistische Ideen zu vertreten, auch wenn man im Virginia des 18. Jahrhunderts wegen solcher Vorstellungen weder Scham noch Schuld empfunden hätte. Schulische Fähigkeiten haben für die Anpassung in ländlichen Gebieten Lateinamerikas, Afrikas oder Indonesiens sehr viel weniger Bedeutung als in Amerika, und Mütter, die zur Arbeiterklasse gehören und

* A. Cross, persönliche Mitteilung, 1982.

in Guadalajara, Mexiko, leben, ermuntern stärker zu Fleiß, Geldverdienen, Gehorsam und emotionaler Ausdruckskraft als zu schulischen Talenten.*

Damit komme ich zu der schwierigeren Frage der Erziehungsmethode. Die meisten Eltern stützen sich in der Erziehung ihrer Kinder auf eine Kombination von fünf Mechanismen, die sie aber mit unterschiedlicher Häufigkeit benutzen. Die Mechanismen sind: Beachtung, Strafe, Lob, Entzug von emotionaler Zuwendung und von Anzeichen der Wertschätzung sowie ferner, wie im vierten Kapitel angedeutet, Handeln als Vorbild, mit dem das Kind sich identifizieren kann. In den meisten Gesellschaften nehmen die Erwachsenen an, daß Kinder bloß zu sehen brauchen, was andere tun, und bloß zu hören brauchen, was die Erwachsenen sagen, um zu lernen, was richtig ist, und es anzuwenden. Diese Annahme ist zutreffend, wenn es etwa um die Norm geht, wie man sich bei Tisch verhält. Doch Beobachtung allein, ohne irgendeinen Hinweis, daß bestimmte Verhaltensweisen mißbilligt werden, dürfte bei Eigenschaften wie Ehrlichkeit nicht ausreichen. Beobachtung ist dort am wirksamsten, wo das betreffende Verhalten offen erkennbar ist und die meisten Menschen, denen das Kind begegnet, sich in der gleichen Weise verhalten. Wenn einem Kind gesagt wird, es dürfe niemanden schlagen, und es bei seinen Spielkameraden beobachtet, daß einige, wenn sie sich ärgern, schreien oder schlagen, andere dagegen nicht, wird es nicht so leicht die Aggressionshemmung als eine selbstverständliche Norm akzeptieren. In Gesellschaften mit großem Verhaltensspielraum wie der unseren wird die Beobachtung nicht für alle Normen der geeignete Mechanismus sein. Die Erziehung ist somit auf Kombinationen der übrigen vier Mechanismen angewiesen. Zwei dieser Mechanismen – Strafe und Liebesentzug – schränken aber direkt die Freiheit des Kindes ein, sich für eine Norm zu entscheiden oder nicht. In den meisten Gesellschaften der Welt macht es den Eltern gar nichts aus, die persönliche Freiheit des Kindes einzuschränken, doch für amerikanische Eltern ist das ein heikles Thema.

Die Konsequenzen der Restriktionen. Seit der Aufklärung beschäfti-

* R. H. Magaña, persönliche Mitteilung, 1981.

gen sich westliche Gelehrte und Eltern immer wieder mit zwei voneinander relativ unabhängigen Aspekten elterlichen Verhaltens gegenüber Kindern. Beim ersten geht es darum, Liebe zu zeigen, beim zweiten um Restriktionen. Theoretiker nehmen heute an, daß ein Kind, das geliebt und nicht übermäßig eingeschränkt wird – dem man also Entscheidungsfreiheit läßt –, sich wahrscheinlich erfolgreich an unsere Gesellschaft anpassen und Freude am Leben haben wird. Die schlechteste Prognose hat ein Kind, das ungeliebt ist und schwer eingeschränkt wird. Warum der elterlichen Liebe das größere Gewicht zukommt, wird später noch erörtert; zunächst zur Frage der Restriktionen.

Das Verhältnis zwischen einer restriktiven oder einer permissiven Haltung gegenüber Kindern scheint einem historischen Zyklus zu unterliegen, zumindest in der europäischen Gesellschaft. Von Mitte des 16. bis Mitte des 17. Jahrhunderts unterdrückten englische Eltern die nachsichtige Haltung, die sie bis dahin gezeigt hatten, und begannen, ihre Kinder schärfer einzuschränken und die Unterdrückung vieler ihrer natürlichen Impulse zu fordern. In den folgenden hundert Jahren wurden englische Bürgerfamilien permissiv; während des 19. Jahrhunderts sperrten die Familien ihre Kinder jedoch in enge Kammern und disziplinierten sie streng, bis sich Ende des Jahrhunderts wieder eine nachsichtige, die Impulse akzeptierende Haltung durchsetzte.

So forderten in den letzten Jahren des 19. Jahrhunderts, lange bevor irgendwelche wissenschaftlichen Daten vorlagen, amerikanische und europäische Gelehrte die Mütter und Väter auf, Ungehorsam zu dulden, damit das Kind Unabhängigkeit und die notwendige Emanzipation von der Familie entwickeln könnte. Gegen Ende des Jahrhunderts erinnerte James Sully die Eltern an John Lockes Erklärung: »Kinder lieben Freiheit, und daher sollten sie dahin gebracht werden, die ihnen gemäßen Dinge zu tun, ohne das Gefühl, daß ihnen irgendeine Einschränkung auferlegt ist.« (Sully 1896, S. 83) Sully erklärte, Kinder nähmen jede Behinderung ihrer Impulse übel, und wenn sie das Gesetz und die Einschränkungen durch Erwachsene zutiefst ablehnten, so beruhe das darauf, daß sie Freiheit erwarteten, was nach seiner Ansicht nur natürlich war.

»Man sollte sich nichts daraus machen, wenn ein Kind nicht

ohne ein gewisses Widerstreben auf Geheiß eines anderen seine Neigungen aufgibt. Solche Konflikte sind häufig, und sie stehen in einem engen Zusammenhang mit der Gesundheit und Lebenskraft des Kindes. In den besten Kindern – den besten vom biologischen Standpunkt aus – steckt, wie ich meine, ein Rebell.« (S. 269)

Drei Jahrzehnte später hieß es in einem Lehrbuch der Kinderpsychologie:

»Der ganze Entwicklungsprozeß des Kindes hat seine Emanzipation von den Eltern zum Ziel, so daß es sein eigenes Leben voll entfalten kann, ohne die Behinderungen, die unvermeidlich sind, wenn weiter eine Bindung an die Familie besteht. (...) Kluge Eltern werden ihrem Kind nach und nach immer mehr Freiheit gewähren und Anzeichen eines Verlangens nach Unabhängigkeit beim Kind nicht übelnehmen, sondern begrüßen.« (Rand, Sweeny und Vincent 1930, S. 352)

Ein Arzt, der der Freudschen Lehre nahestand, erklärte schlicht: »Die größte aller Sünden von Eltern ist es, zwischen dem Kind und der Selbstverwirklichung zu stehen, seine psychische Freiheit zu beschneiden.« (Miller 1922, S. 19)

Die Aufgeschlossenheit für eine permissive Haltung – die, nebenbei gesagt, die westliche Gesellschaft auf Freuds Ideen vorbereitete – hat sich bis in die Gegenwart erhalten. Es gibt jedoch bereits Anzeichen dafür, daß Amerika im Begriff ist, in eine Periode einzutreten, in der Restriktionen wieder wohlwollender betrachtet werden (Stone 1977).

Permissivität und Freiheit. Daß Restriktionen modernen amerikanischen Eltern großes Kopfzerbrechen bereiten, läßt sich zum Teil mit der Betonung der individuellen Freiheit und des persönlichen Gewissens erklären. Viele amerikanische Eltern befürchten, daß Restriktionen bei ihren Kindern Angst vor Autorität entstehen lassen. Dadurch könnten die Kinder zögern, Gelegenheiten zu nutzen, wenn es gilt, sich frei zu entscheiden, und ihr äußerlich zivilisiertes Verhalten würde weniger auf dem persönlichen Gewissen als vielmehr auf Furcht vor Mißbilligung beruhen.

Anders als in kleinen traditionsverhafteten Dörfern sind Kinder in amerikanischen Großstädten oft in Situationen, in denen kein Familienangehöriger, kein ferner Verwandter und kein Freund in der Nähe ist, um ihr Verhalten zu überwachen. Daher meint man, daß jeder ein persönliches Gewissen entwickeln müsse. Das Kind muß es sich versagen, einen Freund zu bestehlen, weil es überzeugt ist, daß es unrecht täte, und nicht, weil es sich schämte, wenn man es erwischte, oder weil es Angst hätte, von den Eltern bestraft zu werden. Wenn die moderne Gesellschaft funktionieren soll, muß schon der bloße Gedanke daran, einen anderen zu betrügen, zu bestehlen oder zu verletzen, ein Vorgefühl der Selbstverurteilung hervorrufen. Man nimmt weithin an, daß ein persönliches Gewissen und das damit verbundene Schuldgefühl sich nur entwickelt, wenn das Kind überzeugt ist, daß es frei entscheiden kann, ob es einer bestimmten Norm gehorcht oder nicht. Wenn ein Kind lediglich aus Angst vor Strafe nicht stiehlt, dann wird es vielleicht in einer Situation, in der Entdeckung unwahrscheinlich ist – wenn es beispielsweise allein in einem stark besuchten Kaufhaus ist, wo niemand bemerken wird, wie es ein Spielzeug stiehlt –, stehlen, weil es keinen Grund gibt, das nicht zu tun. Viele Eltern, die möchten, daß sich bei ihrem Kind ein persönliches Gewissen entwickelt, benutzen daher sanfte Erziehungsmethoden: verbale Erklärungen, milden Tadel und Entzug von Privilegien, weil diese Praktiken das Kind nicht in äußerste Furcht oder Wut versetzen, sondern es dazu bringen, über sein Fehlverhalten nachzudenken.

Diese Auffassung von Kindererziehung ähnelt dem Ratschlag, den vor etwa sechzig Jahren ein Autor chinesischen Eltern erteilte, der davor warnte, das Kind zu ängstigen. Er forderte die Eltern auf, jede Art von Bestrafung zu vermeiden, die Furcht erzeugen würde, und niemals das Kind am frühen Morgen oder am Abend zu bestrafen, denn im ersteren Falle wird der ganze Tag verdorben, im letzteren würde der ruhige Nachtschlaf beeinträchtigt (Chen 1925).

Die Wirkung von Restriktionen: Untersuchungsergebnisse. Über die Auswirkungen exzessiver elterlicher Restriktionen oder Strafen läßt sich deshalb nichts Eindeutiges sagen, weil diese Auswirkungen nicht nur davon abhängen, wie weit die Einschränkungen gehen, sondern auch von den Gründen, die dem Kind genannt werden, von der affektiven Beziehung zwischen Eltern und Kind und von der Strenge der Strafe. Es gibt keine wissenschaftliche Untersuchung, die lediglich die Auswirkungen einer restriktiven elterlichen Haltung beträfe.

Diana Baumrind (1983) von der University of California, die sich ausführlich mit dieser Frage befaßt hat, bemerkt, daß es zwischen der Folgsamkeit des Kindes und einer restriktiven oder strafenden Haltung der Eltern keinen eindeutigen Zusammenhang gebe. Baumrind hat Vorschulkinder aus Mittelschichtfamilien in Gruppen, einzeln und zu Hause bei ihren Eltern beobachtet, und sie teilt die Eltern in drei Typen ein: autoritativ, autoritär und permissiv. Autoritative Eltern greifen ein, sind aber liebevoll und fördern die Selbständigkeit ihrer Kinder; autoritäre Eltern greifen ein, sind aber weniger liebevoll; permissive Eltern greifen kaum ein, sind aber liebevoll. Es fällt schwer, der Fülle von Einzelheiten, die Baumrinds bedeutsame Monographie (Baumrind 1971) enthält, gerecht zu werden. Ein wesentliches Resultat besagt jedoch, daß diese unterschiedlichen elterlichen Verhaltensweisen für Jungen und Mädchen nicht die gleichen Konsequenzen haben und daß nicht Restriktionen allein, sondern die Kombination von restriktiver Kontrolle, Zuwendung und Förderung der Autonomie die Aggressivität und Unabhängigkeit eines Kindes beeinflußt. So sind die Töchter von autoritären Eltern weniger unabhängig und Töchter von autoritativen Eltern unabhängiger, doch sind diese Zusammenhänge bei den Söhnen weniger klar.

Eine andere Langzeitstudie über die Folgen von frühen elterlichen Restriktionen für das Verhalten von Jugendlichen und Erwachsenen hat ebenfalls Ergebnisse gebracht, die nicht logisch erscheinen und sogar der Intuition widersprechen. So ergab sich bei Söhnen, die von ihren Müttern in den ersten drei Lebensjahren äußerst restriktiv behandelt wurden, die Prognose einer nur geringen Abhängigkeit von anderen im Erwachsenenalter, während exzessive Restriktionen bei Mädchen keine vorhersagbaren Konsequenzen hatten (Kagan und Moss 1962).

Die Mehinaku-Indianer im Innern Brasiliens, die mit ihren Kindern sehr nachsichtig sind, haben für ein älteres Kind, das ständig ungehorsam ist, eine spezielle Behandlung. Sie »packen das Kind bei den Handgelenken, zerren es in eine Ecke, schütten einen Schöpflöffel voll Wasser über seine Beine und ziehen tiefe Ritzen in die Haut der Waden und der Oberschenkel«, wozu sie einen Fischzahn-Schaber verwenden. »Die Kinder schreien vor Zorn und Wut, und für einige ist es ein entsetzliches Erlebnis.« (Gregor 1977, S. 276) Die Erwachsenen dieses Stammes, die als Kinder auf diese Weise bestraft wurden, scheinen jedoch nicht aggressiver oder fügsamer zu sein als Kinder, die bei Stämmen aufwachsen, welche nicht diese anscheinend harte Praxis befolgen.

Puritanische Eltern im 17. Jahrhundert schlugen ihre Kinder oder sperrten sie einen Tag lang in ein Zimmer ein, um unannehmbares Verhalten zu korrigieren, offenbar inspiriert von dem Pastor der Pilgerväter, John Robinson, der geschrieben hatte, daß der Stolz, den Kinder entwickeln, »von vornherein gebrochen und unterdrückt werden muß; so daß, wenn damit in Demut und Gefügigkeit die Grundlage ihrer Erziehung geschaffen ist, andere Tugenden zu ihrer Zeit darauf aufgebaut werden können« (Demos 1970, S. 135). Solche Strategien werden heute – als Mißhandlung – abgelehnt, weil man glaubt, daß Kinder, die körperlich bestraft werden, Angst und feindselige Gefühle gegenüber ihren Eltern entwickeln.

Angst und Feindseligkeit sind jedoch nicht unausweichlich, sofern die Bestrafung vom Kind als Teil einer Beziehung wahrgenommen wird, die ansonsten auf Förderung und Achtung des Kindes bedacht ist. Japanische Kinder und Erwachsene, die dafür bekannt sind, daß sie der Familie und den sozialen Normen gehorchen, haben eine enge Bindung an die Familie und empfinden ihr gegenüber starke Loyalität. Aber vor dem Zweiten Weltkrieg und dem Eindringen westlicher Wertvorstellungen, die eine sanftere Erziehung begünstigen, wandten viele japanische Väter strenge Strafen an. Dennoch ist den Erinnerungen erfolgreicher Japaner kaum Feindseligkeit gegenüber diesen strengen Vätern zu entnehmen. Ein japanischer Regisseur sagt über seinen Vater: »Er war sehr streng, als er uns Manieren und Etikette beibrachte. Morgens und abends verbeugten wir Kinder uns auf die hergebrachte Weise vor unserem Vater, beide Hände auf dem Tatami.« (Wagatsuma 1977, S. 199) Der Präsident einer japanischen Automobilfirma erinnert sich: »Wenn sein Zorn vorüber war, nörgelte und schimpfte er nicht mehr, aber wenn er zornig war, hatte ich wirklich Angst vor ihm. Seine Schelte klang wie Donner. (...) Von meinem Vater habe ich gelernt, unabhängig zu leben und alles selbst zu tun. Er war das größte Vorbild für mein Leben.« (S. 199) Ein Arzt und Schriftsteller sagt über seinen Vater, einen berühmten Arzt und Dichter:

> »Mein Vater war vor allem ein furchteinflößender, Schrecken erregender Mensch. Er war oft wütend. Wenn er zornig wurde, dann mit all seiner körperlichen und geistigen Stärke. Ich brauchte nur mit anzuhören, wie mein Vater im Nebenzimmer jemanden zurechtwies, und mir lief es kalt über den Rücken, ganz davon zu schweigen, wenn ich gezüchtigt wurde. (...) Und dennoch war er mir, als ich größer wurde, eine echte Stütze.« (S. 200)

Würde man ein amerikanisches Kind in der gleichen Weise behandeln wie diese japanischen Söhne, dann würde es in unserer Gesellschaft wahrscheinlich sehr viel weniger erfolgreich sein, und es würde eine starke Antipathie gegenüber dem Vater hegen. Allerdings ist mit einem solchen Ergebnis nur dann zu rechnen, wenn das Kind das Verhalten des Vaters als willkürlich und als Ausdruck von Feindseligkeit wahrnimmt. Baumrind schreibt: »Nicht die Ausübung einer festen Kontrolle an sich, sondern die willkürliche, harte und nicht funktionale Ausübung einer festen Kontrolle hat negative Konsequenzen für das kindliche Verhalten.« (1983, S. 139)

Was strenge Restriktionen und harte Strafen für das Kind bedeuten, hängt ebenso wie die Folgen aller familiären Erfahrungen außerdem davon ab, wie stark die entsprechenden Erfahrungen innerhalb der Gesamtgesellschaft divergieren. Stellen wir uns eine Gesellschaft vor, in der alle Eltern ihren Kindern verbieten würden, andere Kinder einzuschüchtern, und ein entsprechendes Verhalten streng bestrafen würden. Alle Kinder wären gleichermaßen motiviert, das Schikanieren von Altersgenossen zu unterlassen, und wenn sie in die Präadoleszenz kämen, gäbe es nicht eine große Zahl von Kindern, die eine kleine Gruppe von schüchternen dominieren. In unserer Gesellschaft dagegen werden Kinder kaum von ihren Eltern wegen eines solchen dominanten Verhaltens bestraft, und die meisten Eltern sind permissiv, mit der

Folge, daß Kinder aus diesen Familien dazu neigen, Kinder aus den erstgenannten Familien einzuschüchtern, so daß sie sich alles gefallen lassen.

Viele Amerikaner meinen zwar, daß elterliche Restriktionen und Strafen nur negative Folgen hätten, doch können sie auch zu einem wünschenswerten Ergebnis führen. Ein Kind, das sich den meisten elterlichen Einschränkungen fügt, wird gelobt und anerkannt, so daß es sich schließlich geachtet und sogar tugendhaft vorkommt. Kinder, die sich beständig weigern, elterliche Restriktionen hinzunehmen, werden vielleicht ein gewisses Gefühl der Freiheit empfinden, aber es kann bei ihnen auch ein Gefühl entstehen, nichts wert zu sein, und dieses Gefühl ist nicht adaptiv (Baumrind 1983).

Einige der Erwachsenen, die sich an der Langzeitstudie des Fels Research Institute beteiligen, erzählten mir in einem Interview, daß ihre Eltern sie in ihrer Kinderzeit restriktiv behandelt und häufig bestraft hätten. Aus den zwanzig Jahre zurückliegenden Beschreibungen von Beobachtern, die die Familien dieser Erwachsenen zu Hause aufgesucht hatten, ging in der Tat hervor, daß die Eltern übermäßig strenge und in einigen Fällen auch harte Strafen anwandten. Doch zwanzig Jahre später waren diese Erwachsenen produktiv, glücklich verheiratet und ohne Symptome, und die restriktive Haltung ihrer Eltern führten sie auf wohlgemeinte Motive zurück. Sie waren froh, daß ihre Eltern sie mit Hilfe von Strafen erzogen hatten, denn so waren ihnen Gewohnheiten eingeschärft worden, die ihnen, wie sie meinten, im Erwachsenenalter zugute kamen (Kagan und Moss 1983).

Da die Folgen von Restriktionen und Strafen komplex und kaum erforscht sind, erhebt sich die Frage, warum dieses Thema so heftige Emotionen weckt. Es liegt, wie ich oben andeutete, daran, daß man allgemein glaubt, Kinder müßten frei sein. Übermäßige Restriktionen – im 19. Jahrhundert hieß das »den Willen des Kindes brechen« – machen es, so glaubt man, den Kindern schwer, Verantwortung zu übernehmen und die Freiheit des Erwachsenendaseins zu akzeptieren. Dieses Argument gegen Restriktionen, das um die Jahrhundertwende erneut vorgetragen wurde, war eine Reaktion auf zwei vorhergegangene Entwicklungen: einerseits die übermäßige Tendenz zu Bestrafungen, die den größten Teil des 19. Jahrhunderts kennzeichnete, und andererseits die übertrieben behütende Haltung von Müttern des ausgehenden 19. Jahrhunderts, die, so wurde gesagt, das Kind in einem Ausmaß von der Familie abhängig machte, das sich nicht mit den Eigenschaften vereinbaren ließ, die nach Ansicht unserer klügsten Kommentatoren für die Anpassung im Amerika des 20. Jahrhunderts erforderlich waren. So kam es, daß Autoren, die der psychoanalytischen Tradition zuzurechnen sind, die Eltern aufforderten, weniger zu strafen, weniger zu verbieten und weniger behütend zu sein, damit sich ihre Kinder emotional von der Familie lösen könnten. Heute gibt es in unserer Gesellschaft zuviel Isolation, zuwenig familiäres Engagement und zuviel Einsamkeit. Man kann damit rechnen, daß die nächste Generation von Schriftstellern, die für die amerikanische Familie schreiben, eher mehr als weniger Restriktionen fordern wird, denn wie ich oben bemerkte, werden Restriktionen etwa alle hundert Jahre erneut populär. Eine neuere Untersuchung über junge amerikanische Mütter deutet darauf hin, daß dieser Trend vielleicht schon eingesetzt hat.

Vor Mittelschicht- und Arbeiterschichtmüttern von Dreijährigen spielte man die Aufzeichnung eines Kurzvortrags ab, der etwa 400 Worte umfaßte; darin wurde verglichen, was der restriktive und der permissive Erziehungsstil jeweils an Klugem und Brauchbarem enthält, und anschließend wurden die Mütter gebeten, alles, was sie von dem Vortrag behalten hatten, wiederzugeben. Bei den Mittelschichtfrauen erinnerte sich eine größere Zahl als bei den Arbeiterfrauen an mehr Worte aus der Argumentation für eine restriktive Erziehung. Einer der auffallenden Unterschiede zwischen den beiden Gruppen von Müttern betraf zwei Sätze in der Mitte des Vortrags. In dem einen Satz hieß es, übertriebene Permissivität gegenüber dem jungen Kind könne zu einem Jugendlichen führen, der in der Schule schlechte Leistungen erbringt, Drogen nimmt und straffällig wird. Von den Mittelschichtfrauen gaben die meisten diesen Gedanken sehr genau wieder, und keine stellte ihn falsch dar. Unter den Arbeiterfrauen war der Anteil derer, die sich an diesen Gedanken erinnerten, kleiner, und von denen, die sich daran erinnern konnten, gab über ein Drittel die Bedeutung des Satzes falsch wieder. Nach ihrer Erinnerung war es eine allzu restriktive Erziehung, die ein Kind dazu disponierte, diese unerwünschten Eigenschaften anzunehmen (Kagan et al. in Vorbereitung).

In der selektiven Erinnerung der Mütter an die einzelnen Themen kommt zum Ausdruck, daß sie einerseits ein Kind haben möchten, das imstande ist, sich in vernünftigem Maße einer Autorität zu fügen, und andererseits ein Kind, das furchtlos ist. Mütter aus der Mittelschicht, die, was offenen Ungehorsam betrifft, im allgemeinen permissiver sind als Mütter aus der Arbeiterschicht, machen sich Gedanken, daß ihre Permissivität hinderlich sein könnte für die Entwicklung von effektiven Lerngewohnheiten und einem gewissen Verantwortungsgefühl – Eigenschaften, die für gute schulische Leistungen, die Zulassung zum College und einen akademischen Beruf erforderlich sind. Als diese Befürchtung in dem Vortrag ausgesprochen wurde, erinnerten sich die Mittelschichtfrauen mit großer Genauigkeit an die entsprechende Passage. Mütter aus der Arbeiterschaft, die mehr zu einem strengen Erziehungsstil neigen, machen sich dagegen Sorgen, daß zu viele Restriktionen und Strafen bewirken könnten, daß ihr Kind sich übermäßig vor Autorität fürchtet, daß es sich von Gleichaltrigen zuviel gefallen läßt und sich im Wettbewerb um einen Arbeitsplatz ausbeuten lassen könnte. Deshalb behielten sie bevorzugt diejenige Passage des Vortrags, in der solche Sorgen artikuliert wurden, und gaben sie mit größerer Genauigkeit wieder. Japanische Mittelschichtmütter aus der Stadt Sapporo können sich ebenfalls besser an die Passage erinnern, in der eine permissive Erziehung befürwortet wird, denn sie glauben, daß die Entwicklung einer engen Interdependenz-Beziehung behindert wird, wenn das Kind auf die Mutter böse ist, und daß restriktives Verhalten, indem es Unwillen gegen die Mutter hervorruft, eine harmonische Beziehung zu ihr beeinträchtigt.

Kann man nun dieser ganzen frustrierenden Komplexität irgendeinen Ratschlag entnehmen? Ein persönliches Gewissen, Selbstbewußtsein und Unterdrückung der Angst werden in unserer Gesellschaft wahrscheinlich auch weiterhin adaptive Merkmale bleiben, und daher kann man Eltern nur raten, eine liebevolle Beziehung zu dem Kind herzustellen, sich darüber klar zu werden, welches Verhalten sie ihrem Kind anerziehen wollen, dem Kind im Falle eines unerwünschten Verhaltens ihre Mißbilligung zu zeigen und ihm zugleich die Gründe für die Bestrafung zu nennen. Wenn diese Strategie nicht funktioniert, kann der Entzug von Privilegien, die das Kind genießt, dazu benutzt werden, das Erziehungsziel zu erreichen. Harte körperliche Strafen und übermäßige Drohungen mit Liebesentzug sind wahrscheinlich unklug und, wie ich hinzufügen möchte, unnötig, wenn die ersten beiden Bedingungen erfüllt sind.

Die Jahre von vier bis sieben: das Gefühl, geschätzt zu werden

Vom vierten Lebensjahr ab wird es schwieriger, die Erfahrungen anzuführen, die für eine optimale Entwicklung erforderlich sind. Vierjährige können sich selbst Abwechslung verschaffen, haben eine Bindung an ihre Eltern hergestellt, kennen viele der Normen, die ihre Eltern vertreten, und wenden sie an. Die Vierjährige ist selbstbewußt in der Steuerung eines Großteils ihrer Verhaltensweisen, sprachlich gewandt, motorisch koordiniert und imstande, die Wünsche und Handlungen anderer zu antizipieren. Die Vierjährige ist auf fremde Hilfe fast so wenig angewiesen, daß sie überleben könnte, wenn sie ohne Betreuungsperson bliebe. Um ein Rezept für sie zu finden, müssen wir daher nach vorn schauen und uns fragen, was das Kind zukünftig können muß, um sich an seine Gesellschaft anzupassen.

In den meisten traditionellen Kulturen von heute, aber auch in der ganzen bisherigen Geschichte, bestehen die Aufgaben, die man sieben- und achtjährigen Kindern zuweist, im Holzsammeln, Pflanzen, Säen, Jagen, Kochen und in der Beaufsichtigung jüngerer Kinder. In modernen Gesellschaften dagegen haben Kinder nur ein einziges herausragendes Problem: Sie müssen die Aufgaben schaffen, die die Schule ihnen stellt, Lesen, Rechtschreibung, Schreiben und Rechnen. In modernen Gesellschaften brauchen Vierjährige demnach Erfahrungen, die sie darauf vorbereiten, mit dieser speziellen Herausforderung fertigzuwerden. Zu dieser Vorbereitung gehören erste Kenntnisse von Buchstaben und Zahlen, die Fähigkeit, vor schwierigen geistigen Problemen, die Angst erzeugen, bei der Sache zu bleiben, intellektuelle Fähigkeiten hochzuschätzen, und eine Bereitschaft, sich den willkürlichen Forderungen von Erwachsenen zu fügen. Da diese Eigenschaften dem Kind während der ersten Schuljahre zugute kommen, müßte erstens eine Interaktion mit Erwachsenen, die diese Fähigkeit fördert – indem man zum Beispiel Bücher liest, Probleme löst, mit Zahlen spielt und eine anpassungsbereite statt einer ungehorsamen Haltung gegenüber unvertrauten Erwachsenen ausbildet –, dem Kind, das ins schulpflichtige Alter kommt, von Nutzen sein.

Zweitens sind Eltern Rollenvorbilder, mit denen das Kind sich identifiziert; Eltern sollten daher ein Verhalten zeigen, welches das Kind als gut einstuft, denn der Fünfjährige, der die Eltern als fürsorglich, gerecht und tugendhaft wahrnimmt und sich mit ihnen identifiziert, wird sich am Ende selbst so sehen, als besäße er diese wünschenswerten Eigenschaften.

Drittens muß das fünfjährige Kind glauben, daß es von seiner Familie geschätzt wird. Dieser Glaube ist kein selbstverständliches Derivat aus dem im Kleinkindalter hergestellten Zustand der Bindung. Ich habe darauf hingewiesen, daß die westliche Gesellschaft der elterlichen Liebe beträchtlichen Einfluß zuschreibt, und zwar schon seit dem 17. Jahrhundert (siehe Kapitel 2). Die psychologische Wirkung, die man der elterlichen Liebe oder ihrem Fehlen zuschreibt, findet eine Parallele in dem Einfluß, den man in anderen Gesellschaften und zu anderen Zeiten Geistern, dem Verlust der Seele, der Zauberei, der Sünde, dem Klatsch, Gott oder der Hexerei beigemessen hat. »Elterliche Liebe« hat zwei Bedeutungen. Einmal ist die spezielle Emotion gemeint, die Eltern gegenüber dem Kind empfinden. Zum anderen geht es um den Glauben des Kindes bezüglich der Wertschätzung, die es bei seinen Eltern genießt. In der westlichen Gesellschaft geht es vor allem um die erstgenannte Bedeutung – das Gefühl der Liebe, das die Mutter für ihr kleines Kind empfindet –, und man nimmt an, daß der entsprechende Glaube sich beim Kind automatisch einstellen wird. Diese beiden Bedeutungen gehen jedoch nicht immer Hand in Hand. Fachleute warnen vor der Gefahr, daß die Mutter-Kind-Bindung durch Ersatz-Betreuungspersonen verwässert werden könnte. Der Film »Herbstsonate« (1978) macht die Zuschauer ganz stumm und löst ihre stillschweigende Zustimmung aus, wenn er schildert, wie eine verheiratete Frau ihrer alternden Mutter erklärt, ihre Seelenqual sei ein später Ausdruck dessen, daß die Mutter sie dreißig Jahre zuvor nicht geliebt habe. Man sieht in der Liebe der Mutter zum Kind eine geheimnisvolle Kraft, die, falls sie reichlich über das Kind versprengt wird, sicheres Heil verspricht. Einem Kind, das nicht so glücklich war, eine liebevolle Mutter zu haben, ist dagegen die Zukunft vergiftet. Würde die Mehrzahl der menschlichen Gesellschaften diesen Glauben teilen, so wäre man vielleicht geneigt, ihn für zutreffend zu halten – alle Menschen glauben ja auch, daß man essen muß, um zu überleben. Der Glaube an die nachhaltige psychische Gefahr unzureichender mütterlicher Liebe, wie er heute im Westen vorherrscht, wird jedoch von vielen Gesellschaften nicht geteilt, und auch in unserer war man vor einigen Jahrhunderten nicht davon überzeugt.

Wie das Kind Ablehnung und Zurückweisung wahrnimmt. Daß amerikanische Kinder und Jugendliche von dem Zweifel gequält werden, ob ihre Eltern sie lieben, und daß viele Erwachsene glauben, ihre Angst und Unsicherheit liege zum Teil daran, daß sie als Kinder von ihren Eltern abgelehnt wurden, hat vielerlei Gründe. Diese Ansichten gehen teilweise darauf zurück, daß das Kind elterliche Normen nicht erfüllt hat. Im vierten Kapitel war schon davon die Rede, daß das Kind gegen Ende seines zweiten Lebensjahres in seinem Verhalten Angst erkennen läßt, wenn es außerstande ist, sich so zu verhalten, wie es sich verhalten zu müssen meint. Die Einsicht, daß man eine als richtig erachtete Norm nicht zu erfüllen vermag, löst Kummer aus. Übertragen wir diese Schlußfolgerung auf das heutige Eltern-Kind-Verhältnis. Das Kind kann die elterlichen Normen nicht ignorieren, weil es, auf die Fürsorge und instrumentelle Hilfe der Eltern angewiesen, in einer »ausweglosen« Situation ist. Das Kind akzeptiert diese Norm als vernünftige Ansprüche, die es zu erfüllen hat. Das Kind erkennt darüber hinaus, daß die Eltern und viele andere Kinder diese Normen erfüllt haben, daß sie also innerhalb des Menschenmöglichen liegen. Das Kind kann die Normen nicht wegrationalisieren.

Wenn jedoch ein bestimmtes Kind zu der Ansicht kommt, es sei zu schwierig, die Normen zu erfüllen, wird es bedrückt. Was dieses Kind empfindet, bezeichnen die einen als Scham, andere als Schuldgefühl, wieder andere als ein Gefühl der Wertlosigkeit. Aus dieser Emotion kann ein Gefühl des Unvermögens erwachsen, sowohl Probleme zu bewältigen als auch die Zustimmung und Zuneigung anderer zu gewinnen. Das Kind glaubt, keine Wertschätzung zu verdienen. Die steigende Selbstmordziffer unter japanischen Jugendlichen, die nicht zur Universität zugelassen wurden, ist eine extreme Reaktion auf dieses Gefühl der Wertlosigkeit. Dies ist ein Grund, warum man dem Kind nicht erlauben sollte, die Normen der Familie und der Gesellschaft allzu häufig oder allzu schwerwiegend zu verletzen. Eltern sollten ihren Kindern helfen, Versuchungen zu meiden, die zur Verletzung von Normen führen, sie sollten nicht so restriktiv sein, daß das Kind gezwungen ist, ungehorsam zu sein, und wenn das Kind elterliche Leistungsnormen nicht zu erfüllen vermag, sollten sie es beruhigen.

Für die Mittelschicht in der modernen westlichen Gesellschaft ist es eine zentrale Tatsache, daß die schulischen Leistungsnormen so hoch sind, daß viele Kinder sie nicht zu erfüllen vermögen. Was noch wichtiger ist: Es besteht für das Kind kaum eine Möglichkeit, dieses Unvermögen wettzumachen. Es gibt keine sinnvollen instrumentellen Betätigungen, die das amerikanische Kind aufnehmen könnte, um zu beweisen, daß es tüchtig, brauchbar und wertvoll ist. Das durchschnittliche Mittelschichtkind ist ein Objekt zärtlicher Gefühle, das im Haushalt keine sinnvolle wirtschaftliche Aufgabe hat. Dadurch unterscheidet es sich deutlich von dem Kind, das in einem weniger hochentwickelten Land in einem Dorf lebt und weiß, daß seine Arbeit für die Familie wertvoll ist, und von dem durchschnittlichen Jugendlichen, der Ende des 19. Jahrhunderts in Massachusetts lebte und etwa ein Drittel des Familieneinkommens heranschaffte (Kett 1977).

So wie das einjährige amerikanische Kind zur Mutter läuft, um sich von ihr beruhigen zu lassen, wenn es durch ein diskrepantes Ereignis geängstigt wurde, so möchte auch das verängstigte Siebenjährige seines Werts versichert werden, wenn es eine elterliche Norm nicht erfüllen konnte. Diese Gewißheit bekommt das Kind am ehesten dadurch, daß die Eltern ihm zeigen, daß sie es akzeptieren und lieben. Manchen Eltern fällt es jedoch schwer, dem Kind aufrichtig diese Gewißheit zu verschaffen, und so leiden die Kinder weiter und fühlen sich wertlos. Es ist durchaus möglich, daß jene Erwachsenen in unserer Gesellschaft, die ihre Angst und Besorgtheit damit erklären, daß es ihnen in der Kindheit an elterlicher Liebe gefehlt hat, den elterlichen Normen nicht entsprochen haben, von den Eltern dann nicht, wie es nötig gewesen wäre, ihres Wertes versichert worden sind und die entsprechende Überzeugung ins Erwachsenenleben mitgenommen haben. Aus dieser Überlegung folgt unmittelbar, daß ein Kind, das nicht den mit der Nichterfüllung elterlicher Normen verbundenen Kummer erlebt hat – sei es, daß die Normen großzügig waren, sei es, daß das Kind das Glück hatte, ihnen zu genügen –, als Erwachsener weniger dazu neigen wird, seine Leiden auf die Ablehnung durch seine Eltern zurückzuführen, selbst wenn die Eltern es als Kind auch nicht besonders liebevoll behandelt haben.

Aber auch wer als Kind von seinen Eltern nur geringen Anforderungen bezüglich der kognitiven Kompetenz oder des korrekten Verhaltens unterworfen wurde, kann als Erwachsener Schwierigkeiten haben, wird allerdings weniger dazu neigen, seine Angst mit mangelnder elterlicher Liebe in der Kindheit zu erklären, sondern wird sie eher auf andere Kräfte zurückführen, sei es die eigene Unfähigkeit, geringe Motivation, unzureichende schulische Ausbildung oder eine ungerechte Gesellschaft. Wer sich dagegen als Erwachsener seiner selbst sicher fühlt, wird das möglicherweise dem Umstand zuschreiben, daß er als Kind geliebt wurde. Wahrscheinlich hat er aber das Glück gehabt, die von den Eltern geforderten Normen als Kind annähernd zu erfüllen.

In Dörfern der Dritten Welt, wo es relativ einfach ist, die den Kindern auferlegten Normen (Kochen, Saubermachen, Holzsammeln oder Babys Beaufsichtigen) zu erfüllen, leiden Kinder weniger unter Versagen, und bei Erwachsenen findet man seltener die Ansicht, daß ihre Angstgefühle auf eine Zurückweisung oder Ablehnung durch die Mutter zurückgehen.

Die Zeichen der Liebe. Eltern sollten ihren Kindern jene Zeichen geben, die in der jeweiligen Kultur zum Ausdruck bringen, daß sie geschätzt werden. Einige Psychologen haben angenommen, es gebe ganz bestimmte elterliche Verhaltensweisen, die unter allen

Umständen Akzeptanz oder Ablehnung ausdrücken, denn unter amerikanischen Eltern und Psychologen besteht eine bemerkenswerte Einigkeit darüber, in welchen Verhaltensweisen sich diese Einstellungen äußern. Ablehnung, glaubt man, drücke sich darin aus, daß man das Kind harten körperlichen Strafen unterwirft, daß man nicht mit ihm spielt und es nicht drückt oder küßt. Für einen Amerikaner wäre es unmöglich, von einer Mutter zu sagen, sie sei gleichzeitig reserviert und liebevoll. Doch in abgelegenen ländlichen Gegenden im Norden Norwegens, wo die Bauernhöfe kilometerweit auseinanderliegen, verhalten sich Mütter in einer Weise, die ein amerikanischer Beobachter bei einer amerikanischen Mutter als Zeichen der Ablehnung deuten würde. Wenn ein Vierjähriger in der Türöffnung sitzt und den Durchgang ins Nebenzimmer versperrt, wird er von der norwegischen Mutter nicht gebeten, zur Seite zu gehen, sondern sie bückt sich, nimmt ihn hoch und setzt ihn wortlos ein Stückchen weiter, so daß sie hindurch kann. Ein Angehöriger der amerikanischen Mittelschicht könnte in dieser scheinbaren Gefühllosigkeit ein Anzeichen der Abneigung sehen, doch in jener entlegenen arktischen Region verhalten sich die meisten Mütter so, und die Kinder reagieren darauf nicht, wie es unsere Theorien voraussagen.

Eine ungebildete junge Mutter versetzt ihrem Vierjährigen eine Ohrfeige, wenn er nicht rechtzeitig zu Tisch kommt. Die Heftigkeit des Schlages läßt einen Beobachter vermuten, daß die Mutter ihr Kind nicht mag. In einem anschließenden Gespräch läßt sie jedoch erkennen, wie sehr sie den Jungen liebt. Sie hat ihn geschlagen, weil sie nicht möchte, daß er zu einem unartigen Jungen wird, und sie glaubt, körperliche Strafe sei am besten geeignet, ihm ihre Normen einzuschärfen. Nunmehr hat es den Anschein, als drücke sich im Verhalten der Mutter eine liebevolle und nicht eine ablehnende Haltung aus. Ob das Kind sich geliebt oder zurückgewiesen fühlt, ist eine Frage des kindlichen Glaubens und nicht eine Frage des elterlichen Handelns; aus dem Verhalten einer Mutter kann man also nicht unter allen Umständen eindeutig folgern, ob das Kind glaubt, geschätzt zu werden. Mit drei bis vier Jahren ist das Kind reif genug, um einzusehen, daß gewisse Dinge, die den Eltern gehören, nur mit Mühe zu erwerben sind, und wenn es dann mit diesen Dingen bedacht wird, sieht es darin ein Opfer und einen Ausdruck seiner Wertschätzung. Das Kind hat ein inneres Zählwerk, in dem der jeweilige Wert der elterlichen Gaben, seien es Umarmungen, Privilegien oder Geschenke, verzeichnet wird. Der Wert der Gabe beruht teilweise auf ihrer Knappheit. Die meisten Eltern sind so beschäftigt, wirtschaftlich so beengt oder so egoistisch, daß sie dem Kind nicht über längere Zeit ununterbrochen Gesellschaft leisten, noch ihm teure Geschenke machen können; solche Belohnungen werden daher von den meisten Kindern hoch bewertet. In vielen Kulturen lernen Kinder außerdem, daß körperliche Zärtlichkeit ein wichtiges Zeichen der Liebe ist, und messen Umarmungen und Küssen hohen Wert bei. Nach dem Ersten Weltkrieg betonten Erziehungsfachleute, wie wichtig es sei, daß Eltern ihrem Kind körperliche Zärtlichkeit beweisen, und gaben dabei zu verstehen, daß Angst entstehen könne, wenn sie es an solcher Zärtlichkeit fehlen lassen. Auf die Frage: »Worin unterscheidet sich Ihre eigene Kindheit von dem, was Ihr Kind erlebt?« antworten viele ältere amerikanische Mütter: »Ich wußte, daß meine Mutter mich liebt, aber sie zeigte es nicht.« Eine solche Äußerung läßt den Schluß zu, daß ein Kind, um an seinen Wert zu glauben, keiner körperlichen Zärtlichkeit bedarf, sondern daß dieser Glaube auf einem Verhalten beruht, aus dem das Kind entnehmen kann, daß die Mutter an seinem Wohlergehen interessiert ist. Unter den Kindern einer bestimmten Kultur wird daher, was die elterlichen Verhaltensweisen betrifft, die ein Zeichen von Liebe sind, Einhelligkeit herrschen, aber die Deutung dieser Zeichen liegt beim Kind.

In unserem Jahrhundert ist es zu einem Zeichen der Ablehnung geworden, wenn eine Mutter ihrem Kind zeigt, daß sie ärgerlich ist. Die Familie ist einer der wenigen Orte, wo man seinen Ärger äußern kann, ohne sich Zwang anzutun, weil man sonst mit sozialer Zurückweisung, Ansehensverlust oder einem Gegenangriff rechnen müßte. In vielen Fällen ist einer der Ehegatten der dominierende, und immer sind beide Eltern dominant gegenüber dem Kind. Die Gesellschaft akzeptiert es, wenn ein Mann seinen Ärger an seiner Frau ausläßt, auch wenn er damit eigentlich nur eine Enttäuschung am Arbeitsplatz, Schwierigkeiten mit Freunden oder unbefriedigte Ambitionen abreagiert. Oft wird aber auch das Kind zur Zielscheibe eines solchen umgeleiteten Ärgers seiner Eltern. Gewöhnlich ist die Mutter länger mit dem Kind zusammen als der Vater, und es genügt schon eine geringfügige Provokation von seiten des Kindes – zumeist in der Form, daß es eine der Normen der Mutter verletzt –, damit sie ihrem Ärger durch Brüllen, körperliche Bestrafung oder, in selteneren Fällen, durch körperliche Mißhandlung Luft macht. Psychologen deuten ein solches Verhalten vielfach als Ausdruck einer ablehnenden Haltung, obwohl sie auf der anderen Seite zögern würden, im Falle des verärgerten Ehemanns den gleichen Schluß zu ziehen. Wenn der Mann seinen Ärger an der Frau ausläßt, deuten sie das als Ausdruck der Frustrationen, die er außerhalb der Familie erlebt hat, und nicht als ein Anzeichen tiefsitzenden Grolls gegenüber der Ehefrau. Warum ziehen Psychologen dann nicht den gleichen Schluß, wenn eine Mutter sich gegenüber ihrem Kind feindselig verhält?

Zum Teil ist diese asymmetrische Bewertung mit der Ansicht der meisten Amerikaner zu erklären, daß die Liebesbeziehung zwischen Mutter und Kind an sich stärker, vielleicht auch natürlicher sei als die Bindung zwischen Mann und Frau; um sich feindselig gegenüber einem Kind zu verhalten, muß man demnach einen Zorn empfinden, der sehr viel stärker ist als der Ärger, den ein frustrierender Arbeitstag erzeugt. Außerdem fällt es uns schwer, einer Frau ebenso heftigen Zorn zu unterstellen wie einem Mann. Die meisten Erwachsenen nehmen daher an, daß ein starker innerer Widerstand überwunden werden muß, ehe eine Mutter sich gegenüber ihrem Kind aggressiv erhält.

Aufgrund der Stereotypen, die sie von den Geschlechtern haben, interpretieren die meisten Amerikaner Aggression bei Frauen anders als bei Männern. Männer werden danach beurteilt, ob sie durchsetzungsfähig sind oder nicht, Frauen danach, ob sie liebevoll sind oder nicht. Wenn Ärger, Wut und Enttäuschung sich bei Männern in Aggression entladen, führen wir das darauf zurück, daß sie in ihrem Bestreben, sich in ihren beruflichen Angelegenheiten durchzusetzen, frustriert wurden; wenn Frauen aggressiv sind, führen wir das eher auf eine lieblose Einstellung zurück.

Eine der wichtigen Ursachen von Frustration in der heutigen

Zeit ist die wirtschaftliche Unsicherheit. Oft werden Ehestreitigkeiten dadurch ausgelöst, daß der eine Ehegatte mehr Geld ausgegeben hat, als es der andere für angemessen hält. Mütter aus der Unterschicht sind häufiger als Mütter aus wohlhabenden Schichten wirtschaftlicher Unsicherheit ausgesetzt, und man könnte daher erwarten, daß sie häufiger zu Zornesausbrüchen neigen. Tatsächlich ist es bei Müttern aus wirtschaftlich benachteiligten Familien häufiger der Fall als bei wirtschaftlich günstiger gestellten Müttern, daß sie ihre Kinder anbrüllen, anschreien und sie schlagen (Kagan und Reznick, unveröffentlicht). Manche Psychologen deuten das als Ausdruck einer weniger liebevollen (oder stärker ablehnenden) Haltung gegenüber dem Kind und nicht als Anzeichen einer stärkeren Frustration.

Den eigentlichen Grund der feindseligen Haltung der Mutter kann das junge Kind natürlich nicht kennen. Es reagiert auf das Verhalten der Mutter oder, wenn es reif genug ist, auf eine eigene Interpretation der mütterlichen Intentionen. Nun rationalisieren Mütter in der Regel die Bestrafung des Kindes damit, daß das Kind sie durch die Verletzung einer Norm provoziert habe und die Bestrafung daher der Entwicklung des Kindes dienen solle; infolgedessen wird ein Kind, dessen Mutter allzuhäufig bestraft, glauben, es sei schlecht. Diese fortdauernde Selbsteinschätzung führt dazu, daß es in der Schule geringere Leistungserwartungen an sich stellt, und läßt es wahrscheinlich werden, daß es als Erwachsener frustriert ist und zu Zornausbrüchen neigt, womit der Kreislauf von neuem beginnt.

Die eigentliche Ursache dieses Kreislaufs könnte jedoch, anders als einige Psychoanalytiker behaupten, nicht in der Fortdauer der emotionalen Folgen mütterlicher Zurückweisung liegen, sondern darin, daß beim Erwachsenen erneut dieselben Bedingungen entstehen, die schon eine Generation zuvor häufiger Anlaß von Ärger und Feindseligkeit waren. Es mag sein, daß das Kind der unmittelbare Auslöser elterlicher Feindseligkeit ist, es muß jedoch nicht unbedingt ihr eigentliches Ziel sein.

Ist Liebe wichtig? Meine Frage ist nun, ob der Mangel sowohl an elterlicher Liebe wie auch an einer liebevollen Haltung entscheidend zu der Wahrscheinlichkeit beiträgt, daß das Kind später psychische Symptome entwickelt. Die Frage ist nicht leicht zu beantworten, und zwar aus Gründen, die nicht rein empirischer Natur sind. Wenn wir fragen, ob die Außentemperatur zu der Wahrscheinlichkeit, daß es schneien wird, beiträgt, brauchen wir nur objektive Daten zu sammeln, um das festzustellen. Wenn die Frage jedoch lautet, ob elterliche Ablehnung zu späterer psychischer Erkrankung beiträgt, dann fragen wir danach, ob bestimmte elterliche Handlungen beim Kind in der Regel einen bestimmten mentalen Zustand hervorrufen – den Glauben, es werde nicht geliebt – und darüber hinaus einen künftigen mentalen Zustand beim Erwachsenen – übermäßige Angst, Depression oder Gereiztheit. Diese Frage kann auf zweierlei Weise beantwortet werden.

Die eine Antwort bewegt sich im subjektiven Bezugsrahmen (siehe Kapitel 1) und betrifft allein die persönliche Ansicht eines Menschen. Ein Erwachsener, der glaubt, daß seine gegenwärtige Gereiztheit durch frühere elterliche Zurückweisung determiniert ist, wird sich so verhalten, als ob diese Hypothese wahr wäre. Die andere Antwort bewegt sich im objektiven Bezugsrahmen und hängt davon ab, ob es zwischen bestimmten elterlichen Verhaltensweisen gegenüber dem Kind, der Wahrnehmung des Kindes, ob es geliebt oder abgelehnt wird, und bestimmten Eigenschaften des Erwachsenen zwanzig Jahre später einen gesetzmäßigen Zusammenhang gibt. Diese Frage hat bisher keine befriedigende Antwort gefunden. Kipsigis-Mütter in Kenia lassen kleine Kinder durch ältere Geschwister versorgen, israelische Mütter, die im Kibbuz leben, bedienen sich der *Metapelet*, und viele Fidschi-Mütter überlassen ihr gerade entwöhntes zweijähriges Kind einer Cousine zur Adoption. Nichts deutet darauf hin, daß diese Kinder sich als Jugendliche in dem Gefühl, von den Eltern geliebt zu werden, voneinander unterscheiden.

Der Glaube, daß die Qualität der Liebe zwischen Mutter und kleinem Kind einen starken Einfluß auf dessen spätere psychische Gesundheit habe – eine relativ neue Idee in der westlichen Gesellschaft –, könnte Bestandteil eines allgemeineren Themas sein, nämlich des Aufstiegs der Frauen in der westlichen Gesellschaft im Laufe der letzten dreihundert Jahre.

Es ist ganz natürlich, daß man demjenigen, der die Ideale der Gesellschaft repräsentiert, heilige Qualitäten zuspricht. Als europäische Mittelschichtfrauen begannen, die Hauptverantwortung für den Charakter des Kindes zu übernehmen, und sich die Aufklärungstugenden der Nächstenliebe, der Freundlichkeit, der Menschlichkeit und der Selbstlosigkeit im Dienste des Ehemanns und der Kinder zu eigen machten, wurden sie zu Anwärterinnen auf die Heiligsprechung. Die Männer vollbrachten das böse weltliche Werk, die Frauen, indem sie liebten, vollbrachten Gottes Werk.

Hinzu kommt, daß im Laufe des 19. und 20. Jahrhunderts die engen Bande der Loyalität unter Männern schwächer wurden (teils aufgrund gestiegener Mobilität, mangelnder Gelegenheit, langfristige Bindungen herzustellen, und der Konkurrenzhaltung, die die Beziehungen zwischen Männern prägte) und daß das 20. Jahrhundert den moralischen Relativismus zu schätzen begann; das alles führte dazu, daß Erwachsene nach dem unbefleckten Idealzustand suchen, der es verdient, daß sie sich für ihn engagieren. Es lag nahe, die Liebesbeziehung, in der sich gegenseitige seelische Förderung, fraglose wechselseitige Loyalität und Freude miteinander verbinden, zu diesem Ideal zu erheben. Von vielen Menschen der westlichen Welt wird die Liebe heute als die vorrangige heilende Erfahrung zum unantastbaren Heiligtum erklärt. Wir machen Macht und Ansehen verächtlich, wir politisieren und ruinieren damit die berufliche theoretische Sachkenntnis, wir machen den unpraktischen »Elfenbeinturm«-Gelehrten lächerlich, und wir sind gezwungen, dem pragmatischen Bedürfnis nach Energie und industrieller Produktion die Schönheiten der Natur zu opfern. Wenn all diese Ideale bröckeln, möchte der Durchschnittsbürger wenigstens eines der raren, bislang unangetasteten Güter bewahrt wissen, und er gesteht den Frauen gern das Amt zu, eines der letzten Sakramente zu verwalten.

Die Jahre von sieben bis dreizehn

Die sechs Jahre, die der Pubertät vorausgehen, sind eine Zeit der Vorbereitung auf das Erwachsenenleben. In jeder Gesellschaft müssen junge Erwachsene eine Erwerbstätigkeit erlernen, die elterliche und eheliche Verantwortung übernehmen und die ihnen als aktives Glied der Gesellschaft zukommenden Pflichten akzeptieren. Kinder in Dörfern der Dritten Welt helfen durch Kochen, Waschen und Saubermachen; Kinder in der modernen Gesellschaft erwerben die notwendigen geistigen und fachlichen Kenntnisse. In der Zeit vor dem amerikanischen Sezessionskrieg verließen Zehnjährige aus der Mittel- und Unterschicht ihre Familie, gingen zu einem Handwerker in die Lehre und erlernten einen Beruf. Ezra Gannett, Enkel eines Präsidenten der Yale University, verließ mit acht Jahren sein Zuhause, um bei einem Pastor zu leben und zu lernen. Die Söhne der Armen mußten außergewöhnlich großen Unternehmungsgeist besitzen. Asa Sheldon begann sich mit sieben Jahren an wohlhabende Farmer zu verdingen und verließ mit zehn Jahren sein Zuhause, um bei einer anderen Familie zu leben. Von Zorn und Bitterkeit darüber, daß er sein Elternhaus verlassen mußte, ist in seiner Biographie jedoch nichts zu spüren. Für ihn bedeutete diese Erfahrung ein herausragendes Ereignis in seiner Jugendzeit (Kett 1977).

Was das amerikanische Kind in den Jahren vor der Pubertät braucht, sind Erfahrungen, die seine schulischen Talente fördern, sein Verantwortungsgefühl stärken und – was das wichtigste ist – in ihm die Überzeugung festigen, daß es die Ziele, die von ihm selbst und der Gemeinschaft geschätzt werden, erreichen kann. Erfolgserwartung ist für diese Ziele ganz wesentlich. Ob ein bestimmtes Motiv im Bewußtsein des einzelnen einen hohen Rang einnimmt, hängt davon ab, ob er erwartet, daß dieses Motiv befriedigt wird. Zu den Motiven amerikanischer Zehnjähriger gehören: Bewältigung der schulischen Aufgaben, Akzeptanz bei Gleichaltrigen und Erwerb der für die jeweilige Geschlechtsrolle spezifischen Verhaltensweisen. Das Kind braucht die Bestätigung, daß diese Ziele erreichbar sind. Wenn seine tägliche Erfahrung ihm diese Bestätigung nicht gewährt, hört es auf, sich anzustrengen, und das Motiv verliert etwas von seiner Dringlichkeit. Die Gefahren, die in einem solchen Ablauf stecken, liegen auf der Hand: Ein ersehntes Ziel nicht zu erreichen bewirkt Unzufriedenheit und kann zu antisozialem Verhalten führen. Die Erfahrungen, auf die es in diesem Lebensabschnitt entscheidend ankommt, sind daher jene, die dem jungen Menschen die Überzeugung vermitteln, daß er den ersehnten Preis gewinnen kann. Einem Vater, der seinen achtjährigen Sohn draußen auf dem Feld zeigt, wie man Mais pflanzt, fällt es leicht, eine Situation herzustellen, in der dieses Ziel erreicht wird. Schwieriger wird es, wenn das Kind sich mit dreißig anderen in einen Lehrer teilt. Das Kind richtet sich in der Bewertung seiner eigenen Fortschritte in erster Linie an einem Vergleich mit den Leistungen seiner Klassenkameraden aus. Je größer die Zahl der Gleichaltrigen, die ein Kind in den Vergleich einbezieht, desto geringer ist die Wahrscheinlichkeit, daß es zu dem Schluß kommt, es könne eine bestimmte Fähigkeit meistern (Festinger 1954). Ein Kind mit durchschnittlichem IQ und einem bestimmten Fähigkeitsprofil, das eine Klasse mit fünfunddreißig Kindern in einer Schule mit tausend Schülern in einer Stadt mit 100 000 Einwohnern besucht, wird mehr Kinder kennen oder von mehr Kindern wissen, die begabter sind als es selbst, als ein vergleichbares Kind in einer Klasse mit fünfzehn Kindern in einer Schule mit dreihundert Schülern in einer kleinen Stadt mit 20 000 Einwohnern. Das ist einer der Gründe, warum amerikanische Kinder, die in kleinen Städten aufwachsen, später unter den bedeutenden Erwachsenen überproportional repräsentiert sind. Von den ersten Astronauten verbrachten die meisten ihre Kindheit in einer Kleinstadt oder einer kleineren Großstadt – und nicht in unseren größten Städten mit ihren vielfältigen kulturellen Möglichkeiten.

Jeder Mensch hat ein anhaltendes Gespür dafür, daß es andere gibt, die potenter sind als er, gleichgültig ob diese Potenz auf der Größe, der intellektuellen Begabung, der Stärke, der Schönheit, dem Reichtum, dem Ansehen oder der Ausdauer beruht. Wenn es eine große Zahl solcher potenteren Individuen gibt, kann es geschehen, daß das Kind oder der Erwachsene auf Unternehmungen verzichtet, die er vielleicht begonnen hätte, wenn es die Stärkeren nicht gäbe. Eine überzeugende Analogie liefert ein Phänomen, das man bei einem bestimmten tropischen Fisch beobachtet hat. Bei einer Lippfisch-Art, die man in den Korallenriffen der Hawaii-Inseln findet (Thalassoma duperrey), machen Weibchen, die sich in der Nähe eines kleineren, nicht aber eines größeren Fisches, sei er männlich oder weiblich, aufhalten, eine morphologische Veränderung durch. Sie hören auf, Eier zu produzieren, und beginnen, Sperma zu produzieren – eine Veränderung, die sie nicht durchmachen, wenn sie sich in der Nähe eines größeren Fisches aufhalten (Ross und Losey 1983).

Nun können Familien nicht einfach ihren Wohnort wechseln, damit das Kind mit anderen Kindern von gleicher Begabung zusammenkommt, doch können Eltern das Leben ihrer Kinder so gestalten, daß Erfolge wahrscheinlicher werden als Mißerfolge. Auch die Schulen können die Klassen so einrichten, daß die Fähigkeiten der Kinder nicht so weit auseinanderklaffen, und dadurch verhindern, daß die weniger befähigten Kinder zu dem Schluß gelangen, sie seien hoffnungslos unfähig.

Die Familie hat in diesem Entwicklungsabschnitt eine andere Rolle als in den ersten sieben Lebensjahren. Sie hat jetzt weniger gestaltende als vielmehr überwachende Funktionen; sie achtet auf Anzeichen von Konflikt, Verzweiflung und Angst, die sie lindert oder behebt. In unserer Gesellschaft sollte die Familie dem Heranwachsenden Entscheidungsfreiheit einräumen, damit er im Vertrauen darauf aufwächst, daß er fähig ist, unabhängig richtige Entscheidungen zu treffen und verantwortungsvoll zu handeln. Ich vermute, es ist schädlich, wenn man bei einem amerikanischen Kind die Unabhängigkeit allzusehr einschränkt, auch wenn ich keine eindeutigen Daten anführen kann, die diesen Eindruck bestätigen. Schließlich müssen die Eltern in ihrem eigenen Verhalten den Tugendnormen des Kindes entsprechen, weil in diesem Alter die Identifikation mit den Familienangehörigen noch immer stark ist. Eine Mutter, die beim geringsten Anlaß in Tränen ausbricht, Geschirr zerdeppert, sich betrinkt oder bei den Nachbarn unbeliebt ist, beeinträchtigt das Selbstgefühl einer Zehnjährigen, soweit diese sich mit der Mutter identifiziert. Im Gegensatz dazu bieten Eltern, die dem Ideal des Kindes entsprechen, dem Zehnjährigen Sicherheit, wenn er Mißerfolg, Schuld oder Zurückweisung durch Gleichaltrige erfährt.

Ich habe hier von der Familie gesprochen und dabei nicht nur viele gesicherte Erkenntnisse über den Einfluß der Mutter auf das Kind übergangen, sondern außerdem habe ich nicht genug über die Rolle des Vaters und der Geschwister gesagt. Das hat seinen Grund: Tiefschürfende Erkenntnisse über etwaige Zusammenhänge zwischen dem Verhalten von Müttern, Vätern oder Geschwistern und den psychischen Merkmalen des Kindes sind von Wissenschaftlern bisher nicht entdeckt worden (siehe Clarke-Stewart und Hevey 1981 sowie auch Dunn 1983, der eine ähnliche Auffassung vertritt). Nach gründlicher Prüfung des vorliegenden Materials über familiäre Erziehung sind zwei angesehene Psychologen zu dem Schluß gekommen, daß die Zusammenhänge zwischen elterlichem Verhalten und kindlichen Merkmalen im allgemeinen mehrdeutig sind: »In den meisten Fällen sind die Zusammenhänge, die deutlich wurden, unbeträchtlich (...). Daraus ist zu folgern, daß elterliche Verhaltensweisen entweder wirkungslos sind oder daß die einzig wirksamen Aspekte elterlichen Verhaltens innerhalb ein und derselben Familie von einem Kind zum anderen sehr verschieden sein müssen.« (Maccoby und Martin 1983, S. 82)

Der Grundtenor dieses Kapitels wird eingefangen von einem Vers, der den gegenwärtigen Stand der Grundlagen der Mathematik beschreiben will:

»Little by little we subtract
Faith and fallacy from fact.
The illusory from the true
And then starve upon the residue.«
(Hoffenstein, zitiert in Kline 1980, S. 241)

Wie ist eine so pessimistische Schlußfolgerung zu erklären?

Man kann sie damit erklären, daß der größte Teil der vorliegenden Untersuchungen nicht den wissenschaftlichen Ansprüchen genügt. Manche Aussagen sind wenig beweiskräftig, weil sie sich darauf stützen, daß Mütter befragt wurden, wie sie mit ihren Kindern umgehen, und andere Aussagen beruhen auf Beobachtungen von weniger als einer Stunde im Wartezimmer eines Laboratoriums. Solche Methoden können nicht zu soliden Schlußfolgerungen führen. Außerdem haben Psychologen, die zwischen dem, was Eltern tun, und einem bestimmten Ergebnis beim Kind einen Zusammenhang zu finden hofften, im allgemeinen nicht der Tatsache Rechnung getragen, daß das Kind ständig die Handlungen der Eltern interpretiert.

Das Kind lebt in einem Netz von Beziehungen mit Geschwistern, Spielkameraden und Erwachsenen, und ständig bewertet es seine Eigenschaften in bezug auf diese Menschen, wobei es sich mit einigen von ihnen bevorzugt identifiziert. Wie sich eine emotional bedeutsame Erfahrung – etwa eine längere Abwesenheit des Vaters oder eine schmerzliche Scheidung – auswirkt, hängt demnach davon ab, wie das Kind diese Ereignisse interpretiert. Diese Interpretationen stützen sich auf das Wissen des Kindes, auf seine moralischen Bewertungen und auf Schlußfolgerungen bezüglich der Ursachen seiner gegenwärtigen Stimmung. Daß ein einzelnes Ereignis, gleichgültig, wie traumatisch es sein mag, oder spezielle familiäre Verhältnisse zu einer ganz bestimmten Konsequenz führen, wird man kaum beobachten können.

Diese zaghafte Schlußfolgerung bedeutet nicht, daß der Einfluß der Familie gering wäre, sondern daß Eltern ihre Kinder auf subtile und komplexe Weise beeinflussen. Im ersten halben Jahr unterscheidet sich das Kleinkind, dessen Eltern nicht das College besucht haben, nicht sehr von einem andern, dessen Eltern einen Collegeabschluß haben. Doch mit sechs Jahren bestehen zwischen den beiden Kleinen dramatische Unterschiede. In der Zwischenzeit ist etwas geschehen, was zu dem unterschiedlichen psychologischen Profil geführt hat; wahrscheinlich liegen die Gründe für diese Unterschiede im Alter von sechs Jahren in der familiären Erfahrung. Ältere Brüder aus Mittelschichtfamilien sind im allgemeinen gehorsamer, fügen sich eher elterlichen Forderungen und sind bessere Schüler als ihre jüngeren Brüder, trotz der Tatsache, daß erstgeborene und später geborene Jungen sich in den ersten Lebensmonaten nicht sonderlich unterscheiden. Dieser Unterschied muß seine Gründe wiederum darin haben, wie die beiden Jungen von ihren Eltern behandelt werden und wie der eine den anderen wahrnimmt. Der Einfluß der Familie wird ebenfalls in dem psychologischen Profil von Kindern unterschiedlicher ethnischer Herkunft deutlich, die alle die gleichen Fernsehprogramme sehen, in die gleichen Kinos gehen und nach den gleichen Lehrbüchern lernen. Kinder von mexikanisch-amerikanischer Herkunft, die im Südwesten der USA aufwachsen, sind kooperativer und weniger wettbewerbsorientiert als schwarze oder weiße Kinder aus englischsprachigen Familien, die in der gleichen Stadt leben. Kinder japanischer Eltern, die in Kalifornien aufwachsen, sind in der Schule fleißiger und erhalten bessere Noten als mexikanisch-amerikanische Kinder. Vielleicht gelingt es uns in den nächsten zwanzig Jahren, ein wenig besser zu verstehen, wie die allgemeine Stimmung, die Handlungsweisen und die Lebensanschauung der Familie diese unwiderlegbaren Unterschiede zwischen den größeren Kindern vermitteln.

Epilog

Am Ende unserer Reise ist es angebracht, zu überprüfen, was aus den fünf Themen, die ich im ersten Kapitel erörtert habe, geworden ist.

Erstens habe ich versucht, das Vorurteil zu korrigieren, das in den letzten fünfzig Jahren der biologischen Reifung einen zu geringen Einfluß zuerkannte. Die Angst vor der Trennung von der Mutter, das Wahrnehmen eigener Intentionen, das Auftreten von Schuldgefühl und Stolz, die Fähigkeit, sich mit anderen zu vergleichen, und die Entdeckung von Widersprüchen in den eigenen Anschauungen – das und viele weitere universale Eigenschaften beruhen auf der Reifung kognitiver Fähigkeiten, die von der Reifung des Zentralnervensystems abhängt. Natürlich muß das Kind, damit die Reifung und ihre psychologischen Folgeerscheinungen eintreten, Kontakt mit Menschen und Objekten haben, doch damit sie eintreten, müssen biologische Veränderungen vorhergegangen sein.

Ferner habe ich versucht, die verbreitete Vorstellung zu korrigieren, daß bestimmte Merkmale des Kindes sich erhalten, und die Ansicht richtigzustellen, daß es eine das ganze Leben durchziehende Kontinuität gebe, und habe dazu erläutert, daß Veränderung und Diskontinuität ebenfalls zur Entwicklung gehören. Da die in den ersten zwölf Jahren kontinuierlich reifenden kognitiven Kompetenzen bedeutende Veränderungen im Denken nach sich ziehen, ist es in der Tat nicht einzusehen, daß irgend etwas vom Säuglingsalter bis zur Adoleszenz sonderlich stabil sein sollte. Die populäre Ansicht, vom Kleinkind könne man zuverlässig auf den jungen Erwachsenen schließen, findet in den Tatsachen keine Bestätigung.

Ich habe argumentiert, daß man einige psychologische Attribute besser versteht, wenn man sie als distinkte Eigenschaften und nicht als graduelle Erscheinungen auffaßt. Das aufgrund seines Temperaments gehemmte Kind mit hohem und stabilem Puls ist nicht bloß ein bißchen verängstigter als das Durchschnittskind, sondern ein qualitativ anderer Kindertyp. Eine prinzipielle Norm, die die Loyalität zur Familie betrifft, ist nicht bloß ein bißchen zwingender als eine konventionelle Norm über die Kleidermode, sondern, da die erstere auf der Emotion beruht, etwas qualitativ anderes. Die Psychologen benutzen zwar stetige Zahlen, um ihre Beobachtungen zu erfassen und zu analysieren, und sie stützen sich auf statistische Verfahren, die von stetigen Eigenschaften ausgehen, doch könnte sich herausstellen, daß diese Praktiken nicht auf den allerbesten Arbeitshypothesen beruhen. Obwohl Ptolemäus annahm, die Sonne bewege sich um die Erde, hat er viele richtige Vorhersagen über planetarische Erscheinungen gemacht.

Daß es sinnvoll ist, menschliche Eigenschaften als an bestimmte Kontexte gebunden aufzufassen, wurde im sechsten Kapitel vielfach belegt. Die Tatsachen sprechen eine eindeutige Sprache. Die meisten kognitiven Fähigkeiten existieren nicht getrennt von einer spezifischen Problemstellung. Es gibt kein generelles Gedächtnis, keine generellen Wahrnehmungs- oder Denkfähigkeiten. Gäbe es sie, dann würden Studenten, die ihre Hausaufgaben gemacht haben, kaum in der Prüfung durchfallen, und die Berufsausbildung wäre überflüssig, weil man für die meisten Berufe nur einige wenige Grundsätze zu beherrschen bräuchte. Menschliche Eigenschaften sind nicht wie Farben, die man ohne weiteres auf jede Oberfläche auftragen kann, sondern eher wie Sätze, deren Bedeutung völlig von einem bestimmten Kontext abhängig ist.

Dieses letzte Thema bringt uns wieder zu den Anfängen der modernen theoretischen Psychologie im 19. Jahrhundert zurück. Die Disziplin begann damit, daß sie den Inhalt des Bewußtseins zu ihrem primären Forschungsgegenstand erklärte; daher stand der subjektive Bezugsrahmen des einzelnen im Zentrum des Interesses. Es dauerte jedoch weniger als fünfundzwanzig Jahre, bis den Forschern klar wurde, daß der subjektive Bezugsrahmen eine schwerwiegende Einschränkung darstellt, weil er zu tieferliegenden Phänomenen keinen Zugang gewährt. Außerdem besteht die dem Forscher zugängliche Oberfläche oft aus einer Reihe von sprachlichen Formen, die den nichtsprachlichen Prozessen – dem eigentlichen Ziel seiner Wißbegier – möglicherweise nicht genau entsprechen. Daher wurde der subjektive Bezugsrahmen für fünfzig Jahre verbannt. Er ist jedoch in verhüllter Form zurückgekommen – in Gestalt von Interviews, Fragebogen und subjektiven Symptombeschreibungen, Gefühlen und Problemlösungssequenzen. Der subjektive Bezugsrahmen kann, wie ich in den Kapiteln über die Emotionen und die Familie bemerkt habe, brauchbare Informationen für eine objektive Beschreibung liefern, und natürlich ist er für das Subjekt immer gültig. Wenn eine Mutter, die soeben ihre dreijährige Tochter mit dem Besenstiel verprügelt hat, einem Beobachter in aller Aufrichtigkeit erklärt, sie liebe ihr Kind und wolle lediglich erreichen, daß es lernt, seinen starken Willen zu zügeln, so müssen wir über diese subjektive Interpretation nachdenken – doch wir brauchen sie in unserer objektiv formulierten Erklärung nicht zu akzeptieren.

Man sollte in diesen Überlegungen nicht bloß eine Liste von Beschwerden über die heutige Sozialwissenschaft sehen, sondern vielmehr eine konstruktive Aufforderung, sich mehr Gedanken über die menschliche Entwicklung zu machen. Wenn Sie das nächste Mal darüber rätseln, warum ein Dreijähriger sich vor Spinnen fürchtet, warum eine Sechsjährige ihre Geschwister böswillig quält oder ein Jugendlicher plötzlich deprimiert ist, dann sollten Sie nicht automatisch annehmen, daß diese Reaktionen am besten zu verstehen sind als Endpunkt einer langen Geschichte von Kontakten mit Familienangehörigen und Freunden und daß die jeweilige Reaktion nur die Spitze eines Eisbergs ist, der eine düstere Zukunft verheißt. Natürlich kann frühere Erfahrung die Gegenwart erheblich beeinflussen. Wenn man aber darüber hinaus die Bedeutung der Reifung neuer kognitiver Funktionen, das Gewicht von Temperamentseigenschaften und die Möglichkeit der Diskontinuität anerkennt, wird man zu einem tieferen Verständnis gelangen.

Wie ich im Vorwort bemerkt habe, besteht das zentrale Thema, das sich in den und zwischen den Kapiteln dieses Buches verbirgt, darin, daß die Interpretationen, die ein Mensch seiner Erfahrung gibt, das bedeutsamste Ergebnis einer zwischenmenschlichen Begegnung und zugleich der Ansporn für die nächste ist. Wie könnten wir sonst verstehen, daß ein fünfzigjähriger Japaner für einen Vater, der ihn die ganze Kindheit hindurch geängstigt hat, Zuneigung empfindet oder daß ein Jugendlicher im Athen des 4. Jahrhunderts, der eine Zeitlang intimen körperlichen Kontakt mit seinem Lehrer hatte, Scham empfand, wenn er aber diesen Kontakt nicht hatte, ein Gefühl des Edelmuts? Das Problem, das die Psychologen bislang nicht zu lösen vermochten, besteht in der Frage, wie man aus den Handlungen, Äußerungen und unbemerkten physiologischen Reaktionen von Kindern diese Interpretationen herauslesen kann. Doch wenn Ernest Rutherford aus der Streuung von Licht, das auf eine Zinksulfidplatte fiel, auf die Kerne von Goldatomen zu schließen vermochte, dann brauchen die Psychologen im Hinblick auf die Zukunft sicherlich nicht allzu pessimistisch zu sein.

Während gewisse fundamentale Ähnlichkeiten zwischen allen Kindern, die mit anderen Menschen aufwachsen, durch die Reifung erklärt werden können, sind die Unterschiede zwischen den Kindern schwerer zu verstehen. Sie beruhen auf speziellen Temperamentseigenschaften, auf Identifikationsmustern, auf Gelegenheiten, in früheren Stadien entstandene Unsicherheiten aufzulösen, und auf einmaligen historischen und soziologischen Bedingungen. All diese Faktoren münden schließlich in die Antriebe, die einen Menschen veranlassen, eine bestimmte Handlungsweise zu wählen. Manche Jugendlichen und jungen Erwachsenen gründen wichtige Lebensentscheidungen vornehmlich auf die Wahrscheinlichkeit wirtschaftlichen Gewinns, andere auf den Erwerb von Ansehen, Macht oder sozialer Anerkennung. Wieder andere richten sich nach einer persönlichen Spielart von Normen, die sie von geachteten Autoritätspersonen übernommen haben. Und manche gründen viele ihrer Entscheidungen auf das Vergnügen, das sie sich von einem bestimmten Handeln versprechen. Welches Kriterium der einzelne wählt, hängt von Faktoren ab, die noch nicht verstanden sind.

Mein Bild vom Leben ist das eines Wanderers, dessen Rucksack in den ersten zwölf Jahrten nach und nach mit Zweifeln

Dogmen und Wünschen gefüllt wird. Als Erwachsener versucht der Wanderer die schwere Last in seinem Rucksack wieder loszuwerden, um irgendwann die Chancen, die jeder neue Tag mit sich bringt, ergreifen zu können. Einige Erwachsene kommen diesem Zustand nahe; die meisten schleppen ihre Sammlung von Unsicherheiten, Vorurteilen und frustrierten Wünschen bis ins mittlere und hohe Alter mit, versuchen dabei ständig, etwas zu beweisen, und schimpfen wütend auf Phantome.

Bibliographie

Abramov, I. et al. (1982): The Retina of the Newborn Human Infant, in: *Science* 217, S. 265–267.

Ainsworth, M. D. S. (1967): Infancy in Uganda, Baltimore.

Ainsworth, M. D. S. et al. (1978): Patterns of Attachment, Hillsdale, N. J.

Almond, G. A., Chodorow, M. und Pearce, R. H. (Hrsg. 1982): Progress and Its Discontents, Berkeley.

Anderson, J. R. (1983): The Architecture of Cognition, Cambridge, Mass.

Arend, R., Gove, F. L. und Sroufe, L. A. (1979): Continuity of Individual Adaptation from Infancy to Kindergarten: A Predictive Study of Ego Resiliency and Curiosity in Preschoolers, in: *Child Development* 50, S. 950–959.

Arlitt, A. H. (1928): Psychology of Infancy and Early Childhood, New York.

Arsenian, J. M. (1943): Young Children in an Insecure Situation, in: *Journal of Abnormal and Social Psychology* 38, S. 225–249.

Averill, J. R. (1980): On the Paucity of Positive Emotions, in: Blankstein, K. R., Pliner, P. und Pulivy, J. (Hrsg.): Assessment and Modification of Emotional Behavior, New York, S. 7–45.

Averill, J. R. (1982): Anger and Aggression, New York.

Azuma, H. (1982): Current Trends in Study of Behavioral Development in Japan, in: *International Journal of Human Development* 5, S. 153–169.

Baldwin, J. D. und Baldwin, J. I. (1973): The Role of Play in Social Organization, in: *Primates* 14, S. 369–381.

Baumrind, D. (1971): Current Patterns of Parental Authority, in: *Developmental Psychology Monographs* 4 (1, Teil 2).

Baumrind, D. (1983): Rejoinder to Lewis's Reinterpretation of Parental Firm Control Effects: Are Authoritative Families Really Harmonious?, in: *Psychological Bulletin* 94, S. 132–142.

Bem, S. L. (1981): Gender Schema Theory: A Cognitive Account of Sex Typing, in: *Psychological Review* 88, S. 354–364.

Bentham, J. (1789): An Introduction to the Principles of Morals and Legislation, London.

Berlin, B., Breedlove, D. E. und Raven, P. H. (1973): General Principles of Classification and Nomenclature in Folk Biology, in: *American Anthropologist* 75, S. 214–242.

Bernard, H. R., Killworth, P. D. und Sailer L. (1982): Informant Accuracy in Social Network Data. V. An Experimental Attempt to Predict Actual Communication from Recall Data, in: *Social Science Research* 11, S. 30–66.

Bernfeld, S. (1929): The Psychology of the Infant, New York.
Bloom, A. H. (1981): The Linguistic Shaping of Thought, Hillsdale, N. J.
Boag, P. T. und Grant, P. R. (1981): Intense Natural Selection in a Population of Darwin's Finches *(Geospizinae)* in the Galapagos, in: *Science* 214, S. 82–85.
Bowerman, M. (1978): Systematizing Semantic Knowledge, in: *Child Development* 49, S. 977–987.
Bowlby, J. (1969): Attachment (Bd. I von *Attachment and Loss*), New York; (deutsch 1975): Bindung, München.
Bowlby, J. (1973): Separation – Anxiety and Anger (Bd. II von *Attachment and Loss*), New York; (deutsch 1976): Trennung, München.
Bowlby, J. (1980): Loss: Sadness and Depression (Bd. III von *Attachment and Loss*), New York; (deutsch 1983): Verlust, Frankfurt/M.
Boyd, J. P. (1955): The Papers of Thomas Jefferson, Bd. XII, Princeton, N. J.
Bradley, R. H., Caldwell, B. M. und Elardo, R. (1979): Home Environment and Cognitive Development in the First Two Years: A Cross Lag Panel Analysis, in: *Developmental Psychology* 15, S. 246–250.
Bridgman, P. W. (1958): Determinism in Modern Science, in: Hook, S. (Hrsg.): Determinism and Freedom in the Age of Modern Science, New York.
Briggs, J. L. (1970): Never in Anger, Cambridge, Mass.
Brim, O. G. und Kagan, J. (1980): Constancy and Change: A View of the Issues, in: Brim, O. G. und Kagan, J. (Hrsg.): Constancy and Change in Human Development, Cambridge, Mass., S. 1–25.
Bronson, G. W. (1970): Fear of Visual Novelty, in: *Developmental Psychology* 2, S. 33–40.
Bronson, W. C. (1981): Toddlers' Behaviors with Age Mates: Issues of Interaction, Cognition, and Affect, Norwood, N. J.
Brown, A. L. et al. (1983): Learning Remembering and Understanding, in: Flavell, J. H. und Markman, E. M. (Hrsg.): Cognitive Development, Bd. 3, in: Mussen, P. H. (Hrsg.): Handbook of Child Psychology, New York, S. 77–166.
Brown, R. W. (1973): A First Language: *The Early Stages*, Cambridge, Mass.
Bruner, J. (1983): Child's Talk, New York.
Bullock, M., Gelman, R. und Baillargeon, R. (1982): The Development of Causal Reasoning, in: Friedman, W. J. (Hrsg.): *The Development of the Psychology of Time*, New York, S. 209–254.
Bushnell, E. W. (1982): Visual-Tactual Knowledge in 8-, 9½-, and 11-Month-Old Infants, in: *Infant Behavior and Development* 5, S. 63–75.

Cairns, R. B. und Hood, K. E. (1983): Continuity in Social Development: A Comparative Perspective on Individual Difference Prediction, in: Baltes, P. und Brim, O. G. (Hrsg.): Life Span Development, New York, Bd. V, S. 301–358.
Campos, J. J. und Stenberg, C. R. (1981): Perception, Appraisal, and Emotion, in: Lamb, M. und Sherrod, L. (Hrsg.): Infant Social Cognition, Hillsdale, N. J., S. 273–314.
Campos, J. J. et al. (1983): Socio-emotional Development, in: Haith, M. M. und Campos, J. J. (Hrsg.): Infant Development, Bd. II, in: Mussen, P. H. (Hrsg.): Handbook of Child Psychology, 4. Aufl., New York, S. 783–915.
Carey, S. (1982): Semantic Development, in: Wanner, E. und Gleitman, L. R. (Hrsg.): Language Acquisition: The State of the Art, New York, S. 347–389.

Carmichael, L. (1927): A Further Study of the Development of Behavior in Vertebrates Experimentally Removed from the Influence of External Stimulation, in: *Psychological Review* 34, S. 34–47.
Carstairs, G. M. (1967): The Twice-Born, Bloomington, Indiana.
Cass, L. K. und Thomas, C. B. (1979): Childhood Pathology and Later Adjustment, New York.
Chave, E. J. (1937): Personality Development in Children, Chicago.
Chen, H. (1925): Home Education, Shanghai.
Chen, H. (1929): Family Education, Southeast University, China.
Clarke, E. V. (1983): Meanings and Concepts, in: Flavell, J. H. und Markman, E. M. (Hrsg.): Cognitive Development, Bd. III, in: Mussen, P. H. (Hrsg.): Handbook of Child Psychology, New York, 4. Aufl., S. 787–840.
Clarke-Stewart, K. A. und Hevey, C. M. (1981): Longitudinal Relations in Repeated Observations of Mother-Child Interaction from 1 to 2½ Years, in: *Developmental Psychology* 17, S. 127–145.
Clarke-Stewart, K. A., VanderStoep, L. P. und Killian, G. A. (1979): Analysis and Replication of Mother-Child Relations at Two Years of Age, in: *Child Development* 50, S. 777–793.
Colby, A. et al. (1983): A Longitudinal Study of Moral Judgement, in: *Monographs of the Society for Research and Child Development* 48 (1–2), S. 1–123.
Compayré, G. (1914): The Development of the Child in Later Infancy, Teil 2, New York.
Crockenberg, S. B. und Smith, P. (1981): Antecedents of Mother-Infant Interaction and Infant Irritability in the First Three Months of Life (unveröffentlichtes Manuskript).
Curtiss, S. et al. (1975): An Update on the Linguistic Development of Genie, in: Data, D. P. (Hrsg.): *Georgetown University Roundtable on Language and Linguistics*, Washington, D. C., S. 145–157.

Daly, E. M., Lancee, W. J. und Polivy, J. (1983): A Conical Model for the Taxonomy of Emotional Experience, in: *Journal of Personality and Social Psychology* 45, S. 443–457.
Darwin, C. (1965): The Expression of Emotions in Man and Animals, Chicago.
Davis, N. Z. (1977): Ghosts, Kin, and Progeny, in: *Daedalus* 106, S. 87–114.
Degler, C. (1980): At Odds: Women and the Family in America from the Revolution to the Present, New York.
Demos, E. V. (1974): Children's Understanding and Use of Affect Terms (unveröffentlichte Dissertation, Harvard University).
Demos, J. (1970): A Little Commonwealth, New York.
Dewey, John (1922): Human Nature and Conduct, New York.
Diamond, A. (1983): Behavioral Changes Between 6 and 12 Months (unveröffentlichte Dissertation, Harvard University).
Doi, T. (1973): The Anatomy of Dependence, Tokio.
Dollard, J. und Miller, N. E. (1950): Personality and Psychotherapy, New York.
Donaldson, M. (1978): Children's Minds, New York.
Donaldson, M. (1982): Conservation: What is the Question?, in: *British Journal of Psychology* 73, S. 199–207.
Dunn, J. (1983): Sibling Relationships in Early Childhood, in: *Child Development* 54, S. 787–811.
Dusek, J. B. und Flaherty, J. F. (1981): The Development of the Self Concept

during the Adolescent Years, in: *Monographs of the Society for Research in Child Development* 46 (4), S. 191.
Dyson, F. (1979): Disturbing the Universe, New York.

Eisenberg-Berg, N. und Hand, M. (1979): The Relationship of Preschoolers' Reasoning about Prosocial Moral Conflicts and Prosocial Behavior, in: *Child Development* 50, S. 356–363.
Ekman, P. (1980): Biological and Cultural Contributions to Body and Facial Movement in the Expressions of Emotions, in: Rorty, A. O. (Hrsg.): Explaining Emotions, Berkeley, S. 73–102.
Ellis, H. (1900): The Analysis of the Sexual Impulse, in: *The Alienist and the Neurologist* 21, S. 247–262.
Emde, R. N. et al. (1978): Infant Smiling at Five and Nine Months: Analysis of Heart Rate and Movement, in: *Infant Behavior and Development* 1, S. 26–35.
Erasmus (1530): De Civilitate Morum Puerilium, Basel.
Erikson, E. H. (1963): Childhood and Society, New York.
Erikson, E. H. (1969): Gandhi's Truth, New York.
Erikson, E. H. (1974): Dimensions of a New Identity, New York.
Evans, E. E. (1975 [1875]): The Abuse of Maternity, New York.
Ewer, R. F. (1968): Ethology of Mammals, London.

Farley, J. (1974): The Spontaneous Generation Controversy, Baltimore.
Fenton, J. C. (1925): A Practical Psychology of Babyhood, Boston.
Festinger, L. (1954): A Theory of Social Comparison Processes, in: *Human Relations* 7, S. 117–140.
Festinger, L. (1957): A Theory of Cognitive Dissonance, Stanford.
Fiske, J. (1909): The Meaning of Infancy, Boston.
Flavell, J. H., Flavell, E. R. und Green, F. C. (1983): Development of the Appearance-Reality Distinction, in: *Cognitive Psychology* 15, S. 95–120.
Flavell, J. H. und Wellman, H. M. (1977): Metamemory, in: Kail, R. und Hagen, J. (Hrsg.): Perspectives on the Development of Memory and Cognition, Hillsdale, N. J., S. 3–34.
Forbush, W. B. (1915): Child Study and Child Training, New York.
Franklin, B. (1868): Autobiography, Philadelphia.
Freud, S. ([36]1986): Abriß der Psychoanalyse, Frankfurt/M.
Freud, S. ([4]1985): Neue Folge der Vorlesungen zur Einführung in die Psychoanalyse, Frankfurt/M.
Friberg, J. (1984): Numbers and Measures in the Earliest Written Records, in: *Scientific American* 250, S. 110–118.
Fried, C. (1978): Right and Wrong, Cambridge, Mass.
Fuller, J. L. und Clark, L. D. (1968): Genotype and Behavioral Vulnerability to Isolation in Dog, in: *Journal of Comparative and Physiological Psychology* 66, S. 151–156.
Fung, Y. (1973): A History of Chinese Philosophy (übersetzt von D. Bodde), Princeton, N. J.

Gaensbauer, T. J., Connell, J. P. und Schultz, L. A. (1983): Emotion and Attachment, in: *Developmental Psychology* 19, S. 815–831.
Garcia-Coll, C. (1981): Psychophysiological Correlates of a Tendency toward Inhibition in Infants (unveröffentlichte Dissertation, Harvard University).

Garcia-Coll, C., Kagan, J. und Reznick, J. S.: Behavioral Inhibition to the Unfamiliar, in: *Child Development.*

Gardner, H. (1983): *Frames of Mind*, New York.

Garner, W. R. (1981): The Analysis of Unanalyzed Perceptions, in: Kubovy, M. und Pomerantz, J. R. (Hrsg.): *Perceptual Organization*, Hillsdale, N.J., S. 199–139.

Geach, P. (1977): The Virtues, Cambridge, England.

Gelman, R. und Meck, A. (1983): Preschoolers' Counting: Principles Before Skill, in: *Cognition* 13, S. 343–359.

Gewirth, A. (1978): Reason and Morality, Chicago.

Gilligan, C. (1982): In a Different Voice, Cambridge, Mass.; (deutsch [2]1985): Die andere Stimme. Lebenskonflikte und Moral der Frau, München–Zürich.

Goldmann, L. (1973): The Philosophy of the Enlightenment, Cambridge, Mass.

Goodnow, J. J. und Cashmore, J. (1982): Culture and Competence Performance, Paper presented at the Jean Piaget Society, Philadelphia, Pa., Juni 1982.

Gould, S. J. (1980): The Panda's Thumb, New York.

Gouze, K., Gordon, L. und Rayias, M.: Information Processing Correlates of Aggression. Paper presented at a meeting of the Society for Research and Child Development, Detroit, April 1983.

Gregor, T. (1977): Mehinaku, Chicago.

Gresham, F. M. (1981): Validity of Social Skills Measures for Assessing Social Competence in Low Status Children, in: *Developmental Psychology* 17, S. 390–398.

Grossmann, K. et al. (1981): German Children's Behavior toward Their Mothers at 12 Months and Their Fathers at 18 Months in Ainsworth Strange Situation, in: *International Journal of Behavioral Development* 4, S. 157–181.

Gunnar, M. R., Leighton, K. und Peleaux, R. (1983): The Effects of Temporal Predictability on Year-Old Infants' Reactions to Potentially Frightening Toys. Paper presented at the meeting of the Society for Research in Child Development, Detroit, April 1983.

Haith, M. M. (1971): Developmental Changes in Visual Information Processing and Short-Term Memory, in: *Human Development* 14, S. 249–261.

Haith, M. M. (1980): Rules that Babies Look By, Hillsdale, N.J.

Hall, G. S. (1906): Youth, Its Education, Regime and Hygiene, New York.

Hall, W. G. (1975): Weaning and Growth of Artificially Reared Rats, in: *Science* 190, S. 1313–1315.

Hampshire, S. (1983): Morality and Conflict, Cambridge, Mass.

Hanson, N. R. (1961): Patterns of Discovery, Cambridge, England.

Harkness, S., Edwards, C. P. und Super, C. M. (1981): Social Roles and Moral Reasoning, in: *Developmental Psychology* 17, S. 595–603.

Harlow, H. F. und Harlow, M. K. (1966): Learning to Love, in: *American Scientist* 54, S. 244–272.

Harris, I. (1964): The Promised Seed: A Comparative Study of Eminent First and Later Sons, New York.

Hartshorne, H. und May, M. (1928): Studies in Deceit, New York.

Herdt, G. H. (1981): Guardians of the Flutes, New York.

Herrick, C. J. (1956): The Evolution of Human Nature, Austin, Texas.

Herrnstein, R. J. (1970): On the Law of Effect, in: *Journal of Experimental Analysis of Behavior* 13, S. 243–266.

Herrnstein, R. J. (1979): Acquisition, Generalization, and Discrimination Rever-

sal of a Natural Concept, in: *Journal of Experimental Psychology: Animal Behavior Processes* 5, S. 116–129.
Herrnstein, R. J. und de Villiers, P. A. (1980): Fish as a Natural Category for People and Pigeons, in: Bower, G. H. (Hrsg.): The Psychology of Learning and Motivation, New York, Bd. XIV, S. 59–95.
Hetherington, E. M. und Parke, R. D. (1979): Child Psychology, 2. Aufl., New York.
Hock, E. und Clinger, J. B. (1981): Infant Coping Behaviors, in: *Journal of Genetic Psychology* 138, S. 231–243.
Hoffman, M. L. (1981): Perspectives on the Difference Between Understanding People and Understanding Things, in: Flavell, J. H. und Ross, L. (Hrsg.): Social Cognitive Development, Cambridge, England, S. 67–81.
Holton, G. (1973): Thematic Origins of Scientific Thought: Kepler to Einstein, Cambridge, Mass.
Hood, L. und Bloom, L. (1979): What, When and How About Why, in: *Monographs of the Society for Research in Child Development* 44(6).
Hubel, D. H. und Weisel, T. M. (1970): The Period of Susceptibility to the Physiological Effects of Unilateral Eye Closure in Kittens, in: *Journal of Physiology* 206, S. 419–436.
Huesman, L. R. et al. (1983): The Stability of Aggression over Time and Generations. Paper presented at the meeting of the Society for Research in Child Development, Detroit, Michigan, April 1983.
Hume, D. (1969 [1739–40]): *A Treatise of Human Nature*, hrsg. von E. C. Mossner, Hammondsworth, England.

Iggers, G. G. (1982): The Idea of Progress in Historiography and Social Thought since the Enlightenment, in: Almond, G. A., Chodorow, M. und Pearce, R. H. (Hrsg.): Progress and Its Discontents, Berkeley, S. 41–66.
Izard, C. E. (1977): Human Emotions, New York.

James, W. (1981*a* [1890]): Principles of Psychology, Bd. I, hrsg. von F. Burkhardt, Cambridge, Mass.
James, W. (1981*b* [1890]): Principles of Psychology, Bd. II, Cambridge, Mass.
James, W. (1983 [1904]): What Is an Emotion?, in: Burkhardt, F. (Hrsg.): Essays in Psychology, Cambridge, Mass., S. 168–187.
Janik, A. und Toulmin, S. (1973): Wittgenstein's Vienna, New York.
Johnson, W. F. et al. (1982): Maternal Perception of Infant Emotion from Birth through 18 Months, in: *Infant Behavior and Development* 5, S. 313–322.
Jordan, J. V. (1973): The Relationship of Sex-Role Orientation to Competitive and Noncompetitive Achievement Behaviors (unveröffentlichte Dissertation, Harvard University).

Kaffman, M. und Elizur, E. (1977): Infants Who Become Enuretics, in: *Monographs of the Society for Research in Child Development* 42(2).
Kagan, J. (1964): The Child's Sex Role Classification of School Objects, in: *Child Development* 35, S. 1051–1056.
Kagan, J. (1967): On the Need for Relativism, in: *American Psychologist* 22, S. 131–142.
Kagan, J. (1971): Change and Continuity in Infancy, New York.
Kagan, J. (1978): On Emotion and Its Development: A Working Paper, in: Lewis,

M. und Rosenblum, L.A. (Hrsg.): The Development of Affect, New York, S. 11–42.
Kagan, J. (1981): The Second Year, Cambridge, Mass.
Kagan, J. und Hamburg, M. (1981): The Enhancement of Memory in the First Year, in: *Journal of Genetic Psychology* 138, S. 3–14.
Kagan, J., Kearsley, R.B. und Zelazo, P.R. (1978): Infancy: Its Place in Human Development, Cambridge, Mass.
Kagan, J., Lapidus, D. und Moore, M. (1978): Infant Antecedents of Cognitive Functioning, in: *Child Development* 49, S. 1005–1023.
Kagan, J. und Moss, H.A. (1962): Birth to Maturity, New York (Neuaufl. 1983, New Haven).
Kagan, J. et al. (1964): Information Processing in the Child: The Significance of Analytic and Reflective Attitudes, in: *Psychological Monographs* 78, S. 578.
Kagan, J. et al. (1973): Memory and Meaning in Two Cultures, in: *Child Development* 44, S. 221–223.
Kagan, J. et al. (1979): A Cross-Cultural Study of Cognitive Development, in: *Monographs of the Society for Research in Child Development* 44(5).
Kagan, J. et al. (1982): Validity of Children's Self Reports of Psychological Qualities, in: Maher, B.A. und Maher, W.B. (Hrsg.): Progress in Experimental Personality Research, New York, Bd. XI, S. 171–212.
Kagan, J. et al.: Behavioral Inhibition in the Young Child, in: *Child Development.*
Kagan, J. et al.: Inhibition to the Unfamiliar, in: Coles, M.G.H., Jennings, J.R. und Stern, J. (Hrsg.): Lacey Festschrift, Stroudsburg, Pa.
Kahneman, D. und Henik, A. (1981): Perceptual Organization of Attention, in: Kubovy, M. und Pomerantz, J.R. (Hrsg.): Perceptual Organization, Hillsdale, N.J., S. 181–211.
Kakar, S. (1982): Shamans, Mystics, and Doctors, New York.
Kant, I. (1956 [1785]): Grundlegung zur Metaphysik der Sitten, in: *Werke*, Bd. 4, hrsg. von Wilhelm Weischedel, Wiesbaden.
Kant, I. (1956 [1781]): Kritik der reinen Vernunft, in: *Werke*, Bd. 2, hrsg. von Wilhelm Weischedel, Wiesbaden.
Kato, S. (1979): A History of Japanese Literature, Tokio.
Katz, M.M.W. (1981): Gaining Sense at Age Two in the Outer Fiji Islands (unveröffentlichte Dissertation, Harvard Graduate School of Education).
Kaye, K. (1982): The Mental and Social Life of Babies, Chicago.
Keil, F.C. (1983): On the Emergence of Semantic and Conceptual Distinctions, in: *Journal of Experimental Psychology: General* 112, S. 357–385.
Kenney, M., Mason, W.A. und Hill, S. (1979): Effects of Age, Objects, and Visual Experience on Affective Responses of Rhesus Monkeys to Strangers, in: *Developmental Psychology* 15, S. 176–184.
Kett, J.F. (1977): Rites of Passage, New York.
Klein, D.F., Zitrin, C.M. und Woerner, M. (1978): Anti-depressants, Anxiety, Panic, and Phobia, in: Lipton, M.A., DiMascio, A. und Killam, K.F. (Hrsg.): *Psychopharmacology*, New York, S. 1401–1407.
Klein, M. et al. (1952): Developments in Psychoanalysis, London.
Kleinman, A. (1980): Patients and Healers in the Context of Culture, Berkeley.
Kline, L.W. und France, C.J. (1907): The Psychology of Ownership, in: Smith, T.L. (Hrsg.): Aspects of Child Life and Education, Boston, S. 250–300.
Kline, M. (1980): Mathematics, New York.
Klinnert, M.D. et al.: Social Referencing: Emotional Expressions as Behavior

Regulators, in: Plutchik, R. und Kellerman, H. (Hrsg.): Emotions in Early Development, New York (in Druck).
Kohlberg, L. (1981): The Philosophy of Moral Development, Bd. I: Moral Stages and the Idea of Justice, New York.
Kohn, M. L. (1977): Class and Conformity, Chicago.
Kosslyn, S. (1980): Image and Mind, Cambridge, Mass.
Kreutzer, M. A., Leonard, C. und Flavell, J. H. (1975): An Interview Study of Children's Knowledge about Memory, in: *Monographs of the Society for Research in Child Development* 40(159).
Kuhn, D., Nash, S. C. und Brucken, L. (1978): Sex Role Concepts of Two- and Three-year-olds, in: *Child Development* 49, S. 445–451.

Lagerqvist, P. (1971): The Eternal Smile, New York.
Lamb, M. E. et al. (1982): Security of Mother- and Father-Infant Attachment and Its Relation to Sociability with Strangers in Traditional and Nontraditional Swedish Families, in: *Infant Behavior and Development* 5, S. 355–367.
Lamb, M. E. et al.: Security of Infantile Attachment as Assessed in the Strange Situation, in: *Behavioral and Brain Sciences.*
Langer, J. (1980): The Origins of Logic, New York.
Langsdorf, P., Izard, C. E. und Rayias, M. (1981): Interest, Expression, Attention, and Heart Rate Changes in Two- to Eight-Month-Old Infants (unveröffentlichtes Manuskript, University of Delaware).
Laxon, V. J. (1981): On the Problems of Being More or Less the Same, in: *Journal of Experimental Child Psychology* 31, S. 531–543.
Ledingham, J. E. und Schwartzman, A. E. (1983): A Longitudinal Investigation of Aggressive and Withdrawn Children. Paper presented at the meeting of the Society for Research in Child Development, Detroit, April 1983.
Le Douarin, N. (1982): The Neural Crest. Cambridge, England.
Lerner, R. (1984): The Nature of Human Plasticity, New York.
Levine, S. (1982): Comparative and Psychobiological Perspectives on Development, in: Collins, A. (Hrsg.): The Concept of Development, Minnesota Symposium, Hillsdale, N. J., Bd. XV, S. 29–53.
Lewis, C. C. (1981): The Effects of Parental Firm Control, in: *Psychological Bulletin* 90, S. 547–563.
Lewis, M. und Brooks-Gunn, J. (1979): Social Cognition and the Acquisition of Self, New York.
Linn, S. et al. (1982): Salience of Visual Patterns in the Human Infant, in: *Developmental Psychology* 18, S. 651–657.
Livingston, K. R. (1977): The Organization of Children's Concepts (unveröffentlichte Dissertation, Harvard University).
Locke, J. (1892 [1693]): Some Thoughts Concerning Education, Cambridge, England.
Locke, J. (1894 [1690]): Essay Concerning Human Understanding, hrsg. von A. O. Fraser, Oxford.
Londerville, S. und Main, M. (1981): Security of Attachment and Compliance in Maternal Training Methods in the Second Year of Life, in: *Developmental Psychology* 17, S. 289–299.
Lovejoy, A. O. (1936): The Great Chain of Being, Cambridge, Mass.
Lusk, D. (1978): Empathy in Young Children (unveröffentlichte Dissertation, Harvard University).

Lutz, C. (1982): The Domain of Emotion Words on Ifaluk, in: *American Ethnologist* 9, S. 113–128.
Lyons, W. (1980): Emotion, Cambridge, England.

McCall, R. B., Kennedy, C. B. und Appelbaum, M. I. (1977): Magnitude of Discrepancy and the Direction of Attention in Infants, in: *Child Development* 48, S. 772–785.
Maccoby, E. E. (1980): *Social Development*, New York.
Maccoby, E. E. und Feldman, S. S. (1972): Mother-Infant Attachment and Stranger Reactions in the Third Year of Life, in: *Monographs of the Society for Research in Child Development* 37, 1.
Maccoby, E. E. und Martin, J. A. (1983): Socialization and the Context of the Family: Parent-Child Interaction, in: Mavis Hetherington, E. (Hrsg.): Socialization, Personality, and Social Development, Bd. IV, S. 1–101, in: Mussen, P. H. (Hrsg.): Handbook of Child Psychology, 4. Aufl., New York.
McDougall, W. (1908): An Introduction to Social Psychology, London.
McGuire, W. J. und Padawer-Singer, A. (1976): Trait Salience in a Spontaneous Self-concept, in: *Journal of Personality and Social Psychology* 33, S. 743–754.
MacIntyre, A. (1981): After Virtue, Notre Dame, Indiana.
Mackinnon, D. W. (1965): Personality and the Realization of Creative Potential, in: *American Psychologist* 20, S. 273–281.
Mackintosh, N. J. (1983): Conditioning and Associative Learning, Oxford.
Mandelbaum, M. (1971): History, Man, and Reason, Baltimore.
Mandler, G. (1975): Mind and Emotion, New York.
Maratsos, M. (1983): Some Current Issues in the Study of the Acquisition of Grammar, in: Flavell, J. H. und Markman, E. M. (Hrsg.): Cognitive Development, S. 707–786, in: Mussen, P. H. (Hrsg.): Handbook of Child Psychology, Bd. III, New York.
Marcel, A. J. (1983): Conscious and Unconscious Perception: An Approach to the Relations Between Phenomenal Experience and Perceptual Processes, in: *Cognitive Psychology* 15, S. 238–300.
Margolis, H. et al. (1980): The Validity of Forms of the Matching Familiar Figures Test with Kindergarten Children, in: *Journal of Experimental Child Psychology* 29, S. 12–22.
Markman, E. M. (1981): Two Different Principles of Conceptual Organization, in: Lamb, M. und Brown, A. (Hrsg.): Advances in Developmental Psychology, Hillsdale, N. J., Bd. 1, S. 99–236.
Markman, E. M. und Siebert, J. (1976): Classes and Collections, in: *Cognitive Psychology* 8, S. 561–577.
Marler, P. A. (1970): A Comparative Approach to Vocal Learning: Song Development in White Crowned Sparrows, in: *Journal of Comparative and Physiological Psychology* 6, S. 1–25.
Marx, K. (1960 ff.): Das Kapital. Kritik der politischen Ökonomie, in: *Werke, Schriften, Briefe*, Bde. 4–6, hrsg. von H.-J. Lieber, Stuttgart.
Mason, W. A. (1978): Social Experience in Primate Cognitive Development, in: Burghardt, G. M. und Bekoff, M. (Hrsg.): The Development of Behavior: Comparative and Evolutionary Aspects, New York, S. 233–251.
Mast, V. K. et al. (1980): Immediate and Long-term Memory for Reinforcement Context: The Development of Learned Expectancies in Early Infancy, in: *Child Development* 51, S. 700–707.

May, H. (1959): The End of American Innocence, New York.
Mayr, E. (1982): The Growth of Biological Thought, Cambridge, Mass.; (deutsch 1984): Die Entwicklung der biologischen Gedankenwelt. Vielfalt, Evolution und Vererbung, Berlin–Heidelberg–New York–Tokio.
Menzel, E. W. und Juno, C. (1982): Marmosets (Sanguinus Fuscicollis): Are Learning Sets Learned?, in: *Science* 217, S. 750–752.
Messer, S. M. und Brodzinsky, D. M. (1981): Three-Year Stability of Reflection-Impulsivity in Young Adolescents, in: *Developmental Psychology* 17, S. 848–850.
Milewski, A. E. (1979): Visual Discrimination and Detection of Configurational Invariance in Three-Month-Old Infants, in: *Developmental Psychology* 15, S. 357–363.
Milgram, S. (1964): Group Pressure and Action Against a Person, in: *Journal of Abnormal and Social Psychology* 69, S. 137–143.
Mill, J. S. (1879 [1843]): A System of Logic, Ratiocinative and Induction, 2 Bde., 8. Aufl., New York.
Miller, H. C. (1922): The New Psychology and the Parent, London.
Moberg, G. P. und Wood, V. A. (1981): Neonatal Stress in Lambs, in: *Developmental Psychobiology* 14, S. 155–162.
Moore, G. E. (1903): Principia Ethica, Cambridge, England.
Moore, G. E. (1959 [1922]): Philosophical Papers, London.
Moore, M., Kagan, J. und Haith, M. (1978): Memory and Motives, in: *Developmental Psychology* 14, S. 563–564.
Morgan, E. S. (1944): The Puritan Family, New York.
Morris, D. P., Soroker, E. und Burruss, G. (1954): Follow-up Studies of Shy, Withdrawn Children, in: *American Journal of Orthopsychiatry* 24, S. 743–754.
Moss, H. A. und Susman, E. J. (1980): Longitudinal Study of Personality Development, in: Brim, O. G. und Kagan, J. (Hrsg.): Constancy and Change in Human Development, Cambridge, Mass., S. 530–595.
Mussen, P. H., Conger, J. J. und Kagan, J. (1969): Child Development and Personality, 3. Aufl., New York; (deutsch ^{3}1981): Lehrbuch der Kinderpsychologie, Stuttgart.

Newcombe, N., Rogoff, B. und Kagan, J. (1977): Developmental Changes in Recognition Memory for Pictures of Objects and Scenes, in: *Developmental Psychology* 13, S. 337–341.
Newman, P. L. (1960): Wildman Behavior in a New Guinea Highlands Community, in: *American Anthropologist* 66, S. 1–19.
Newman, S. A. und Frisch, H. L. (1979): Dynamics of Skeletal Pattern Formation in Developing Chick Limb, in: *Science* 205, S. 662.
Nickerson, R. S. (1968): A Note on Long-term Recognition Memory for Pictorial Materials, in: *Psychonomic Science* 11, S. 58.
Nisbet, R. (1980): History of the Idea of Progress, New York.
Nolan, E. (1979): Emergence of Self-awareness in Three- to Four-year-old Children (unveröffentlichte Dissertation, Harvard University).
Nolan, E. und Kagan, J. (1978): Psychological Factors in the Face-Hands Test, in: *Archives of Neurology* 35, S. 41–42.
Nolan, E. und Kagan, J. (1980): Recognition of Self and Self's Products in Preschool Children, in: *Journal of Genetic Psychology* 137, S. 285–294.
Novey, M. S. (1975): The Development of Knowledge of Others' Ability to See (unveröffentlichte Dissertation, Harvard University).

Obrist, P. A., Light, K. C. und Hastrup, J. L. (1982): Emotion and the Cardiovascular System: A Critical Perspective, in: Izard, C. E. (Hrsg.): Measuring Emotions in Infants and Children, New York, S. 199–316.
Olson, S. L., Bates, J. E. und Bayles, K. (1982): Maternal Perceptions of Infant and Toddler Behavior, in: *Infant Behavior and Development* 5, S. 397–410.
Olweus, D. (1981): Stability in Aggressive, Inhibited, and Withdrawn Behavior Patterns. Paper presented at the meeting of the Society for Research in Child Development, Boston, April 1981.
Oppenheim, R. W. (1981): Ontogenetic Adaptations and Retrogressive Processes in the Development of the Nervous System and Behavior: A Neuroembryological Perspective, in: Connolly, K. J. und Prechtel, H. F. R. (Hrsg.): Maturation and Development: Biological and Psychological Perspectives, Philadelphia, S. 73–109.
Ozment, S. (1983): When Fathers Ruled, Cambridge, Mass.

Paine, T. (1973 [1776]): Common Sense, New York.
Parikh, B. (1980): Development of Moral Judgment and Its Relation to Family Environmental Factors in Indian and American Families, in: *Child Development* 51, S. 1030–1039.
Patterson, P. H., Potter, D. D. und Furshpan, E. J. (1978): The Chemical Differentiation of Nerve Cells, in: *Scientific American* 239, S. 50–59.
Pearlin, L. I. (1971): Class Context and Family Relations, Boston.
Petitto, L. A. (1983): From Gesture to Symbol (unveröffentlichte Dissertation, Harvard Graduate School of Education).
Piaget, J. (1913): Premières Recherches sur les Mollusques profonds du lac de Neuchâtel, in: *Bulletin de la Société Neuchâtel des Sciences naturelles* 40, S. 148–171.
Piaget, J. (1950): The Psychology of Intelligence, übersetzt von M. Piercy und D. E. Berlyne, London; (deutsch [8]1984): Psychologie der Intelligenz, Stuttgart.
Piaget, J. (1951): Play, Dreams, and Imitation in Childhood, übersetzt von C. Gattegno und F. M. Hodgson, London; (deutsch 1969): Nachahmung, Spiel und Traum, Stuttgart.
Piaget, J. (1952 [1936]): The Origins of Intelligence in Children, New York; (deutsch [2]1973): Das Erwachen der Intelligenz beim Kinde, Stuttgart.
Piaget, J. (1965 [1932]): The Moral Judgment of the Child, New York; (deutsch [2]1983): Das moralische Urteil beim Kinde, Stuttgart.
Piaget, J. (1970): Structuralism, New York; (deutsch 1980): Der Strukturalismus, Stuttgart.
Piaget, J. (1972): The Principles of Genetic Epistemology, übersetzt von W. Mays, New York; (deutsch 1980): Abriß der genetischen Epistemologie, Stuttgart.
Piaget, J. und Inhelder, B. (1958): The Growth of Logical Thinking from Childhood to Adolescence, übersetzt von A. Parsons und S. Milgram, New York.
Piaget, J. und Inhelder, B. (1969): The Psychology of the Child, New York; (deutsch 1980): Die Psychologie des Kindes, Stuttgart.
Pinchbeck, I. und Hewitt, M. (1969, 1973): Children in English Society, Bde. I und II, London.
Plomin, R. und Rowe, D. C. (1979): Genetic and Environmental Etiology of Social Behavior in Infancy, in: *Developmental Psychology* 15, S. 62–72.
Polanyi, M. (1966): The Tacit Dimension, Garden City, N. Y.

Polivy, J. (1981): On the Induction of Emotion in the Laboratory, in: *Journal of Personality and Social Psychology* 41, S. 803–817.
Pollock, J. L. (1982): Language and Thought, Princeton.
Premack, D. und Premack, A. J. (1983): The Mind of an Ape, New York.
Preyer, W. (1888): The Mind of the Child, Teil I: The Senses and the Will, New York.
Prothro, E. J. (1966): Socialization and Social Class in a Transitional Society, in: *Child Development* 37, S. 219–228.

Queen, S. A., Haberstein, R. W. und Adams, J. B. (Hrsg.) (1961): The Family in Various Cultures, New York.
Quine, W. V. (1981): Theories and Things, Cambridge, Mass.

Ramey, C. T., Farran, D. C. und Campbell, F. A. (1979): Predicting IQ from Mother-Infant Interactions, in: *Child Development* 50, S. 804–814.
Rand, W., Sweeny, M. E. und Vincent, E. L. (1930): Growth and Development of the Young Child, Philadelphia.
Rathbun, C., DiVirgilio, L. und Waldfogel, S. (1958): A Restitutive Process in Children Following Radical Separation from Family and Culture, in: *American Journal of Orthopsychiatry* 28, S. 408–415.
Rawls, J. (1971): A Theory of Justice, Cambridge, Mass.; (deutsch 1975): Eine Theorie der Gerechtigkeit, Frankfurt/M.
Reznick, J. S. (1982): The Development of Perceptual and Lexical Categories in the Human Infant (unveröffentlichte Dissertation, University of Colorado).
Reznick, J. S. und Kagan, J. (1982): Category Detection in Infancy, in: Lipsitt, L. (Hrsg.): Advances in Infancy Research, Norwood, N. J., Bd. II, S. 80–111.
Richardson, F. H. (1926): Parenthood and the Newer Psychology, New York.
Ritchie, J. und Ritchie, J. (1979): Growing Up in Polynesia, Sydney.
Rogoff, B., Newcombe, N. und Kagan, J. (1974): Planfulness and Recognition Memory, in: *Child Development* 45, S. 972–977.
Rorty, A. O. (Hrsg.) (1980): Explaining Emotions, Berkeley.
Rorty, R. (1979): Philosophy and the Mirror of Nature, Princeton.
Rosch, E. (1973): On the Internal Structure of Perceptual and Semantic Categories, in: Moore, T. E. (Hrsg.): Cognitive Development and the Acquisition of Language, New York, S. 111–144.
Rosch, E. (1978): Principles of Categorization, in: Rosch, E. und Lloyd, B. B. (Hrsg.): Cognition and Categorization, Hillsdale, N. J., S. 27–48.
Rose, S. A., Gottfried, A. W. und Bridger, W. H. (1983): Infants' Cross-Modal Transfer from Solid Objects to their Graphic Representations, in: *Child Development* 54, S. 686–694.
Rosenblum, L. A. und Harlow, H. F. (1963): Approach-Avoidance-Conflict in the Mother-Surrogate Situation, in: *Psychological Reports* 12, S. 83–85.
Ross, G. (1980): Concept Categorization in 1- to 2-Year-Olds, in: *Developmental Psychology* 16, S. 391–396.
Ross, R. M. und Losey, G. S. (1983): Sex Change in a Coral Reef Fish, in: *Science* 221, S. 574–575.
Rousseau, J.-J. (1911 [1762]): *Emile*, New York; (deutsch 1971): Emil oder Über die Erziehung, übersetzt von Ludwig Schmidts, Paderborn.
Rubin, D. C., Groth, E. und Goldsmith, D. J. (1983): Olfactory Cueing of Autobiographical Memory (unveröffentlichtes Manuskript, Duke University).
Russell, B. (1940): An Inquiry into Meaning and Truth, London.

Sackett, G. P. (1972): Isolation Rearing in Monkeys, in: Ohauvin, R. (Hrsg.): Animal Models of Human Behavior, Paris: Colloques Internationaux du C.N.R.S.
Sackett, G. P. et al. (1981): Social Isolation Rearing Effects in Monkeys Vary with Genotype, in: *Developmental Psychology* 17, S. 313–318.
Salkind, N., Kojima, H. und Zelniker, T. (1978): Cognitive Tempo in American, Japanese and Israeli Children, in: *Child Development* 49, S. 1025–1027.
Sameroff, A. J., Seifer, R. und Elias, P. K. (1982): Socio-cultural Variability in Infant Temperament Ratings, in: *Child Development* 53, S. 164–173.
Sartre, J.-P. (1964): The Words, New York; (deutsch 1965): Die Wörter, Reinbek.
Scarr, S. (1969): Social Introversion-Extraversion as a Heritable Response, in: *Child Development* 40, S. 823–832.
Scherer, K. (1981): Speech and Emotional States, in: Darby, J. (Hrsg.): Speech Evaluation in Psychiatry, New York.
Schiller, F. (1865): The Philosophical and Aesthetic Letters and Essays of Schiller, übersetzt von J. Weiss, London.
Schwartz, G. E. (1982): Psychophysiological Patterning of Emotion Revisited: A Systems Perspective, in: Izard, C. E. (Hrsg.): Measuring Emotions in Infants and Children, New York, S. 67–93.
Scott, J. P. und Fuller, J. L. (1965): Genetics and the Social Behavior of the Dog, Chicago.
Seligman, M. E. P. (1975): Helplessness, San Francisco.
Sellers, M. J. (1979): The Enhancement of Memory in Costa Rican Children (nichtveröffentlichte Dissertation, Harvard University).
Shepard, R. (1967): Recognition Memory for Words, Sentences, and Pictures, in: *Journal of Verbal Learning and Verbal Behavior* 6, S. 156–163.
Shields, S. A. und Stern, R. M. (1979): Emotion: The Perception of Bodily Change, in: Pliner, P., Blankstein, K. R. und Speigel, I. M.: Perception of Emotion in Self and Others, New York, S. 85–106.
Shigaki, J. S. (1983): Child Care Practices in Japan and the United States, in: *Young Children*, May, S. 13–24.
Shweder, R. A.: Menstrual pollution, Soul Loss and the Comparative Study of Emotions, in: Kleinman, A. und Good, B. J. (Hrsg.): Culture and Depression (in Druck).
Shweder, R. A., Turiel, E. und Much, N. C. (1981): The Moral Intuitions of the Child, in: Flavell, J. H. und Ross, L. (Hrsg.): Social Cognitive Development, Cambridge, England, S. 288–305.
Siegler, R. S. (1981): Developmental Sequences within and between Concepts, in: *Monographs of the Society for Research in Child Development*, 46(2).
Siegler, R. S. (1983): Information Processing Approaches to Development, in: Kessen, W. (Hrsg.): History, Theories, and Methods, in: Mussen, P. H. (Hrsg.): Handbook of Child Psychology, New York, Bd. 1, S. 129–212.
Skinner, B. F. (1938): The Behavior of Organisms, New York.
Slobin, D. I. (1982): Universal and Particular in the Acquisition of Language, in: Wanner, E. und Gleitman, L. R. (Hrsg.): Language Acquisition: The State of the Art, New York, S. 128–170.
Smith, S. H. (1965): Remarks on Education, in: Rudolph, F. (Hrsg.): Essays on Education in the Early Republic, Cambridge, Mass., S. 167–224.
Sorce, J. F. und Emde, R. N. (1981): Mother's Presence is Not Enough: The Effect

of Emotional Availability on Infant Exploration, in: *Developmental Psychology* 17, S. 737–741.
Speer, J. R. und Flavell, J. H. (1979): Young Children's Knowledge of the Relative Difficulty of Recognition and Recall Memory Tasks, in: *Developmental Psychology* 14, S. 214–217.
Spelke, E. S. (1976): Infants' Intermodal Perception of Events, in: *Cognitive Psychology* 8, S. 553–560.
Sroufe, L. A. (1979): The Coherence of Individual Development, in: *American Psychologist* 34, S. 834–840.
Standing, L., Conezio, J. und Haber, R. N. (1970): Perception and Memory for Pictures: Single Trial Learning of 2500 Visual Stimuli, in: *Psychonomic Science* 19, S. 73–74.
Stanley, S. M. (1981): The New Evolutionary Timetable, New York.
Starkey, P. und Cooper, R. G. (1980): Perception of Numbers by Human Infants, in: *Science* 210, S. 1033–1035.
Stein, G. G., Rosen, J. J. und Butters, N. (1974): Plasticity and Recovery of Function in the Central Nervous System, New York.
Stern, W. (1930): Psychology of Early Childhood, übersetzt von A. Barwell, 6. Aufl., New York.
Sternbach, R. A. (1968): Pain: A Psychophysiological Analysis, New York.
Stevenson-Hinde, J., Stillwell-Barnes, R. und Zunz, M. (1980a): Subjective Assessment of Rhesus Monkeys over Four Successive Years, in: *Primates* 21, S. 66–82.
Stevenson-Hinde, J., Stillwell-Barnes, R. und Zunz, M. (1980b): Individual Differences in Young Rhesus Monkeys: Consistency and Change, in: *Primates* 21, S. 498–509.
Stone, L. (1977): The Family, Sex, and Marriage in England 1500–1800, New York.
Strauss, M. S. (1979): Abstraction of Prototypical Information by Adults in Ten-Month-Old Infants, in: *Journal of Experimental Psychology: Human Learning and Memory* 5, S. 618–632.
Sulloway, F. (1972): Family Constellations, Sibling Rivalry, and Scientific Revolutions (nichtveröffentlichtes Manuskript).
Sully, J. (1896): Studies of Childhood, New York.
Suomi, S. J. et al. (1981): Inherited and Experiential Factors Associated with Individual Differences in Anxious Behavior Displayed by Rhesus Monkeys, in: Kline, D. F. und Rabkin, J. (Hrsg.): Anxiety: New Research and Changing Concepts, New York, S. 179–199.
Super, C. M. (1972): Long-term Memory in Early Infancy (nichtveröffentlichte Dissertation, Harvard University).
Sutherland, H. E. G. (1930): The Relationship between IQ and Size of Family in the Case of Fatherless Children, in: *The Pedagogical Seminary and Journal of Genetic Psychology* 38, S. 161–170.

Tanji, J. und Evarts, E. V. (1976): Anticipatory Activity of Motor Cortex Neurons in Relation to Direction of an Intended Movement, in: *Journal of Neurophysiology* 39, S. 1062–1068.
Tennes, K. (1982): The Role of Hormones in Mother-Infant Interaction, in: Emde, R. N. und Harmon, R. J. (Hrsg.): *The Development of Attachment and Affiliative Systems*, New York, S. 75–88.

Tennes, K., Downey, K. und Vernadakis, A. (1977): Urinary Cortisol Excretion Rates and Anxiety in Normal One-Year-Old Infants, in: *Psychosomatic Medicine* 39(3), S. 178–187.

Thomas, A. und Chess, S. (1977): Temperament and Development, New York.

Thompson, R. A. und Lamb, M. E. (1983a): Security of Attachment and Stranger Sociability in Infancy, in: *Developmental Psychology* 19, S. 184–191.

Thompson, R. A. und Lamb, M. E. (1983b): Assessing Qualitative Dimensions of Emotional Responsiveness in Infants. Paper presented at the meeting of the Society for Research in Child Development, Detroit, April 1983.

Thompson, R. A., Lamb, M. E. und Estes, D. (1982): Stability of Infant-Mother Attachment and Its Relationship to Changing Life Circumstances in an Unselected Middle-Class Sample, in: *Child Development* 53, S. 144–148.

Thorndike, E. L. (1905): The Elements of Psychology, New York.

Tizard, B. und Hodges, J. (1978): The Effect of Early Institutional Rearing on the Development of Eight-Year-Old Children, in: *Journal of Child Psychology and Psychiatry* 19, S. 99–118.

Tizard, B. und Rees, J. (1975): The Effect of Early Institutional Rearing on the Behavioral Problems of Affectional Relationships of Four-Year-Old Children, in: *Journal of Child Psychology and Psychiatry* 16, S. 61–74.

Trehub, S. (1976): The Discrimination of Foreign Speech Contrasts by Infants and Adults, in: *Child Development* 47, S. 466–472.

Trehub, S. (1979): Reflections on the Development of Speech Perception, in: *Canadian Journal of Psychology* 39, S. 368–381.

Tronick, E. Z., Winn, S. und Morelli, G. A.: Multiple Caretaking in the Niche of Human Evolution, in: Field, T. und Reite, M. (Hrsg.): The Psychology of Attachment, New York.

Tversky, A. (1977): Features of Similarity, in: *Psychological Review* 84, S. 327–352.

Tversky, A. und Gati, I. (1978): Studies of Similarity, in: Rosch, E. und Lloyd, B. B. (Hrsg.): Cognition and Categorization, Hillsdale, N. J., S. 79–98.

Tversky, A. und Kahneman, D. (1981): The Framing of Decisions and the Rationality of Choice, in: *Science* 211, S. 453–458.

Tylor, E. B. (1878): Researches into the Early History of Mankind, New York.

Vidal, F. (1981): Piaget on Evolution and Morality (nichtveröffentlicht, Harvard University).

Vihman, M. V. (1983): Language Differentiation by the Bilingual Infant (nichtveröffentlichtes Manuskript, Stanford University).

Von Frisch, K. (⁹1977): Aus dem Leben der Bienen, Berlin.

Waddington, C. H. (1969): Paradigm for an Evolutionary Process, in: Towards a Theoretic Biology II, Edinburgh, S. 106–128.

Wagatsuma, H. (1977): Some Aspects of the Contemporary Japanese Family: Once Confucian, Now Fatherless, in: *Daedalus* 106 (Frühjahr), S. 181–210.

Wagner, S. et al. (1981): Metaphorical Mapping in Human Infants, in: *Child Development* 52, S. 728–731.

Waters, E., Wippman, J. und Sroufe, L. A. (1979): Attachment, Positive Affect, and Competence in the Peer Group, in: *Child Development* 50, S. 821–829.

Watson, J. (1928): Psychological Care of Infant and Child, New York.

Weiner, K. und Kagan, J. (1976): Infants' Reactions to Changes in Orientation of Figure and Frame, in: *Perception* 5, S. 25–28.

Weiskrantz, L. (1977): Trying to Bridge Some Neuropsychological Gaps between Monkey and Man, in: *British Journal of Psychology* 68, S. 431–445.
Wellman, H. M. (1978): Knowledge of the Interaction of Memory Variables, in: *Developmental Psychology* 14, S. 24–29.
Werner, E. E. und Smith, R. S. (1982): Vulnerable but Invincible, New York.
White, H. (1973): Metahistory: the Historical Imagination in Nineteenth-Century Europe, Baltimore.
Whitehead, A. N. (1929): Process and Reality, New York.
Williams, B. (1971): Morality and the Emotions, in: Casey, J. (Hrsg.): Morality and Moral Reasoning, London.
Wilson, E. O. (1975): Sociobiology, Cambridge, Mass.
Wilson, R. S., Brown, A. M. und Matheny, A. P. (1971): Emergence and Persistence of Behavioral Differences in Twins, in: *Child Development* 42, S. 1381–1398.
Winick, M., Meyer, K. K. und Harris, R. C. (1975): Malnutrition and Environmental Enrichment by Early Adoption, in: *Science* 190, S. 1173–1175.
Winograd, E. und Killinger, W. A. (1983): Relating Age at Encoding in Early Childhood to Adult Recall: Development of Flashbulb Memories, in: *Journal of Experimental Psychology: General* 112, S. 413–422.
Wittgenstein, L. (1960 [1922]): Tractatus Logico-Philosophicus, in: *Schriften I*, Frankfurt/M.
Wittgenstein, L. (1960): Philosophische Untersuchungen, in: *Schriften I*, Frankfurt/M.
Wohl, R. (1979): The Generation of 1914, Cambridge, Mass.
Wolfson, H. A. (1962): The Philosophy of Spinoza, Cambridge, Mass.
Woodger, J. H. (1952): Biology and Language, New York.
Woodley, J. D. et al. (1981): Hurricane Allen's Impact on Jamaican Coral Reefs, in: *Science* 214, S. 749–754.

Zahn-Waxler, C., Radke-Yarrow, M. und King, R. A. (1979): Child Rearing and Children's Prosocial Initiations toward Victims of Distress, in: *Child Development* 50, S. 319–330.
Zajonc, R. (1976): Family Configuration and Intelligence, in: *Science* 192, S. 227–236.

Register

Pädagogik und Psychologie bei Piper

Pädagogik und Psychologie bei Piper

Paul Matussek · Kreativität als Chance
Der schöpferische Mensch in psychodynamischer Sicht.
3., erw. Aufl., 1979. 337 Seiten. Kt.

Alexander Mitscherlich
Auf dem Weg zur vaterlosen Gesellschaft
Ideen zur Sozialpsychologie. 16. Aufl., 116. Tsd. 1986. 400 Seiten.
Serie Piper 45

Alexander Mitscherlich · Das Ich und die Vielen
Parteinahme eines Psychoanalytikers. Ein Lesebuch.
Ausgewählt und eingeleitet von Gert Kalow.
Neuausgabe 1987. 336 Seiten. Serie Piper 647

Alexander Mitscherlich · Der Kampf um die Erinnerung
Psychoanalyse für fortgeschrittene Anfänger.
2. Aufl., 27. Tsd. 1984. 259 Seiten. Serie Piper 303

Alexander Mitscherlich/Margarete Mitscherlich
Die Unfähigkeit zu trauern
Grundlagen kollektiven Verhaltens.
18. Aufl., 161. Tsd. 1986. 383 Seiten. Serie Piper 168

Margarete Mitscherlich · Das Ende der Vorbilder
Vom Nutzen und Nachteil der Idealisierung.
2., überarb. Aufl., 10. Tsd. 1980. 218 Seiten. Serie Piper 183

Fritz Redl/David Wineman · Kinder, die hassen
Auflösung und Zusammenbruch der Selbstkontrolle.
Herausgegeben von Reinhard Fatke.
Aus dem Amerik. von Gudrun Iheusner-Stampa.
1984. 264 Seiten. Serie Piper 333

Fritz Redl/David Wineman
Steuerung des aggressiven Verhaltens beim Kind
Herausgegeben von Reinhard Fatke.
Aus dem Amerik. von Norbert Wölfl und Reinhard Fatke.
3. Aufl., 12. Tsd. 1982. 127 Seiten. Serie Piper 129

Piper